이 책은 십수 년에 걸친 저자의 신앙적 고투와 신학적 성찰의 결실이다. 이 책은 한국교회와 성도들에게 아직도 낯선 구약성경의 예언자들을 연구하되 최초의 문서 예언자들인 기원전 8세기 예언자들을 집중적으로 탐구한다. 고대 이스라엘의 예언자들은 먼 미래에 대해 막연한 경고와 예언을 일삼는 자들이 아니라 하나님의 영에 사로잡혀 하나님의 마음을 대변하는 자들이었다. 그들은 시대의 중심과제를 공적인 담론의 장(성문, 광장, 궁궐과 성전 마당)에 올려놓고 당대의 지상권력자들과 지배층 사람들 및 유력시민들과 맞섰다. 그들이 대변한 하나님은 형이상학적 천상의 영역에 거하는 초월적인 신이 아니라 이스라엘의 자유농민들, 즉 당신의 언약백성을 보호하고 사랑하는 데 투신된 성육신적인 하나님이셨다. 그래서 예언자들의 하나님은 당신의 언약백성인 이스라엘 자유농민의 신앙적 자유와 삶의 자유를 보호하는 데 열심을 보이셨다. 바로 이 이유 때문에 예언자들은 인습적인 의미의 종교인이 아니라 정치, 경제, 사회 및 생태계 등 땅에 사는 모든 사람들의 관심영역에서 하나님의 마음을 대변했다. 이 책의 특장은 고대 이스라엘의 예언자들을 특정 종교에 국한된 종교인이 아니라 모든 시대의 모든 사람들을 위한 하나님의 대변인으로 되살려준 것이다. 저자 한규승 박사는 고대 이스라엘의 예언자들의 신탁이 오늘날에도 여전히 유효하며 이 땅을 살아가는 모든 사람들―교회 안팎 모두의 사람들―에게 타전되어야 할 하나님의 음성을 담고 있음을 잘 밝혔다. 부디 이 책이 한국의 모든 교역자들과 생각하는 그리스도인들에게 널리 사랑받고 읽히기를 기대한다.

김회권 숭실대학교 기독교학과 구약학 교수

저자 한규승 박사가 분명하게 밝힌 대로, 구약성경은 공공성의 보고이다. 교회의 공공성에 대해 신학적으로 또 윤리적으로 성찰함에 있어 공공성에 관한 성경의 증언들을 경청하고 그 증언들로부터 공공성과 공적 책임에 관한 방향성 및 실천방안을 모색하는 것은 기독교 신학과 윤리의 우선적이면서 토대적인 과제라고 할 것이다. 이 점에서 이 책은 이러한 우선적·토대적 과제를 수행한 매우 중요한 연구라고 평가할 수 있다. 특별히 "토라적 공공성"이라는 개념을 중심으로 구약성경의 공공성 이론을 창조적으로 또 충실하게 전개함으로써 성경적 공공신학의 발전에 의미 있는 기여를 할 것으로 기대한다. 뿐만 아니라 공공성에 대한 성경적 논의를 넘어서서 공공신학 담론을 전체적으로 살피고 그 담론과의 연관성을 살핌으로써 교회의 공공성에 대한 이론적·실천적 논의의 지평을 확장하고 있다는 점도 주목해야 할 것이다. 한국교회가 교회의 본질로서의 공공성에 대한 성경적·신학적 이해를 심화하고 또 실제적으로 세상 속에서 공적 공동체로서의 윤리적 책무를 온전히 감당하는 데 있어서 귀한 밑거름이 될 것으로 기대한다. 기독교 신앙의 공공성을 소중히 여기며 공적 행위자로서 신앙과 삶의 성숙을 위해 땀 흘리는 모든 이들에게 이 책을 추천하는 바이다. **임성빈** 장로회신학대학교 총장 구약성경의 예언서는 당대 이스라엘 백성의 삶과 행동에 대한 야웨 하나님의 "응답"이자 "평가"이다. 이러한 하나님의 응답과 평가는 당대의 예언자들을 통해 전달되었다. 다시 말하면 예언자들은 하나님의 평가와 응답이 들어 있는 "법"(토라)과 "말씀"을 전한 전달자였다. 이 책은 그러한 예언자들, 특별히 기원전 8세기 예언자들의 활동과 메시지를 더욱 의미 있게 바라보게 한다. 저자는 기원전 8세기 예언자들이 "토라적 공공성"을 하나님 나라 신학의 맥락에서 정위시킨 "최초의 신학자들"이라고 평가한다. 예언자들이 단순한 전달자가 아니라 당대의 문제들을 하나님의 눈과 마음으로 조명하고 평가한 해석자들이라는 것이다. 저자에 의하면 기원전 8세기 예언자들에 의해서 강조된 "토라의 공공성"은 "땅" 문제로 대변된다. 왜냐하면 이른바 구약성경의 계약법전과 신명기법전에 나타나는 "땅 신학"은 "토라적 공공성"의 기초이기 때문이다. 저자는 "땅"이 단순한 토지의 의미를 넘어서서 "모든 경제활동에 대한 환유"라고 말한다. 따라서 기원전 8세기 예언자들은 "땅의 상실"을 "자유의 상실", "구원의 상실" 그리고 "하나님의 상실"로 이해했다. 이러한 의미에서 "땅"의 정의를 유린한 지상의 유력자들과 권력자들의 죄악은 하나님의 영광과 이름을 더럽힌 이유로 하나님의 심판을 피할 수 없게 된다. 여기서 이 책의 의미와 가치가 드러난다. 저자는 구약 예언서의 의미를 공공신학적 측면에서 조명하고 있으며, 구약성경을 "공공신학"이 요청되는 "당대"의 말씀으로 읽는다. 이를 통해 저자는 구약의 예언서 말씀을 오늘날 한국사회를 비롯한 현시대에 요청되는 "공공신학적 의미"를 담고 있는 하나님 말씀으로 마주하게 한다. 이것은 자신의 백성을 향한 하나님의 뜨거운 마음이며, 병들고 왜곡된 사회에 대한 처방이자 치료 행위이기도 하다. 이 책을 읽는 독자들은 이러한 하나님의 마음과 행동을 읽을 수 있다. 이뿐 아니라 독자들은 우리 사회와 교회의 공공성 회복을 바라는 저자의 예언자적 에토스와 파토스를 경험하게 될 것이다.

하경택 장로회신학대학교 구약학 교수

벨하우젠 이래 구약의 예언자들은 "유일신 개념의 창시자"로 칭송을 받아왔다. 반면 바빌로니아 포로기를 거치면서 형성된 율법사상은 예언자 사상을 오히려 후퇴시킨 것으로 간주되어왔다. 이처럼 우리 학계와 교계에 팽배한, 예언과 율법을 이분법적 대립관계에서 바라보는 시각은 아마도 신약의 영향이 투영된 것으로 볼 수 있다. 한규승 박사의 책은 율법과 예언이 대립관계에 있는 것이 아님을 명백히 제시한 것에 그 첫 번째 공헌이 있다고 본다. 두 번째로 단순히 율법과 예언의 관련성을 제시하는 데서 그치지 않고, 구체적으로 율법의 "토라적 공공성"이라는 개념에 천착하여 기원전 8세기 예언자들의 메시지를 해석한 것에서 또한 공헌하는 바가 있다고 본다. 마지막으로 기원전 8세기 예언자들의 메시지를 경제적 관점에서 해석함으로써, 율법사상에서 이미 도도히 내려오는 "경제적 관심사"를 예언자들이 얼마나 현실사회에서 구현하려고 힘썼는지를 보여주고자 한 데서, 오늘 한국교회에 시사하는 바가 특히 크다고 본다. 이런 점에서 율법과 예언, 예언자들의 사회적 메시지, 종교의 사회적 영향력 등에 관심을 가진 사람들에게 일독을 권하고 싶다. 특히, 이 책을 통하여 종교, 사회, 경제가 서로 간에 얼마나 밀접한 관련성을 이미 성경에서부터 맺고 있는지 한국교회가 간파하기를 기대한다.

이윤경 이화여자대학교 기독교학과 구약학 교수

한규승 박사의 책에 추천의 글을 쓰게 됨을 기쁘게 생각한다. 박사과정을 거치면서 그가 얼마나 열심히 공부하였고 또한 좋은 글을 썼는지를 잘 알고 있는 나로서 이 추천의 글을 마다할 이유는 없다. 다만 종교사회학을 전공하는 내가 성서신학자의 글에 추천을 하는 것이 큰 도움이 될까 하는 자문이 있다. 그러나 이미 기독교윤리와 종교사회학에서도 공공신학을 외쳐왔기에 학제간 거리를 이어줄 수 있는 뜻깊은 기회라 생각하여 기쁘게 이 책을 추천하고자 한다. 저자의 언급에도 있었듯이 한국교회는 심각한 비판에 직면해 있다. 그리고 그 원인 중 하나는 교회가 공공성을 제대로 구현하지 못하였기 때문이라고 생각한다. 말할 필요 없이, 교회 공공성의 내용과 실천은 성경에 근거하여 수행되어야 한다. 이런 점에서 이 책은 한국교회의 변화와 성숙을 위해 귀중한 성경적 토대를 제시할 수 있을 것이다. 부디 이 책이 뜻있는 기독교 독자들에게 널리 읽혀 한국교회가 공공성을 회복하고 세상의 빛과 소금이 되는 길을 여는 계기가 되기를 마음 깊이 바라본다.

이철 숭실대학교 기독교학과 종교사회학 교수

육체의 생명을 치유하는 의사에서 영혼을 살리는 의사인 목사로 부름 받아 말씀 사역을 평생 소명으로 알고 살아온 한규승 목사님의 귀한 책 발간을 축하한다. 기독교는 부흥했지만 그리스도인의 윤리가 실종되고 자기들만의 리그 안에 갇혀 세상과 유리되었다고 비난받는 시대다. 저자는 토라와 예언서를 비롯하여 구약에서 면면히 흐르고 있는 공공성 이론과 실천을 제시하면서 한국교회가 나아갈 길을 보여준다. 오랫동안 저자의 마음에 쌓아온 하나님을 향한 사랑과 교회를 향한 애정이 담긴 이 책을 통하여 새로운 종교개혁 500년을 여는 시점에 한국교회와 사회의 작은 변화가 시삭되기를 소망한다.

배정훈 장로회신학대학교 구약학 교수

이 연구의 주제는 기원전 8세기 예언자들의 메시지, 그리고 그들의 신학적 모태인 토라(모세오경)이다. 매우 전문적인 논의를 바탕으로 도출해낸 저자의 핵심 주장은 기원전 8세기 예언자들이 당시 주변 사회의 주술적 예언의 문화에서 탈피하여, 땅의 신학에 근거한 토라적 공공성의 주창자로 등장했다는 것이다. 이 성서신학적 논의는 공공성 개념에 대한 사회과학적 논의와 결합하여 더욱 탄탄해지면서, 동시에 그 결론이 품은 긴 신학적·실천적 함의를 보다 선명하게 보여준다. 가령 "공공성의 알짬은 경제적 공공성"과 같은 저자의 진술은 성경적 깨우침이 사회학적 통찰과 연결되며 어떻게 그 실천적 폭발력을 드러낼 수 있는지 잘 보여준다. 매우 전문적인 연구지만, 이 속에는 한국교회를 사랑하고 염려하는 그리스도인, 몸소 지역 교회를 섬기는 일선 목회자, 그리고 말씀을 사랑하고 탐구하는 신학도의 마음이 고스란히 녹아 있다. 가벼운 주장이 난무하는 때에, 공공신학에 관한 관심을 성서학적 질문과 연결하여 심도 있는 논문을 만들어낸 것 역시 고마운 일이 아닐 수 없다. 이 연구가 단행본으로 나오게 된 것을 축하하면서, 기원전 8세기 예언자들처럼 이 책 또한 욕망에 토대를 둔 현대의 주술적 담론을 넘어 성경적 공공성을 교회 안팎에 선포하는 데 요긴하게 사용되기를 기대해본다.

권연경 숭실대학교 기독교학과 신약학 교수

한규승 박사의 『구약 예언서의 공공신학』을 읽어나가노라면 복잡했던 예언서 읽기가 한결 명쾌해진다. 이 책은 토라에 대한 예언자들의 해석을 오늘이라는 시대를 고민하며 살아가는 한 젊은 학자의 시각으로 새롭게 해석한다. 마치 헝클어진 머리카락과도 같았던 예언자들의 메시지를 곱게 가다듬어주는 것 같다. 구약성경에 나타나는 하나님의 말씀이 획일화된 메시지를 담고 있는 것이 아니라는 것을 깨닫게 하고, 오늘날도 여전히 유효한 살아 있는 하나님의 말씀으로 읽어나가게 한다.

이사야 남서울대학교 교수, 한국구약학회 총무

기원전 8세기 이스라엘 예언자들의 목소리가 글로 남겨질 수밖에 없었던 시대적 정황은, 지금 대한민국 기독교가 맞고 있는 시대적 요구와 다를 바 없다. 저자 한규승은 스승 김회권 교수와 함께 그 부름에 응할 수밖에 없었던 것이고, 이는 「토라적 공공성에 근거한 주전 8세기 이스라엘 예언자들의 공공성에 대한 연구」가 되어 저자의 박사학위 연구물로 남겨졌다. 이 연구가 "한국구약학회"를 통해 처음 학계에 소개되었을 때에 본 추천인은 감사하게도 그 논찬을 맡게 되어 연구내용을 일찍이 맛볼 수 있었다. 면밀하고 또렷하게 논의를 펴나가는 착실한 학도의 면모도 돋보였지만, 사실 저자는 자신의 예언자적 목소리와 신념으로 그 지면을 확실하게 호령하고 있었다. 저자가 그렇게까지 구약성경과 주변 문헌에 달려들어 파헤치는 이유는, 과거에 대한 단순한 탐구심 때문이 아니라 뚜렷한 시대적 소명 때문임이 확실해 보였다. 그 연구결과가 이렇게 단행본으로 출간된다는 소식이 놀랍지도 않을 당연한 수순으로 느껴졌다. 국내 성서학 박사 논문이 저명 출판사를 통해 그 빛을 보는 일이 흔하지는 않다. 하지만 저자의 연구가

『구약 예언서의 공공신학』으로 남겨져 공공의 것이 되는 것은, 기원전 8세기 예언자들의 목소리가 글로 남거저 공공의 섯이 될 수밖에 없었던 역사적 이유와 별반 다름이 없을 것이다. 그들이 듣고 응할 수밖에 없었던 시대적 부름을 이젠 우리 독자들이 들을 차례다. 자칫 무미건조하게만 느껴질 수 있는 토라의 법률문들이, 기원전 8세기 예언자들과 이 책을 통해 다시 되살아나는 역동적 읽기를 경험할 것이다. 그 강력한 경험이 지금 사회를 사는 독자의 삶에 큰 잔향으로 남을 것을 확신한다.

기민석 침례신학대학교 구약학 교수

이 책은 하나의 주제를 가지고 매우 "더딘 걸음"을 걷고 있다. 그러나 그 긴 걸음을 포기하지만 않는다면, 아마도 현재의 한국 사회에서 이슈가 되고 있는 토지의 문제를 만나게 되고, 게다가 구약의 예언자들이, 그것도 기원전 8세기의 예언자들이 공공성이란 주제를 통해 이 문제를 함께 고민하였었고, 적절한 대답을 제시하고 있음을 문득 깨닫게 될 것이다. 오늘날 많은 사람이 이런 "더딘 걸음"을 거부하고, "지루함"을 물리치며, 쉬운 깨달음과 신속한 대답을 갈급해하는 시대에 이 책은 오히려 그러면 안 됨을 일깨워 주는 듯하다. 바쁜 걸음을 재촉하는 사람들 틈에서 "조금은 천천히 가시면 어떨까요?"라고 제안하는 듯하다.

구자용 주안대학원대학교 구약학 교수

저자가 예언서 히브리어 본문을 깊이 묵상하면서 쓴 이 책은 독자들을 예언자의 파토스 안으로 이끌어 들일 뿐만 아니라 말씀을 눈으로 읽기보다 마음으로 볼 수 있게 한다.

이영근 비블리카 아카데미아 원장

한규승 목사의『구약 예언서의 공공신학』은 우리의 양심을 불편하게 하는 책이다. 개인 영혼의 구원과 경건, 교회 봉사의 신앙 행태 안에 안주하려던 우리를 시장 바닥과 광화문 광장으로 촛불 들고나가게 하는 책이기 때문이다. QT나 영성일기로 만족하며 영혼의 골방에서만 머무르려던 우리를 끌어내어 썩어가는 사회를 눈 부릅뜨고 바라보며 하나님 나라가 이 땅에 임하도록 공적 책임의식을 촉구하는 글이다. "전능하사 천지를 만드신 하나님 아버지를 내가 믿사오며…." 주일마다 고백하는 우리 하나님은 천지의 주인이시다. 세계를 구성하는 삶의 전 영역을 다스리시는 왕이시다. 가정, 교육, 경제(사업, 과학, 기술), 문화예술, 스포츠, 언론, 종교 등 사회의 모든 영역에 공의가 실현되길 원하시는 주님이시다. 저자는 의사 출신의 목사요 성서학자로서 "기독교 신앙의 공공성"에 천착하는 소중한 연구 결과를 한국교회에 선물하고 있다. 기원전

8세기 이스라엘의 예언자들은 이스라엘의 거룩한 자가 사적 영역에 갇혀 있지 않고, 사회 모든 영역에 공평과 정의가 강물처럼 넘치길 바라시는 만유의 주이심을 선포한다. 20세기 중반부터 복음주의 지성들은 기독교 복음의 총체성을 강조하며 신앙의 공공성에 대해 줄기차게 발언해 왔다. 아브라함 카이퍼, 칼 헨리, 프란시스 쉐퍼, 존 스토트, 짐 월리스, 미로슬라브 볼프 등이 그 선구자였다. 그들은 그리스도인과 교회는 가난한 자를 돕는 긍휼 사역에만 머무르지 말고 사회 악에 도전하고 사회 구조와 체제 변혁을 위해 적극 참여할 의무가 있다고 주장했다. 성경이 가 르치는 복음은 개인과 공동체가 동시에 살길을 제시한다고 믿었기 때문이다. 1980년대 후반 부터 세계 복음주의 흐름을 접하게 된 소수의 깨어 있는 한국의 복음주의 그리스도인들도 신 앙의 공공성에 주목하며 성경을 새로운 관점에서 읽기 시작했다. 전 세계 복음주의자들이 고백 한 1974년 로잔언약의 복음전도와 사회적 책임에 동의하며 몇 가지 의미 있는 사역도 시도해 왔다. 그러나 아직 원론적 수준의 연구와 사회변혁운동의 발아기에 머물러 있기 때문에, 교회 가 사회에 끼치는 영향이 거의 없는 변두리 집단으로 밀려나고 말았다. 이 책은 성서신학, 교회 사, 사회과학의 연구 결과를 정돈하고 한국교회에 대한 애정 어린 도전이 담겨 있는 드문 연구 서다. 개인 구원의 한쪽 날개로 안간힘 쓰던 그리스도인들에게 신앙의 공공성이란 날개까지 달 아, 두 날개로 힘차게 날아가도록 도우려는 좋은 책이라고 믿는다.

이승장 성서한국 공동대표

구약 예언서의 공공신학

이스라엘 예언자들의 공공성 연구

한국 구약학 시리즈 03

구약 예언서의 공공신학

이스라엘 예언자들의 공공성 연구

한규승 지음

이 책을 십자가의 길을 함께 걸어온

사랑하는 아내에게 바칩니다.

AASOR	*Annual of the American Schools of Oriental Research*
ABD	*Anchor Bible Dictionary*
ABL	*Assyrian and Babylonian Letters Belonging to the Kounyunjik Collections of the British Museum*
ANET	Pritchard, J. B. *Ancient Near Eastern Texts Relating to the Old Testament, 3rd ed. with supplement.* Princeton: Princeton University Press, 1969
ARM	*Archives royales de Mari*, 1941
ARMT	*Archives royales de Mari texts in transliteration and translation*, 1950
BA	*Biblical Archeology*
BAS	*Biblical Archeologic Society*
BDB	A Hebrew and English Lexicon of the Old Testament(edited by F. Brown, S. R. Driver, and C. A. Briggs. Oxford, 1907[reprinted 1977])
CAD	*The Assyrian Dictionary of Oriental Institute of University of Chicago.* Chicago Oriental Institute, 1956-1989
HALOT	*The Hebrew and Aramaic Lexicon of the Old Testament* (edited by L. Köhler and W. Baumgartner. Leiden)
HTR	*The Harvard Theological Review*
IDBS	*Interpreter's Dictionary of Bible*(edited by G. A. Buttrick. 4 vols. New York: Abingdon Press, 1962. Supplementary volume)

ILR	*Israel Law Review*
JBL	*Journal of Biblical Literature*
JNES	*Journal of Near Eastern Studies, Chicago*
JPS	*The Jewish Publication Society*
JSOT	*Journal for the Study of the Old Testament, Sheffield*
JSOTSup	Journal for the Study of the Old Testament Supplement Series
KJV	King James Version
LB	Luther Bibel
LXX	Septuaginta
MT	The Massoretic Text
NASB	New American Standard Bible
NIV	New International Version
NCBC	New Century Bible Commentary
NRSV	New Revised Standard Version
Or	*Orientalia*
RSV	Revised Standard Version
SAA	*State Archives of Assyria*
SAA 8	*Hunger, Astrological Reports to Assyrian Kings*
SBL	*Society of Biblical Literature*
TDOT	*Theological Dictionary of the Old Testament*
VT	*Vetus Testamentum*
VTS	*Vetus Testamentum, Suppliments*
WBC	Word Biblical Commentary
ZAW	*Zeitschrift für die alttestamentliche Wissenschaft*

차례

제3장

공공성 개념과 공공신학(Publicness and Public Theology)　95

제4장

"토라적 공공성"(Torah-based Publicness)　121

성경 읽기의 새로운 지평:

공적 읽기(public reading)

20세기를 대표하는 기독교 변증가이자 "라브리(L'ABRI) 공동체"의 창설자인 프란시스 쉐퍼(Francis A. Schaeffer)는 "교회는 세상을 향한 기독교 최후의 변증"이라는 말을 했습니다. 아무리 시대가 변하여도 교회와 그리스도인들이 그 시대의 기독교를 대변하는 기준이 될 수밖에 없다는 점에서 쉐퍼가 한 말은 진리입니다. 그런데 지금 우리는 교회를 향한 세상의 비난이 봇물 터지듯 쏟아져나오는 안타까운 현실 앞에 서 있습니다. 언제부턴가 구원파가 무색할 정도의 맹목적인 은혜구원론이 맹위를 떨치며 종교개혁자들이 500년 전에 외쳤던 "오직 은혜로"라는 구호를 왜곡하고 있습니다. 또한 "검은 고양이든 흰 고양이든 쥐만 잘 잡으면 된다"라는 식의 세속적 실용주의 노선이 무색할 정도의 맹목적인 교회성장론이 유입되어 성장만능주의를 퍼트리고 교회의 주인을 "맘몬"으로 바꾸었습니다. 종교권력에 취한 몇몇 목회자는 봉건적 권위의식으로 인해 온갖 부패와 비리의 주역이 되어 교회 안팎에서 조소와 비판을 받고 있습니다.

그리스도인인 우리는 이런 상황을 시대 조류의 탓으로 돌릴 수 있습니다. 모든 가치를 철저하게 돈으로 환산하며 정치와 경제는 물론이요 한 사회의 정신사적 보루가 되어야 할 문화, 예술, 교육, 종교마저도 물질만 능주의에 잠식되어버린 이 시대를 탓할 수 있습니다. 이것이 인간의 근 원적인 이기심을 사회발전의 동력으로 삼으려 했던 아담 스미스(Adam Smith) 이후에 등장한 자본주의 체제의 발전에 따른 필연적인 결과라고 주장할 수도 있습니다. 그러나 우리가 결코 간과해서 안 될 것은 바로 이 런 현상의 심층에 뿌리를 틀고 있는 인간의 자기중심성(ego-centricity) 입니다. 미국 신학자 라인홀드 니버(Reinhold Niebuhr)는 인간의 자기중 심성이야말로 죄의 핵심이라는 것을 일찍이 통찰했습니다. 오늘날 교회 개혁에 관한 수많은 논의가 있습니다. 그런데도 그런 논의가 주로 현상 에 관한 피상적인 진단을 쉽게 넘어서지 못하는 이유는 그것이 근본적 인 문제로부터 출발하지 않기 때문입니다. "하나님은 개인적인(personal) 분이시지만 사적인(private) 분은 아니다"라고 고백하며 "역사 속의 회 심"(conversion-in-history)을 강조하는 짐 월리스(Jim Wallis)의 말이 큰 울 림으로 다가오는 것은 그런 이유 때문입니다.

월리스가 한 말은 인간의 자기중심성을 옹호해온 그동안의 성경 읽기 로부터 탈피해야 함을 의미합니다. 성경은 우리가 단지 착하고 성실하게 살도록, 그리고 아무리 힘들어도 하나님의 은혜를 의지하도록 격려하는 좋은 말들이나 교훈들의 모음집이 아닙니다. 성경은 분명 개인 구원을 위 한 지침뿐 아니라 개인이 "구원적 삶"을 향유할 수 있는 사회 구원을 위한 지침도 제시하고 있습니다. 예를 들어 신명기 15:11에 관한 해석을 생각 해볼 수 있습니다.

땅에는 언제든지 가난한 자가 그치지 아니하겠으므로 내가 네게 명령하여 이르노니 너는 반드시 네 땅 안에 네 형제 중 곤란한 자와 궁핍한 자에게 네 손을 펼지니라(신 15:11, 개역개정).

신명기 15:11은 종종 가난한 자가 있다는 것을 불가피한 사회적 현실로 수긍하는 사람들이 선호하는 말씀이 되었습니다. 그러나 히브리어 성경을 보면 생각지 못했던 뉘앙스가 발견됩니다. "땅에는"에 해당하는 히브리어를 직역하면 "땅의 가운데로부터"입니다. "그치지 아니하겠으므로"에 해당하는 히브리어는 "끊어져서는 안 된다"로 직역됩니다. 따라서 이 말씀을 다음과 같이 읽을 수 있습니다.

언제든지 가난한 자가 땅으로부터(땅에서 나는 소출로부터) 끊어져서는 안 된다. 내가 네게 명령하여 말한다. 너는 네 땅 안에 있는 네 형제 중 곤핍한 자와 가난한 자에게 네 손을 반드시 벌려야 한다.

이처럼 신명기 15:11은 우리에게 사회적 가난을 현실로 받아들이도록 권유하거나 가난한 자에 대한 책임으로부터 우리 자신을 면제해주는 말씀이 아니라, 오히려 가난한 자에 대해 적극적인 책임을 지도록 촉구하는 말씀입니다. 이처럼 성경 안에는 아브라함을 부르셔서 그와 그의 후손으로 하여금 "여호와의 도를 지켜 의와 공도를 행하게"(창 18:19, 개역개정) 하시려는 하나님의 뜻이 계속해서 나타나고 있습니다. 저는 이러한 본래적 관점에서 성경을 읽는 것을 성경의 "공적 읽기"(public reading)로 부르고자 합니다.

오늘날 "공공성"은 사회 전반에 걸쳐서 중요한 화두가 되고 있습니다.

예를 들어 교육의 공공성, 언론의 공공성, 예술의 공공성이 거론되고 있으며, 무엇보다 종교의 공공성, 특히 교회의 공공성이 사회적 관심사로 대두되고 있습니다. 그래서 의식 있는 교회는 지역사회를 위해 주차장 개방과 같은 여러 사회복지사업을 펼치고 문화사역, 교육사역, 의료사역 등을 통해 지역사회와 소통하려고 노력합니다. 그런데 최근 기독교 세계관을 다룬 명저를 출간한 낸시 피어시(Nancy Pearcey)는 다음과 같이 말합니다. "오늘날 교회가 초대교회의 역동적인 영향력을 원한다면 집회와 전도, 음식과 약을 나누어주는 긍휼사역의 차원을 넘어서 초대교회가 했던 일을 해야 한다. 그것은 현대의 지배적인 이데올로기들을 연구하고 비판하고 변용해 받아들이면서 극복하는 법을 배워야 한다." 다시 말해 이 시대의 교회와 그리스도인들이 초대교회적 영향력 및 역동성을 회복하려면 편린적 실천 이전에 "세계관적 접근"을 해야 한다는 것입니다. 즉 교회의 공공성을 지속적으로 확보하고 추동할 수 있는 세계관을 확립해야 한다는 말입니다.

그런데 사실 성경이야말로 "공공성"의 보고(寶庫)입니다. 성경은 하나님께서 이스라엘 민족을 통해 하나님 나라의 공공성을 "땅" 위에 실현하려 했던 역사와 그 본질적인 틀을 기록하고 있습니다. 그런데도 오랫동안 교회는 성경을 사적인, 그리고 개인의 신앙적인 차원에서만 읽고 해석함으로써 성경의 "공적 읽기"가 주는 풍부한 유산과 함의(含意)를 놓치는 경우가 많았습니다. 이제부터 저는 성경의 공공성에 기초한 "공적 읽기"를 제시하면서 신구약성경에 면면히 흐르고 있는 공공성이 어떤 것인지를 살펴보고자 합니다. 이러한 성경 읽기를 통해 오늘날의 기독교 신학과 신앙이 교회 및 사회의 공공성을 회복시키는 원천 역할을 감당할 수 있는 길을 모색해보려고 합니다.

흘러간 노래 중에 "I owe you"라는 노래가 있습니다. 저의 인생은 말할 것도 없고 졸저 한 권이 나오기까지도 수많은 분에게 빚지고 있습니다. 스승이신 김회권 교수님의 제자 사랑과 가르침에 늘 빚지며 살아왔습니다. 사랑하는 아내와 딸 샘물, 아들 요한에게 진 빚은 일생에 걸쳐 갚는다고 해도 다 갚을 수 없을 것입니다. 본서의 출간을 흔쾌히 허락해주신 새물결플러스의 김요한 대표님과 졸고의 편집을 위하여 헌신적인 수고를 해주신 조광수 선생님과 편집부 사역자님들께 깊은 감사의 마음을 전합니다.

2017년 12월

숭실대학교 앞 서재에서 저자

제1장

서론

1.1. —— 연구 동기와 목적

프란시스 쉐퍼(Francis A. Schaeffer)는 "교회는 세상을 향한 기독교 최후의 변증"이라는 말을 했다.[1] 그런데 우리는 한국교회의 난맥상으로 인한 사회적 비난이 봇물 터지듯 나오는 안타까운 시점에 서 있다.

아직도 한국교회 내에는 주 예수 그리스도가 선포한 하나님 나라 복음 대신에 근거 없는 천당구원론과 교회성장론이 맹위를 떨치고 있다. 예수 믿고 복 받아 잘살아보겠다는 기복적 결의와 죽어서는 천당 가려는 소시민적 열망이 교회를 요란하게 만들고 있다. "하나님이 세상을 통치하신다"는 하나님 나라 복음이 잘 들리지 않고 이 세상 모두가 하나님 나라 아래 거룩하게 복속될 환상도 보이지 않는다.[2]

기득권적 권력에 취한 몇몇 교회는 목회세습을 상식화하고, 외적인 확장을 위해서 무리하게 성전을 건축하며, 심지어 목회자의 봉건적 권

---

1) Francis A. Schaeffer, 『20세기 말의 교회』, 김재권 역 (서울: 생명의말씀사, 1972), 195.
2) 김세윤·김회권·정현구, 『하나님 나라 복음』 (서울: 새물결플러스, 2013), 17.

위의식으로부터 비롯된 각종 부패와 비리를 저지름으로써 교회 안팎의 조소와 비판에 직면해 있다. 물론 이런 현상의 근원에는 라인홀드 니버(Reinhold Niebuhr)가 말한 대로 인간의 자기중심성(ego-centricity)이 있다. 이러한 자기중심성을 극복하고 교회 안팎에서 하나님 나라를 이루어가려면 우리는 현상에 관한 피상적인 논의나 진단을 넘어 신학 및 실천에서 더욱 근원적인 되새김질을 해야 한다. "하나님은 개인적인(personal) 분이시지만 사적인(private) 분은 아니다"[3]라고 고백하며 "역사 속의 회심"(conversion-in-history)[4]을 주장한 짐 월리스(Jim Wallis)의 말이 큰 울림으로 다가오는 때다. 이러한 견지에서 성경이 보여주는 이스라엘 역사는 이 시대의 교회와 사회가 나아가야 할 방향을 지시해주는 가장 탁월한 이정표가 될 수 있다. 특히 기원전 8세기 이스라엘의 사회경제적 배경 속에서 울려 퍼졌던 예언자들의 목소리는 오늘날의 교회뿐 아니라 신자유주의 경제체제의 거대한 물결 속에서 허우적거리는 이 시대를 향해서도 근원적인 경종을 울리고 있다.

마이클 프로스트(Michael Frost)와 앨런 허쉬(Alan Hirsch)가 지적했듯이 "역동적이고 혁명적이며 사회적이고 영적인 운동이었던 서구 기독교는 구조와 사제조직과 성례식을 갖춘 종교제도"가 되어버렸다.[5] 그 결과 교회는 영향력을 상실한 채 세상에서 점점 주변화 되어가고 있다. "오늘날 무엇이 우리의 신앙을 사사화(privatization) 시켜버렸는가?" 이 질문 앞

---

3)   Jim Wallis, 『그리스도인이 세상을 바꾸는 7가지 방법』, 배덕만 역 (파주: 살림, 2009), 90.

4)   Wallis, 『회심』, 정모세 역 (서울: IVP, 2008), 24.

5)   Michael Frost and Alan Hirsch, 『새로운 교회가 온다』, 지성근 역 (서울: IVP, 2009), 27.

구약 예언서의 공공신학

에서 우리는 기원전 8세기 예언자들의 신학이 던져주는 빛에 기대어 새로운 출구를 모색해보고자 한다. 아브라함 헤셸(Abraham J. Heschel)은 예언자들의 공적 사명(공공성)을 다음과 같이 요약한다.

> 예언자들이 그들의 관심을 집중한 세계는 천상의 신비로운 세계가 아니라 장터에서 벌어지는 사건들이다. 저 너머에 있는 영적인 실재들이 아니라 사람들의 삶이요, 영원한 영광이 아니라 사회의 병폐다. 그들은 궁핍한 사람들을 짓밟고 가난한 사람들을 파멸시키는 자들에게, 그리고 가짜 저울로 곡가를 조작하고 못쓰게 된 곡물을 파는 자(암 8:4-6)들에게 비난의 말을 퍼붓는다. 예언자들의 귀가 듣는 것은 하나님의 말씀이지만 그 말씀 속에 담겨 있는 것은 세상을 향한 하나님의 관심이다.[6]

도로테 죌레(Dorothee Sölle)가 시사했듯이 예언자적 비판은 이스라엘 백성으로 하여금 자신들을 끊임없이 비통에 빠지게 만드는 사람들로부터, 그리고 자신들의 요구를 들어줄 능력도, 그런 요구에 반응을 보일 기색도 없는 사람들로부터 돌아서게 하는 것이었다. 또한 무엇보다 역사란 외치는 것이고 그 외침이 들려짐으로써 이루어지는 것이다.[7]

한편 클라우스 코흐(Klaus Koch)는 다음과 같이 진술한다. "기원전 9세기부터 7세기까지 고대 근동 종교들에서 예언자들의 활동이 있었다는 것은 사실이다. 그 이후의 시대에는 그러한 사람들에 관한 기록이 더 이

---

6) Abraham J. Heschel, *The Prophets* (New York: Harper & Row, 1962), 364.

7) Walter Brueggemann, *The Prophetic Imagination* (2nd ed.; Minneapolis: Fortress Press, 2001), 13.

상 없다. 기원전 9-7세기는 이스라엘의 예언이 절정에 이르렀던 시기와 일치한다. 그 후로는 이스라엘 역사에서도 예언이 사라진다."[8] 사실 고대 근동의 신탁대언자들에 관한 기록은 북부 시리아에서 발견된 기원전 23세기의 에블라(Ebla) 문서로까지 소급된다. 또한 고고학자들은 유프라테스 강변, 곧 오늘날의 시리아와 이라크의 경계선 지역에 있는 마리(Mari)에서 기원전 18세기 무렵의 왕궁 문서 보관소(Royal Archive)를 발견하였는데, 거기서 발굴된 20개 이상의 공문서(official letters)는 예언적인 인물들에게 주어진 환상과 구술 메시지에 대해 보고하고 있다.[9] 고대 근동의 신탁대언에 관한 이러한 증거는 한편으로는 기원전 9-6세기에 활동했던 이스라엘 예언자들에 관한 우리의 이해를 더욱 복잡하게 만들었고, 다른 한편으로는 그들의 정체성을 더욱 뚜렷하게 드러내는 데 기여했다. 많은 학자가 "히브리식 예언은 이스라엘에만 국한되어 있지 않다. 그것은 전 세계적으로 나타나는 현상이다"라고 주장하는데, 스콧(W. Scott)도 역시 다음과 같이 주장한다. "매우 오래전부터 영감이라는 주제에 대한 이집트인, 히브리인, 그리스인의 생각은 대단히 유사하다. 로마 제국 시대에는 이방인, 유대인, 그리스도인 모두가 비슷한 용어를 사용해 영감에 대해서 말했다."[10] 이와는 반대로 에른스트 젤린(Ernst Sellin)은 "그 어떤 고대 동양 종교에서도 이스라엘 문서 예언자들에게서 발견되는 계시와 조금이라도 유사한 것을 발견할 수 없다"라고 말하면서 이스라엘 종교의 독특성을

---

8) Klaus Koch, *The Prophets, vol. 1: The Assyrian Period,* tr. Margaret Kohl (Philadelphia: Fortress Press, 1982), 12.

9) Koch, *The Prophets, vol. 1: The Assyrian Period*, 9.

10) Heschel, *The Prophets*, 447.

주장한다.[11]

그러나 코흐가 주장한 바와 같이 비록 이스라엘 종교가 그 주변의 고대 세계로부터 완전히 독립된 것이라고는 할 수 없고, 고대 근동의 복잡한 종교사적 영향을 분명히 받았지만, 시간이 지남에 따라 자신만의 독특한 내용을 갖게 됨으로써 주변의 고대 세계와 점차 결별하기 시작했다고 보아야 할 것이다.[12] 그런데 이스라엘 종교, 곧 야웨 종교의 이러한 변천에 가장 큰 영향을 준 것은 예언자들의 "공공성"(publicness; Öffentlichkeit)이었다. 이스라엘의 참된 예언자들은 야웨의 신정통치에 순응하는 토라적 신정통치의 이상적인 대리자들(왕, 관리, 재판관 등)을 꿈꾸었다. 그들은 야웨 종교의 탁월한 "공공성"을 국가적 차원에서 실현하기 위한 윤리적 이상주의(ethical idealism)에 헌신하였다. 고대 근동의 신탁대언자들이나 이스라엘의 거짓 예언자들은 왕가의 통치 이념과 체제 안정을 위해서 복무했다. 하지만 이스라엘의 참된 예언자들은 토라적 공공성을 회복할 "야웨의 나라"를 건설하기 위해서는 엘리트 지배계층의 착취와 부패의 고리를 끊어야 함을 직시했기 때문에 지배계층을 신랄하게 비판했다. 이러한 예언자들의 활동은 기원전 8세기 중반 이후에 더욱 격화되고 심화되었다.

---

11) Heschel, *The Prophets*, 448.

12) Koch, *The Prophets, vol. 1: The Assyrian Period*, 11. Yechezkel Kaufmann은 이스라엘 종교가 고대 근동의 역사적·문화직·종교적 진례상 그 유비를 찾을 수 없는 독특한 혁신임을 주장하면서도 그것이 탈역사적 신화는 결코 아니라고 한다. 이스라엘 종교 역시 이교도적 자료를 도입하거나 공유하였으나 그것을 완전히 새롭게 변형시켰으며 이 변혁의 내용 및 방향이 모세에게 주어진 야웨의 초월적인 계시의 힘이라고 본다(Kaufmann, *The Religion of Israel* [Chicago: Chicago University Press, 1965], 229).

　　여기서 주목해야 할 것은 이러한 이스라엘 예언자들의 예언 활동에 담긴 공공성의 핵심에 "약속의 땅"(The land of promise)이 있다는 점이다. 일찍이 폰 라트(G. von Rad)는 양식비평적 연구를 통해 신명기 26:5-9이 이스라엘이 야웨와 맺은 언약의 알짬이 되는 역사적 신조(The short historical creed)라는 것을 통찰하였다. 그는 "야웨가 방랑하는 아람 사람(a wandering Aramean)이었던 이스라엘의 조상을 젖과 꿀이 흐르는 땅(가나안)으로 인도하셨다"라고 "땅의 선물성"을 강조한다. 땅을 차지하고 그 땅에 거하는 것이 언약의 증거이자 구원의 선물이다.[13] 언약 백성(Covenant People)의 준거는 "땅에 정착한 백성"(Landed People)이다. 언약 백성은 "약속의 땅에 정착해서 사는 백성"이고, 그들이 곧 "암 카도쉬"(עַם קָדוֹשׁ)로서의 자유농민이었다. 구약성경에서 땅 혹은 땅 위에서 정착해 사는 것은 이스라엘이 추구하는 공동체적 구원 경험의 거의 궁극적인 형태다. 반(半)유목민이었던 이스라엘 백성이 "땅"에 정착해 사는 것은 구원이었고 안식이었다. 구약성경은 안식을 단순히 "마음의 평화"로 결코 영성화하지 않는다. 땅은 하나님의 직접적인 선물(direct gift)이었다. 이 선물은 이스라엘이 주변의 대적들로 인하여 재앙을 당하고 방랑하면서 겪었던 연약함을 통과한 후에야 그들에게 수여된 평화였다.[14] 야웨 종교의 공공성의 바탕은 "땅 신학"이며 그 땅 위에 사는 "하나님의 형상"으로서의 백성들 사이에서 이루어지는 평등주의다. 이러한 야웨 종교의 이념은 "토라"(Torah)

---

13)　G. von Rad, *Old Testament Theology, vol. 1* (Louisville: Westminster John Knox Press, 1962), 296-305.

14)　von Rad, *The Problem of Hexateuch and Other Essays* (London: SCM Press, 1984), 95.

　　　　　　　　　　　　　　　　　　　　구약 예언서의 공공신학

안에서 여러 법전을 통해 축적되고 정리되어 "토라적 공공성"의 근간을 형성하게 된다. 이스라엘의 참된 예언자들, 특히 기원전 8세기 이후의 예언자들은 바로 이러한 "토라적 공공성"에 기초하여 야웨 종교의 공공성을 회복시키기 위해 고난 받기를 자처한 사람들이었다. 결국 "선물로서 주어진(royal grant) 땅"이 야웨 종교의 중심에 있었던 것이다.

그런데 이스라엘의 왕정(王政)이 시작되면서부터 야웨 종교의 공공성에 어두운 그림자가 드리워지기 시작했다. 야웨의 신정통치 대리자로서의 이상왕적 규례(참조. 신 17:14-20)에 순응했던 다윗의 시대가 지나자 이러한 문제가 곧 불거지기 시작했다. 솔로몬은 성전을 건축하면서(왕상 5-6장) 두로(페니키아)의 히람 왕의 도움을 받았는데, 이것은 사무엘과 다윗의 시대에서는 억제되었던 바알 종교(Baalism)의 유입을 촉진하는 불안한 간주곡(間奏曲)이었다. 이러한 간주곡은 13년 동안 진행된 왕궁 건축으로 증폭되었다(왕상 7:1-2). 마침내 솔로몬은 군사적·경제적 요충지인 하솔, 게셀, 그리고 므깃도에 성을 쌓는 등(왕상 9:15) 대대적인 건축과 토목사업을 벌이게 된다. 이는 곡창 지대에 대한 군사적 보호 정책임과 동시에 곡창 지대의 농토에 대한 왕실의 지배 강화 정책이기도 했다. 이러한 대대적인 공사는 필연적으로 도시화와 계층화를 촉진하였다. 또한 왕권의 강화로 인해 전통적인 세습토지제도(patrimonial domain)는 수녹토지제도(prebendal domain)로 전환되기 시작했다. 기원전 8세기 초중반 주변 강대국들의 일시적인 약화에 따른 남북 왕조의 왕권 강화와 수녹토지 소유권의 본격적인 확대, 그리고 국제 무역의 발달에 따른 비교우위 농작물 위주의 집약농업과 대토지 소유주의 등장은 전통적인 이스라엘 자유농민의 세습토지소유권을 무너뜨림으로써 자유농민의 몰락을 가속화시켰다. 이 시기의 예언자들은 이러한 지배계층의 탐욕, 야웨적 평등주의 (egalitarianism) 통치질서에 대한 도전, 지배계층으로부터 뇌물을 받고 그들과 결탁함으로써 그들의 보호막으로 전락한 성문 앞 법정, 술에 취해 비틀거리며 사치와 향락에 빠진 지배계층, 그리고 지배계층과 결탁한 종교지도자들의 타락을 목격했고 또한 이를 고발했다. 더 나아가 예언자들은 그러한 상황에도 불구하고 야웨를 의지하지 않고 강대국과의 동맹 외교를 통해 자신들의 안전을 도모하려는 왕실을 강하게 비판했다.

한편 남북 왕국의 분열 이후 북이스라엘은 종교적으로 급격하게 바알 종교화 되어가고 있었다. 사마리아에서 바알 성전이 세워졌고(왕상 16:32 -33) 야웨 성전은 없어졌음이 확실하다.[15] 그런데 여기서 주목해야 할 것은 바알 종교가 하나의 종교였을 뿐 아니라 일종의 통합된 사회경제체제 이기도 했다는 사실이다. 풍요와 다산의 신(神)인 바알을 숭배한다는 것은 경제적 풍요, 다산, 그리고 왕실의 번영을 신적인 가치로 여긴다는 것과 같다. 이러한 바알 종교는 더 풍요롭고 부유한 사회를 만들기 위해 하나님과 언약 관계에 있었던 이스라엘 자유농민들의 땅을 대지주에게 귀속시켜 그들을 소작농이나 채무 노예로 전락시키는 데 거리낌이 없었다. 바로 이것이 바알과 아세라 숭배의 사회경제적 함의라고 할 수 있다. 결국 바알 숭배로 인해 "약속의 땅"으로써 매개되는 야웨 종교의 공공성은 무너졌다. 이것이 남북 왕조가 하나님의 심판을 받게 된 결정적인 원인 이었다. 바로 이런 시대에서 고대 이스라엘 예언자들은 "토라적 공공성"

---

15) von Rad, *Old Testament Theology, vol. 2* (Louisville: Westminster John Knox Press, 1965), 16.

으로 돌아가기를 부르짖었다. 그들은 이러한 사회경제적 상황 속에서 이스라엘이 하나님의 백성(언약 백성)으로서 존재하는 데 필요한 "땅"의 신앙적 함의를 간파했고 이를 위협하는 지배계층에 대항했다. 고대 이집트의 예언적 문서인 "이퓨워(Ipuwer)의 경고"에서 나타나듯이 비록 고대 근동 신탁대언자들의 예언 활동도 상당한 정도의 공공성을 보여주었지만, 그들이 이스라엘 예언자들처럼 공공성을 지키기 위해서 지속적으로 수난을 자처하지는 않았다.

특히 기원전 8세기 이스라엘의 사회경제적 상황이 오늘날 우리가 맞닥뜨리고 있는 압제적인 양극화 경제체제의 시원(始原)이라고 해도 과언은 아닐 것이다. 다만 그 당시와 오늘날 사이에 차이점이 있다면, 그것은 고대 이스라엘의 토라적 공공성의 핵심이었던 "땅"이 오늘날에는 "자본"으로 등치되었다는 점뿐이다. 우리가 사는 이 시대는 신자유주의 경제질서 아래에서 무한 경쟁을 부추기는 약육강식과 적자생존의 야수성 때문에 신음하고 있다. 그러나 한국교회는 1970-1980년대의 개교회 성장주의와 기복신앙의 영향에서 벗어나지 못한 채 교회의 공공성을 상실함으로써 이런 시대적 상황에 대해서는 아무런 대안을 제시하지 못하고 있다. 따라서 고대 이스라엘의 참된 예언자들, 특히 기원전 8세기 예언자들의 공공성을 고찰하는 작업은 오늘날의 교회를 위한 커다란 디딤돌이 될 것이다.

서구 신학계에서는 이러한 신자유주의와 관련된 새로운 질서와 상황에 대처하기 위해 이미 1980년대 초반부터 "공공신학"(public theology)[16]

---

16) "public theology"라는 용어는 다양하게 번역되어왔다. 우리나라에서는 "대중신학"으로

이라는 명칭으로 활발한 연구가 진행됐다. 그러나 우리나라에서는 21세기에 접어들어서야 비로소 "공공신학"을 소개하는 책들이 발간되고 있는 실정이다. 그런데 이러한 연구 동향을 살펴보면 공공신학의 선구자인 디트리히 본회퍼(Dietrich Bonhoeffer), 칼 바르트(Karl Barth), 라인홀드 니버(Reinhold Niebuhr), 위르겐 몰트만(Jürgen Moltmann), 볼프강 후버(Wolfgang Huber), 던컨 포레스터(Duncan Forrester) 같은 신학자들, 그리고 몇몇 해방신학자를 거론하는 것이 통상적이다. 또한 좀 더 원류적인 뿌리인 월터 라우셴부쉬(W. Rauschenbusch) 같은 사회복음주의자들과 19세기 기독교 사회주의자들을 거쳐 16세기 종교개혁자들, 그리고 더 나아가서 초대교회로까지 거슬러 올라가기도 한다. 그런데 그동안의 공공신학 연구는 주로 조직신학이나 교회사, 기독교 윤리학적 관점에서 이루어져 왔고 성서신학적 관점에서 공공신학을 체계적으로 조망한 경우는 드물었다. 이 책은 바로 이 점에서 차별화를 시도한다. 물론 우리가 그것을 굳이 공공신학이라는 현대적 용어를 빌려 거론할 필요는 없을지라도 구약성경에 나타나는 공공성을 추적하고자 하는 것이다.

이제부터 "고대 근동과 이스라엘 예언자들은 어떤 사람들이었는가?", "그들의 예언 활동의 성격과 특징은 무엇이었는가?", "그들의 공공성은 무엇에 근거한 것이었으며 어떻게 발전하였는가?", "기원전 8세기 이스라엘 예언자들의 현저한 공공성은 어떤 상황에서 유래했으며 이스라엘 종교에 어떤 영향을 주었는가?" 같은 주제에 천착하면서 이스라엘 예언자들

___

번역되기도 하고(Max L. Stackhouse, 『대중신학과 정치경제학』, 김수영 역 [서울: 로고스, 1991]) "공적신학"이라고 번역되기도 한다(이형기, 『하나님 나라와 공적 신학』 [파주: 한국학술정보, 2009]). 이 책에서는 "public theology"를 "공공신학"으로 명명한다.

　　　　　　　　　　　　　구약 예언서의 공공신학

의 "공공성"을 고찰할 것이다. 특히 공공성에 대한 요구가 그 절정에 이르렀던 기원전 8세기 예언자들의 예언 활동에 집중하고자 한다. 이러한 예언자들의 공공성의 알짬은 "경제적 공공성"에 집약되어 있다. 따라서 이 책에서는 고대 이스라엘의 참된 예언자들의 "경제적 공공성"을 살펴보되, 그 근거가 되는 "토라적 공공성"을 추적하고 정의해보고자 한다. 또한 이를 바탕으로 오늘날 이 땅의 교회가 신자유주의 사회경제체제와 질서 안에서 추구해야 할 "공교회"의 역할을 조망해보고자 한다.

1.2. —— 연구 범위와 방법

기원전 8세기 이스라엘 예언자들의 경제적 공공성을 논하기 위해서는 여러 단계의 연구가 필요하다. 첫째, 역사비평적 관점에서 고대 이스라엘 예언자들을 고찰한 학자들을 살펴봄으로써 예언 개념과 예언자의 정체성에 관한 연구가 어떻게 진행되어왔는지를 파악해야 한다. 이와 더불어 기원전 8세기 예언자들의 공공성에 관한 사회경제적 측면의 연구, 그리고 그들의 공공성을 실천하기 위한 근현대의 주요 연구도 정리해야 한다.

둘째, "공공성" 개념 및 공공신학의 흐름과 정의를 고찰할 필요가 있다. 고대 예언자들의 공공성을 연구하기 위해서는 먼저 공공성 개념의 의미를 살펴보아야 한다. 이를 위해 독일 헌법학자인 루돌프 스멘트(Rudolf Smend)와 국내 법학자인 조한상의 공공성 이론에 착안하여 공공성을 구성하는 세 가지 요소, 즉 인민(*populus*), 공공복리(*salus publica*), 그리고 공개성(Publizität)에 비추어 기원전 8세기 예언자들의 공공성을 분석하고자 한다. 또한 종교개혁자들, 아브라함 카이퍼(Abraham Kuyper),

디트리히 본회퍼(Dietrich Bonhoeffer), 칼 바르트(Karl Barth), 라인홀드 니버(Reinhold Niebuhr) 등의 논의를 살펴봄으로써 공공신학의 역사적 흐름과 정의를 정리하고자 한다.

셋째, 토라적 공공성을 고찰해야 한다. 구약성경, 특히 토라를 어떻게 보아야 하느냐는 문제는 오랫동안 쟁점이 되어 왔다. 토라 안에는 수많은 설화와 법률이 포함되어 있으며, 시(모세의 찬양시[출 15:1-18], 미리암의 노래[출 15:19-21] 등), 예언(발람의 예언[민 23:7-24:25]), 그리고 각종 계약도 나타난다. 그런데 학자들은 토라의 법률(율법)에서 세 가지 법전(Code)을 주목한다. 그것은 계약법전(Covenant Code, 출 20:22-23:33), 신명기법전(Deuteronomic Code, 신 12-26장), 그리고 성결법전(Holiness Code, 레 17-26장)이다. 이 세 가지 법전의 형성 시기에 대해서는 오랫동안 논쟁이 있었고 학자마다 상당한 견해 차이가 있다. 이 책은 계약법전과 신명기법전의 형성 연대를 연구하여 그 이른 기원(early origin)을 추적할 것이다. 이것은 그라프-벨하우젠(Graf-Wellhausen) 이후의 "율법은 예언보다 나중이다"라는 기존 가설을 논박함으로써 계약법전과 신명기법전이 기원전 8세기 예언자들의 공공성에 큰 영향을 준 "토라적 공공성"의 근간이 되었음을 고찰하는 작업이다. 또한 이 두 법전 안에 나타나는 "땅 신학"에 주목하여 야웨가 수여하는 선물로서의 땅이 "토라적 공공성"의 기초임을 살펴보고자 한다. 바빌로니아 포로기라는 쓰라린 역사적 경험을 겪었던 이스라엘은 희년제도를 통해 땅 신학을 구현하려 했다. 이러한 신학과 신앙의 실천적 노력은 구약성경 안에 면면히 흘러들어 구약성경을 "공공신학적 텍스트"로서 손색이 없는 것으로 만들었다. 우리는 계약법전과 신명기법전의 발전 과정 및 이에 기초한 기원전 8세기 예언자들의 에토스

(ethos)와 헌신을 볼 수 있을 것이다.

넷째, 야웨 종교가 주술적 영향에서 벗어나 공공성의 종교로 발전하게 된 과정을 이해해야 한다. 코흐가 말한 대로 고대 근동 종교가 야웨 종교에 끼친 복잡한 영향을 배제할 수 없으므로 우리는 고대 근동 종교의 특성을 연구하되, 그것을 특히 사회경제적 차원에서 고찰할 필요가 있다. 예언자들이 고대 이스라엘에만 있었던 것은 아니다. 막스 베버(Max Weber), 로버트 윌슨(Robert R. Wilson), 토마스 오버홀트(Thomas W. Overholt) 같은 학자들은 전 세계적으로 분포했던 예언자(prophet), 영매(medium), 마법사(witch), 마술사(sorcerer), 샤만(shaman), 그리고 점쟁이(diviner)와 관련된 종교적 현상 및 이러한 중재자들의 사회학적 정체성을 연구했다.[17] 우리는 야웨 종교의 예언자들 및 고대 근동 종교의 중재자들을 고찰하면서 야웨 종교가 주술적 종교의 영향에서 벗어나 공공성의 종교로 발전해가는 과정을 이해하게 될 것이다. 이를 위해 이스라엘 예언자들의 예언과 야웨 종교 밖에 있는 신탁대언자들의 발언을 분석하고 비교함으로써 둘 사이의 차이에 집중하고자 한다. 먼저 우리는 고대 근동의 예언적 문서들의 내용을 연구할 것이다. 그리고 기원전 9세기부터 8세기까지 활동했던 이스라엘의 대표적인 예언자들을 연구할 것이다. 이를 통해 이스라엘 예언자들의 공공성이 기원전 9세기부터 8세기까지 어떻게 진전되었는지를 살펴볼 수 있을 것이다. 이들의 예언 활동은 시대적 필요

---

17) 이에 대한 연구는 다음을 참조하라. Thomas W. Overholt, *Prophecy in Cross-Cultural Perspective: A Source Book for Biblical Researchers* (Atlanta: Scholars Press, 1986); Robert R. Wilson, *Prophecy and Society in Ancient Israel* (Philadelphia: Fortress Press, 1980); Max Weber, *The Sociology of Religion* (Boston: Beacon Press, 1964).

의 산물이었다. 그러므로 이 시기의 이스라엘의 사회경제적 정황과 예언
자들의 활동을 연계하여 추적해보아야 한다. 이를 통해 우리는 고대 이
스라엘의 예언자들, 특히 기원전 8세기 예언자들의 탁월한 공공성에 관
한 이해의 바탕을 마련하게 될 것이다. 또한 그들의 "공적" 활동 무대가
되었던 도시 성문도 연구할 것이다. 왜냐하면 이스라엘의 도시화 및 계
층화는 사회경제적 변화와 밀접하게 관련되었기 때문이다. 따라서 이 책
은 이미 수많은 노고를 통해 고대 근동의 예언적 문서들을 수집하고 정리
한 선학(先學)들에게 빚지고 있다.[18] 우리는 이러한 텍스트와 성경 본문을
연구함으로써 기원전 8세기 이스라엘 예언자들이 보여주었던, 고대 근동
종교의 공공성과 차별화된 탁월한 공공성을 살펴보고자 한다.[19]

다섯째, 토라적 공공담론으로서의 기원전 8세기 예언서를 고찰해야
한다. 텍스트는 콘텍스트와의 상호작용의 최종적인 산물이다. 따라서 이
책은 텍스트에 집중하고자 한다. 이 책은 기원전 8세기의 대표적인 예언
서들인 호세아서, 아모스서, 이사야서, 그리고 미가서의 본문을 연구함으
로써 기원전 8세기 예언자들의 발언에 담긴 현저한 공공성에 주목하고

---

18) 이 책에서는 다음과 같은 책들 안에 정리된 고대 근동의 문서들 중 예언자들의 신탁에
     관련된 내용을 발췌하여 살펴볼 것이다. J. B. Pritchard, *Ancient Near Eastern Texts
     Relating to the Old Testament*, (3rd ed.; Princeton: Princeton University Press,
     1969); Martti Nissinen, *Prophets and Prophecy in the Ancient Near East*, ed. Peter
     Machinist (Atlanta: Society of Biblical Literature, 2003); W. K. Simpson, *The Liter-
     ature of Ancient Egypt: An Anthology of Stories, Instructions, Stelae, Autobiogra-
     phies, and Poetry* (3rd ed.; New Heaven & London: Yale University Press, 2003).
19) 암 7:10-13에는 여로보암 2세 때 활동했던 벧엘의 제사장 아마샤가 아모스의 예언 활동
     을 방해하는 장면이 나온다. 예언자들의 공공성은 그들이 참된 예언자임을 보여주는 중요
     한 표식이기도 하다.

                                                구약 예언서의 공공신학

자 한다. 이를 위해서 다른 시대에 활동했던 이스라엘 예언자들, 특히 대표적으로 기원전 9세기 예언자인 엘리야에 관한 선행 연구가 필요한 것이다.

여섯째, 기원전 8세기 이스라엘 예언자들의 토라적 공공성과 구약성경의 공공신학을 논해야 한다. 먼저 우리는 앞 장들에서 고찰한 "토라적 공공성"에 비추어 기원전 8세기 이스라엘 예언자들의 공공성을 평가하고 그 적용을 모색할 것이다. 또한 기원전 8세기 이스라엘 예언자들을 헨리 조지(Henry George)와 토마 피케티(Thomas Piketty)의 경제사상에 비추어 봄으로써 "토라적 공공성"이 현대 사회에서 어떻게 적용될 수 있을 것인지에 관한 고민을 공유하고자 한다. 그리고 토라의 형성과 예언자들의 활동 등을 포함한 오랜 역사적 과정을 통해 형성된 구약성경의 현저한 공공성을 조명하면서 구약성경이야말로 공공신학의 진정한 텍스트임을 주장할 것이다.

요컨대 이 책은 역사적, 주석적, 사회과학적, 그리고 비교문헌학적 연구방법론을 활용하여 여러 단계의 연구를 수행할 것이다. 이러한 학제간 연구(interdisciplinary studies)는 기원전 8세기 이스라엘 예언자들의 공공성의 근간이 된 "토라적 공공성"을 오늘날의 한국교회와 사회를 위한 실천적 이정표로 삼는 통로 역할을 하게 될 것이다.

제2장

연구사

고대 이스라엘 예언자들의 공공성은 정치적·경제적·군사적·사회적·종교적 상황과 결부된다. 그런데 최종적으로는 이 모든 것이 경제적 요인으로 집약된다. 결국 경제적 요인이 모든 예언 활동을 촉발시킨 알짬이다. 따라서 이 책은 기원전 8세기 예언자들과 그들의 예언에 관한 연구사를 정리하면서 경제적 요인을 다룬 연구를 가장 중점적으로 소개할 것이다. 하지만 그전에 역사비평적 관점에서 고대 이스라엘의 예언자들을 연구한 학자들을 간략히 살펴봄으로써 예언 개념과 예언자의 정체성에 관한 연구가 어떻게 진행되어왔는지를 논하고자 한다.

지난 수 세기 동안 예언서들의 여러 분야에 관한 많은 연구가 수행되었지만 학자들 사이에 의견 일치를 이룬 분야는 거의 없다시피 하다. 또한 성경에 기록된 예언에 관한 과학적 연구가 학계에 처음으로 도입되었을 때 제기되었던 문제 중 대다수가 오늘날에도 여전히 미해결 상태로 남아 있다.

유대교에서 예언서는 율법과 관련하여, 그리고 예언자는 율법 전승자로 이해되어왔다. 이러한 견해에 따르면 이스라엘의 삶에 필요한 모든 가르침은 시내산에서 이미 계시되었으므로 예언자들의 메시지는 전혀 새로운 것이 아니며, 계시의 시대는 마지막 예언자의 죽음으로써 마감된다. 사실 종교개혁자인 마르틴 루터(Martin Luther)도 "예언은 율법의 설명에 지나지 않는다. 달리 말하면 예언은 율법의 (현재적) 실천과 적용이다"라고 주장함으로써 유대교의 입장에서 크게 벗어나지 않았다.[1] 그러나 그후 전통적인 기독교의 견해는 예언자들을 그리스도를 예견하거나 그의 길을 예비한 사람들로 간주하였다(E. W. Hengstenberg; J. Hofmann).[2]

그런데 예언자들에 관한 해석은 19세기에 이르러 중요한 변화를 겪게 된다. 베른하르트 둠(Bernhard Duhm)이 1875년에 출간한 『이스라엘 종교의 내적 역사 발전을 위한 토대로서의 예언자들의 신학』(*Die Theologie der Propheten als Grundlage für die innere Entwicklungsgeschichte der Israelitischen Religion*)은 예언 연구의 새로운 지평을 열었다. 그는 헤겔의 역사철학의 영향을 받아 이스라엘 종교의 발전 단계를 모세주의(Mosaism), 예언자주의(Prophetism), 그리고 유대주의(Judaism)로 구분했다. 그에 따르면 예언자들의 윤리적 이상주의(ethical idealism)는 그들 자신이 강렬하면서도 직접적으로 하나님을 체험한 것에서 비롯된 진정한 종교적 정수를 표현한다.[3] 역사비평이 출현하고 발전하면서 학자들은, 예언자들은 모세 율법의 해석자들이거나 미래의 일에 대한 예언자(foreteller)라는 일반적인 견해를 거부하게 되었다. 둠(Duhm), 아브라함 쿠에넨(Abraham Kuenen), 율리우스 벨하우젠(Julius Wellhausen) 같은 학자들은 초기 문서 예언자들을 이스라엘의 종교적 발전의 정점을 대표하는 혁신자들이자 개인주의자들로 보았다. 이에 따르면 예언자들의 위대

---

1) 차준희, 『구약 예언서의 이해』 (천안: 한국신학연구소, 1996), 101-102.

2) J. Blenkinsopp, *A History of Prophecy in Israel* (Philadelphia: Westminster John Knox Press, 1983), 27.

3) Blenkinsopp, *A History of Prophecy in Israel*, 27.

구약 예언서의 공공신학

한 통찰 및 업적은 야웨와 그분의 백성들의 관계에서 도덕적 기초를 강조한 데 있다.

헤르만 궁켈(Hermann Gunkel)은 구약성경 연구에 큰 업적을 남긴 벨하우젠 학파마저도 예언자들의 진정한 속성을 명백하게 이해하지 못했다고 혹평하면서 두 학자의 연구에 주목했는데 그들이 바로 둠(Duhm)과 구스타프 횔셔(Gustav Hölscher)다. 둠은 "율법은 예언보다 나중이다"라는 "그라프(Graf)의 가설"을 받아들여 예언서 자체의 내적 증거에만 기초하여 예언자들을 해석하고자 했다. 그는 예언자들을 유산으로 내려오는 신앙 및 관습과의 관계를 청산하려 했던 창조적인 개혁자들로 보았다. 또한 그는 아모스서부터 제2이사야서까지에 기록된 모든 예언자의 설교는 새로운 이상을 향한 것이었다고 주장했다. 이처럼 그는 예언자들을 "윤리적 이상주의자"로 보았기 때문에 미가 6:1-8을 "예언적 문헌"에서 가장 중요한 본문으로 간주했다.[4]

횔셔는 황홀경(ecstasy)과 환상 체험에 연결된 다양한 현상을 연구했다. 그는 이런 현상이 음악, 춤, 기타 다양한 제의적 의식, 그리고 황홀경 체험을 유발하는 특별한 행위로부터 말미암은 것이라고 설명했다. 횔셔는 정도의 차이는 있지만 거의 모든 예언자에게서 이런 현상이 나타난다고 보았다. 그는 이러한 황홀경적인 예언의 기원을 이스라엘의 가나안 정착과 관련하여 추적하려고 노력했다. 그는 제사장적 운동이 남부 광야 가데스(Kadesh)를 중심으로 존재했음을 지적하면서 모세가 여기서 제

---

4) Ronald E. Clements, *A Century of Old Testament Study* (revised ed.; Cambridge: The Lutterworth Press, 1983), 62.

사장으로 임명을 받았고 신성한 제비뽑기 방식을 통해 신탁을 획득했다고 주장했다. 휠셔는 모세의 신탁은 황홀경을 통한 예언자들의 신탁과는 구분되는 제사장들의 전문적인 행위였고, 전형적인 예언자들의 기원은 시리아와 소아시아에서 발견되며, 이스라엘은 가나안에 정착한 후 가나안 족속을 통해 황홀경 현상을 처음으로 경험하여 그들로부터 영향을 받았다고 주장했다. 또한 이런 예언 현상이 사울의 시대에 처음으로 나타났고, 그 후로는 매우 영향력 있는 운동으로 발전하였으며, 고전적인 대예언자들에서 그 절정에 이르게 되었다고 주장했다. 그런데 이러한 과정이 진행됨에 따라 예언자들의 경고와 위협 및 약속의 신탁과 관련된 황홀경 행위가 처음에는 낯선 것이었지만 그것에 도덕적 정신이 점차 깃들어―둠의 용어로 말하면, 윤리적 이상주의―진정한 계시 종교의 형태가 출현했다고 주장했다. 휠셔의 심리학적 해석 작업으로 말미암아, 예언자들의 종교적 개념에만 관심을 두었던 기존 연구는 불가피하게 큰 영향을 받게 되었다. 이로 인해 하인리히 에발트(H. Ewald) 이후 이스라엘 종교에 대한 예언자들의 주요한 공헌은 기본적인 종교 관념과 체험을 해석 및 재해석한 것이라고 보았던 연구는 종결을 고하게 되었다.[5] 한편 황홀경과 예언의 상관성과 관련하여 궁켈은 예언자들이 황홀경 체험이 끝난 다음 신탁을 말했다고 주장했지만, 휠셔는 예언자들이 황홀경 상태에서 신탁을 전했다고 생각했다.[6]

앞에서는 역사비평에 기초해 고대 이스라엘 예언자들을 연구했던,

---

5) Clements, *A Century of Old Testament Study*, 102-104.
6) Wilson, *Prophecy and Society in Ancient Israel*, 7.

   구약 예언서의 공공신학

19세기부터 20세기 초까지의 학자들을 간략히 살펴보았다. 이제부터는 기원전 8세기 예언자들을 사회과학적 관점에서 연구했던, 20세기 초부터 최근에 이르는 여러 학자를 살펴볼 것이다. 특별히 사회변동의 가장 중요하고 직접적인 원인이 되는 경제적 상황에 관한 연구를 중점적으로 고찰할 것이다.

2.1. ── 기원전 8세기 예언자들의 공공성에 관한 사회경제적 연구

2.1.1. ── 지그문트 모빙켈(Sigmund Mowinckel), 알브레히트 알트 (Albrecht Alt), 허버트 도너(Herbert Donner)

지그문트 모빙켈은 종교학자인 그뢴벡(V. P. Grønbech)의 민족학적 연구 방법론과 궁켈의 양식사비평을 수용하여 주로 문화적·사회적·제의적 관점에서 구약성경을 연구했다. 휠셔의 연구가 예언의 특성에 관한 성서학자들의 관심을 불러일으켰다면, 모빙켈은 성서학자들이 예언의 사회적 위치에 몰두하는 계기를 마련해주었다. 모빙켈은 본래 양식비평적 연구 방법을 사용했지만, 상투적으로 사용되는 언어 형태가 보여주는 사회적 배경도 중요하다는 것을 인식하였다. 그래서 그는 자신의 시편 연구에서 시편은 본래 제의적 상황에서 주어진 예언 신탁이라고 주장했다. 그는 시편의 언어 형태에 기초해 예언자의 무리가 예루살렘에서 행해진 제의에서 제사장들과 함께 일했다고 주장하였다. 또한 그는 제의적 예언이 이스라엘 역사 전반에 걸쳐서 발견될 가능성을, 그리고 문서 예언자들조차도 제의적 기능을 수행했을 가능성을 제기하였다. 이러한 모빙켈의 연구는 이스라엘 예언자들과 예언의 사회적 위치에 관한 논쟁을 일으킨 계기

가 되었다.[7]

독일어권에서 기원전 8세기 이스라엘에 관한 사회사적 연구의 선봉은 알브레히트 알트의 『이스라엘과 유다 왕국의 사회 발전에 있어서 왕국의 관여』(*Der Anteil des Königtums an der sozialen Entwicklung in den Reichen Israel und Juda*)와 허버트 도너의 『이스라엘 사회 질서에 비추어 본 예언자들의 사회적 메시지』(*Die Soziale Botschaft der Propheten im Leichte der Gesellschaftsordnung in Israel*)다. 알트와 도너는 예언자들이 가했던 사회적 비판의 주요 대상은 사회적 약자를 착취하고 억압했던 정치적·경제적 강자였다고 본다. 이 두 학자는 그러한 사회계층의 분화 원인을 왕정 제도 수립에 수반된 관료제의 성립과정에서 찾는다. 그들은 야웨 종교가 계약공동체 단계에서 관료제로 전환하면서 국가 제도의 전통을 그 배경으로 삼았던, 행정실무에 능한 가나안계 주민들을 채용했을 것을 상정한다. 그런데 가나안인들에게는 야웨가 수여한 기업으로서의 토지 질서는 통용될 수 없었다. 그들에게 토지는 매매하거나 증식 가능한 자산일 뿐이었다. 이러한 가나안인들이 주축이 된 관료제가 그 특권적 지위와 법적 권한을 이용함으로써 대토지 소유가 시작되었고, 그 결과 자유자경 자영농민이 몰락하게 되었다.[8] 바로 이러한 상황이 예언자들의 공격과 비판의 주요 대상이었다고 보는 것이다. 도너에 따르면 "예언자들이 책망했던 대상은 가나안인들, 그들의 지도층과 관리들, 그리고 율법적 삶과 토지 소유자를 유지하는 옛 질서에 대한 가나안인들의 처리방식(Eingriffe)

---

7)   Wilson, *Prophecy and Society in Ancient Israel*, 8-9.
8)   임상국, "주전 8세기 예언의 사회학적 이해," 「신학과 세계」 41(2000), 46.

                                             구약 예언서의 공공신학

이다."[9]

그러나 이스라엘의 왕정 이후 야웨가 수여한 기업으로서의 토지 질서가 붕괴되어간 이유가 "가나안계 행정 인력의 유입" 때문이라는 알트와 도너의 가설은 충분한 설득력이 없어 보인다. 이 두 학자의 가설에 반론을 제기한 존 디어만의 견해를 살펴보자.

2.1.2. ── 존 디어만(J. A. Dearman)

디어만은 그의 저서 *Property Rights in the Eighth-Century Prophets: The Conflict and Its Background*에서 기원전 8세기 이스라엘의 지배계층 엘리트들은 자신들을 포함한 사회 기득권 세력의 이해관계를 안정적으로 확대하고 재생산하는 사회시스템을 만들었다고 주장한다. 무엇보다 디어만은 이스라엘 사회의 토지소유권 문제에 집중한다. 그는 알트와 도너가 주장했던, 가나안인들이 토지소유권에 끼친 영향을 인정하지 않는다.[10] 디어만의 주장에 따르면 이스라엘 사회에서는 가문의 기업을 양도하지 않는 관습법을 지키려는 경향이 있었지만 그럼에도 땅을 자유롭게 양도할 수 있었다.[11] 디어만은 레위기 25장의 희년법이 사회적인 환경을 향상하기 위한 이상적인 조치를 제안한, 실현 불가능한 법이었다고 본다. 그는 레위기 25:25은 오히려 "사람들이 자신의 재산을 팔 수밖

---

9) H. Donner, "Die soziale Botschaft der Propheten im Lichte der Gesellschaftsord-nung," *Or* 2(1963), 243-244.

10) J. A. Dearman, *Property Rights in the Eighth-Century Prophets: The Conflict and Its Background* (Atlanta: Scholars Press, 1988), 77.

11) Dearman, *Property Rights in the Eighth-Century Prophets: The Conflict and Its Background*, 70.

에 없는 사실을 인식한 것"을 보여준다고 주장한다.[12] 디어만은 예레미야 32:8의 "기업의 상속권(מִשְׁפָּט)" 역시 소유권으로 보고 있다. 또한 그는 자신이 열왕기상 21장의 나봇의 포도원 사건으로부터 토지 양도를 금지하는 강한 인상을 받지 못했다고 말한다. 그에 따르면 나봇이 아합의 제안을 거절한 것은 순전히 개인적인 차원의 행동으로서 조상이 물려준 재산을 포기하는 것에 대한 혐오를 보여주었을 뿐이다.[13] 한마디로 디어만은 이스라엘의 토지 제도 변화가 왕정의 영향이라기보다 그것이 본래 탄력적인 제도였다고 본다. 여기서 우리는 디어만이 바알 종교의 종교적인 면과 경제적인 면을 구분한다는 것을 알 수 있다. 그는 가나안인들이 비방을 받은 이유는 그들이 끼친 경제적인 파괴와 영향 때문이 아니라 그들의 종교적·제의적인 영향 때문이라고 말한다.[14]

그러나 이스라엘 역사에서 나타나듯이 바알 종교는 단순한 종교를 넘어 일종의 사회경제체제였다. 다시 말해 풍요와 다산의 신(神)인 바알을 섬기는 바알 종교의 가치체계와 이에 기초한 사회경제적 시스템이 이스라엘과 가나안 사이의 대립 및 긴장을 가져왔다. 디어만은 "소유권으로서의 토지 보유"(land tenure as property right)가 기원전 8세기 예언자들에게 매우 중요한 이슈였다는 것을 잘 지적하였다. 그러나 디어만은 알트와 도너가 주장한, 가나안인들이 토지 제도에 끼친 영향, 그리고 오스왈드

---

12) Dearman, *Property Rights in the Eighth-Century Prophets: The Conflict and Its Background*, 65-68.

13) Dearman, *Property Rights in the Eighth-Century Prophets: The Conflict and Its Background*, 67.

14) Dearman, *Property Rights in the Eighth-Century Prophets: The Conflict and Its Background*, 70.

로레츠(Oswald Loretz)가 주장한 임대자본주의(이 장의 각주 26을 참조하라)를 반박하는 데 과도한 신경을 쓴 나머지 다소 불합리한 주장을 하게 된 것으로 보인다.

2.1.3. —— 클라우스 코흐(Klaus Koch)

이스라엘 예언자들의 (경제적) 공공성에 집중하는 이 책이 결코 지나칠 수 없는 학자는 클라우스 코흐다. 코흐의 방대한 연구는 우리로 하여금 야웨 종교가 어떻게 고대 근동의 주술적 영향에서 벗어나 공공성의 종교로 나아가는지를 이해하도록 도와준다. 그는 자신의 저서 *The Prophets, vol. 1: The Assyrian Period* 와 여러 논문에서 기원전 8세기 예언자들 및 그들의 사회비판에 관한 견해를 설득력 있게 개괄하면서 중요한 통찰을 보여준다.

코흐는 비록 이스라엘 예언자들이 이스라엘 종교에 유일신 개념을 최초로 도입한 사람들은 아닐지라도, 그들이 "윤리적 유일신론"(ethical monotheism)을 대표한 사람들이라는 것은 부인할 수 없다고 말한다. 그는 이스라엘 사람 개개인의 도덕성에 대한 비판도 기원전 8세기 예언자들에게서 처음으로 나타난다고 주장한다.[15] 코흐는 기원전 8세기 예언서들에 관한 깊이 있는 주해를 통해 예언자들이 가한 사회비판의 사회경제적 배경을 언급한다. 그는 아모스 2:6-16의 주해에서 다음과 같이 언급한다.

---

15) Koch, *The Prophets, vol. 1: The Assyrian Period*, 13.

고대 이스라엘에서는 독립적인 신분을 가진 사람들—조상으로부터 물려받은 자기 소유의 땅을 가진 사람들—만이 법적 지위를 누릴 수 있었고, 군(軍)에서 복무를 하거나 제의에 적극적으로 참여할 수 있었다. 그러한 사람들만이 신앙 공동체인 "암"(עַם)의 구성원으로 간주되었다. 빚 때문에 노예가 된 사람들은 "이스라엘 백성"(people of Israel) 가운데서 독립적인 역할을 수행하지 못했으며 하나님과의 직접적인 접촉에서도 제외되었다. 아모스는 원칙적으로 이미 있는 법을 반대하지는 않는다. 그러나 그는 인신매매 행위가 책임질 수 없을 정도로 지나치게 퍼져서 인권이 유린당하는 것에 분노하였다. 다른 착취행위, 예를 들어 전당물인 옷이나 포도주를 채무자로부터 부당하게 탈취하는 행위와 마찬가지로 인신매매 행위는 당시 사회의 파멸적인 상황을 보여주는 증거라 할 수 있다.[16]

코흐는 재산과 시민권을 상실한 소작농 계층이 북이스라엘에 있었다고 가정한다. 그는 소작농들이 "빚-노예제도"(debt-slavery)에 빠졌던 것과 관련해 그들이 지역 공동체의 보호를 받지 못했다고 주장한다. 왜냐하면 특히 채권자들이 지방이 아닌 수도에 거하면서 성문 공동체를 재판 장소로 인정하지 않았기 때문이다. 코흐는 지방행정기관이나 법정시스템이 자유농민의 재산권을 보호하는 데 부적절했고 채권자들의 권력 앞에서 무력했다는 것을 인식했다. 이처럼 코흐는 예언자들의 공공성에 영향을 끼친 사회경제적 요인을 깊이 통찰하였으며, "자기 땅을 가진 백성"(landed people)이 언약 백성, 곧 "암"(עַם)의 구성원이 될 수 있다는 것

---

16) Koch, *The Prophets, vol. 1: The Assyrian Period*, 45.

을 강조하였다. 이런 점에서 코흐는 모빙켈 이후 진행되어온 이스라엘 예언자들에 관한 사회과학적 연구에 큰 기여를 한 학자라고 할 수 있다.

2.1.4. —— 로버트 윌슨(Robert R. Wilson)

20세기 중반 이래 독일어권에서 코흐가 예언 및 예언자들에 관한 사회과학적 연구에 큰 공헌을 했다면, 북미권에서는 로버트 윌슨의 활약이 두드러졌다. 무엇보다 윌슨은 예언 및 예언자들에 관한 연구를 인류학적 차원으로 확대하는 데 이바지했다. 윌슨은 구약의 예언과 관련하여 두 가지 관심사를 중심으로 연구를 진행했다. 첫째는 현대 사회, 특히 아프리카 부족 사회에서 예언 활동과 관련된 경험이고,[17] 둘째는 오늘날 고대 근동 지역에서 발견되고 있는 다양한 종류의 예언 활동과 점술 활동에 관한 것이다. 그는 자신의 저서 *Prophecy and Society in Ancient Israel* 의 서문에서 예언자들에 관한 사회과학적 연구에 집중하게 된 동기를 다음과 같이 설명한다.

성경을 주석하다 보니, 이스라엘 사람들의 예언 활동의 사회적 배경과 특징에 관한 보다 상세한 정보를 확보한다면, 해결되지 않은 몇몇 해석상의 문제가 분명해질 수 있다는 확신을 점차 갖게 되었다. 그래서 나는 예언과 사회에 관

---

17) Brueggemann이 지적한 바에 따르면 Wilson은 현대 사회의 특정 부족 안에서 일어나는 예언 현상을 연구하여 그것을 이스라엘의 예언 현상에 관한 연구에 적용하였으나 원시 사회의 비교 자료가 이스라엘 사회에 어떻게 적용되었는지를 분명하게 보여주지는 못한다. W. Brueggemann, "The Social Matrix of Israelite Prophecy," *Interpretation* 35(1981), 292.

한 성경적 근거를 조사하기 시작하였고 내가 발견한 것을 확실히 이해하려는 시도로서 예언적인 현상들을 다룬 성경 이외의 자료를 부득이 참고해야만 하였다. 고대 이스라엘의 예언과 사회에 관한 본 연구는 이를 통해 얻은 결과물이다.[18]

윌슨은 인류학적 관점에서 샤만(무당), 마법사, 영매, 점술가, 사제 등이 수행했던 다양한 역할을 주목하였으며, 이러한 중재자들의 심리기전(mechanism), 곧 신들림(possession)과 탈혼(non-possession)을, 그리고 중재자를 형성하는 정신적·사회적 요인을 고찰하였다. 휠셔가 신탁대언자들의 심리적인 측면에 집중한 것과는 달리, 윌슨은 신탁대언자들의 사회적인 위치와 기능, 권위에 관심을 가졌다. 예를 들어 윌슨은 중재자들의 사회적 역할 및 상투적 행위, 그리고 주변적 중재자들(peripheral intermediaries)과 중앙의 중재자들(central intermediaries)의 기능 및 이 둘의 차이점을 연구하였다. 이러한 연구는 마리 문서를 통해 얻은 풍부한 자료에 기초한다.

한편 윌슨은 에브라임 예언 전승과 유다 예언 전승을 근본적으로 구별하여 폰 라트가 전승사적인 기초 위에서 이루어 놓은 구별을 더욱 강화하고 있다. 윌슨은 호세아서와 예레미야서뿐만 아니라 신명기 전승에서 규정하고 있는 예언자들의 사명에 관한 개념도 에브라임 전승에 속한 것으로 본다. 그는 다음과 같이 결론짓는다.

---

18) Wilson, *Prophecy and Society in Ancient Israel*, p. ix.

에브라임 전승에 속한 예언자들은 주로 사회의 변두리에서 활동한 것으로 보인다. 몇몇 주목할 만한 예외가 있기는 하지만 일반적으로 그들은 에브라임 지지집단의 특정적인, 사회와 정치 및 종교에 관련된 견해를 대변하였다. 또한 그들은 예언자적인 권위를 가지고 에브라임과 유다의 핵심적인 사회구조를 변화시키려고 노력하였다.[19]

이처럼 윌슨은 예언자들과 그들의 예언이 사회에 미친 영향에 관심을 두었다. 따라서 그는 예언자들이 그들이 속했던 시대에서 어떠한 사회적 위치를 가졌는지에 관해, 즉 그들이 중앙 정부 내에서 활동하였는지(centrality) 혹은 사회 주변에 머물렀는지(peripherality)에 관해 연구한 것이다. 다시 말해 윌슨은 예언자들의 사회적·정치적 역할에 주목하였다.

그런데 윌슨이 신명기의 북왕국 에브라임적 기원을 너무 강조하다 보니 신명기와 예루살렘 제의 전승 사이의 관련성을 간과한 것은 비판의 여지가 있다. 또한 예언자의 기원을 지나치게 도식화함으로써 무리한 추정을 도출한 것도 비판의 여지가 있다. 그러나 예언과 예언자의 사회적 위치에 관한 연구를 인류학적 차원으로 끌어올린 것은 그의 공로라고 평가할 수 있을 것이다.

2.1.5. —— 로버트 쿠트(Robert B. Coote)와 마빈 체이니(Marvin L. Chaney)

로버트 쿠트와 마빈 체이니는 미국 샌프란시스코 신학대학원(SFTS)의 구약학 교수로서 구약성경을 사회과학적으로 해석하는 데 공헌한 학자들

---

19) Wilson, *Prophecy and Society in Ancient Israel*, 252.

이다. 쿠트는 1980년에 출간된 그의 저서 *Amos among the Prophets: Composition and Theology*를 통해 아모스 시대의 사회상, 즉 토지와 사회지배층 및 농민들의 상황을 사회학적으로 고찰하였다. 이와 관련하여 그는 1990년에 출간된 자신의 저서 *Power, Politics and the Making of the Bible: An Introduction*의 제2장 "People of Palestine"에서 고대 이스라엘 농경사회의 사회계층(피라미드)을 다음과 같이 기술한다.

대다수 사람에게, 토지에서 일을 한다는 것은 토지의 사용에 대한 어느 정도의 권리를 가지는 동시에 지배자(authority)에 대한 책임이 더욱 증가하는 것을 의미했다. 이러한 관계들은 땅을 소유한 사람들뿐만 아니라 땅에서 일하는 노예 노동자들 사이에서도 성립되었다. 마을 사람들은 소규모 토지(small owner)를 경작하는 주민(villager), 현금이나 현물로 지대(fixed rent)를 지불하는 경작자(cultivator), 작업반의 작업반장(cultivating head), 황소나 나귀 같은 생산 보조 기구들을 소유한 소작인(sharecropper), 노동력만을 팔지만 작업반에서 일정한 지위를 갖거나 한 필지(parcel) 땅에 소속된 소작인, 현금이나 현물 및 일정한 급여를 받고 일하는 노동자(worker), 시간제 노동자(part-time seasonal worker), 연한 계약 노동자(indentured servant, 채무 노예), 강제노역 노예(corvée 또는 statute labor) 아니면 단순한 노예였다. 실제로 자신들의 땅을 소유한 사람들은 거의 없었다. 우리는 역사가 발전해감에 따라 농부들이 사회의 밑바닥으로 추락하는 것에 성경이 얼마나 많은 관심을 두는지를 알게 될 것이다.[20]

---

20) Robert B. Coote and Mary P. Coote, *Power, Politics and the Making of the Bible:*

구약 예언서의 공공신학

쿠트는 1990년에 출간된 그의 또 다른 저서 *Early Israel: A New Horizon*에서 다음과 같이 기술한다. "나는 저지대에서 생존농업(subsistence farming)으로서의 건지농업(dry farming)에 종사했던 사람들이 고지대로 이동한 후 거기서도 같은 농업을 계속했다고 본다. 게다가 이러한 촌락 공동체(village communities)는 저지대와 문화적 연속성을 보이는데, 고지대 상황에 적응해야만 했던 지역들은 예외였다."[21] 이처럼 고대 이스라엘 사회를 사회과학적으로 연구한 쿠트는 기원전 8세기 예언서들에 관한 사회경제적 연구에서 한 획을 긋는 중요한 기여를 하였다.

프랑크 크로스(F. M. Cross)의 제자이자 쿠트의 동료 교수인 체이니는 언어학, 역사학, 그리고 사회학을 결합한 사회과학적 비평방법을 통해 제3세계 국가들에서 사는 약자의 편에 서서 구약성경을 해석하는 데 공헌하였다. 체이니는 아모스 5:24을 예로 들면서 다음과 같이 말한다. "목회자들이 '정의가 물 같이 흐르게 할지어다'라는 말씀에 대해 현대 그리스도인들은 마치 경제정의가 무엇인지에 대해 동의하는 것처럼 인용하지만, 대다수의 신앙인들은 경제정의를 추상적으로 생각하기를 좋아할 뿐, 그것이 무엇이며 어떻게 성취될 수 있는지에 대해서는 전혀 생각하는 것 같지 않다."[22] 그는 자신의 저서 *Bitter Bounty: The Dynamics of Political Economy Critiqued by the Eighth Century Prophets*에서 기원전 8세기 이스라엘의 사회적·경제적 상황을 다음과 같이 기술한다.

An Introduction (Minneapolis: Fortress Press, 1990), 15.

21) Coote, *Early Israel: A New Horizon* (Minneapolis: Fortress Press, 1990), 127.

22) Marvin L. Chaney, 『농경사회 시각으로 바라본 성서 이스라엘: 구약성서의 종교와 사회의 역사·문학 해석』, 우택주 외 역 (서울: 한들, 2007), 171-172.

북이스라엘과 남유다의 대다수 자유농민은 다양한 역사적인 이유로 산지 지역에 살았다. 이 구릉 지역(쉐펠라)의 여러 생계형 구획에서, 대규모 사유지를 형성하기 위한 토지 합병으로 인해 경작 방식의 변화가 발생했다. 자유농민들은 자신들의 가족을 부양하려는 목적으로 고원 지대 농경지에서 혼합 경작을 했고 이를 위해 간작을 시행했다. 그런데 이런 농경지는 시장에 공급할 단일 작물을 생산하기 위해 크고 효율적인 포도밭 및 올리브 과수원과 합병되었다. 이러한 플랜테이션 방식이나 대토지 경영 방식(latifundia)으로 생산된 포도주와 올리브는 적어도 새로운 사업을 위해서 두 가지 역할을 수행했다. 하나는 포도주와 올리브의 대량 생산으로 인해 지방 엘리트들의 삶의 방식이 소비지향적으로 가속화되었고 "마르제아흐"로 불리는 전형적인 친목회가 소비를 부추기게 되었다는 것이다. 또 하나는 포도와 올리브가 그 무게나 크기를 고려할 때 단위 면적당 생산성이 으뜸이어서 상품가치가 높았기 때문에 지배계층은 이를 사치품 및 전략적 수입 물자를 구입하는 데 교환할 수 있는 이상적인 수출 품목으로서 선호하게 되었다는 것이다. 그러나 현물 작물의 이러한 효용성은 그것을 생산하는 농민들의 자급자족 생활경제에 치명적인 영향을 주었다. 포도 재배와 과수 재배에 수반되는 계절 순환성 때문에 농민들은 농한기에는 휴무 상태에 들어갔다. 그 결과 구매자의 시장 수요에 의해서 일용노동 임금은 하락하였다.[23]

또한 체이니는 법정적 불의를 기술하면서 당시 빚을 갚지 못한 자유

---

23) Chaney, *Bitter Bounty: The Dynamics of Political Economy Critiqued by the Eighth Century Prophets* (Lanham, Md.: University Press of America, 1989), 251 -252.

구약 예언서의 공공신학

농민들의 저당물을 압수하고 그들의 토지를 몰수하는 과정이 매수된 법정에 의해서 가속화되었다고 주장한다. 체이니에 따르면 부도덕한 법정은 불법적 형태의 이익을 노린 저당물 압수를 금지하기보다는 그것과 관련된 소송절차를 인정하였다.[24]

2.1.6. —— 데바다산 프렘나스(D. N. Premnath)

데바다산 프렘나스는 2003년에 출간된 자신의 저서(박사학위 논문) *Eighth Century Prophets: A Social Analysis* 에서 기원전 8세기 사회 상황과 예언자들을 고찰하며 자유농민들이 몰락하고 토지가 대지주화(latifundialization)되는 과정을 추적한다. 이 책에서 그는 기원전 8세기 예언서들의 여러 본문을 사회과학적 비평 방법을 사용해 주석한다. 그는 대지주화 과정을 "생존경제(subsistence economy)에서 시장경제(market economy)로 변천하는 과정"으로 본다.[25]

　프렘나스는 대지주화 현상을 다양한 사회경제적 측면과 연결해서 설명하며 그 기초에는 임대자본주의(rent capitalism)가 있다고 주장한다.[26] 이와 관련하여 그는 이사야 5:8-10에 주목하면서 우가리트 문헌에 나오

---

24) Chaney, "Systemic Study of the Israelite Monarchy," *Semeia*(1986), p. XXXVII, 73.

25) D. N. Premnath, "Latifundialization and Isaiah 5:8-10," *JSOT* 40(1988), 49-60.

26) 임대자본주의를 기원전 8세기의 경제적 배경에서 중요한 요인으로 보는 학자들로는 Oswald Loretz, D. N. Premnath, Robert B. Coote, Bernhard Lang, 우택주 등이 있다. 우택주에 따르면 임대지본주의란 "소수 엘리트 지배계층이며 생산지인 농토에서 멀리 떨어져 주로 도시에 거주하는 부재지주에게 생산지에 거주하는 소작농들이 필요한 각종 요소들(토지, 물, 가축, 씨앗, 식량 등등)의 임대를 청하게 되는 상황이 되었을 때 지주들이 소작농들에게 생산 항목들을 세분화하여 항목별로 임대해 주는 방식"이다(우택주, 『8세기 예언서 이해의 새 지평』 [서울: 대한기독교서회, 2005], 90-91).

는 아카드어에 기초하여 연구한 학자들의 자료를 바탕으로 이 본문을 새롭게 이해한다. 8절의 "바이트"(*bayit*)는 윌리엄 모란(W. L. Moran)의 견해에 따라 "집", "집과 땅", "단지 땅"으로 해석할 수 있기 때문에 9절의 "바팀 라빔"(*bāttîm rābbîm*)은 광범위한 토지소유(large landholding)를 의미한다. 프렘나스에 따르면 아모스 3:15에 나오는 "큰 궁들"도 이와 동일한 의미를 가지고 있다. 그리고 미가 2:2-5 역시 이와 비슷한 상황을 다루고 있다.[27] 그는 이사야 5:8-10이 보여주는 사회경제적 상황이 또 다른 8세기 예언서인 아모스서와 미가서에서도 발견된다는 사실을 지적하는 것이다. 한편 이사야 5:8의 "빈 틈"과 관련하여 존스톤(S. I. Johnstone)은 드라이버(G. R. Driver)의 해석을 따라 그것이 "지역 또는 장소라는 일반적 의미에 더해진 부동산 또는 재산"(estate or property, in addition to its general meaning of locality, place or spot)을 의미한다고 주장했다. 그러나 존스톤은 이사야 5:8은 인용하지 않았다. 8절의 "빈 틈"으로 번역된 단어 "마콤"(*maqom*)은 전문적인 의미로 "소작농이 소유한 작은 토지"(the small landholding of the peasant)를 가리킨다. 8절의 "거주하려 하는 자들"(*hûšabtem*)의 기본 동사인 야샤브(*yšb*)는 토지의 소유를 내포한다. 알트(Alt)에 의하면 칼(Qal) 동사 분사 형태인 요슈베(*yošûbe*)는 "귀족적인 가나안 공공 조직의 소유자와 주인"을 지칭한다.[28]

이처럼 프렘나스는 대지주화 현상을 단순한 방식이 아니라 다양한 사회경제적인 측면과 연결해서 설명하려고 시도한다. 이를 통해 우리는 대

---

27) Premnath, "Latifundialization and Isaiah 5:8-10," 54.
28) Premnath, "Latifundialization and Isaiah 5:8-10," 54.

 구약 예언서의 공공신학

지주화 현상의 기초에 임대자본주의가 있음을 알 수 있다.[29]

2.1.7. —— 우택주와 김회권

쿠트의 제자이자 체이니에게도 배운 바 있는 우택주는 그의 1998년 박사학위 논문 *The Marzeaḥ Institution and Rites for the Dead: A Comparative and Systemic Study with Special Attention to the Eighth Century Prophets*를 통해 기원전 8세기 예언서를 사회과학적으로 비평한, 한국구약학계의 선도적인 학자다. 우택주는 2005년에 출간된 그의 저서 『8세기 예언서 이해의 새 지평: 사회과학 비평적 읽기』에서 기원전 8세기 이스라엘의 사회경제적 특징의 핵심이 "집약농업역학"임을 강조하면서 이 개념을 다음과 같이 정의한다.

집약농업역학은 파종할 종류와 경작 방식에 대한 결정권이 경작자에게 없다. 자족적인 마을 중심의 기초생활경제(village-based subsistence economy)에

---

29) Dearman은 Loretz나 Premnath의 임대자본주의 이론에 대해 매우 부정적인 시각을 보여준다. "로레츠(Loretz)는 일반적으로 임대자본주의는 고대 근동의 특징이며, 예언자들이 이스라엘에서 임대자본주의의 성장을 반대한 유일한 사람들은 아니라고 주장한다. 그는 특수한 예를 거의 들지 않고 고대 문헌에 대해서도 거의 언급하지 않는다. 단지 그는 보벡(Bobek)의 글을 인용한 것으로 만족하는 듯하다. 그의 고찰은 포로기 이전 이스라엘의 사회경제적 구조에 관한 이슈를 또다시 제기하고 그 구조를 임대자본주의와 동일시하는 시도에 있어서 중요하다. 그러나 임대자본주의라는 용어는 그것이 지닌 현대적인 함의 때문에 부적절하다. 그는 임대자본주의와 현대자본주의의 차이에 주목했다. 하지만 임대자본주의가 고대 근동에 거의 편재해 있었다는 그의 주장은 예언자들의 저항과 연관된 세부적인 사항들을 분석하는 데 있어서는 아무런 가치가 없다. 그가 유목민적인 삶의 세계와 임대자본주의적 사회경제 시스템을 대조한 것은 확실히 설득력이 없다"(Dearman, *Property Rights in the Eighth-Century Prophets: The Conflict and Its Background*, 15).

서 생산량의 결정권이 국가와 관료에 의해 원격 조정됨으로써 잉여농산물은 국제시장에 수출하기 위해 공출되면서 그 경제적 이익을 지방의 대다수 농부로부터 도시의 소수 지배계층이 차지하는 도시 중심의 시장지향성 의무경제(urban-centered and market-oriented command economy)로 이동하는 과정이다.[30]

우택주는 집약농업의 성경적 근거와 물리적 증거를 찾아 자세한 설명을 제시한다. 그는 집약농업이 내부적으로는 이스라엘이 군주 사회로 변함으로써, 그리고 외부적으로는 주로 블레셋과의 군사적 접촉으로써 초래된 것으로 본다. 또한 그는 다음과 같이 말한다. "예언자는 처음부터 예언자의 권위를 획득하고 말하기 시작하는 것이 아니다. 그들의 권위는 예언이 성취되면서 후천적으로 부여받는다. 예언자가 하나님의 결정을 전달하지 않으면 안 되는 사회적 정황은 엘리트 지배층이 추진한 집약농업 정책이 다수 농민의 삶에 치명적인 결과를 초래하면서부터다."[31] 이러한 맥락에서 그는 "예언서에 대한 단순한 수사학적, 문학적 연구는 소속 사회의 정치적 현실에 대한 이해가 없는 무기력하고 무역사적인 신앙을 조장할 뿐이다"[32]라고 진술하면서 사회과학적 주석의 중요성을 강조한다.

김회권은 2001년에 이사야서의 "에차"(עֵצָה) 사상을 연구한 *The Plan of Yahweh*라는 논문으로 미국 프린스턴 신학대학원(PTS)에서 박사학위를 취득하였다. 그는 이사야서뿐 아니라 성경 전체를 "하나님 나라 신학"

---

30) 우택주, 『8세기 예언서 이해의 새 지평: 사회과학 비평적 읽기』, 109.
31) 우택주, 『8세기 예언서 이해의 새 지평: 사회과학 비평적 읽기』, 8.
32) 우택주, 『8세기 예언서 이해의 새 지평: 사회과학 비평적 읽기』, 10.

   구약 예언서의 공공신학

이라는 독특한 관점에서 보고 있다. 이러한 점에서 그는 우택주처럼 사회과학적 비평(사회경제적 관점)을 통해 성경을 보면서도 우택주와는 다른 특징을 가진 학자라고 할 수 있다. 김회권이 주창하는 "하나님 나라 신학"이란 "하나님의 통치목적과 의도와 빛 아래서 성경을 읽고 해석하는 신학"[33]이다. 그는 「복음과 상황」과의 인터뷰에서 하나님 나라 신학을 다음과 같이 더욱 구체적으로 정의했다. "하나님 나라 신학으로 성경을 읽는다는 것은 '이 땅에 하나님께 순종하는 한 공동체, 곧 하나님 나라를 세우시려는 하나님의 목적과 의도의 빛 아래서 성경을 읽는 것'을 의미합니다. 이런 성경 읽기는 하나님께 순종하기 위해, 그럼으로써 자신을 통해 하나님의 다스림이 이 세계 속에 매개되도록 순종할 마음으로 수행하는 것입니다."

김회권은 2011년에 목민강좌에서 발표한 논문인 "기독교 경제윤리-구약성서와 하나님 나라 경제학"에서 구약성경은 대부분 공동체의 유지와 존속에 목적을 두는 생존경제(subsistence economy)를 상정한다고 주장했다. 이스라엘 경제는 토라를 준수하는, 하나님의 공동체의 존속을 위한 대의명분에 종속된 경제체제였다는 주장이다.[34] 십계명은 이스라엘 백성에게 왕과 지배층의 신민으로서 살아가지 말고 하나님의 멍에를 메고 하나님께 배타적으로 소속된 자유민으로서 살아갈 것을 명한다. 이스라엘 자유농민들이 왕과 지주의 노예가 되는 순간 십계명을 지키고 수호할 언약보존의 주체가 사라진다. 그런 노예로 전락하는 순간 자유농민들은

---

33) 김세윤·김회권·정현구, 『하나님 나라 복음』, 18.
34) 김회권, "기독교 경제윤리-구약성서와 하나님 나라 경제학"(목민포럼, 미간행, 2011), 1.

자신들의 땅을 상실하는 셈이다.[35]

　김회권의 연구는 그가 기원전 8세기 예언서인 이사야서에 관한 통찰력 있는 주석에서 보여주는 성서학적 고찰에만 머무르지 않는다. 그는 아담 스미스(Adam Smith), 존 러스킨(John Ruskin), 막스 베버(Max Weber)와 칼 마르크스(Karl Marx) 같은 과학적 사회주의학자들뿐 아니라 프레드릭 모리스(F. D. Maurice), 로버트 오웬(Robert Owen) 등으로 대표되는 "기독교 사회주의자"(Christian Socialist)들, 나아가 칼 폴라니(Karl Polanyi), 헨리 조지(Henry George) 같은 근현대 경제사회학자들, 그리고 소위 "공공신학자"(public theologian)들에 관한 방대한 지식을 보여주고 있다. 김회권은 이러한 지식을 바탕으로 구약성경, 특히 기원전 8세기 예언자들의 사회비판을 오늘날의 사회에서 어떻게 수렴하고 적용할 수 있을지를 고민한다. 시장만능주의 사회에서 "하나님 나라 자비 경제학"을 어떻게 실현할지를 연구하는 것이다. 그는 2004년에 「신학사상」에 게재한 "구약성서의 희년사상과 사회윤리적 함의"라는 논문에서 조지와 에밀 브루너(Emil Brunner)의 사상을 소개하면서 그 실현 방법을 구체적으로 모색한다. 김회권은 조지의 토지단일세(land value tax)를 다음과 같이 평가한다. "비록 그의 사상이 토지의 사적 소유를 부인하는 것처럼 보이는 극단성을 보일지라도, 소수에 의한 토지 독점을 막기 위한 그의 노력은—비록 그것이 신학적 원리들과 신앙고백적 용어에 호소하지 않았다 할지라도—희년사상에 뿌리를 내리고 있다고 볼 수 있다."[36] 또한 김회권은 브루너가 토지

---

35)　김회권, "기독교 경제윤리-구약성서와 하나님 나라 경제학", 2.
36)　김회권, "구약성서의 희년사상과 사회윤리적 함의", 「신학사상」 127(2004), 156.

　　　　　　　　　　　　　　　　　　　　구약 예언서의 공공신학

재산의 사용 문제에 있어서 개인과 공동체의 "상호 제한"을 주장했음을 강조하고, "모든 재산은 공동체 구성원 사이에 우정을 도모하는 데 사용되기 위해서 저당 잡힌 것이다"라는 브루너의 주장을 인용하면서 다음과 같이 진술한다.

> 이런 점에서 희년 사상은 소수의 개발론자들이나 거대한 다국적 기업에 위협적인 선전포고처럼 들릴 수 있다. 왜냐하면 모든 물질적 재화는 인간다운 삶을 유지하고 개인의 자유와 독립성을 확보하는 데 사용되어야 한다는 희년 원리의 무조건적인 주장은 모든 각각의 개인이 그 자신의 노동의 부가가치를 향유하여야 하며 생산수단, 곧 토지재산의 수혜자 목록에서 누락되지 말아야 한다는 사상에 근거하고 있기 때문이다. 물론 우리는 구약성서의 농경 사회적 율법들을 아무런 해석학적 여과과정 없이 현대에 곧장 적용할 수 있다고 주장하는 것은 아니며 그런 요구를 받고 있는 것도 아니다. 하지만 우리는 우리의 생산수단 소유(땅 소유)가 우리 자신의 이기적인 남용으로부터 보호받아야 하며 궁극적으로는 공동체 구성원들을 섬기는 데 선용되어야 한다고 주장한다.[37]

김회권은 보다 더 정의로운 경제체제들이 잘 기능할 수 있도록 교회는 이러한 성경적인 풍토를 조성하기 위하여 분발하여야 한다고 촉구한다. 김회권의 연구는 성경적 연구가 어떻게 교회와 세상을 변혁시키는 추동력이 될 수 있는가에 대한 고뇌의 산물이다.

---

37) 김회권, "구약성서의 희년사상과 사회윤리적 함의", 159.

2.2. —— 경제적 공공성의 실천을 위한 근현대의 연구들

이상에서 기원전 8세기 이스라엘 예언자들의 공공성을 사회경제적 측면에서 연구한 학자들을 살펴보았다. 왕정 이후 야웨 종교의 공공성의 기초인 땅에 관한 약속이 위협받기 시작했는데 기원전 8세기에 이르러 국제적 역학관계 속에서 이스라엘과 유다의 군사적 확장 및 왕권 강화는 그러한 상황을 크게 악화시켰다. 전통적인 세습토지제도는 붕괴되어 수녹토지제도로 전환되기 시작하였다. 또한 엘리트 지배계층의 대지주화, 그리고 전통적 농업경제의 파괴를 상징하는 집약농업과 임대자본주의로 인해 자유농민은 소작농이나 채무 노예로 전락했다. 결국 당시 사회는 생존경제에서 시장경제로 점차 전환되기 시작하였다.

본래 고대 이스라엘은 야웨의 신정통치적 이상 가운데 인류 역사상 그 유래를 찾아보기 힘든 사회안전망을 가진 사회였다. 그러나 왕정 이후 서서히 붕괴하기 시작한 "토라적 사회안전망"은 아합의 시대에 그 흐름이 가속화되었고 기원전 8세기에 이르러서는 자유농민의 몰락으로 이어졌다. 대지주의 횡포 속에서 기본 생존권을 위협받으며 살아야 하는 "가나안적 질서"가 도래한 것이다. 이스라엘이 역사상 이처럼 적자생존과 약육강식의 야수성에 노출된 시기는 없었다. 한마디로 기원전 8세기의 상황은 오늘날의 신자유주의를 연상시킨다. 고대 농업사회의 "토지"가 오늘날의 "자본"과 등치되는 개념이라는 것을 생각하면, 기원전 8세기는 이스라엘에 출현한 최초의 신자유주의적 흐름의 시기였다고 볼 수 있다. 왕정 이후부터 기원전 8세기 중후반까지 약 250년간 이어진 이러한 흐름은 공교롭게도 18세기 영국에서 산업혁명이 시작된 후 자본주의가 본격적으로 진행되어온 역사의 물리적 기간과 비슷하다.

18세기 산업혁명 이후 세계는 자본주의의 거대한 용광로 안으로 급속히 흡수되었다. 이러한 과정에서 자본의 불균등한 분배가 가속화되었고, 빈부 격차는 심화되었으며, 대다수 사람이 자본의 횡포에 예속되는 상황이 초래되었다. 비록 이 무렵에 윌리엄 윌버포스(William Wilberforce, 1759-1833)나 아브라함 링컨(Abraham Lincoln, 1809-1865)이 일으킨 노예해방이라는 획기적인 역사적 사건이 있었지만, 당시 "가옥에 가옥을 이으며 전토에 전토를 더하여 빈 틈이 없도록 하고 이 땅 가운데에서 홀로 거주하려 하는 자들"(사 5:8, 개역개정)의 탐욕을 제어하는 것은 별로 성공적이지 못하였다.

역사상 지배계층은 사회적 정의와 공평을 촉구하는 외침에 거의 같은 논리로 대응해왔다. 사회적 불평등을 없애려 하다가는 진보에 대한 자극도 없어질 것이며, 부의 분배가 점점 불평등해지는 것이 제도적 문제 때문은 아니라는 논리가 바로 그것이다.[38] 지배계층의 이러한 프로파간다(propaganda)와 조직적인 카르텔(cartel)에도 불구하고 불평등 및 착취 구조를 근본적으로 개선해보려는 노력이 있었다. 이러한 노력에서 가장 눈에 띄는 인물은 최초의 과학적 사회주의자라고 할 수 있는 칼 마르크스(Karl Marx, 1818-1883)다. 그러나 역사가 증명한 바와 같이 그의 계급투쟁 이론에 기초한 "증오의 경제학"은 그 한계를 드러내었다.

산업혁명이 유발한 사회경제적 문제들을 바라보며 기독교적 관점에서 그에 대한 해법을 찾고자 했던 사람들이 있었나. 이들은 주로 18세기

---

38) Henry George, 『사회문제의 경제학』, 전강수 역 (파주: 돌베게, 2013), 75-77.

후반부터 19세기까지 영국에서 활동했으며 "기독교 사회주의자"(Christian Socialist)로 불린다. 한편 마르크스와 거의 동시대에 활동했던 또 한 명의 경제학자가 있었는데 그가 바로 조지(1839-1897)다. "토지단일세"의 주창자인 조지는 역사상 많은 추종뿐만 아니라 오해와 반대도 받은 인물이다. 그런가 하면 최근 혜성처럼 등장한 프랑스 경제학자 토마 피케티(Thomas Piketty)의 "누진적 글로벌 자본세"가 큰 파장을 일으키고 있다. 비록 조지와 피케티가 신학적 원리와 신앙고백적 용어에 명시적으로는 기대지 않았더라도, 이들의 경제사상은 희년사상 같은 구약성경적 맥락에 놓여 있기 때문에 기독교적 실천을 위한 가치가 있다. 무엇보다 조지와 피케티는 대다수 기독교 신학자에게는 결핍된 경제학적 전문성을 가지고 연구했기에 이 두 학자의 경제사상은 "경제적 공공성의 구체적 실천을 위한 연구"로서도 큰 가치가 있다. 우리는 이러한 학제간 연구(interdisciplinarity)를 통해 성경의 공공성을 사회에서 실현할 수 있는 구체적인 방법을 고민해야만 한다. 마지막으로 맥스 스택하우스(Max L. Stackhouse)의 경제적 공공성에 관한 연구도 살펴볼 가치가 있다. 그는 오늘날 북미권의 대표적인 공공신학자로서 그리스도인의 경제적 윤리를 연구한다.

우리가 이러한 학자들의 경제적 공공성에 관한 연구를 고찰하려는 이유는 성경의 공공성이 근본적으로 하나님 나라를 지향하기 때문이다. 또한 우리가 공적 이슈와 관련해 끊임없이 대화하고 행동하고자 할 때 그 핵심에는 경제적 문제와 경제 윤리에 관한 기초가 반드시 있어야 하기 때문이다. 이제 앞에서 언급한 학자들의 사상을 고찰함으로써 고대 이스라엘 예언자들의 신학을 오늘날의 상황에서 조명하고 적용할 수 있는 기초를 놓게 되기를 기대한다.

2.2.1. —— 영국의 기독교 사회주의자들(Christian Socialists)

유럽에서 사회주의적 경제사상이 발흥하는 계기가 된 것은 프랑스 혁명(1789년)이었다. "인간과 시민의 권리 선언"(Déclaration des droits de l'Homme et du citoyen)이 채택된 이래 수년간 사회문제가 전면에 부각되었는데, 이것은 도덕적인 문제로서가 아니라 부자와 빈자 사이, 그리고 구(舊)사회의 특권계급과 비(非)특권계급인 제3계급 사이의 현실적이고 격렬한 투쟁을 포함하는 실제적인 현안으로서 부각되었다.[39] 그 이전의 18세기 사회주의 이론가들은 대부분 민주적·진보적 내용으로 특징되는 방대한 지적 활동의 주변에 자리 잡은 고립된 사상가이자 도덕주의자였고 도덕개혁가였다.[40]

19세기 유럽의 사회주의자들은 크게 세 부류로 나뉜다. 즉 프랑스의 생시몽주의자들(Saint-Simonians)과 푸리에주의자들(Fourierists), 그리고 영국에서 1841년에 공식적으로 사회주의라는 이름을 채택했던 오웬주의자들(Owenites)이다. 푸리에주의자들과 오웬주의자들은 공동체주의자들(community makers)이었다. 그들은 진정으로 사회적 기반에 근거하는 지역 공동체의 네트워크를 형성하여 구(舊)사회를 대체하여야 한다고 생각했다. 또한 그들은 폭력이나 혁명에 의지하지 않고 인간 복지의 증진이라는 명분으로도 새로운 사회 건설이 가능하다고 보았다. 한편 생시몽주의자들은 대규모 조직(large scale organization)과 과학적 계획을 신봉했다. 그들은 민족국가를 과학과 고도의 기술 능력을 갖춘 인간이 통치하는 거

---

39) G. D. H. Cole, *Socialist Thought: The Forerunners 1789-1850, vol. I.* (London: St. Martin's Press, 1959), 12.
40) Cole, *Socialist Thought: The Forerunners 1789-1850, vol. I*, 11.

대한 생산조직체(great productive corporation)로 바꾸려고 시도하였다. 푸리에주의자들과 오웬주의자들은 정치적 활동을 회피했지만, 생시몽주의자들은 국가와 정부를 장악하여 그것을 그들의 목적에 맞게 조정하려고 하였다.[41]

생시몽(Comte de Saint-Simon)은 구(舊)특권계급에 반대하는 투쟁 과정에서 고용주와 노동자가 제휴할 것을 기대하였으며 노동에 대한 정당한 대가, 그리고 상속 재산의 폐지를 주장하였다. 푸리에(F. M. C. Fourier)는 자본가들과 경영자들에게 할당되는 몫을 제한할 것을 요구하였고 소득에 대해 상당한 누진세를 부과할 것을 주장하였다. 그러나 생시몽과 푸리에 중 그 누구도 자본가와 노동자의 관계를 계급투쟁의 관점에서 바라보지는 않았다.[42]

영국의 기독교 사회주의는 프랑스로부터 영감을 얻었다.[43] 19세기 초에 로버트 오웬(Robert Owen)은 공동체 운동을 시작했다. 그는 마르크스가 "공상적 사회주의자"(Utopian Socialist)로 평가했던 세 사람 중 한 명이었다. 오웬은 영국 사회주의와 협동조합의 창시자이며 공장개혁운동을 주도했던 인물이기도 하다. 그는 고용주였음에도 불구하고 노동조합운동에 크게 기여했다.[44] 그의 출발점은 인간의 타고난 천성에 기대기보다는 사회적 조건을 제대로 갖추는 것이 인간성 향상의 지름길이라는 믿음이

---

41) Cole, *Socialist Thought: The Forerunners 1789-1850, vol. I*, 3-4.
42) Cole, *Socialist Thought: The Forerunners 1789-1850, vol. I*, 4-5.
43) Cole, *Socialist Thought: The Forerunners 1789-1850, vol. I*, 301.
44) Cole, *Socialist Thought: The Forerunners 1789-1850, vol. I*, 86.

었다.[45] 이를 위해서 필요한 것이 교육과 사회윤리였다.[46] 그러나 이 운동은 영국과 미국 모두에서 단명하고 말았다. 이후에 등장한 것이 "차티스트 운동"(Chartist Movement)[47]이다. 이것은 오웬이 제창한 사회협약 원칙에 근거하여 "노동자와 중산층이 연대하여 평등과 참정권을 요구하던 시민운동"이었다.[48] 그러나 이러한 요구는 1839년에 이어 1842년에도 하원에 의해 거부되었다.[49] 바로 이런 상황에서 유럽에서는 혁명이 잇달아 일어났다.

1848년은 영국에서 기독교 사회주의 운동이 시작된 해다. 여기서 중요한 역할을 담당했던 사람은 프레드릭 모리스(F. D. Maurice)와 찰스 킹슬리(Charles Kingsley)였는데, 이들에게 결정적인 영향을 준 사람이 존 러들로우(J. M. F. Ludlow)였다.[50] 러들로우는 변호사이자 독실한 기독교인이었으며 1848년 1월 파리에서 혁명이 일어났을 때 혁명 주동자들을 도우

---

45) Tristram Hunt, 『엥겔스 평전』, 이광일 역 (서울: 글항아리, 2010), 173.
46) Robert Owen, *A New View of Society and Other Writings* (London: J. M. Dent & Sons Ltd, 1949), 70.
47) 차티스트 운동은 19세기 영국 노동자들의 정치 운동으로, 보통선거 등 6개 항에 관한 요구를 중심으로 한 "인민헌장"(People's Charter)을 내건 것이 이 명칭의 유래다. 노동자들이 1832년 선거법 개정에서 참정권을 얻지 못하고, 1834년에는 노동조합대연합도 해체되며, 구빈법도 개악되자 1836년에 러베트 등이 노동자협회를 결성했다. 이들은 1848년 2월 혁명에 자극을 받아 런던에서 대규모로 시위를 하였으나 탄압을 받았다. 그리고 1858년에는 차티스트 운동도 소멸하였다. 그러나 이 운동은 이후 선거권 확대 등에 큰 영향을 끼쳤다.
48) 이덕주, 『기독교 사회주의 산책』 (서울: 홍성사, 2011), 55.
49) Tristram Hunt, 『엥겔스 평전』, 179.
50) Cole, *Socialist Thought: The Forerunners 1789-1850, vol. I*, 291.

며 "조합 노동자들의 정신"에 열광하여 영국으로 돌아온 인물이다.[51] 러들
로우는 "어떠한 사회 운동도 기독교 원리들에 바탕을 두지 않고서는 세워
질 수 없음"을 확신하고 있었다.[52] 모리스, 킹슬리, 그리고 러들로우는 오
웬이 지지했던 협동생활형태가 바람직하다고 보았지만 기독교에 대한 오
웬의 적대감 때문에 그를 거부했다. 그러면서도 그들은 자신들이 "종교적
인 신앙의 토대"(a basis of religious belief) 위에 있지 않다면 설 수 없다고
생각했다.[53] 무엇보다 영국의 기독교 사회주의자들은 당시에 공장과 작업
장에 쫙 퍼져 있던 소름 끼치는 조건들이 유발하는 무서운 공포를 직시
하였다.[54] 그들은 모든 산업체제에 퍼져 있던 "비기독교적인 정신"에 대항
하였다. 또한 그들은 최초의 기독교 사회주의 잡지인 「국민을 위한 정치」
(Politics for the People)를 창간하고 그 안에 많은 정보를 담아냈다. 하지
만 그들은 자신들의 가르침을 영국에 적용하는 데 필요한 분명한 계획은
가지고 있지 못했다.[55]

영국의 기독교 사회주의는 여전히 러들로우의 영감 아래 있었는데, 그
는 프랑스 혁명가인 뷔쉐(P. J. B. Buchez)에게 매료되어 1830년대에 뷔세
가 프랑스에서 시도했던 것들을 하려고 했다.[56] 영국의 기독교 사회주의
자들은 기독교적 토대 위에서 작은 노동조합을 세우려 하였으며, 몇몇 부
자도 그들에게 재정적 후원을 아끼지 않았다. 그러나 주로 국교회 신도였

---

51) Cole, *Socialist Thought: The Forerunners 1789-1850, vol. I*, 292.
52) Cole, *Socialist Thought: The Forerunners 1789-1850, vol. I*, 292.
53) Cole, *Socialist Thought: The Forerunners 1789-1850, vol. I*, 293.
54) Cole, *Socialist Thought: The Forerunners 1789-1850, vol. I*, 293.
55) Cole, *Socialist Thought: The Forerunners 1789-1850, vol. I*, 294.
56) Cole, *Socialist Thought: The Forerunners 1789-1850, vol. I*, 294.

  구약 예언서의 공공신학

던 그들은 "계급투쟁 개념"을 받아들이지 않았다. 오히려 그들은 다른 계급들 사이의 화해를 도모했고 노동자들의 잘못된 행위를 제거하려고 노력했다. 사실 그들의 모임에는 단 한 명의 노동자도 없었고, 그들은 노동자들과 접촉하지도 않았다. 그들은 토론하려는 목적에서만 오직 기독교인으로 구성된 모임에 참석했다.[57] 결국 기독교 사회주의 복음에 관한 러들로우의 생각은 기대했던 결과를 성취하지 못했고, 영국의 기독교 사회주의자들이 세웠거나 도왔던 협동생산조합은 사라져버렸다.[58] 그들은 자신들의 실패를 인정하고, 주된 활동 영역을 "노동계급의 교육분야"로 돌려 런던 노동자대학(London Working Men's College)을 설립했다.

이후에 영국의 기독교 사회주의자들은 의회에서 노동조합주의와 협동조합을 위해 훌륭한 일을 했지만 가장 강력한 급진주의자로 통했던 토마스 휴(Thomas Hughes)를 제외하고는 정치적인 활동에 관심을 두지 않았다. 그 결과 모리스와 러들로우의 견해는 그것을 지지했던 사람들에게 조차도 영향을 주지 못했다. 따라서 이들의 실질적인 영향력은 대중교육을 위한 활동과 공중보건 법률을 위한 운동의 범위에 머물렀다.[59] 이들은 "기독교적 토대"를 주장하면서도 신분적 한계를 뛰어넘지 못했고, 노동자들과 교류하거나 연대하지도 못했다. "관념주의적 한계"에 머물고 만 것이다. 이러한 한계 때문에 경제학자인 제롬 블랑키(Jérôme Blanqui)는 1839년에 이들을 "공상적 사회주의자"로 규정했는데, 나중에 마르크스와

---

57) Cole, *Socialist Thought: The Forerunners 1789-1850, vol. I*, 250.

58) Cole, *Socialist Thought: The Forerunners 1789-1850, vol. I*, 299.

59) Cole, *Socialist Thought: The Forerunners 1789-1850, vol. I*, 300-301.

엥겔스가 "공산당 선언"에서 이 명칭을 인용하였다.[60]

　　이처럼 비록 영국의 기독교 사회주의자들이 많은 한계를 노출했지만, 우리가 그들로부터 배워야 할 것은 그들이 기독교 신앙의 토대에 근거해서 사회 문제에 접근하는 태도일 것이다.[61] 이덕주는 그의 저서인 『기독교 사회주의 산책』에서 기독교 사회주의를 "자본주의와 사회주의의 대화를 종교적 차원에서 모색하려는 것"으로 정의한다.[62] 자본주의의 장점과 사회주의의 장점을 서로 조화시킨 것이 바로 기독교 사회주의라는 말이다. 그는 성경에서 이러한 전통에 서 있는 여러 공동체를 제시한다. 종교 중심 공동체인 만나 공동체(말씀 공동체), 안식년 평화 공동체, 희년 공동체, 에세네 공동체, 메시아 공동체, 오순절 공동체, 성찬 공동체 등이 바로 그것이다. 그는 "성서와 기독교 전통에서 자본주의와 사회주의는 얼마든지 공존과 조화가 가능하다"라고 결론짓는다.

2.2.2. ── 헨리 조지(Henry George)

헨리 조지의 열렬한 추종자였던 러시아의 대문호인 레프 톨스토이(Lev Tolstoy)는 1906년에 출간된 조지의 저서인 *Social Problems* 서문에서 다음과 같이 말하고 있다.

　　헨리 조지가 제안한 혁명의 의미는 이처럼 엄청난 것인데도 오늘날까지 사람들은 그 의미를 이해하거나 인정하지 않고 있다. 이렇게 된 주된 이유는 그의

---

60)　Cole, *Socialist Thought: The Forerunners 1789-1850, vol. I*, 4.

61)　이덕주, 『기독교 사회주의 산책』, 62.

62)　이덕주, 『기독교 사회주의 산책』, 29.

사상이 왜곡되거나 무시되어왔기 때문이다. 대다수 사람은 조지의 이념을 사유재산제를 변혁하려는 사상 중 하나로 여긴다. 즉 그들은 그의 이념을 사회주의적 방식의 토지국유화로 이해하려 한다. 스스로 학식이 있다고 생각하는 사람들은 조지의 사상을 극단적으로 반대한다.… 그들은 다음과 같이 말할 것이다. "압니다, 알아요! 토지에 세금을 부과하겠다는 것, 그러니까 지금도 세금에 눌려 사는 토지 소유자들에게 세금을 더 내라는 거잖아요." 아니면 다음과 같이 말할 수도 있다. "압니다, 알아요! 토지 소유자들이 자기 토지에서 얻은 것에 대해 세금을 내야 한다는 거잖아요." 조지가 이 위대한 사상에 관해 철저하고도 근본적인 설명을 한 지 30년이나 지났지만 그것은 대다수 사람에게 아직도 전혀 알려지지 않고 있다.[63]

이 서문에서 톨스토이는 조지의 사상이 오해되고 있는 것을 매우 안타까워하면서, 그의 경제이론의 핵심을 두 가지로 요약한다. 첫째는 사람들에게 자기 노동의 생산물을 빼앗기지 않을 권리를 주는 것이며, 둘째는 토지가 주는 모든 유익을 향유할 수 있는 기회를 사람들에게 부여하는 것이다.[64]

조지는 근본적인 문제가 토지에 있음을 통찰하고, 토지소유제의 부당성을 드러내기 위해서 먼저 소유권을 논하기 시작한다. 그는 소유권의 근거에 관한 질문을 다각도로 제기한다. "소유권의 올바른 근거를 구성하는 것은 무엇인가?", "사람들이 어떤 물건을 '내 것'이라고 말할 수 있는 근거

---

63) Henry George, *Social Problems* (Boston: Adamant Media Corporation, 2005), 11-12. Tolstoy의 말년 작품인 『부활』은 George의 토지공유사상을 진지하게 반영하고 있다.

64) George, *Social Problems*, 14.

는 무엇인가?", "사람들이 온 세상을 향하여 어떤 물건이 오직 자신의 것임을 공인하는 감정의 근원은 무엇인가?"[65] 조지는 이러한 질문에 다음과 같이 답한다. "어떤 사람이 활동하여 생산한 것에 대해서는 그 사람이 그것을 배타적으로 소유하고 향유할 수 있는 명백하며 논란의 여지가 없는 권원(權原, title)이 존재한다."[66] 그런 후에 그는 자신의 주장을 입증하기 위해서 자연법을 끌어들인다. "자연은 인간의 행동의 결과물 외에는 인간에게 그 어떠한 소유권이나 통제권을 인정하지 않는다.…(중략)…자연은 모든 인간에게 결코 차별적이지 않다. 또한 자연은 모든 인간에게 결코 편파적이지도 않다."[67] 조지는 이러한 논리에 기초하여 소유권의 권원(權原)이 노동의 결과에서 나온다는 것이 타당하다면, 그 누구도 토지에 대한 배타적 소유를 정당하게 주장할 수 없다는 것도 타당하다고 주장한다.

이어서 조지는 이러한 정의 개념을 방해하는 것이 무엇인지를 밝힌다. 그에 의하면 그것은 법률가들이 행한 천리(天理)에 반하는 구분, 즉 개인 재산(personal property; 동산[things movable])과 개인에게 권원이 없는 재산(real estate; 부동산[things immovable])을 구분하는 것이다.[68] 조지는 이러한 구분에 대해 문제를 제기한다. 그는 이 두 종류는 그 본질과 상호관계에 있어서 대단히 다르다고 주장한다. 개인 재산의 본질적인 성격은 노동을 통해 구현되고, 인간의 활동을 통해 발생하며, 그것이 발생하

---

65) George, *Progress and Poverty* (1976 reissued; London: Aldine Press, 1911), 236.

66) George, *Progress and Poverty*, 237.

67) George, *Progress and Poverty*, 238.

68) George, *Progress and Poverty*, 239.

고 사라지거나 증가하거나 감소하는 것은 인간에게 달려 있다.[69] 반면에 토지를 의미하는 부동산은 노동과 상관없이, 그리고 인간 및 인간의 활동과도 관계없이 존재한다.[70] 조지는 바로 이러한 토지 개념에서 정의와 평등 개념을 도출한다. 그는 심지어 자유조차도 토지를 떠나서는 이해될 수 없다고 주장한다. 그래서 그는 사람이 자유로운 존재가 되기 위해서는 토지사유제를 폐지해야 한다고 지적한다. 그리고 그는 미국 헌법 수정 조항 제14조가 통과되어 시행된다 하더라도, 토지사유제가 존재하는 한, 노예제도보다 더 심한 제도가 등장할 것이라고 말한다.[71]

우리가 헌법 수정 조항 제14조(Fourteenth Amendment)를 통과시켰다고 해서 노예제도를 철폐한 것은 아니다. 노예제도를 철폐하기 위해서는 토지사유제를 철폐해야 한다! 우리가 제1원리로 돌아가지 않으면, 그리고 우리가 토지에 대한 만인의 평등권을 인정하지 않으면, 우리가 고안한 자유로운 제도들뿐 아니라 공교육도 헛것이 될 것이다. 우리가 발견하고 고안해낸 것들은 한낱 대중을 억누르는 힘만 더해주게 될 것이다.

이처럼 조지는 토지사유제가 초래하는 여러 문제점을 지적한다. 그는 "인간의 노예화", "부정의", "공황", "진보 속의 빈곤" 같은 가장 기본적인 문제점이 바로 토지사유제로 인해 유발된다는 점을 신랄하게 밝힌다. 그러나 조지는 모든 토지의 국유화를 주장하지는 않고 대신 다소 응용된 대

---

69) George, *Progress and Poverty*, 239.
70) George, *Progress and Poverty*, 239.
71) George, *Progress and Poverty*, 281.

안을 제시한다. 그는 현실적으로 토지사유제를 폐지하는 것이 불가능함을 인식하고 토지단일세를 제안한다. 이것의 핵심은 "토지 가치에 부과되는 세금 외에 모든 조세를 철폐하자"라는 것이다. 그는 토지단일세를 조세 원칙에 비추어서 검토한다.[72] 결론적으로 그가 제안하는 토지단일세는, 각 사람에게 토지소유권을 인정하되, 사회 전체가 창출한 토지 가치에 대해서는 조세를 부과하자는 것이다. 노동의 결과물인 사유재산에 대한 조세를 철폐하되, 토지의 사용에서 발생하는 지대(rent)는 세금으로 환수하자는 제안이다.

이상에서 우리는 조지의 경제사상을 간략하게나마 살펴보았다. 그의 경제사상의 핵심에는 "땅의 소유권은 개인에게 있지 않다. 자연은 인간의 행동의 결과물 외에는 인간에게 그 어떠한 소유권이나 통제권을 인정하지 않는다"라는 사상이 있다. 이러한 사상은 "모든 토지는 야웨의 것"이라는 구약성경의 사상(레 25:23)과 상통한다. 김회권에 의하면, 비록 조지의 경제사상이 토지의 사적 소유를 부인하는 것 같은 극단성을 보일지라도, 소수에 의한 토지 독점을 막으려 했던 그의 노력은―비록 그것이 신학적 원리들과 신앙고백적 용어에 호소하지 않았다 할지라도―희년사상에 뿌리를 내리고 있다고 볼 수 있다.[73]

우리나라에 조지의 경제사상을 본격적으로 소개한 대천덕(Ruben Archer Torrey Ⅲ) 신부는 그의 경제사상을 성경적으로 추적하였다.[74] 대

---

72) George, *Progress and Poverty*, 290-299. George가 말하는 토지단일세의 장점은 다음과 같다. "징세의 용이성과 저렴성", "조세의 확실성", 그리고 "조세의 공평성"이 그것이다.
73) 김회권, "구약성서의 희년사상과 사회윤리적 함의", 156.
74) 대천덕, 『토지와 경제정의』, 홍종락 역 (서울: 홍성사, 2003).

구약 예언서의 공공신학

천덕 신부는 그의 조부(R. A. Torrey)로부터 받은 성령론적 신앙의 유산뿐 아니라 말씀과 실천의 영성을 겸비하였다. 또한 그는 "예수원"이라는 공동체를 세워 신앙의 실천적 삶을 구현하였는데, 이는 마틴 마티(Martin E. Marty)가 "공교회(public church)는 공동체 중의 공동체(a communion of communions)"[75]라고 정의했듯이 그의 공공신학적 삶의 토대가 되었다. 그의 저서 『토지와 경제정의』에서 피력하듯이, 대천덕은 조지의 경제사상을 성경적으로 적용하고 한국교회와 한국사회에 전파하기 위해 힘씀으로써 성경적 방향으로 사회적 이슈와 대화하고 실천하려 한 조화로운 영성을 가진 진정한 공공신학자였다.

2.2.3. —— 토마 피케티(Thomas Piketty)

파리 경제대학의 40대 젊은 교수인 토마 피케티가 쓴 책 한 권이 전 세계를 뒤흔들고 있다. 『21세기 자본』(*Le capital au XXI siède*)의 영역판인 *Capital in the Twenty-First Century*가 2014년에 출간된 후 이른바 "피케티 현상"이라 불릴 만한 센세이션이 일어났다. 이 책은 마이클 샌델(Michael J. Sandel)의 『정의란 무엇인가』, 로버트 라이시(Robert Bernard Reich)의 『슈퍼 자본주의』, 조셉 스티글리츠(Joseph E. Stiglitz)의 『불평등의 대가』처럼 불평등 문제를 다룬 경제학 책이다.

피케티의 핵심적인 주장은 "자본수익률"(return of capital: r)이 "경제성장률"(growth rate: g)보다 크면(r 〉 g), 자본을 많이 소유한 상위계층이

---

75) "communion"에는 기본적으로 "성찬"의 의미가 있으므로 이 용어는 "성찬 공동체"로서의 의미를 담고 있다.

얻을 수 있는 이익이 하위계층이 얻을 수 있는 이익보다 항상 크다는 것
이다. 19세기 이전의 역사에서 대부분 그랬고 21세기에 다시 그렇게 될
가능성이 농후하듯이, 자본수익률이 경제성장률을 크게 웃돌 때, 논리
적으로는 상속재산이 생산이나 소득보다 빠르게 증가할 수 있다는 주장
이다.[76] 피케티는 18세기 초부터 현재까지 이르는 대략 300년간의 통계
자료를 분석한 후 대부분의 시기에서 자본의 증가율이 소득과 생산의 증
가율보다 높았다고 주장한다. 이로 인해 불평등이 증가하였는데, 다만 예
외적으로 1910년에서 1950년 사이에 불평등이 감소한 것은 전쟁의 충격
을 극복하기 위해 채택된 정책들이 불러온 결과였다.[77] 전쟁이라는 특수
한 상황 때문에 보수파의 저항을 무마하여 몰수적인 과세정책을 시행할
수 있었던 것이다.

양차 세계대전 사이에 선진국들은 종종 변덕스러운 방식으로 매우 높
은 세율을 적용하는 실험을 할 수 있었다. 예를 들어 미국은 1919년부터
1922년까지 70% 이상의 세율을 적용했다. 이 기간에 미국은 이처럼 높
은 세율을 소득에 적용했고, 1937년부터 1939년까지는 그것을 상속재산
에 적용했다. 미국 정부가 많은 세금을 부과한 주된 목적은 부가적인 세
수(稅收)의 확보가 아니라(이런 높은 소득 구간에서 얻을 수 있는 세수는 많지 않
았기 때문이다) 과도한 소득과 대규모의 상속을 억제하려는 데 있었다.[78] 이

---

76) Thomas Piketty, 『21세기 자본』, 장경덕 역 (파주: 글항아리, 2014), 39. 연평균 자본수익
　　률(r)은 자본에서 얻은 이윤, 배당금, 이자, 임대료, 기타 소득을 자본 총액에 대한 비율로
　　나타내는 것이다. 경제성장률(g)은 소득이나 생산의 연간 증가율을 의미한다.

77) Piketty, 『21세기 자본』, 32.

78) Piketty, 『21세기 자본』, 604.

　　　　　　　　　　　　　　　　　구약 예언서의 공공신학

처럼 전쟁 기간에 선진국들은 전비(戰費) 조달을 목적으로 보수파의 반대를 무릅쓰고 누진적 소득세를 도입하여 뉴딜(New Deal) 정책 같은 공공정책을 시행할 수 있었다. 그 결과 전후 30년간 자본주의는 최고의 호황을 누릴 수 있었다. 그러나 이러한 황금기는 30년 만에 끝나버렸고, 1980년대에는 당시 영국 수상인 마가렛 대처(Margaret Thatcher)와 미국 대통령인 로널드 레이건(Ronald Reagan)에 의해 시장만능주의가 도래했다. 이 시기에는 작은 정부를 신봉하는 경제철학에 따라 감세, 규제 완화, 민영화 같은 정책이 추진됨으로써 양극화와 불평등이 심화하였다.

피케티는 21세기에도 경제성장률이 높아질 가능성은 거의 없고 상속자본의 수익률은 증가하는 불평등이 심화할 것으로 전망하면서 이에 대한 두 가지 해법을 제시한다. 첫째, 누진적 소득세율의 인상이다. 그는 최적최고세율(optimal top tax rate)이 80%라고 주장한다. 그의 주장에 따르면 연간 수입이 50만 달러에서 100만 달러인 사람들에게 80%의 세금을 부과한다면 미국 경제의 성장을 둔화시키지 않을 뿐 아니라 경제적으로 무익한 행위를 합리적으로 억제할 수 있고 성장의 열매를 많은 사람에게 배분할 수도 있다.[79] 그는 세습자본주의로부터 민주주의를 지키기 위해서는 다소 무리하더라도 소득세율을 대폭 인상하는 것이 불가피하다고 본다.

둘째, 글로벌 자본세(global capital tax)의 시행이다. 피케티가 말하는 자본은 개인이 소유하고 있는 모든 자산에서 부채를 제외한 순 자산을 뜻하는데 이는 주택, 부동산, 실물자본, 특허권, 금융자산 등을 망라한나. 이

---

79)　Piketty, 『21세기 자본』, 614.

러한 점에서 글로벌 자본세는 유럽의 몇몇 나라가 시행하는 부유세(net wealth tax)와 비슷하다. 글로벌 자본세는 소득세와 마찬가지로 누진세율을 적용한다. 예를 들어 피케티에 따르면 100만 유로 이하의 부에 대해서는 0%, 100만 유로에서 500만 유로 사이의 부에 대해서는 1%, 500만 유로 이상의 부에 대해서는 2%의 세금을 부과하고 이를 유럽연합의 모든 회원국에 적용한다면, 그것은 전체 인구의 약 2.5%에게 적용되며 유럽연합 GDP의 2%와 맞먹는 세수를 가져온다.[80]

그러나 피케티가 제시한 해법의 실현 가능성에 대해서는 의문이 많다. 현재 선진국들이 시행하는 소득세의 최고한계세율은 40-50% 정도다. 현대의 주류 경제학 이론에 따르면 이보다 높은 소득세를 적용하면 사람들이 근로 의욕을 잃어버려서 사회적으로 손해가 발생한다. 글로벌 자본세는 세계대전 시기 같이 조세에 대한 저항을 극복할 수 있는 특별한 상황이 발생하지 않는다면 실현할 수 없는가? 세계 각국이 국외자본을 유치하기 위해 경쟁을 벌이는 상황에서 이런 식의 급진적인 과세정책이 과연 가능한가? 이런 질문들이 보여주듯이 글로벌 자본세는 어려운 문제다. 이는 어느 한 국가가 해결할 수 있는 문제가 아니라 국가 간의 공조를 요구하는 문제다. 피케티도 이를 인정하고 글로벌 자본세는 유토피아적이라고 말한다. 그러나 그는 현재 프랑스가 시행하는 연대세(ISF: Impôt de Solidarité sur la Fortune)를 하나의 사례로 들면서 세습자본주의의 도래라는 암울한 미래를 막기 위해서 세계 각국이 프랑스처럼 본격적으로 노력

---

80) Piketty, 『21세기 자본』, 633.

구약 예언서의 공공신학

할 것을 기대한다.[81]

"당신은 21세기의 마르크스인가?"라는 질문에 피케티는 자신은 마르크스주의자가 아니라고 단호하게 대답한다. 피케티의 경제사상은, 장기적인 생산성 증가율은 제로라는 엄격한 가정에 기초하는 마르크스주의가 주창하는 무한 축적과 영속적인 양극화 법칙보다 덜 종말론적이다.[82] 피케티는 마르크스보다는 조지에 가까워 보인다. 자본의 불평등에 주목하는 점에서 피케티는 조지와 비슷하다. 하지만 과거의 농경사회에서는 토지가 가장 중요한 자본이었지만 오늘날에는 그렇지 않기 때문에 오늘날 토지 불평등이 불평등의 가장 결정적인 원인은 아니라고 주장하는 점에서 피케티는 조지와 다르다. 또한 조지는 토지보유세를 한 국가에서만 적용되는 것으로 생각하지만 피케티는 그것을 전 세계에 적용되는 것으로 생각한다.

그런데 조지의 사상을 지지하는 "조지스트"(Georgist)들은 피케티의 자본세 개념에 상당한 결함이 있다고 비판하기도 한다. 피케티는 자본을 "시장에서 소유와 교환이 가능한 비인적자산(non-human assets)의 총계"로 정의했다.[83] 따라서 인간이 축적해야 할 필요 없이 단지 소유하고 있는 토지와 자연자원은 자본에서 제외될 수밖에 없다. 그러나 그는 자신이 자본이 아니라고 정의한 토지를 자본에 포함시켰다. 그 이유가 무엇인가? 그것은 그가 전체 자본에서 토지 가치가 차지하는 비중이 얼마 안 된다고 보기 때문이다. 피케티의 이러한 토지관은 데이비드 리카도(David

---

81) Piketty, 『21세기 자본』, 640.
82) Piketty, 『21세기 자본』, 40.
83) Piketty, 『21세기 자본』, 61.

Ricardo)에게서 영향을 받은 것이다. 피케티는 리카도가 주창한 농업 중심의 토지 가치론을 그대로 답습한다. 하지만 오늘날 문제가 되는 도시의 토지 가치는 정부의 정책이나 사회경제적 변화가 만든 가치다. 따라서 도시의 토지 가치 대부분은 개량 가치이고 순수한 가치는 얼마 안 된다는 피케티의 주장은 수정되어야 한다. 결국 피케티의 잘못된 토지관이 그의 경제사상의 한계인 것이다.[84] 특히 한국처럼 부동산 문제가 심각한 국가에서는 토지 정의를 확립하는 작업이 우선적이다. 따라서 피케티의 경제 사상을 좀 더 실현 가능한 것으로 만들기 위해서는 글로벌 자본세는 토지세를 강화하는 제도로 대체하고, 누진 소득세는 수용하며, 불로소득에 대한 과세는 강화해야 한다. 이처럼 그 실현 가능성 및 토지관에 있어서 피케티의 경제이론에는 약점이 있다. 하지만 15년간 방대한 통계자료를 축적해온 그의 노력, 그리고 그가 불평등과 양극화에 대해 제시하는 해답들은 부와 소득 분배의 밑바탕을 더 깊이 이해하도록 할 새로운 이론적 틀을 보여준다.

김회권은 피케티의 『21세기 자본』이 오늘날의 그리스도인들에게 주는 세 가지 도전을 제시한다.[85] 첫째, 이 시대의 숙제인 불평등과 양극화 및 사회 분열을 정조준하는 피케티의 학문적 열정이다. 그는 이런 문제들을 붙들고 씨름하는 예언자적 지식인의 면모를 보여준다. 그는 오늘날 우리에게 가장 중요한 문제들을 붙들고 고투하면서 세계적인 파장을 일으켰다. 이는 시대의 현안을 외면하는 기독교는 복음의 위력을 삶의 문제에

---

84) 남기업, "헨리 조지의 눈으로 본 〈21세기 자본〉 그리고 희년", 「복음과 상황」 289(2014/12), 38-40.
85) 김회권, "하나님 나라 관점에서 본 〈21세기 자본〉", 「복음과 상황」 281(2014/4), 64-65.

적용하고 과시할 기회를 영구적으로 박탈당한다는 엄중한 진리를 일깨워
준다. 둘째, 『21세기 자본』의 제13장인 "21세기의 사회적 국가" 및 "결론"
에 나타난, 피케티의 철저한 현실 관여적·현실 변혁적 기상이다. 여기서
피케티는 참으로 학자적인 냉정함과 예언자적인 파토스를 동시에 분출하
고 있다. 우리는 자본주의사회를 전복하지 않고 부와 소득의 불평등 효과
를 최대한 억제하며 사회 통합적인 정책을 찾아보려는 그의 모습에서 사
회과학적·인문학적 상상력의 위엄을 볼 수 있다. 셋째, 교회는 역사의 종
말만을 자폐적으로 바라보는 종말론적인 기독교 역사관에 매몰되지 말고
역사의 중간 목표도 설정하여 인류 역사의 진보를 견인하는 현실 변혁적
지성을 키워야 한다는 피케티의 주장이다.

요컨대 우리는 조지와 피케티를 통해 사회 문제의 핵심인 경제적 공
공성에 대한 해법을 제시하기 위한 고뇌를 볼 수 있다. 비록 이 두 학자
모두 기독교 신학자는 아니지만, 그들의 경제사상과 경제이론이 성경의
공공성에 가장 근접한다고 해도 과언은 아니다. 따라서 그리스도인들이
이들의 노작(勞作)을 비판적으로 수용할 때, 기독교는 사회와 소통하며
사회 문제에 반응하여 대안을 제시하는 자양분이 될 수 있을 것이다. 이
제 마지막으로 공공신학의 입장에서 경제 윤리 및 사회 문제의 대안을 연
구한 맥스 스택하우스를 간략히 살펴보자.

2.2.4. ── 맥스 스택하우스(Max L. Stackhouse)

맥스 스택하우스에게 기업의 도덕성에 관한 성찰은 신학적으로 중요한
의미가 있다. 그는 모든 조직이 갖는 보편적 존재 원리 및 양식과 관련하
여 세 가지 개념의 틀에서 기업을 바라본다. 첫째, 소명 개념이다. 기업은

특별한 기술과 상품을 생산하여 인류의 복리에 기여하는 목적에 충실해야 한다. 둘째, 도덕법 개념이다. 기업이 하나님이 만드신, 그리고 이웃을 섬기는 소명을 지닌 조직이라면, 도덕법을 준수하는 기업이 바로 정통적인 기업이다. 셋째, 죄 개념이다. 모든 제도나 조직이 죄성을 지니고 있듯이 기업 역시 죄성을 지니고 있으므로, 기업은 문화와 정치 및 종교 같은 사회적 요소로부터 건전한 견제를 받아야 한다.[86]

기업의 도덕성의 핵심은 기독교적 기업 윤리와 청지기 정신에 기초하는 에토스(ethos)다. 스택하우스에 따르면 기독교는 이러한 에토스 형성에 지대한 영향을 주었다.[87] 그는 기업을 구속사의 한 부분이자 하나님이 주신 기관으로 본다. 따라서 기업은 그 주주나 경영인을 위해 이윤을 창출하는 것보다 중요한 목적과 의미를 지닌다. 즉 기업은 공동체의 물질적 복리에 이바지하는 소명을 지니며 인류를 위한 "은혜의 대리인 또는 은혜의 표시"다. 또한 기업은 "세속에 봉사하는 공회"(worldly *ecclesia*)이기도 하다. 이것은 기업과 기업인이 일체의 이윤을 포기해야 한다는 뜻이 아니다. 기업은 비영리단체와 구별되며, 이윤 창출은 기업의 생존을 위한 필수조건이다. "세속에 봉사하는 공회"라는 문구는 기업이 이윤 창출을 통해 소명을 감당해야 한다는 뜻이다. 기업의 이윤은 봉사의 결과이자 더 나은 봉사를 위한 이윤이다. 기업의 이윤이 이윤 자체를 위한 봉사의 결

---

86) 이에 대해서는 다음을 참조하라. Max L. Stackhouse, Dennis P. McCann, Shirley J. Roels, and Preston N. Williams, *On Moral Business: Classical and Contemporary Resources for Ethics in Economic Life* (Grand Rapids: William B. Eerdmans Publishing Co., 1995). 특히 Stackhouse가 저술한 부분인 10-34.

87) Stackhouse, *Public Theology and Political Economy: Christian Stewardship in Modern Society* (Grand Rapids: William B. Eerdmans Publishing Co., 1987), 92.

과는 아니다. 이러한 관점에서 스택하우스는 기업에 관한 이해를 확보하기 위해 청지기 개념을 확대하고 적용할 것을 제안한다. 그에 따르면 교회 안에서 특정한 직분에 충실한 것뿐만 아니라 공공의 영역에서 감당하는 몫도 청지기 개념 안에 포함해야 한다. 즉 스택하우스는 사회의 공동선(共同善)에 기여할 청지기의 책임을 말하고 있다. 스택하우스의 이러한 관점은 냉엄한 경쟁질서가 지배하는 시장의 특성을 너무 단순하게 보는 것이 아니냐는 생각을 하게 만든다. 그러나 그는 시장경제의 현실을 간과하지 않고 현실감각을 놓치지도 않는다. 다만 그는 기업의 소명과 청지기적 사명을 말하는 일 자체가 공공신학의 관심임을 주장하는 것이다. 과학기술이 발전하고 글로벌 시대가 구현되었다 하더라도 기독교의 역할이 사적인 영역으로 축소될 수는 없으며 바람직한 신념과 가치체계를 세우기 위한 노력을 지속해야 한다는 주장이다.[88]

스택하우스의 공공성 개념은 북미권의 풍요로운 상황에 맞추어진 부르주아적 공공신학이라는 비판을 종종 받는다. 이는 그가 경제적 불평등과 불의를 가져온 체제를 근본적으로 고민하기보다는 지엽적인 문제들을 다루는 데에 머문다는 비판이다. 또한 세계화에 관한 그의 관점은 신자유주의 사회경제체제에 순응하는 것으로 변혁적 고민이 약하다는 비판도 있다. 그러나 신자유주의 사회경제체제에 관한 마땅한 대안을 도출하지 못하는 오늘날의 상황에서, 스택하우스의 공공신학이 이미 상당한 수준의 경제력을 갖춘 사회에서는 매우 실천적인 시사점이 된다고 본다.

---

88) 문시영, "교회 안에서 시작하는 공공성", 이형기 외 8인, 『공적 신학과 공적 교회』 (용인: 킹덤북스, 2010), 146-147.

제3장

공공성 개념과 공공신학

(Publicness and Public Theology)

3.1. —— 공공성 개념

고대 예언자들의 "공공성"(Publicness)을 검토하고 연구하기 위해서는 먼저 이 개념의 의미를 정립할 필요가 있다. 오늘날 "공공성"이라는 말처럼 자주 쓰이는 말도 흔치 않다. 교육의 공공성, 의료의 공공성, 언론의 공공성뿐 아니라 심지어 건축의 공공성과 예술의 공공성도 거론되며, 무엇보다 교회의 공공성이 중요한 이슈가 되고 있다.

그런데 공공성은 다양하고 복잡한 개념이며 학자들 간에도 그 의미에 관한 합의가 이루어지지 않은 채 사용되고 있다. 그래서 사람들은 공공성이라는 말을 그저 수사적 개념으로 쓰거나 "개념의 인플레이션"이라는 함정에 빠지기 쉽다. "개념의 인플레이션"이란 특정 용어가 빈번하게 사용되어 그 의미가 익숙한 것 같지만, 실제로는 그 용어가 불명확하게 이해되는 상황이 지속되어 그것에 담긴 본래적인 혹은 잠재적인 가치까지 상실되는 것을 뜻한다.[1] 공공성 개념이 이렇게 복잡한 이유는 이 개념이 서로 다른 지역과 시대 및 맥락에서 발전한 서로 다른 개념들과 연관되기

---

1) 　조한상, 『공공성이란 무엇인가』(서울: 책세상, 2009), 16.

때문이다.[2] 따라서 먼저 공공성 개념의 어원적·역사적 발전 과정을 간단히 살펴볼 필요가 있다.

영어 형용사 "public"(공적)은 "공공의", "국민의" 등을 의미하는 라틴어 "*publicus*"에서 유래했다. "*publicus*"는 "국민", "백성" 등을 의미하는 라틴어 명사 "*populus*"에서 도출된 형용사다. "사람들"을 의미하는 영어 "people"의 어원이 "*populus*"다. 이를 고려하면 "공적"이라는 말은 "사람들의"라는 뜻에서 나온 것이다. 그런데 로마 시대에는 "*populus*"가 단순히 "사람"이 아니라 주권의 주체가 되는 구체적인 개인으로서 스스로 직접 공동체를 통치할 수 있는 사람을 가리켰다. 즉 당시 로마에서 "사람"(인민)은 국가를 형성하는 주체였다. 그러므로 "*publicus*"는 "국가의"라는 의미도 내포한다.[3]

"공적"에 해당하는 독일어는 "öffentlich"다. 이 단어는 중요한 시사점을 준다. "öffentlich"는 "열려 있는", "드러낸" 등을 의미하는 독일어 형용사 "offen"과 관련된다. 이는 영어 "open"에 해당한다. 즉 독일어에서 "공적"은 "일반적으로 인식 또는 접근이 가능한"이나 "실제적으로 개방되어 있는"이라는 뜻을 내포한다. 17세기 이래 "öffentlich"는 "공동의"(gemein)라는 형용사의 의미를 내포하게 되면서 라틴어 "*publicus*"와 본격적인 관련을 맺는다. 그리고 18세기에는 "öffentlich"를 기초로 하여 "Öffentlichkeit"(공공성)라는 개념이 자리를 잡는다. 이처럼 독일어 "öffentlich / Öffentlichkeit"는 독자적인 어원에서 유래했지만, 이후에

---

2)   조한상, 『공공성이란 무엇인가』, 16-17.
3)   조한상, 『공공성이란 무엇인가』, 17-18.

   구약 예언서의 공공신학

라틴어 "*publicus*"의 의미와 (서로 완전히 일치하는 것은 아니지만) 밀접한 관련을 맺게 되었다.[4]

국내 법학자인 조한상은 독일 헌법학자인 루돌프 스멘트(Rudolf Smend, 1892-1975)가 주장한 공공성의 다섯 가지 의미 요소[5]를 반영하여 공공성 개념을 정의하면서 세 가지 요소를 그 핵심으로 제시한다. 첫째, 인민(*populus*)으로서 국정에 참여할 수 있는 자유민이다. 둘째, 공동체의 복리, 즉 공공복리(*salus publica*)다. 공공복리는 추상적인 개념과 구체적인 개념으로 나누어질 수 있다. 추상적인 개념으로서의 공공복리는 위험성을 내포한다. 예를 들어 히틀러의 나치가 "공익은 사익보다 앞선다"(Gemeinnutz geht vor Eigennutz)라고 선언했듯이, 전체주의 정권은 공공성 개념을 강요하기도 하였다. 반면에, 구체적인 개념으로서의 공공복리에 따르면 공공복리와 사익은 서로 충돌한다. 셋째, 공개성(Publizität)이다. 이것은 공공복리는 특정인에게만 아니라 공동체에 속한 모든 구성원에게 이익이 되어야 한다는 원리다. 공공복리가 공동체의 모든 구성원에게 이익이 된다는 것을 확인하기 위해서는 공개성이라는 요소가 필수적이다.[6]

---

4) 조한상, 『공공성이란 무엇인가』, 19-20.
5) Smend가 주장하는 공공성의 다섯 가지 의미 요소는 다음과 같다. 첫째, 공공성은 공공연하고 일반적인 이익의 영역에 대한 접근 가능성을 의미한다. 둘째, 공공성은 공개적 토론, 공개 절차에서의 진리, 결백 및 정의가 획득된다는 의미를 포함한다. 셋째, 공공성은 단지 수단이 아닌 그 자체가 목직으로서 고상된 의미를 내포한다. 넷째, 공공성은 집단적 생활 영역의 주체, 즉 인민을 의미한다. 다섯째, 공공성은 현대 국가의 가장 고유한 과제의 본질을 의미한다(Rudolf Smend, *Zum Problem des öffentlichen und Öffentlichkeit*, 462-474. 이는 다음에서 재인용 한 것임을 밝힌다. 조한상, 『공공성이란 무엇인가』, 21).
6) 조한상, 『공공성이란 무엇인가』, 21-30.

공공성 개념을 정립하려면 주체로서의 인민, 정향된 목표로서의 공공복리, 그리고 공공성을 성취하기 위한 방법으로서의 공개성이 필요하다. 따라서 우리가 세상과 교회의 공공성을 재고하고자 할 때 이러한 바탕 위에서 구체적이고 실천적인 검토가 필요하다. 기원전 8세기 예언자들의 공공성을 연구하고자 할 때, 공공성의 첫 번째 요소인 인민과 관련하여, 우리는 언약 백성(covenant people)으로서의 자유농민을 상정할 수 있다. 두 번째 요소인 공공복리와 관련하여, 구약성경이 말하는 공공복리란 언약 백성이 "약속의 땅에 정착한 백성"(landed people)으로 살아감으로써 진정한 안식(공공복리)을 누리는 것으로 정리할 수 있다. 세 번째 요소인 "공개성"과 관련하여, 고대 이스라엘 예언자들, 특히 기원전 8세기 예언자들은 야웨 종교의 토라적 공공성이 지배계층의 억압과 착취로 인해 파괴되지 않게 하려고 지배계층과 끊임없이 소통(대립과 격려)했던 인물들이었다고 할 수 있다. 다시 말해 그들은 야웨의 신정통치적 이념이 "공론의 장"으로 나올 수 있도록 공개성을 추구했던 인물들이었다.[7] 그들의 주요

---

7) "공개성"이라는 측면에서 볼 때, 기원전 8세기 예언자들이 비판했던 대상에는 지배 엘리트 계층뿐 아니라 사회경제체제로서의 바알 종교에 복속되었던 모든 백성(자유농민)도 포함된다고 보아야 한다. "공개성"은 특정 계층뿐 아니라 모든 계층에게 열려 있어야 하기 때문이다. 특별히 예언의 대상에 있어서 전기예언서(특히 사무엘서와 열왕기서)와 후기예언서는 서로 차이를 보이는데, 전기예언서의 청중이 왕을 중심으로 하는 지배계층이라면, 후기예언서는 "나의 백성"(사 1:3)과 "관원들"(사 1:10)로 이원화된다. 이는 토라적 공공성의 대상에는 지배계층뿐 아니라 인민(자유농민)도 포함된다는 것을 보여준다. 그러나 당시 사회에서는 자유농민들이 로마의 인민(*populus*)처럼 국가통치에 참여할 수 있는 통로가 없었으므로 예언자들이 비판했던 주된 대상은 토라적 공공성을 무너뜨리는 데 직접적으로 기여한 지배계층이었다고 볼 수 있다. 이에 대한 좀 더 깊은 논의로는 이 책 제6장의 "6.2.1. 아모스 5:10-15"을 참고하라.

    구약 예언서의 공공신학

공적 활동 무대였던 궁중, 제단, 성소, 그리고 "성문 앞 광장"은 구체적인 공론의 장이 되었을 것이다. 그중에서도 정치, 행정, 경제, 제의 등에 관련된 다양한 사회 지배계층의 집결지였던 "성문 앞 광장"은 가장 큰 공개성을 가진 공론의 장이 되었을 것이다(이 책 제5장에서 우리는 도시화 및 계층화와 함께 진행된 성문과 성벽의 발달 과정을 추적해볼 것이다. 또한 제5장에서 이러한 "공공성"의 관점에서 고대 근동과 이스라엘 예언자들을 비교하여 연구함으로써 기원전 8세기 이스라엘 예언자들의 현저한 공공성을 고찰해보고자 한다).

3.2. ── 공공신학의 역사적 흐름

최근 우리나라에서도 공공신학에 관한 관심이 대두되고 있으나 아직은 "공공신학"이라는 용어조차 생소하게 들리는 것이 사실이다. 서구에서는 1981년 마틴 마티(Martin E. Marty)가 "공공신학"이라는 용어를 공식적으로 사용하기 전부터 이미 공공신학의 깊은 뿌리가 형성되어왔다. 이것은 서구 기독교의 사사화 현상(privatization)과 정교분리 및 개인주의에 대한 반동으로 사회 변혁적 신학이 등장하고 기독교 신앙의 공적 역할에 관한 기대가 점증한 것으로부터 힘입은 바가 크다.

그런데 1990년대 이후 한국교회에서도 정체와 쇠퇴 현상이 일어나면서 비로소 우리는 그동안 간과했던 문제들을 조금씩 직시하게 되었다. 즉 한국교회가 겪고 있는 침체의 밑바탕에 세상과의 소통 부재, 세상을 향한 섬김과 나눔의 부족, 신앙과 실천의 분리, 개교회 성장주의, 개인주의적 신앙으로 인한 "하나님 나라" 연대 의식의 결여, 그리고 교회의 기득권적 정치세력화 같은 요소가 있다는 점에 공감하게 되었다. 그 결과 공공신학의 필요성이 점증하면서 21세기에 들어와서야 비로소 공공신학을 연구한 저작들이 나오기 시작한 실정이다. 이러한 상황에서 박철수, 이문식, 강경민, 김회권 등이 1991년에 창간한 기독청년 잡지인 「복음과 상황」은 공공신학적 담론을 개시한 한국 최초의 복음주의 잡지다.

성경에 나타난, 넓은 의미의 공공신학 전통은 기독교 신학의 역사를 통하여 이어져왔다. 각 시대의 다양한 도전과 요구에 응답하는 여러 종류의 신학 가운데 개인적이고 실존적이며 교회적인 차원에 관심을 둔 신학도 있었지만, 세상과의 관계성의 차원을 강조하는 신학도 많이 등장했다.[8] 후자는 아우구스티누스(St. Augustine) 이후 꾸준히 지속해온, 하나님의 도성과 세상 사이의 "이분법"을 극복하려는 신학이었다. 아우구스티누스는 멸망해가는 로마 제국을 바라보면서 저술한 『신의 도성』에서 "신의 도성"(*civitas Dei*)은 영원하고 "땅의 도성"(*civitas terrena*)은 멸망할 것이라는 "두 도성 사상"을 전개하였다. "두 도성 사상"은 중세를 거치면서 도전을 받게 된다. 신성 로마 제국의 샤를마뉴(Charlemagne)는 기독교 제국이라는 왕국을 추구하였고, 니콜라스 1세는 교황주의 교회라는 왕국을 추구하기도 하였다. 이로 인해 중세에는 제국과 교회 사이에서 엄청난 권력 투쟁이 초래되었다. 그리하여 마르틴 루터는 "두 왕국 사상"을 주장하였는데 이것은 결국 아우구스티누스가 주창했던 "두 도성 사상"의 연장이었다. 루터보다 삼위일체 하나님의 창조세계의 통치를 강하게 주장했고 자연과 문화 속에도 성령이 있다고 보았던 장 칼뱅(Jean Calvin)조차도 아

---

8)   장신근, "공적 신학이란 무엇인가?: 신학의 공적 역할에 대한 지형연구", 이형기 외 8인, 『공적 신학과 공적 교회』(용인: 킹덤북스, 2010), 31.

우구스티누스의 "두 도성 사상"과 루터의 "두 왕국 사상"에서 크게 벗어날 수 없었다.[9]

하지만 루터, 칼뱅, 츠빙글리(Ulrich Zwingli) 같은 종교개혁자들이 성경에 근거하여 자신들이 속했던 국가와 사회를 정치적·문화적·교육적으로 개혁하려고 노력했다는 점에서 그들이 공공신학의 사회 개혁적 전통에 기여했다고 평가할 수 있다. 특히 루터가 직업(vocation)이 곧 소명(vocation)임을 주장했고, 만인제사장론을 통해 성(聖)과 속(俗)의 이분법을 넘어서려 하였으며, 공교육 제도를 시행하여 과거에는 귀족의 자녀들에게 한정되었던 교육의 기회를 대중에게 확대함으로써 사회 개혁에 기여한 점은 인정해야만 한다.

한편 19세기 네덜란드 신학자요 목사이자 정치가였던 아브라함 카이퍼(Abraham Kuyper)는 삶의 모든 영역은 하나님의 주권 아래에 있지만 각 영역의 독자성은 인정되어야 한다는 "영역주권론"을 주장하였다. "영역주권론"의 요점은 삶의 모든 영역이 상호작용을 하지만 한 영역이 다른 영역을 침범할 수는 없다는 것이다. 특히 국가는 주권과 권력의 한계를 정해야 하며 다른 영역을 과도하게 간섭해서는 안 된다. 왜냐하면 모든 주권은 국가와 관계없이 하나님으로부터 온 것이기 때문이다. 이는 국가는 하나님이 의도한 대로 톱니바퀴가 잘 돌아가게 해야지 자유를 속박하거나 생활을 구속해서는 안 된다는 주장이다.[10] 그러나 이런 주장 역시 두 왕국 사상의 세련된 변형일 뿐이었다.

---

9)   장신근, "공적 신학이란 무엇인가?: 신학의 공적 역할에 대한 지형연구", 34-36.
10)   정성구, 『아브라함 카이퍼의 사상과 삶』 (용인: 킹덤북스, 2010), 265.

미국 신학자인 월터 라우셴부쉬(Walter Rauschenbusch)는 기독교적 구원이 지닌 사회적·윤리적 측면을 역설하였다. 라우셴부쉬는 많은 사회 사상가로부터 영향을 받았는데 그중에서도 헨리 조지와 기독교 사회주의자들로부터 가장 큰 영향을 받았다. 특별히 초기에는 조지의 영향이 컸는데, 사회 안에서의 교회의 역할을 심각하게 고민했던 라우셴부쉬는 조지의 저서인 『진보와 빈곤』(*Progress and Poverty*)으로부터 많은 도움을 받았다.[11] 그러나 라우셴부쉬에게 사회주의는 역사의 종착 단계가 아니라 하나님 나라의 점진적 실현에 있어서 하나의 중간 단계일 뿐이었다. 그는 다음과 같이 말했다. "사회주의 정당들 및 그들의 전문 용어들과 투쟁 교리들은 그들의 과업이 끝나면 과거의 역사 속으로 사라질 것이다. 인류 안에서 영원하고 중요하며 유일한 것은 하나님의 통치이며, 하나님의 통치는 사회주의보다 광대하고 뛰어나다."[12] 그에게 사회주의는 목적이 아니라 수단이었다.

19세기 영국의 기독교 사회주의자들인 프레드릭 모리스(F. D. Maurice)와 찰스 킹슬리(Charles Kingsley), 그리고 20세기 초 스위스 신학자인 레온하르트 라가츠(Leonhard Ragaz)와 헤르만 쿠터(Hermann Kutter) 같은 인물들도 공공신학의 형성에 기여하였다.[13] 그러나 현대 공공신학에

---

11) Walter Rauschenbusch, *Christianizing the Social Order* (New York: The Macmillian Company, 1914), 392-394.

12) Rauschenbusch, *Christianizing the Social Order*, 405.

13) 이형기, "교회의 본질과 교회의 공적책임", 이형기 외 8인, 『공적 신학과 공적 교회』 (용인: 킹덤북스, 2010), 18. "기독교 사회주의자들"에 관해서는 필자의 논고인 "존 스토트의 에베소서 강해에 나타난 하나님의 새로운 사회와 기독교 사회주의 비교연구", 「인문학 연구」 (서울: 숭실대학교 인문학연구소, 2011), 81-113에서 다루었다.

가장 직접적으로 기여한 인물들로는 디트리히 본회퍼, 칼 바르트, 그리고 라인홀드 니버를 들 수 있다.

본회퍼는 그의 저서인 *Ethics*에서 다음과 같이 말함으로써 사적인 신앙에 안주하는 것은 자기기만임을 설파하였다. "공적인 입장에 서는 것을 회피한 사람은 개인적 미덕(private virtuousness)이라는 피난처에 도달한다. 그러한 사람은 도적질하지 않고, 살인하지 않으며, 간음하지 않고, 힘을 다해 선을 행한다. 하지만 공공성을 임의적으로 포기(voluntary renunciation of publicity)했기 때문에, 그는 자신을 갈등에서 보호해주는 한계선을 정확히 지킬 줄 안다. 따라서 그는 주위에서 일어나는 불의 앞에 자신의 귀를 막고 눈을 감을 수밖에 없다. 자신의 순수성이 더럽혀지는 것을 막기 위해 세상 안에서 책임을 지고 행해야 할 것을 하지 않았기 때문에, 그는 자기기만의 대가를 반드시 치러야 한다. 비록 그는 그 어떤 일을 행하더라도 자신이 행하지 않은 일 때문에 평안을 얻지 못할 것이다. 그는 이러한 불안 때문에 파멸하거나 가장 위선적인 바리새인이 될 것이다."[14]

바르트의 신학에서 공공신학과 연관하여 중요한 것은 초기의 기독교 사회주의적 입장 및 『로마서 강해』(1판, 1919년)와 바르멘 신학선언(1934년)에 나타난 신학사상이다. 바르트의 사회사상은 제1차 세계대전 이전에 10년 동안 진행되었던 운동의 한 형태 안에서 기독교 사회주의로 나타났다. 당시 그는 사회주의 실현의 복음을 종교적 과제로 여겼던 쿠터와

---

14) Dietrich Bonhoeffer, *Ethics* (New York: A Touchstone Book, 1995), 69.

라가츠 같은 학자들로부터 큰 영향을 받았다.[15] 이로 인해 당시 젊은 목회자였던 바르트는 사회주의 정신의 실천을 하나님 나라 운동과 같은 맥락에서 보는 종교사회주의적 입장을 견지하였다. 1934년에 바르트는 나치에 저항하는 고백교회(Confessional Church) 운동에 동조하여 바르멘 신학선언에 참여했다. "독일 복음주의 교회의 신성불가침의 기초는 성경에서 증언하듯이, 또 종교개혁의 고백에서 새로이 밝히듯이 예수 그리스도의 복음이다. 우리는 교회가 이 유일한 하나님의 말씀 이외에 또 덧붙여 다른 사건이나 힘, 형식 및 다른 진리들을 교회의 선포의 근거로 인정할 수 있고 그렇게 해야 한다는 잘못된 원칙을 하나님의 계시로 받아들이지 않는다." 이러한 순수한 기독교 신앙을 위한 신학적인 입장이 바르트로 하여금 새로운 제도에 대항하는 첫 번째 대열에 서게 했다.[16] 바르멘 신학선언에서 그는 구원의 주체자는 국가사회주의가 아니라 오직 예수 그리스도시요 하나님이심을 선언하였다.

니버는 "기독교 현실주의"(Christian Realism)를 주창하였는데, 이를 통해 그는 19세기 개신교 자유주의 신학의 지나친 낙관주의적 인간 이해를 비판하며 현실주의적·실용주의적인 사회 윤리와 정치 윤리를 제시하였다. 니버는 그의 저서인 *Christian Realism and Political Problems*에서 다음과 같이 진술한다.

나는 계속해서 공산주의의 환상(illusion)에 저항했다. 공산주의에 대한 나의

---

15) Karl Barth, 『공동체, 국가와 교회』, 안영혁 역 (서울: 엠마오, 1992), 25.
16) Barth, 『공동체, 국가와 교회』, 48.

비판이 일관성을 결여한 것은 사실이다. 하지만 그것은 정치적·정신적 역사의 변화로 인해 특정 순간의 지혜가 제한성을 가지기 때문이다. 기독교에 가장 부합하는 것은 민주주의다. 기독교 신앙의 경건주의적 유산의 주된 덕목은 개인을 보전하는 것이다. 해로운 정치적 종교가 대두하는 시대에서 민주주의는, 기독교적 입장에서 볼 때, 위대한 자원을 가지고 있다. 민주주의는 인간 및 인간의 권력욕에 견제와 균형을 준다. 민주주의는 진리 속에 있는 작은 잘못을 탓하지 않으며, 허위 속에 있는 작은 진리가 소중히 여겨지지 않을 때 진리가 허위로 변하는 것을 예방한다.[17]

니버의 이러한 현실주의적 관점은 하나님의 형상으로서의 인간과 죄인으로서의 인간을 동시에 고려한 노력의 결과라고 할 수 있다. 특히 그는 개인 윤리와 도덕주의의 문제점, 자유주의적 진보주의, 공산주의적 이상주의, 낙관적 평화주의 등을 비판하면서 현실주의적 입장을 가진 기독교 사회 윤리를 주창하였고, 기독교적 사랑의 관점에서 위의 문제에 대한 해결책을 제시하였다.[18]

우리가 기독교 신학의 공공성을 살펴보고자 할 때 결코 지나칠 수 없는 신학자가 바로 위르겐 몰트만(Jürgen Moltmann)이다. 몰트만은 "정치적으로 무의식적인 신학은 있어도 근본적으로 비정치적인 신학은 없다"라고 주장하였다. 몰트만의 정치신학은 신학이 지니는 공적 증언과 책임을 강조함으로써 오늘날의 공공신학에서 선구자적인 역할을 하

---

17) Reinhold Niebuhr, *Christian Realism and Political Problems* (New York: Charles Scribner's Son, 1954), 14.

18) 김기홍, "라인홀트 니버", 『현대신학논쟁』 (서울: 두란노, 1995), 217.

였다. 한편 몰트만의 정치신학은 라틴아메리카의 해방신학에도 지대한 영향을 끼쳤다. 해방신학은 가난한 사람들의 고난을 삶의 자리로 파악하면서 민중 운동 참여가 신학보다 앞선다고 주장한다. 즉 진정한 프락시스(orthopraxis)가 정통신앙(orthodox)보다 앞선다는 주장이다.[19] 이러한 해방신학은 정치신학과 함께 정치적·사회 변혁적 입장을 강조하는 공공신학에 의해 계승되었다고 할 수 있다. 유럽의 정치신학과 라틴아메리카의 해방신학은 사회 변혁을 위한 신학의 공적인 증언 및 변혁적 프락시스를 강조함으로써 오늘날의 공공신학의 공공성 개념에 지대한 영향을 끼쳤다고 할 수 있다.[20] 몰트만의 정치신학과 라틴아메리카의 해방신학의 영향 아래 유럽에서는 던컨 포레스터(Duncan Forrester, 영국)와 볼프강 후버(Wolfgang Huber, 독일) 같은 신학자들이 공공신학의 맥을 이어갔다.

한편 미국에서는 마틴 마티(Martin E. Marty)가 처음으로 공공신학이라는 용어를 사용함으로써 현대 공공신학의 기치를 높이 들었다. 마티는 공공종교(public religion)라는 용어를 수정하여, 그리고 로버트 벨라(Robert Bellah)가 베트남 전쟁 시기에 장-자크 루소(Jean-Jacques Rousseau)의 용어를 부활시켜 제시한 시민종교(civil religion)라는 용어를 수정하여 공공신학(public theology)이라는 용어를 고안했다. 마티는 벨라가 제시한 시민종교와 구별되는 개념으로서 공공신학을 주창했다. 마티는 교회사에 관한 지식과 통찰력을 소유했기 때문에 사회학자였던 벨라가 결여한 관

---

19) G. Gutiérrez, *The Power of the Poor in History* (New York: Orbis Books, 1986), 1-40.
20) 장신근, "공적신학이란 무엇인가: 신학의 공적역할에 대한 지형연구", 38.

   구약 예언서의 공공신학

점에서 개념을 세분화할 수 있었다.[21] 니버는 국가와 공공(public)을 동일시하였던 기존의 인식에서 벗어나 국가와 구별되며 국가와 개인 사이에 존재하는 제3의 영역으로서의 공공영역(특히 자발적인 결사체로서의 교회)이 지닌 역할을 중요한 것으로 인식함으로써 공공신학의 과제를 교회와 국가의 관계뿐 아니라 교회와 시민사회의, 그리고 국가와 시민사회의 관계로 확장하였다. 이러한 점에서 마티는 니버를 "공공신학자"(public theologian)로 불렀다.[22] 여기서 진정한 공공영역은 국가가 아니라 교회임을 인식한 것은 매우 중요한 발전이라고 할 수 있다. 이처럼 공공신학에 관한 논의는 "공교회"(public church) 개념과 밀접하게 연관된다. 마티에 따르면, "공교회는 사도적 교회(apostolic church)와 한 가족이며 … 공동체 중의 공동체"(a communion of communions)다.[23]

마티가 공공신학의 정의(definition)를 정립하고 과거와 현재의 공공신학의 사례들을 확인하며 여러 인물을 공공신학자로 구별하는 데 공헌했다면, 기독교 윤리학자인 데이비드 홀렌바흐(David Hollenbach)는 신학적 윤리학에 관한 건설적인 작업과 규범적인 제안을 소개함으로써, 그리고 신학자인 데이비드 트레이시(David Tracy)는 신학적 방법의 문제, 즉 신학이 어떻게 공공담론의 형태로서 실행되어야만 하는지에 초점을 맞춤

---

21) Deirdre King Hainsworth and Scott R. Peath (eds.), *Public Theology for a Global Society, Essays in Honor of Max L. Stackhouse* (Grand Rapids: Eerdmans Publishing, 2010), 8. "공공종교"(public religion)라는 용어는 Benjamin Franklin이 1749년에 처음으로 사용하였다.

22) 장신근, "공적신학이란 무엇인가: 신학의 공적역할에 대한 지형연구", 36-37.

23) Martin E. Marty, *The Public Church: Mainline-Evangelical-Catholic* (New York: Crossroad, 1981), 3.

으로써 공공신학에 공헌했다.[24]

오늘날의 공공신학을 논할 때, 북미권에서 가장 큰 기여를 한 사람으로 미국 프린스턴 신학대학원의 은퇴 교수인 맥스 스택하우스(Max L. Stackhouse)를 언급하지 않을 수 없다. 앞에서 살펴보았듯이 니버는 국가와 공공(public)을 구분했다. 이러한 점에서 니버는 국가와 공공을 동일시했던 시민종교나 공공종교와 차별화되었다. 니버의 영향을 받은 스택하우스는 한 걸음 더 나아가 시민사회를 위한 기독교 사회윤리로서의 공공신학을 전개한다. 특히 스택하우스는 세계화(globalization)를 강조하면서, 이러한 공공신학은 공공의 선을 추구하는 과정에서 발생하는 다양한 이슈를 해결하는 데, 그리고 공공의 선의 추구와 관련된 가치를 형성하는 데 기여하는 신학이라고 본다. 그는 "글로벌 시민사회"라는 개념을 중요시하면서, 교회가 공론의 장으로 나아가야 함을 강조한다. 이것은 교회가 현대 문화를 악으로 간주하여 도덕적 순수성만 주장해서는 안 되고 세상과 담을 쌓아서도 안 된다는 주장이다. 또한 이것은 교회가 기독교 윤리의 관점을 새롭게 정립하여 세상에 적극적으로 다가서야 한다는 주장이다.

스택하우스는 시민사회가 합리화를 명분으로 삼아 종교의 영향력을 무시하거나 배제하려는 경향도 경계한다. 그래서 그는 다음과 같이 말한다. "오늘날 세계화는 우리가 살고 있는 모든 특정한 상황(contexts)을 이해하고 관계짓는 더욱 넓은 공적 인식을 요구한다. 사회나 문명이 단

---

24) Deirdre King Hainsworth and Scott R. Peath (eds.), *Public Theology for a Global Society, Essays in Honor of Max L. Stackhouse*, 10.

   구약 예언서의 공공신학

지 지역적인 또는 특정한 믿음에 기초하거나 모든 종교와 신학을 초월할 것을 주장하는 순전히 세속적인 토대에 의해 유지될 수 있을 것인지에 관한 심각한 의문이 있다. 그래서 전 세계적으로 많은 학자가 공공신학을 개발하기 위해 노력하고 있다. 그러나 사실, 만일 지속적으로 영적 자본(spiritual capital)에 투자하는 '추동적인 초월의 이상'(a compelling vision of transcendence)에 의해 유지되지 않으면, 윤리는 사회나 문명으로부터 벗어나게 될 것이다."[25]

스택하우스는 공공신학이 필요한 두 가지 이유를 제시한다. 첫째, 기독교가 말하는 구원은 신비한 내용을 담은 밀실의 종교 개념이 아니라 공공의 영역에서 공개적·합리적으로 토론할 수 있는 주제이기 때문이다. 둘째, 기독교는 공적인 삶의 구조와 정책에 관한 지침을 제공하는 사회윤리가 되어야 하기 때문이다.[26] 스택하우스는 프린스턴에서 "카이퍼 연구센터"를 운영했다. 여기서 보이듯이 그는 기본적으로 개혁교회의 전통에 서 있는 학자다. 그는 성경에서 공공신학의 기초를 찾으며, 개혁교회의 신앙을 이어받은 우리가 사회를 향한 예언자적 역할을 소홀히 여기는 것을 지적한다. 그는 "예언자들이 야웨의 정죄를 개시하는 한 쌍의 악은

---

25) Stackhouse, *God and Globalization vol. 4: Globalization and Grace* (New York/London: Green Press, 2007), 77-78. Stackhouse의 *God and Globalization* 시리즈는 다음과 같다. *God and Globalization vol. 1: Religion and the Powers of the Common Life; God and Globalization vol. 2: The Spirit and the Modern Authorities*(Theology for the 21st Century); *God and Globalization vol. 3: Christ and the Dominions of Civilization*(Theology for the 21st Century); *God and Globalization vol. 4: Globalization and Grace*(Theology for the 21st Century).

26) Stackhouse, *Public Theology and Political Economy: Christian Stewardship in Modern Society*, xi.

불의와 압제다"[27]라고 주장한다.

한편 스택하우스의 공공신학과 관련하여 자체적인 갱신을 통해 "교회가 교회되는 것"이 교회의 공공성의 진정한 기초임을 강조한 학자가 바로 스탠리 하우어워스(Stanley Hauerwas)다. 하우어워스에 따르면 교회다운 교회란 성례가 이루어지고 말씀이 선포되며 올바른 삶이 있는 곳이다.[28] 그는 예수 안에서 하나님의 이야기를 기억하고 말할 수 있는 교회의 첫 번째 사회적 과제는 교회를 교회되게(to be the church)하는 작업이라고 본다.[29] 교회의 가장 중요한 과제는 기독교적 정책을 제안하는 것이 아니라 교회 자체가 "사회윤리적"으로 되는 것이라는 주장이다. 다시 말해 교회가 교회답게 되면 시민사회가 교회를 본받을 것이라는 주장이다. 교회는 비정부민간단체(NGO)나 기념사업회가 아니라 은혜의 공동체(a graced community)다.[30] 하우어워스는 신앙인은 예수의 이야기를 통해 복음적 비전을 갖춘 덕스러운 사람이 되어야 하며, 이와 관련하여 교회의 역할과 의미가 중요하다고 본다. 그가 주창하는 기독교 윤리는 교회의존적(church-dependent)인 윤리다.[31] 그에 따르면 신앙인은 세상을 혐오하지 않고 교회의 본래적 정체성인 복음에 충실한 모습을 보여줌으로써

---

27) Stackhouse, *Public Theology and Political Economy: Christian Stewardship in Modern Society*, 59.

28) Stanley Hauerwas, *The Peaceable Kingdom: A Primer in Christian Ethics* (Notre Dame, Indiana: University of Notre Dame Press, 2006), 107.

29) Hauerwas, *The Peaceable Kingdom: A Primer in Christian Ethics*, 100.

30) Hauerwas, *The Peaceable Kingdom: A Primer in Christian Ethics*, 103.

31) Hauerwas and William H. Willimon, 『하나님의 나그네 된 백성』, 김기철 역 (서울: 복있는사람, 2008), 106.

    구약 예언서의 공공신학

소비주의와 폭력에 물든 시민사회에게 탁월한 대안적 가능성을 제시해야 한다. 이런 의미에서 그는 교회가 교회답게 되는 소명이란 교회가 평화의 왕국(the peaceable kingdom)의 증인이 되는 것이며, 또한 교회가 세상이 자신의 모습을 바르게 이해할 수 있도록 원천을 개발해주는 공동체가 되는 것이라고 주장한다.[32] 그는 교회에 사회윤리가 따로 필요한 것이 아니라 교회가 사회윤리이어야 한다고 주장한다. 또한 오히려 교회는 사회전략을 갖지 말아야 하는데, 그 이유는 교회 자체가 사회전략이기 때문이다.[33]

우리는 스택하우스와 하우어워스가 교회공동체의 중요성을 회복하는데 공헌했다고 평가할 수 있다. 스택하우스가 주창한 공공신학과 하우어워스가 주창한 교회윤리는 마치 동전의 양면과도 같다. 교회는 공공에 대한 관심을 상실하지 않고 적극적인 윤리적 리더십을 발휘해야 한다고 주장하는 스택하우스, 그리고 교회의 공동체적 윤리를 주장하는 하우어워스의 관점은 모두 "교회"를 그 중심에 간직하고 있다는 점에서 상호보완적이다.[34] 사회복음을 주창한 라우센부쉬나 그의 사회복음을 비판한 니버의 현실주의 모두가 하나님의 교회의 중요성을 소홀히 여긴 약점을 생각할 때 스택하우스와 하우어워스의 신학은 교회공동체와 관련하여 중요한 함의가 있다.

이상에서 우리는 기독교 신학의 공공성의 역사적 흐름을 간략하게 개괄하였다. 이에 관한 자세한 기술은 이 책의 범위를 넘어서는 것이므

---

32) Hauerwas, *The Peaceable Kingdom: A Primer in Christian Ethics*, 102.
33) Hauerwas and Willimon, 『하나님의 나그네 된 백성』, 61.
34) 문시영, "교회 안에서 시작되는 공공성", 155.

로 앞으로 수행해야 할 과제로서 남기고자 한다. 하지만 이 단원을 마치기 전에 여기서 우리는 기독교 신학과 실천의 공공성에서 결코 지나칠 수 없는 한 사건을 다루어야 한다. 그것은 1974년에 발표된 로잔언약(The Lausanne Covenant)이다.

로잔언약은 사회참여에 관한 복음주의 진영의 입장을 명료하게 천명한 최초의 선언이라고 할 수 있다. 19세기까지 본래 복음주의자들은 사회참여에 적극적이었지만 20세기에 들어서서 사회복음에 대한 반발로 "사회적 관심사와 복음전도를 분리해 복음전도에만 집중하기 시작했다."[35] 그러나 1958년에 빌리 그레이엄(William Franklin Graham Jr.)이 존 스토트(John Stott) 및 다른 사람들을 불러 모으면서 로잔대회가 시작되었다. 여기서 그들은 복음전도를 논했다. 첫 번째 모임은 1966년 베를린에서 열린 세계 대회였다. 두 번째 모임은 1970년 1월에 열렸다. 이 모임에서 그레이엄은 "그리스도의 지상명령에 담긴 의미"를 전면적으로 논해야 할 필요성을 절감했다.[36] 로잔언약이 체결된 대회는 "세계 복음화를 위한 국제대회"라는 이름으로 1974년 7월 16일에 시작된 것으로, 여기에는 150개국에서 온 2,500여 명이 참석했고 컨설턴트, 초청 손님, 언론인 등으로 구성된 1,300여 명이 참관했다.[37] 이 대회가 진행되는 중에 많은 위기가 있었다. 그러나 연단에 선 스토트는 복음전도와 사회참여를 올바르게 통합

---

35) Roger Steer, 『존 스토트의 생애』, 이지혜 역 (서울: IVP, 2009), 250. 로잔언약을 한국에 최초로 소개한 잡지는 한국기독대학인회(ESF)에서 발행한 「소리」(1981)다. 이승장은 여기에 자신의 번역과 해설을 실었다.
36) Steer, 『존 스토트의 생애』, 244.
37) Steer, 『존 스토트의 생애』, 245.

구약 예언서의 공공신학

해야 한다고 강조하면서 참석자들을 설득했다. 결국 로잔언약의 최종안이 발표되었다. 이후 이것은 복음전도와 사회참여의 관계에 관한 주류 복음주의자들의 견해에 큰 변화를 주었다.

로잔언약에서 우리가 주목해야 할 항목은 제5항으로서 그 제목은 "그리스도인의 사회적 책임"(Christian Social Responsibility)이다. 이 항목은 먼저 하나님은 "창조자이면서 모든 사람의 심판자"임을 선언한다. 또한 그리스도인들은 하나님께서 전 인간 사회에 걸쳐 정의와 화해를 이루시려는 것에 관한, 그리고 모든 종류의 압제로부터 사람들을 해방하시려는 것에 관한 관심을 공유해야 함을 천명한다. 이는 하나님에 관한 교리로부터 이끌어낸 사회적 책임으로 이해될 수 있다. 로잔언약은 20세기 들어 복음의 사회 참여적 성격을 등한히 했던 복음주의 진영에서 이루어진 하나의 개가였다. 또한 이는 복음주의 진영의 선교와 목회의 실천에 방향성을 제시하며 큰 격려가 되었다. 그러나 마틴 로이드 존스(Martyn Lloyd Jones) 같은 보수주의자들은 로잔대회에 불참했고, 참여한 2,500여 명 중 약 400명은 의구심을 품고 로잔언약에 서명하기를 거부하기도 했다. 로잔언약 이후에도 복음주의 진영은 여전히 그 실천적 한계를 드러냈다.

하지만 이러한 현실적인 한계에도 불구하고 로잔언약의 이와 같은 내용들이 세계 복음주의 진영의 공공신학적 인식을 고취하고 복음의 사회 참여적 성격을 재고(再考)하였다는 점에서, 우리는 로잔언약이 이바지한 것을 인정해야 한다. 또한 그것이 한국교회에 미친 영향력도 부인할 수 없음을 기억해야 한다. 이만열은 다음과 같이 말한다. "로잔언약은 사회 참여에 대한 복음주의적 입장을 명료하게 천명한 것이다. 때문에 로잔언약 중 '그리스도인의 사회적 책임'에 담은 내용은 당시 사회참여 문제를 고민하고 있던 한국의 복음주의권의 젊은이들에게 큰 용기의 격려가 되었고 종래까지의 사회문제를 대하던 인식과 행동의 방향 전환을 획기적으로 가능하게 했다."[38] 그러나 1980년대 이후 한국 주류 교회의 개교회 성장주의와 물량주의 경향 속에서 로잔언약의 영향력은 쇠퇴하여 갔다. 한국교회는 공공성을 재고할 수 있는 좋은 기회를 잃었으며, 그 결과가 현재 한국교회가 겪는 현상들로 나타나고 있는 것이다. 이제 복음주의 진영에서 이러한 새로운 선언과 그 구체적 실천이 다시 한번 시작되어야 할 시점이 왔다.

3.3. ─ 공공신학의 정의

"공공성"을 정의하는 것이 쉽지 않은 것처럼 "공공신학"을 정의하는 것 역시 쉬운 일은 아니다. 포레스터는 다음과 같이 말한다. "공공신학은 하나님에 관한 신학을 토론하며 공공의 진리를 지향한다. 또한 공공신학은 공공 토론 및 진리에 관한 증거에 참여함으로써 세상에서 발생하는 사건에 정당성을 부여하고 오늘날의 사람들과 사회가 직면한 어려운 문제에 관심을 둔다. 공공신학이 부여받은 전통은 견고한 신념과 도전 및 견해를 제공하지만 공통의 표현 혹은 모든 사람의 개인적 견해를 추구하지는 않는다."[39]

몰트만은 기독교 신학은 공공신학으로 귀결될 수밖에 없음을 천명

---

38) 이만열, "존 스토트에게 진 빚", 「복음과 상황」 251(2011/9), 16-17.
39) Duncan B. Forrester, *Truthful Action: Explorations in Practical Theology* (Edinburgh: T&T Clark, 2000), 127.

한다. 그는 다음과 같이 말한다. "기독교 신학의 주제는 기독교 신학을 하나의 공공신학으로 만드는 것이다. 기독교 신학은 사회의 공공사무와 관계된다. 기독교 신학이 그리스도가 기대하는 광명에 관하여 사색하는 바가 있다면, 그것은 곧 하나님 나라의 보편적인 관심이다."[40]

스택하우스에 따르면 공공신학이란 "공적인 논쟁들이나 문화, 사회, 과학, 기술, 경제, 정체에 관한 문제들을 다루고자 하는 신학의 한 종류이며 또한 비기독교 전통들이나 사회과학, 역사과학들과 더불어 비판적인 대화를 하고자 하는 신학의 한 종류"다.[41]

해럴드 브라이튼버그(E. Harold Breitenberg Jr.)는 공공신학을 다음과 같이 좀 더 상세하게 정의한다.[42] 첫째, 공공신학은 자기 자신의 종교적 전통 안에 있는 사람들뿐 아니라 그 밖에 있는 사람들에게도 이해되기를 추구하는, 신학적으로 잘 알려진 담론이다. 둘째, 공공신학은 교회나 다른 종교 커뮤니티 및 동일한 종교 전통에 속한 사람들, 다른 믿음에 속한 사람들, 그리고 공식적으로 어떠한 종교적 신념이나 유대관계도 주장하지 않는 사람들을 포함하는 더 큰 사회들 모두에게 중요하고 적절한 이슈들, 기관들, 상호작용들, 과정들에 관심을 가진다. 이러한 정의에 따르면 공공신학은 사회와 사회 기관들에 관여함으로써 사회를 위한 지침을 제공해야 한다. 그러므로 공공신학은 본성적으로 윤리적이다. 셋째, 공공신학은

---

40) Jürgen Moltmann, *God for a Secular Society: The Public Relevance of Theology* (Minneapolis: Fortress Press, 1999), 1.

41) Stackhouse, 『지구화·시민사회·기독교윤리』, 심미경 역 (서울: 패스터스하우스, 2005), 15.

42) Hainsworth and Peath (eds.), *Public Theology for a Global Society, Essays in Honor of Max L. Stackhouse*, 4-6.

통찰력, 전문용어, 담론, 그리고 논증을 의지하거나 사용한다. 그런데 이러한 것들은 이론적으로 접근이 가능하며 모든 사람과 공공신학의 발전을 위한 영역이 된다. 또한 이러한 것들은 그러한 발전의 관점에서 말하는 특별한 종교 전통에 속한 사람들에게 열려 있다.

한편 최경환은 "최근 공공신학과 관련된 문헌들이 셀 수 없이 쏟아지고 있지만 공공신학에 대한 개념 규정은 여전히 모호한 상태에 남아 있다. 신자유주의와 독과점에 대해서 우호적인 북미의 보수적인 신학자들로부터 남미와 아프리카의 과격한 해방신학자들에 이르기까지 그 스펙트럼 또한 천차만별이다"라고 진술하면서 공공신학은 대략 다음과 같은 문제의식을 공유한다고 주장한다.[43] 첫째, 기독교는 어떻게 벌거벗은 공론의 장에서 자신의 신앙 전통에 따라 모두가 납득할 만하고 이해할 수 있는 수준의 윤리적 본질을 선언할 수 있는가? 둘째, 교회는 비판적이고 합리적인 담론을 통해 모두가 공유할 수 있는 공공성을 선포할 수 있는가? 또한 중첩적인 합의를 통해 다원화된 사회 속에서 소수의 의견을 배제하지 않고 민주적인 공론의 장을 발전시킬 수 있는가? 셋째, 기독교 신학은 투쟁의 상황 속에서 적절한 역할과 정당성을 제시할 수 있는가? 또한 세계화의 도전에 직면해 이러한 이슈들을 발전시킬 수 있는가? 넷째, 이러한 다양한 질문에 직면해서 공공신학은 하나의 패러다임으로 유용하다고 할 수 있는가? 이 질문들은 다양한 신앙의 전통이 공존하는 풍토를, 그리고 신앙과 신학을 사회적 담론의 차원에 연결하는 데 익숙하지

---

43) 최경환, "한국교회의 공론장 참여 어떻게 할 것인가?", 「복음과 상황」 281(2014/4), 67-
68.

     구약 예언서의 공공신학

않은 풍토를 가진 한국교회가 가져야 할 문제의식을 예리하게 정리하고
있다. 또한 이 질문들은 기독교 신학이 공론의 장으로 나와서 어떻게 공
공성의 중요한 요소인 "공개성"(Publizität)을 가질 수 있을 것인가에 관한
고민을 보여주고 있다.

앞에서 살펴본 공공신학에 관한 몇몇 정의를 통해 필자는 공공신학을
"하나님 나라를 지향하는 가운데 끊임없이 오늘의 상황 및 공적 이슈들
과 대화하는 신학이며 그 공적 이슈들에 대해 프락시스(praxis)로써 응답
하는 예언자적 신학"으로 정의하고자 한다. 따라서 오늘날 우리가 기원전
8세기 예언자들의 신학을 재조명해야 할 이유가 충분히 있다. 이스라엘
역사에서 신자유주의적 상황의 시원(始原)이라고 할 수 있는 기원전 8세
기 이스라엘의 절망과 아픔 속에서도 심판에 담긴 희망의 언어를 선포하
였던 예언자들의 신학 및 헌신은 오늘날의 교회와 신학의 이정표가 될 것
이다.

이상에서 우리는 기원전 8세기 예언자들의 공공성을 사회경제적 측
면에서 고찰한 학자들의 연구를 살펴보았다. 또한 19세기 산업혁명 이
후 무너져 가던 사회경제적 공공성을 회복하려 했던 실천적 연구를 고찰
하였다. 그리고 현대의 공공성 개념 및 공공신학의 역사적 흐름과 정의
를 정리해보았다. 그런데 여기서 우리는 다음과 같은 중요한 질문을 해야
한다. "그렇다면 기원전 8세기 예언자들의 탁월한 공공성은 무엇에 기반
하고 있는가?", "우리는 현대의 공공성 개념을 기원전 8세기 예언자들에
게 투영하는 것으로 만족할 수 있는가?"

물론 이스라엘 역사에서 기원전 8세기는 그 이전의 어떤 시기보다 사
회경제적 공공성이 무너지던 시기였다는 사실은 주지하는 바다. 다시 말

해 이러한 역사적 정황이 기원전 8세기 예언자들의 공공성의 기초가 되었다. 벨하우젠 이후 구약학계에서는 이러한 역사적 정황을 고려하여 기원전 8세기 예언자들의 발언과 예언 활동이 토라 형성의 기반이 되었다는, 이른바 "율법은 예언보다 나중이다"라는 가설이 부상하였다. 그러나 이제부터 우리는 이 가설을 부인하고 기원전 8세기 예언자들의 공공성은 토라 법전들, 특히 계약법전과 신명기법전에 근거한 것임을 주장하고자 한다. 이를 위해 토라 법전들의 형성 연대에 관한 학자들의 연구를 정리하여 계약법전과 신명기법전이 기원전 8세기 예언자들에게 영향을 미칠 수 있었던 개연성을 확보할 것이다. 동시에 토라 법전들의 공공성의 기초가 되는 "땅 신학"을 고찰하고자 한다. 이를 통해 우리는 토라 법전들의 공공성의 의미와 정의를 선명하게 드러내는 작업을 수행할 것이다. 이런 공공성의 특징을 더욱 선명하게 드러내기 위해 먼저 우르–이님기나(Ur-Inimgina) 법으로부터 함무라비(Hammurabi) 법에 이르는 고대 근동의 법들에 나타나는 공공성을 연구할 것이다. 이러한 과정들을 통해 최종적으로 "토라적 공공성"을 정의하고 "토라적 공공성"이야말로 기원전 8세기 예언자들이 보여준 현저한 공공성의 근간임을 제시할 것이다. 또한 "토라적 공공성"이야말로 현대 공공성 개념의 뿌리임을 조명할 것이다.

제4장

"토라적 공공성"

(Torah-based Publicness)

본래 이스라엘은 야웨의 신정통치적 이상 가운데 인류 역사상 그 유래를 찾아보기 힘든 사회안전망을 가진 사회였다. 소위 계약법전으로 분류되는 출애굽기 23:10-12은 "너는 여섯 해 동안은 너의 땅에 파종하여 그 소산을 거두고 일곱째 해에는 갈지 말고 묵혀두어서 네 백성의 가난한 자들이 먹게 하라. 그 남은 것은 들짐승이 먹으리라. 네 포도원과 감람원도 그리할지니라. 너는 엿새 동안에 네 일을 하고 일곱째 날에는 쉬라. 네 소와 나귀가 쉴 것이며 네 여종의 자식과 나그네가 숨을 돌리리라"라고 함으로써 고대 이스라엘 사회를 관통하는 야웨 종교의 공공성을 보여준다. 또한 신명기에 따르면, 이스라엘 사회에서는 모든 사회적 약자에게도 안식일을 보장하고(5:14), 첫 수확을 기념할 때(26:11)나 칠칠절 같은 절기(16:10-11)에 사회적 약자와 함께 음식을 나누었다. 사회적 약자를 불의하게 착취해서는 안 되고(24:14), 약자라는 이유로 부당한 판결을 내려서도 안 된다(24:17; 27:19). 추수 때에는 수확물을 다 거두지 말고 흘린 것을 주워서도 안 된다(24:19-20). 사람들은 십일조를 통해 부의 사회적 분배에 기꺼이 동참했으며(14:22-27), 심지어 3년에 한 번은 토지 소산의 십일조를 따로 내어 특별히 고아, 과부, 나그네, 그리고 분깃이 없는 레위인을 위한 재정으로 사용하였다(14:28-29). 무엇보다 안식년제도(15:1-11)와 노예해방법(15:12-18)을 통해 고대 이스라엘 사회의 공공성은 극대화되었다. 그리고 이러한 야웨 종교의 "토라적 공공성"(Torah-based Publicness)은 꾸준히 발전하여 성결법전으로 분류되는 레위기 25장의 희년제도로 나아가게 된다.

그런데 고대 이스라엘 사회의 사회경제적 공공성은 고대 근동 세계의 사회경제적 공공성과 깊은 관련성이 있다는 것이 여러 연구에 의해 밝혀져 왔다. 이제부터 우리는 고대 메소포타미아의 공공성을 고찰해보고 이것과 고대 이스라엘의 공공성의 연속성 및 불연속성을 살펴보고자 한다.

4.1. ── 고대 메소포타미아의 사회경제적 공공성

주지하는 바와 같이 세계 최초의 문명인 메소포타미아 문명은 수메르인들에 의해 시작되었다. 그 뒤를 이어 아카드(Akkad) 왕조, 수메르의 복원을 꿈꾸었던 우르 제3왕조(Ur III)가 출현했고 이어서 이신–라르사 왕조(Isin-Larsa), 그리고 구바빌로니아와 앗시리아 제국 등이 등장했다. 그런데 이들이 이룩한 찬란한 문명의 이면에 사회경제적 공공성 및 도덕성을 확보하기 위한 법률적 노력이 있었다는 것이 고고학적으로 밝혀져왔다. 그 대표적인 법들의 내용과 범주를 간단히 정리하면 다음과 같다.

		우르-이님기나 (Laws of Ur-Inimgina)[2]	우르-남무 (Laws of Ur-Nammu)[3]	리피트-이쉬타르 (Laws of Lipit-Ishtar)[4]	에쉬눈나 (Laws of Eshnunna)[5]	함무라비 (Laws of Hammurabi)[6]
민법	결혼/가족		○	○	○	○
	상속			○		○
	재산	○	○	○	○	○
	노예		○	○	○	○
	채무			○	○	○
	세금/임금	○			○	○
형법	살인				○	○
	간음/강간		○		○	○
	절도				○	○
	성적타락		○			○
	거짓증거		○			○
	폭행				○	○

[표 4-1] 고대 메소포타미아 법들의 구성 비교[1]

---

1) John H. Walton, *Ancient Israelite Literature in its Cultural Context* (Grand Rapids: Zondervan Publishing House, 1989), 75-76.

이처럼 고대 메소포타미아 사회에서 사회경제적 공공성을 실현하기 위해 시행한 제도를 "미샤룸"(*mišarum*)이라고 한다. 아카드어 "키툼 우미샤룸"(*kittum umišarum*)은 히브리어 "미쉬파트 우체다카"(מִשְׁפָּט וּצְדָקָה)에 해당하는 말이다. "키툼"은 "확고하게 세우다"라는 뜻의 "카누"(*kanu*)에서 유래하여 "견고한 것" 또는 "바른 것"을 의미한다. "미샤룸"은 "바르게 가다", "규정에 맞다"라는 뜻의 "에셰루"(*ešeru*)에서 유래했다.[7]

미샤룸 규정들은 고대 메소포타미아 사회에서 면면히 이어졌다. 함무라비 왕은 재위 2년, 22년, 그리고 33년에 이를 시행했다. 그의 5대손이며 제10대 구바빌로니아 왕인 암미차두카(Ammiṣaduqa, 기원전 1646-1626년)는 재위 10년에 채무를 면제했고 곡식을 분배했으며 채무 노예를 해방시켰다. 함무라비 왕과 비슷한 시기의 왕인 라르사(Larsa)의 림신(Rim-Sin, 기원전 1822-1763년)도 3회에 걸쳐 미샤룸을 시행하였다.[8] 또한 이런 미샤룸 규정들의 일부가 우르-남무 법(Laws of Ur-Nammu)과 리피트-이쉬타르 법(Laws of Lipit-Ishtar)에 구체적으로 명기되어 있다.

---

2)	기원전 2350년경 메소포타미아 동남부의 도시국가인 라가쉬(Lagash)의 왕인 우르-이님기나(기원전 2351-2342년)에 의해 수메르어로 작성되었다.

3)	기원전 2100년경 우르(Ur)에서 만들어졌으며 수메르어로 작성되었다.

4)	기원전 1930년경 우르 북쪽의 도시국가인 이신(Isin)에서 수메르어로 작성되었다.

5)	기원전 1800년경 아카드어로 작성된 문서로 다른 법문서들과 달리 왕의 이름이 아닌 도시의 이름으로 명명되었다.

6)	기원전 1750년경 구바빌로니아의 함무라비 왕에 의해 작성되었으며 고대 메소포타미아의 법전승을 집대성한 것으로 후대 법전승의 원류 역할을 하였다.

7)	이러한 어원에 대해서는 *CAD*, K: 159-168; M:116-119를 참조하라.

8)	R. Westbrook, "Social Justice in the Ancient Near East," eds. K. D. Irani and M. Silver, *Social Justice in the Ancient World* (Westport, CN: Greenwood Press, 1995), 158-159.

미샤룸 규정들을 기록하고 있는 가장 오래된 법인 우르-이님기나 법(Laws of Ur-Inimgina)은 쿠퍼(J. S. Cooper)의 저서인 *Sumerian and Akkadian Royal Inscriptions I*에 전문(全文)이 영역되어 있다. 여기서 조항 1-3에는 엔릴의 신(神)인 닌길수(Nin-Girsu)를 위하여 라가쉬의 왕인 우르-이님기나가 왕궁과 도시를 건설했다는 내용이 나오고, 조항 4-5에는 세금 개혁에 관한 규정들이 나오며, 조항 7에는 자유노동자들을 혹사한 관리들의 통제권을 박탈했다는 내용이 있다.[9] 우르-이님기나 법은 사회경제적 공공성을 위하여 법제화된 인류 최초의 개혁조치라고 평가할 수 있다.

이러한 우르-이님기나 법의 사회경제적 공공성은 우르-남무 법으로 이어졌다. 우르 제3왕조(Ur III)는 고대 수메르를 복원하려는 기치를 들고 건국되었으나 엘람인들에 의해 건국된 지 약 100년 만에 멸망하고 만다. 그러나 우르 제3왕조는 짧은 역사에도 불구하고 인류 문명사에서 법전승의 원형(prototype)으로 볼 수 있는 우르-남무 법을 제정하는 데 공을 세웠다.[10] 우르-남무 법은 가정 윤리를 보전하고 신체를 보호하며 약자를 배려하고 재산권을 보호하는 것 외에도 도량형 통일을 통해 경제 정의를 바로잡고자 하였다. 무엇보다 우르-남무 법에도 미샤룸의 요소가 드러난다. 우르-남무 왕은 관료조직을 개혁하기 위해 남하니(Namhani)를 도

---

9)   J. S. Cooper, *Sumerian and Akkadian Royal Inscriptions I: Presargonic Inscription, American Oriental Society Translation Series* (New Heaven: American Oriental Society, 1986), 70-74.

10)   M. T. Roth, *Law Collections from Mesopotamia and Asia Minor* (Atlanta: Scholars Press, 1995), 15.

시국가인 라가쉬의 행정관으로 임명했고, 무역과 동물을 통제하던 관리들을 제거했으며, 지배계층에는 무거운 세금을 부과했다.[11]

에쉬눈나 법은 기원전 1800년경에 아카드어로 기록된 최초의 법전으로서 수메르의 법 전승을 이어받아 수메르 법과 함무라비 법을 연결하는 고리라고 할 수 있다. 전문(全文)이 *ANET* 161-163과 롯(M. T. Roth)의 저서인 *Law Collections from Mesopotamia and Asia Minor* 59-70에 영역되어 있다. 그중 노예 신분의 여성을 보호하는 내용을 담은 조항 33-34는 다음과 같다.

§ 33 만약 여자 노예가 속임수로 인해(by subterfuge) 자신이 낳은 아이를 다른 남자에게 딸로 준다면, 그리고 그 아이가 자랐을 때 그 주인이 그것을 발견한다면 그 아이를 (그 여자 노예에게) 되돌려주어야 한다.

§ 34 만약 궁중의 여자 노예가 자신이 낳은 아들이나 딸을 평민(*muškenum*)에게 주어 기르게 하였더라도 궁중은 그 여자 노예의 아이를 되찾아야 한다(*ANET* 162).

에쉬눈나 법에는 약자들을 보호하는 내용, 결혼에 관한 율법(조항 25-30), 그리고 사법적 정의에 관한 내용(조항 48, 50)뿐만 아니라 동해보복법(lex talionis)에 해당하는 조항(조항 42-47)도 있다. 또한 에쉬눈나 법에

---

11) 이종근, "수메르 우루-이님기나 법과 히브리법의 사회정의의 고찰", 「구약논단」 14/2 (2008), 151.

   구약 예언서의 공공신학

서는 부채와 관련하여 "서판을 깬다"라는 표현이 발견된다. 이는 정해진 기한까지 갚지 못하고 남은 부채를 탕감해주는 행위였다. 알렉산더(J. B. Alexander)는 이러한 부채 탕감 규례가 성경적 희년 규례 중 하나인 부채 탕감 조항의 바탕이 되었다고 본다.[12]

이제 고대 근동의 법조문 중 가장 유명하고 분량이 많은 함무라비 법의 내용을 간단히 살펴보자. 함무라비 법 역시 그 이전의 대다수 법처럼 신들에 대한 찬양으로 시작하고 있다.

> 아눈나키(Annunaki) 신들의 왕이신 존엄한 아눔(Anum) 신, 하늘과 땅의 주이시며 땅의 운명을 결정하는 엔릴(Enlil) 신, 그리고 에아(Ea) 신이 모든 백성에 대한 최고의 권세를 에아 신의 장자인 마르둑(Marduk) 신에게 할당했고, 이기기(Igigi) 신들 사이에서 그를 높였으며, 바빌로니아를 존엄한 이름으로 불렀고, 세계에서 그것을 최고로 만들었으며, 바빌로니아 내에서 그를 위하여 하늘과 땅에 걸맞은 영원한 왕권의 기초를 확립했다(i 1-26)(*ANET* 164).

고대 근동의 법들이 이렇게 신들에 대한 찬양으로 시작하는 이유는 왕권이 신으로부터 왔다는 왕권신수(divine right and election)의 권위를 선포하려는 목적 때문이었다. 함무라비 왕은 자신의 왕권이 신들의 뜻을 성취하기 위한 것이라고 주장했다.

> 그 당시 아눔 신과 엔릴 신은 백성들의 복리(*mišarum*)를 위하여 나를 내 이름

---

12) J. B. Alexander, "A Babylonian Year of Jubilee?," *JBL* 57(1938), 75-78.

으로 지명하여 불렀다. 충실한 왕자인 나, 함무라비는 신들을 경외했고 정의가 나라에서 넘치게 하였으며 악한 자와 악을 없앴고 힘센 자가 약한 자를 압제하지 못하게 했으며 태양신인 샤마쉬를 모든 인류 위에 올려놓고 그 땅을 밝히도록 했다(i 27-49).[13]

이러한 것들은 백성들을 지배하기 위한 일종의 정치적 선전문 (propaganda), 즉 고대 세계에서 백성들의 정신과 의식을 지배했던 신전에 대한 왕의 선정(royal benevolence)이었다.[14]

구바빌로니아 사회에서는 신분차별이 확연했다. 신분은 자유민 (*awilum*), 평민(*muškenum*), 그리고 노예(*wardum*)로 구분되었다. 자유민의 뼈를 부러뜨리거나 눈을 멀게 하면 동해보복법이 적용되었지만, 평민에게 그렇게 한 경우는 은 60세겔을, 그리고 노예에게 같은 상해를 입혔을 경우는 노예 값의 절반을 보상했다(조항 196-199). 치아에 대한 상해와 관련해서는 자유민의 치아를 상하게 하면 동해보복법이 적용되었지만, 평민에게 같은 상해를 입혔을 경우는 은 20세겔을 보상했다(조항 200-201). 성차별도 강하게 나타났다. 만약 어떤 시민의 아내가 다른 사람과 성관계를 맺었다고 기소를 당했다면, 설사 현장에서 붙잡히지는 않았더라도, 그녀는 자기 남편의 무고(誣告)를 밝히기 위해 스스로 강물 속으로 뛰어들어야 했다. 만약 살아남으면 그녀는 벌금을 물어야 했다(조항 132-133). 비록 이렇게 신분차별과 성차별이 심했던 사회였지만 함무라

---

13) Roth, *Law Collections from Mesopotamia and Asia Minor*, 76.
14) 이종근, "생명존중을 위한 메소포타미아 법들의 정의", 「구약논단」 15(2003), 261-297.

  구약 예언서의 공공신학

비 법에는 약자를 보호하기 위한 여러 조항이 있었다. 예를 들어 가옥 임대차 계약과 관련하여 만일 계약기간을 1년으로 정했는데 임대인이 임차인에게 계약기간이 끝나기 전에 집을 비우라고 요구하면, 임대인은 임차인에게 비용 전액을 환불해주어야 했다(조항 11). 또한 어떤 사람이 채무노예로 팔린 경우 3년만 노역하면 그 사람은 4년째 되는 해에는 해방되었다(조항 117).[15]

함무라비의 현손(玄孫)이자 구바빌로니아 제10대 왕인 암미차두카가 내린 칙령(The Edict of Ammiṣaduqa)은 *ANET* 526-528에 그 전문이 영역되어 있다. 함무라비 후대의 구바빌로니아 왕들은 그의 법을 고치거나 폐기하지 않고 칙령 형태의 짧은 법령들을 반포했다. 암미차두카 칙령의 조항 2-3에는 공적인 일, 그리고 조항 4-9에는 사적인 채무에 관한 내용들이 실려 있다.[16] 또한 세금을 면제하고(조항 1-2, 14-18), 채무를 면제하며(조항 5, 7, 13, 20), 노예를 해방하는(조항 20-22) 조치를 규정하고 있다. 이처럼 이 칙령은 고대 근동에서 미샤룸의 시행을 보여주는 좋은 사례다.

그레고리 치리치뇨(Gregory C. Chirichigno)는 그의 저서인 *Debt-Slavery in Israel and the Ancient Near East*에서 함무라비 법과 암미차두카 칙령에 나타나는 미샤룸의 성격 차이를 언급하면서 함무라비 법

---

15) 이를 구약성경에서 히브리 종의 경우 6년을 노역한 후 해방되었던 것(출 21:2; 신 15:12; 레 25:40)에 비교하면 그 기간이 더 짧다. 이는 토지가 척박했던 팔레스타인에 비해 바빌로니아에서는 빚을 갚기에 토지 생산력이 용이했기 때문으로 보인다(김영진, 『율법과 법전: 고대 근동의 법 연구』 [서울: 한들, 2005], 41).

16) Niels P. Lemche, "Andrârum and Mišarum: Comments on the Problem of Social Edict and Their Application in the Ancient Near East," *JNES* 38(1979), 12.

의 조항 117과 암미차두카 칙령의 조항 20을 비교한다.[17]

함무라비 법 § 117

만약 빚을 진 사람이 그의 부인이나 아들 혹은 딸을 팔거나 그들에게 빚 노역을 시키면, 그들은 자신들을 사거나 빚 노역을 시킬 사람의 집에서 3년을 섬길 것이요, 4년째 되는 해에는 면제(*an-du-ra-ar-šu-nu*)되어야 한다.

암미차두카 칙령 § 20

만약 눔히아(Numhia)의 시민, 에무트발룸(Emutbalum)의 시민, 이다마라스(Idamaras)의 시민, 우룩(Uruk)의 시민, 이신(Isin)의 시민, 키수라(Kisurra)의 시민, 그리고 말기움(Maligium)의 시민의 집의 종이 은 대신에 팔렸거나 빚 대신에 봉사하게 되었다면, 왕이 그 땅에(in the land) 미샤룸을 제정했기 때문에 그는 해방된다. 그의 자유(*an-du-ra-ar-šu*)는 유효하다.

이 두 조항을 비교해보면, 함무라비에 의해 채무 노예는 정기적으로 해방되었지만, 암미차두카 칙령은 "왕이 그 땅에 미샤룸을 제정했기 때문에"라는 문구가 보여주듯이 채무 노예 해방의 효과와 시행 시기 및 장소 범위에 제한을 두었다.[18]

한편 "자유"를 의미하는 "안드라룸"(*andrârum*)[19]은 기원전 2450년경

---

17) Gregory C. Chirichigno, *Debt-Slavery in Israel and the Ancient Near East* (Sheffield; Sheffield Academic Press, 1993), 89.

18) Chirichigno, *Debt-Slavery in Israel and the Ancient Near East*, 90.

19) 레 25:10에 "드로르"(자유, דְּרוֹר)라는 용어가 나오는데, 이것은 아카드어 "안드라

엔테메나(Entemena)로부터 기원전 7세기 에살핫돈(Esarhaddon)에 이르기까지 나타나는데[20] 이는 "미샤룸"과 마찬가지로 왕의 은전 수여(royal grant of favor)의 일종으로서 시행되었다.[21] 함무라비 법전보다 조금 늦은 시기인 기원전 15세기경에 만들어진 누지(Nuzi) 법전[22]에는 노예의 노역 기간의 만기를 기술하는 "티텐누투"(*tidennutu*) 등 여러 조항이 나타난다. 또한 누지에서는 "안드라룸"뿐 아니라 그에 상응하는 "슈두툼"(*šudutum*)이라는 법령도 시행되었다.[23]

이상에서 살펴본 바와 같이 고대 근동에서도 사회경제적 공공성을 확보하기 위해 채무 탕감과 노예 해방 같은 규례와 칙령이 지속적으로 시행되었다. 고대 메소포타미아의 법전들은 그 규례의 적용 범위와 성격 및 주기성 등에 있어서 고대 이스라엘의 법전들과 상당한 연속성뿐 아니라 중요한 불연속성도 보인다. 우리는 그 유사점과 차이점을 검토하기 전에 야웨 종교의 "토라적 공공성"이 어떻게 발전되어왔는지를 고찰해보고자 한다.

룸"(*andrârum*)과 연관된다. "안드라룸"은 부채 탕감과 노예 해방, 불법적으로 자유민에게 부과한 일을 취소시키는 용어로서 고대 메소포타미아 제국 전반에 걸쳐 통용되었던 용어다. 구약성경에서는 문서 예언자들이 이 용어를 사용하는데(사 61:1; 렘 34:8, 15; 겔 46:17), 시드기야의 칙령(렘 34:8)도 신앗시리아의 칙령의 영향을 받았다고 볼 수 있다.

20) Lemche, "Andrârum and Mišarum: Comments on the Problem of Social Edict and Their Application in the Ancient Near East," 15.

21) Lemche, "Andrârum and Mišarum: Comments on the Problem of Social Edict and Their Application in the Ancient Near East," 21.

22) M. A. Morrison, "Nuzi," *ABD* IV (New York: Doubleday, 1992), 1156.

23) Lemche, "Andrârum and Mišarum: Comments on the Problem of Social Edict and Their Application in the Ancient Near East," 19.

4.2. ── "토라적 공공성"의 형성

아브라함이 "갈대아 우르 출신"이라는 성경의 기록(창 11:31)에 기초해보면, 그가 우르-남무 법 같은, 사회경제적 공공성을 확보하기 위한 당시 사회의 법규로부터 영향을 받았을 개연성이 있다. 그러나 창세기에서 이러한 법규와 관련된 뚜렷한 규정을 발견할 수 없기 때문에 우리의 고찰은 출애굽기로부터 시작될 수밖에 없다. 토라의 자료층들은 역사적인 전승들 외에 "법전"이라고 불리는 자료들을 포함하고 있다. 학자들은 대개 이를 "계약법전"(Covenant Code, 출 20:22-23:33), "신명기법전"(Deuteronomic Code, 신 12-26장), 그리고 "성결법전"(Holiness Code, 레 17-26장)으로 분류한다. 게오르그 포오러(Georg Fohrer)는 계약법전과 성결법전 및 P(제사장 자료)에 흡수된 추가적인 법률집들이 있는 반면에, 신명기법전은 언제나 독립적인 법률집으로 여겨질 수 있다고 주장한다.[24]

우리가 토라 안에 포함된 법전들에 주목하는 이유는 이것들이 사회경제적 공공성을 확보하기 위한 획기적인 규례들을 포함하기 때문이다. 예를 들어 계약법전에는 노예 해방 규례(출 21:2-11), 대출이자 금지 규례(출 22:25-26), 그리고 휴경년 규례(출 23:10-11)가 나타난다. 신명기법전에는 부채탕감 규례(신 15:1-11)와 노예 해방 규례(신 15:12-18)가 나타난다. 성결법전에는 안식년 규례(레 25:2-7), 희년 규례(레 25:8-22), 유업 회복 규례(레 25:23-34), 대출이자 규례(레 25:35-38), 그리고 노예 해방 규례(레 25:39-55)가 나타난다.

---

24) Georg Fohrer, 『구약성서개론』, 김이곤 역 (서울: 대한기독교서회, 2002), 145.

우리는 포로기 이후의 상황을 반영하는 성결법전을 제외한[25] 계약법전과 신명기법전이 기원전 8세기 이후 이스라엘 예언자들의 사회경제적 공공성의 기반이 되었다고 전제한다. 다시 말해 우리는 "토라적 공공성"이 이스라엘 예언자들의 공공성의 기초라고 전제한다. 그런데 우리가 이러한 주장을 하기 위해서는 먼저 크게 두 가지 구약신학적 문제를 검토해야만 한다. 첫째는 19세기 이후 성경 연구에서 역사비평이 본격화되면서 자리잡은 "율법은 예언의 산물"(*lex post prophetas*)이라는 주장이며,[26] 둘째는 토라 법전들의 형성 시기에 관한 문제다.

벨하우젠은 이스라엘의 신정정치가 모세로부터가 아니고, 유일신으로부터도 아니며, 윤리적 조건에 의존하는 계약으로부터 유래하지도 않았고, 야웨는 이스라엘의 하나님, 그리고 이스라엘은 야웨의 백성이라는 상호적·자연적 유대에 기초한 사울 당시의 블레셋과의 전쟁 체험으로부터 시작했다고 주장한다.[27] 그는 초기 이스라엘에는 고정된 성문율법이 존재하지 않았고 제사장들과 예언자들에 의해 주어진 자유로운 종교적 가르침의 개별적 형태들만 존재했다고 본다. 그에 따르면 이런 개별적 형태들을 위대한 영감으로 결합해 예언자적 종교의 독특성인 윤리적 유일

---

25) 성결법전의 내용 중 일부는 여전히 포로기 이전 시대의 배경을 시사하지만, 이 책에서는 계약법전과 신명기법전에서만 "토라적 공공성"을 추적하는 데 초점을 맞춘다.

26) Wellhausen의 가설에 따르면, 이스라엘 종교가 그 유일신 신앙의 특질을 발전시킨 것은 문서 예언자들의 영향력 아래에서였다. 유일신 신앙을 내포하는 오경은 예언의 산물일 수밖에 없으며 그 어떤 유일신 신앙 문서도 예언서 시기 이전으로 올라갈 수 없다는 것이 Graf-Wellhausen의 이스라엘 종교사의 비평적 재구성의 지침이다.

27) Julius Wellhausen, *Prolegomena to the History of Ancient Israel* (New York: Meridian Books, 1961), 427.

신 신앙을 만들어 낸 사람들이 기원전 8세기 문서 예언자들이다. 이것은
기원전 8세기 예언자들의 보편적 하나님 이해 및 윤리적 유일신으로서
의 하나님에 관한 이해는 전승에서가 아니라 하나님이 주신 영감에서 유
래했다는 견해다. 물론 이런 견해는 영감을 모든 문학적 창작의 원동력으
로 간주했던 독일 낭만주의의 거장인 고트프리트 헤르더(Johann Gottfried
von Herder)의 영향을 깊이 받은 벨하우젠의 편견이다.[28] 벨하우젠은 신명
기와 더불어 고정된 하나의 율법이 생기기 시작하자 위대한 영감의 시대
는 끝나고 예언의 쇠퇴가 도래하였다고 본다.[29]

그러나 윌리엄 올브라이트(W. F. Albright)는 이스라엘 종교사는 그 최
초의 시대부터 모세 종교에 내재되어 있던 것을 계속적으로 현실화해온
것이라고 강조하면서 증거 자료가 허락하는 한 오경 자료의 고대성을 옹
호하려고 한다. 올브라이트는 전승의 창조적 형성기를 사사 시대의 암픽
티오니(Amphictyony, 지파동맹)에서 찾는 폰 라트(G. von Rad)나 마르틴 노
트(M. Noth)보다 더 나아가 그것의 형성기를 고대 시기인 모세 시대에서
찾는다. 존 브라이트(John Bright)는 벨하우젠의 종교 진화론적 도식을 반
박하며 예헤즈키엘 카우프만(Y. Kaufmann)이 주창한 모세 종교의 계시성
을 적극적으로 옹호한다. 레온 우드(Leon Wood)는 고고학적·문헌학적 발
굴 성과에 기초하여 성경의 증언을 실사적으로 재구성한다.[30] 로널드 클

---

28) Wellhausen은 이스라엘 종교도 고대 근동 종교와 마찬가지로 정령숭배-토테미즘-다신
교-일신교-유일신교의 진화 과정을 거쳤다고 보는데, 이것은 A. Comte의 실증주의적·종
교사회학적 접근에서 얻은 통찰에 기인하는 관점이다.

29) 김회권, 「신명기의 기원: 모세 저작설의 해석학적 함축」, 장로회신학대학원 신학석사(Th.
M.) 학위논문(1993), 125-126.

30) Brueggemann, 『구약성서 중심사상』, 문희석 역 (서울: 대한기독교서회, 1977), 31-34.

레멘츠(R. E. Clements) 역시 모세 전승 속에 담긴 유일신 신앙 사상과 계약 사상이 후대의 허구적 투사가 아니라고 주장한다.[31]

발터 침멀리(Walther Zimmerli)는 율법과 예언서의 관계에 관한 연구는 모세가 예언자들에게 갖는 우위성을 탐구하는 방향으로 진행되어야 한다고 보면서, 자신의 저서인 *The Law and the Prophets*의 제2장 "율법은 예언자들보다 나중이다"(The Law is later than the Prophets)에서 벨하우젠의 가설에 관한 해결되지 않는 의문들을 제시한다.[32] 김회권은 이스라엘 종교 및 역사를 종교 진화론적 도식에서가 아니라 창조(모세시대)-타락(사사시대~열왕기하)-구속(예언자들~새 언약)의 궤도에서 이해해야할 것을 주장한다.[33] 이처럼 토라의 기원의 고대성에 관한 주장과 더불어 토라는 예언자들의 신학적 성찰의 열매라는 그라프-벨하우젠의 주장에 대한 반박이 지속적으로 이어져 왔다.

따라서 우리는 19세기 이후 본격화된 역사비평의 유산을 간과하지는 않으나 이러한 역사비평의 전제들과 그것들이 받은 시대적 영향력에 의한 선입관적 왜곡을 경계한다. 또한 우리는 구약성경을 정경적(canonical) 입장에서 검토하고 분명한 고고학적·문헌학적 반론이 없는 한 성경 자

---

31) R. E. Clements, 『구약신학』, 김찬국 역 (서울: 대한기독교서회, 1989), 89-94. Clements는 이스라엘의 선택 개념을 전면에 부각시킨 세 가지 요소가 왕권, 중앙성소, 그리고 땅이라고 주장한다. 그는 창 15:18-21, 삼하 8:1-15 등 영토의 이상적 기대치는 언제나 다윗제국이 전 영토였다고 주장하며, 신명기는 땅 소유 조건 및 결과를 충분하게 취급한 책이라고 본다.

32) Walther Zimmerli, *The Law and the Prophets*, tr. R. E. Clements (Oxford: Basil Blackwell Press, 1965), 17-30.

33) 김회권, 「신명기의 기원: 모세 저작설의 해석학적 함축」, 134.

체의 내적 증거를 인정하는 입장을 취한다. 그러나 이에 관한 더 깊은 논구는 문서설을 포함하는 역사비평 전반의 논쟁을 야기하므로, 즉 이 책의 연구 범위를 넘어서므로 차후의 과제로 남겨 놓고자 한다.

4.2.1. —— 토라 법전들의 형성 연대

앞에서 언급했듯이, "토라적 공공성"의 형성을 추적하고자 할 때 반드시 다루어야 할 또 다른 요소는 각 법전의 형성 시기에 관한 문제다. 토라적 공공성이 이스라엘 예언자들의 예언의 준거(準據)가 되었음을 주장하기 위해서는, 비록 율법은 예언 이후의 것이라는 벨하우젠의 가설이 반박되더라도, 토라 법전들의 형성 연대라는 중요한 문제를 고찰해야 한다. 이제부터 우리는 계약법전과 신명기법전의 형성 연대에 관한 학자들의 견해를 검토하면서 이 두 법전이 기원전 8세기 예언자들의 공공성의 준거가 되었을 가능성을 살펴보고자 한다.

4.2.1.1. —— 계약법전의 형성 연대

1934년에 알브레히트 알트(Albrecht Alt)의 논문인 "이스라엘 법의 기원"(Die Ursprünge des israelitischen Rechts)이 출간된 이후 계약법전에 관한 연구가 활발하게 진행되었으며 그것의 형성과 연대에 관한 논란도 계속되고 있다. 알트는 그의 논문에서 처음으로 구약성경의 법 형태를 결의법(決疑法, Kasuistisches Recht)과 정언법(定言法, Apodiktisches Recht)으로 구분하고, 법 형성 시기를 국가 형성 이전으로 보며, 법전이 예언자보다 시기적으로 앞선다고 주장한다.[34] 노트는 법 형성 시기를 가나안 땅 정복과 국가 형성 사이로 추정하면서 왕정 시대 때 왕들이 계약법전을 국가

법으로 삼았다고 주장한다.[35] 에른스트 뷔르트바인(E. Würthwein)은 그의 "아모스 연구"(Amos Studien)에서 아모스가 한 재앙 선포의 근거의 여러 부분이 율법과 관계하고 있다고 주장한다.[36]

그런데 1970년대 후반부터 계약법전이 기원전 8세기 예언자들이 활동하던 시기보다 나중에 기록되었다는 주장이 강하게 대두되었다. 라이너 알베르츠(Reiner Albertz)는 계약법전이 히스기야 개혁의 법적인 근거였으며 기원전 8세기 후반에 형성되었을 것이라고 주장한다. 알베르츠에 따르면 계약법전은 보호하고 돌봐야 할 가난한 자들을 다루며(출 22:20, 21, 24-26; 23:3, 7, 11), 특히 당시의 사람들이 빚 때문에 채무 노예로 전락하는 상황에 많은 관심을 기울인다(출 21:2-11). 알베르츠는 계약법전이 신명기보다 먼저 형성되었으므로 그 형성 시기를 기원전 8세기경으로 보며, 나그네 문제에 관한 관심도 북이스라엘에서 내려온 유민들과 관계가 있다고 주장한다.[37] 프랑크 크뤼제만(Frank Crüsemann)은 출애굽기 21:18-32의 신체 상해에 관한 법들을 계약법전의 형성 시기를 판단하는 기준으로 삼았다. 크뤼제만은 왕정 이전에는 종들이 등장하지 않는다면서 이스라엘 사회가 위기를 겪은 기원전 8세기에 계약법전이 형성되었을 것으로 본다. 또한 그는 국가 형성 이전 시대에는 나그네 문제가 중요하게 생각되지 않았는데 북왕국이 멸망한 이후 많은 피난민이 북에서 남으로 내

---

34) Albrecht Alt, "Die Ursprünge des israelitischen Rechts," in *Kleine Schriften zur Geschichte des Volkes Israel I* (München, 1978), 278-332.

35) M. Noth, "Die Gesetze im Pentateuch," *Ges. St. zum AT* (Göttingen, 1970), 102.

36) E. Würthwein, "Amos Studien," *ZAW* 62(1960), 10-52.

37) R. Albertz, *Religionsgeschichte Israels in alttestamentlicher Zeit, Teil I: Von den Anfängen bis zum Ende der Königszeit* (ATD. E 8/1: Göttingen, 1996), 283-290.

려오면서 계약법전이 나그네 보호법을 다루게 되었다고 주장한다.[38] 한편 존 반 시터즈(John Van Seters)는 계약법전의 이른 연대를 주장하는 데 사용할 수 있는 네 가지 기둥인 벨하우젠의 문서가설, 바빌로니아 법전과의 유사성, 사회종교적 발전의 초기 단계의 반영, 그리고 양식비평적 연구가 무너졌다고 말하면서 계약법전은 "디아스포라를 위한 율법서"임을 주장한다.[39]

그러나 계약법전의 형성 연대를 기원전 8세기나 그 이후로 보려는 이러한 시도들은 여러 학자에 의해 비판을 받았다. 호르스트(F. Horst)는 계약법전 자체가 그것의 형성 연대를 암시한다고 주장한다. 계약법전의 내용에 비추어 그 시대의 배경을 엿본다면, 그는 당시에는 "가축이 아주 중요했고, 그 밖에 밭과 포도원에 대한 소유권도 있었다. 또한 현금경제(Geldwirtschaft)가 이루어졌던 것 같다. 그래서 이러한 결의법을 토대로 법 문화가 세워졌을 것인데 그것은 가나안-페니키아의 법에서 비롯한 유산으로 짐작된다"라고 진술하면서 계약법전의 형성 연대를 기원전 11세기경으로 본다.[40] 버나드 레빈슨(Bernard M. Levinson)은 계약법전과 함무라비 법전의 연관성을 논하면서 반 시터즈의 주장처럼 이스라엘이 바빌로니아 포로기가 되어서야 함무라비 법전을 접했을 이유가 없다고 본다. 레빈슨은 이스라엘이 특히 앗시리아의 지배하에 있었을 때 함무라

---

38) Frank Crüsemann, "Das Bundesbuch-Historischer Ort und institutioneller Hintergrund," *VTS* 40(1988), 27-41.

39) John Van Seters, "A Law Book of the Diaspora: Revision in the Study of the Covenant Code and a Response to My Critics," *JSOT* 21(Sheffield: *JSOT*, 2007), 5-28.

40) F. Horst, "Bundesbuch," *RGG* 1(1986), 1523-1525.

비 법전을 접할 기회가 많았다고 주장한다.[41] 계약법전은 출애굽기 24:7 에서 계약서(*sēper habērîth*)로 불리고, 특히 민법과 형법에 해당하는 21:2 -22:17은 함무라비 법전 같은 고대 근동의 법과 유사성을 보이며, 그 배 경은 가나안 정착 이후의 소박한 농경사회다.[42]

이상에서 우리는 계약법전의 형성 연대에 관한 여러 학자의 견해를 고찰해보았다. 계약법전의 형성 연대를 기원전 8세기 이후로 보려는 시 도들이 있으나, 그것이 사사 시대에서 왕정 초기 사이에 형성된 것이라는 견해가 일반적이다. 따라서 우리는 계약법전에 나타나는 사회경제적 공 공성이 기원전 8세기 예언자들의 공공성의 준거가 되었다고 본다.

4.2.1.2. —— 신명기법전의 형성 연대

신명기의 저자와 기원에 관한 논란은 구약신학의 논쟁 중에서도 대표적 인 논쟁일 것이다. 드 베테(W. M. L. de Wette)가 요시야 재위 18년에 발견 된 율법책이 신명기라고 주장한 이래 신명기의 기원에 관한 학자들의 다 양한 견해가 개진되었다. 그 율법책을 "원신명기"(12-26장)로 보기도 하지 만 현재의 신명기가 바로 그것인지에 관해서는 논의가 계속되고 있다. 그 러나 그 율법책과 요시야의 종교개혁과의 연관성에 대해서는 의문이 거 의 제기되지 않는다. 학자들은 전승사적 연구를 통해 요시야의 종교개혁 이 원신명기라 일컫는 신명기법전을 토대로 했을 가능성에 관해서는 대

---

41) Bernard M. Levinson, "Is the Covenant Code an Exilic Composition?: A Response to John Van Seters," *In Search of Pre-exilic Israel* (New York: T&T Clark, 2004), 275.

42) 김회권, "구약성경의 율법들", 「법학논총」 제19집(2008/2, 숭실대학교 법학 연구소), 39.

체로 동의하고 있다.[43] 우리는 "신명기법전이 기원전 8세기 예언자들에게 영향을 줄 수 있었는가?"라는 주제를 가지고 먼저 그동안 신명기의 기원 연구에서 쟁점이 되었던 두 가지 사항을 간략히 정리해보고자 한다.

첫째, 신명기의 저자에 관해서는 크게 세 가지 견해가 있다. 그것은 레위인 저작설, 예언자 저작설, 그리고 서기관 저작설이다. 레위인 저작설을 대표하는 학자는 폰 라트(G. von Rad)다. 그는 신명기가 기원전 7세기에 북이스라엘의 레위인들에 의해 북쪽의 한 성소(세겜)에서 작성되었으며 훗날 요시야 왕에 의해 종교개혁 프로그램으로 사용됐다고 믿는다. 그는 신명기의 출처를 고대 암픽티오니 계약 갱신 제의의 한 중심지인 세겜의 가을 축제로 보며 이 세겜 전승을 시내산 계약 갱신의 전승 자리로 규정한다.[44] 그는 자연스럽게 이 제의의 핵심인 레위 제사장들은 긴 설교체 속에서 "오늘"이라고 하는 제의적 현장감을 갖고 구속사적 사건들의 생생한 재구성을 보여준다고 주장한다.[45] 예언자 저작설을 대표하는 학자는 어네스트 니콜슨(E. W. Nicholson)이다. 그는 다음과 같이 주장한다. "신명기 저술에 책임이 있었던 사람들은 주전 721년의 대재난 직후에 국가 전체의 장래가 유다에 달려 있다는 믿음을 안고 남쪽으로 내려왔다. 예루살렘에서 신명기 저술 작업을 착수하면서, 그들은 자기들의 전승을, 그들이 기대하는 바, 유다의 당국자들에 의해 언젠가는 수용되고 실행될 만한 하

---

43) E. W. Nicholson, 『신명기와 전승』, 장영일 역 (서울: 장로회신학대학교출판부, 2003), 216.

44) von Rad, "Deuteronomy," *IDB* vol. I (New York: Abingdon Press, 1962), 831-838. 특히 834과 837을 참고하라.

45) von Rad, *Studies in Deuteronomy*, tr. David Stalker (London: SCM Press, 1953), 67.

나의 개혁 프로그램으로 공식화하였다. 그 과정에서, 우리가 이미 살펴본 바와 같이, 그들은 예루살렘 전승들의 특정 부문에 의해 영향을 받기도 했으며, 하나의 중요한 관점, 즉 예배의 중앙화에서는 예루살렘 전승들에게 자신들의 입장을 양보하기까지 하였다. 그들의 소원은 결국 요시야가 왕위에 올랐을 때 성취되었는데, 드디어 신명기가 그의 통치 중에 실시된 개혁 운동에서 하나의 중요한 역할을 맡게 되었던 것이다."[46] 또한 니콜슨은 북이스라엘 예언자들이 암픽티오니 계약 갱신 축제 때 계약중재자의 역할을 했다고 주장한다.[47] 서기관 저작설을 대표하는 학자는 모쉐 바인펠트(M. Weinfeld)다. 그는 신명기가 궁중서기관들에게서 유래했다고 보았다. 특히 그는 요시야 왕 때의 궁중서기관 사반 가계와 신명기학파를 연결하려고 시도했다.[48]

둘째, 신명기의 저작 지역에 관한 견해는 크게 둘로 나뉜다. 버니(C. F. Burney), 알트, 라이트, 브라이트, 니콜슨은 북쪽 기원설을 주장하지만, 드라이버(S. R. Driver), 폰 라트, 클레멘츠는 남쪽 기원설을 주장한다. 니콜슨은 신명기 안에 암픽티오니적인 계약신학, 거룩한 전쟁사상, 반가나안 종교사상, 엘로히스트 신학, 그리고 반왕정사상 같은, 북이스라엘에 속한 전승들이 보존되어 있기 때문에 북쪽 기원설을 주장한다.[49] 반면에 남쪽 기원설을 주장하는 클레멘츠는 신명기는 예루살렘의 정치적·제의적 전

---

46)　Nicholson, 『신명기와 전승』, 191.
47)　Nicholson, 『신명기와 전승』, 115-117.
48)　M. Weinfeld, Deuteronomy and the Deuteronomic School (Oxford: Oxford University Press, 1972), 158-178.
49)　Nicholson, 『신명기와 전승』, 115-150.

승에 친밀한 면을 나타내는 부분이 있으며 그것에 많은 관심을 두는 것을 찾아볼 수 있다고 주장한다.[50]

국내 학자들의 주장은 다음과 같다. 장일선은 신명기의 저자와 형성 연대에 관한 클레멘츠의 의견을 거의 수용하여, "북왕국의 종교 운동가들이 북왕국의 멸망과 더불어 남하하여 히스기야 정부와 손잡고 활동하다가 므낫세 치하 때 다시 잠적하면서 성전에 감추어둔 개혁백서가 신명기라고 생각한다"라고 말하면서 북왕국 운동권의 레위 계열 사람들이 남왕국에서 받아들여졌던 이유를 사회과학적 연구방법을 통해서 추적한다. 그리고 장일선은 원신명기와 포로기 신명기 역사가가 완성한 최종 형태의 신명기를 구별한다.[51] 노희원은 신명기 역사와 관련된 연구들을 요약하고 정리하면서 신명기는 이스라엘의 세 엘리트 계급의 결과물이라고 결론내리면서 이는 "열왕기하 22장에서 제사장 힐기야가 그 법전을 발견하고, 서기관 사반이 왕에게 보고했으며, 예언자 훌다가 이 법전을 진단했음에서도 알 수 있다"라고 말한다.[52]

이상에서 우리는 신명기의 기원에 관한 다양한 논의를 간략하게 살펴보았다. 이런 논의 중 우리는 니콜슨의 견해를 수용하고자 한다. 니콜슨의 견해가 가장 완벽하다고 할 수는 없지만, 피터 크레이기(Peter C. Craigie)에 의하면, 그의 견해가 다른 의견들보다 절충적이며[53] 왜 신명기

---

50) Clements, "A Dialogue with Gordon McConville on Deuteronomy," *Scottish Journal of Theology* vol. 56(2003), 508-516; Clements, 『신명기』, 정석규 역 (서울: 한들출판사, 2002), 109-134.

51) 장일선, 『성서주석 신명기』 (서울: 대한기독교서회, 1993), 35-45.

52) 노희원, 『최근의 신명기역사 연구』 (서울: 연세대학교 출판부, 2001), 28-49.

53) Peter C. Craigie, *The Book of Deuteronomy* (Grand Rapids: William B. Eerdmans

에서의 기업(나할라)이 사경(Tetrateuch)에서의 기업 개념과 다른지를 설명해줄 수 있는 역사적인 뒷받침이 되기 때문이다.[54] 니콜슨은 신명기의 양식을 "계약 갱신 축제의 예전적 패턴"과 "설교체 스타일"로 규정한다.[55] 그래서 그는 신명기를 작성한 사람은 고대의 계약 갱신 축제의 제의전승에 서 있던 사람이라고 주장한다. 이러한 축제는 이스라엘의 암픽티오니에 그 뿌리를 두고 있다.[56] 니콜슨은 이에 근거하여 신명기에 나오는 중앙 성소와 성전(Holy War) 제도를 설명하며, 신명기는 왕정보다는 카리스마적인 지도력, 즉 예언자 제도를 지지한다고 말한다. 그는 실로, 벧엘, 길갈이 북이스라엘에서 중요한 제의 중심지였다는 사실, 그리고 실로가 기원전 1050년경에 블레셋에 의해 파괴된 후에도 벧엘과 길갈은 여전히 중요한 역할을 했다는 사실을 지적하며[57] 그 가운데 아히야, 엘리야, 엘리사 같은 예언자 집단이 있었다고 주장한다.[58] 그러나 기원전 8세기에 이르러서 아모스와 호세아는 부패한 벧엘과 길갈을 비난한다(암 5:4-5; 호 4:15). 니콜슨은 실로, 벧엘, 그리고 길갈이 무너진 후에는 암픽티오니 전승들이 사무엘 같은 "예언자들의 연합조합"에 의해서 보존되었음을 증명해 나간다.[59]

Publishing Co., 1979), 51-52.

54) 이에 대해서는 필자의 다음 논문을 참조하라. 한규승, "사경(Tetrateuch)과 신명기에 나타나는 נַחֲלָה(나할라/기업)의 의미의 차이에 대한 연구", 「구약논단」 45(2012/9), 145-179.

55) Nicholson, 『신명기와 전승』, 90-91.

56) Nicholson, 『신명기와 전승』, 93.

57) Nicholson, 『신명기와 전승』, 113-117.

58) Nicholson, 『신명기와 전승』, 117-119.

59) Nicholson, 『신명기와 전승』, 123-146.

니콜슨은 이러한 전승들이 어떻게 남유다의 개혁 매뉴얼이 되었는지를 질문한다. 알트는 신명기는 기원전 721년에 북이스라엘에서 일어났던 재부흥운동의 개혁 프로그램이었다고 주장하는데, 니콜슨은 알트의 견해의 취약점을 지적하고 남유다에 대한 신명기의 영향력을 추적한다. 니콜슨은 폰 라트의 견해의 취약점도 부각하며 비판한다. 니콜슨은 다음과 같이 말한다. "신명기는 한편으로는 시내산/모세 계약 전승들을 공표하려 시도하고 있고, 다른 한편으로는 모세가 유다 왕정의 이상적인 기능들을 수행하고 있는 것으로 예시함으로써 다윗/예루살렘 전승들에 정박하고 있다."[60] 한마디로 니콜슨의 논지는 다음과 같이 정리된다. "신명기는 주전 721년 북왕국의 붕괴 이후 남쪽 유다로 피신한 어느 북쪽 집단 가운데서 기원했으며, 이들은 이스라엘의 미래가 달려있다고 자신들이 믿는 바 유다 당국자들에 의하여 이 프로그램이 집행되도록 하려는 의도를 가지고 이것을 공식화하였다."[61] 니콜슨은 히스기야가 북왕국의 영토를 재탈환하여 다윗-솔로몬 시대의 "온 이스라엘"로서의 국가를 복원하려는 정치적인 의도를 가졌다고 본다. 또한 니콜슨은 북이스라엘의 멸망이라는 상황과 남유다마저도 위태한 상황에서 "온 이스라엘" 국가를 확립할 기회가 왔다는 재빠른 각성이 있었다고 주장한다.

김회권은 이사야 10:20-21을 주석하면서 이 본문을 "북이스라엘의 피난민들과 남은 자들이 남유다로 쇄도하는 정경을 그린 것"으로 본다. 또한 그는 다음과 같이 진술한다. "북이스라엘의 남은 자들에 대한 히스

---

60) Nicholson, 『신명기와 전승』, 165.
61) Nicholson, 『신명기와 전승』, 171.

  구약 예언서의 공공신학

기야 왕실의 복속 노력도 진지하였다. 그는 왕세자의 이름을 '므낫세'라고 지음으로써 북이스라엘의 남은 백성을 한 백성으로 품으려는 정치적 배려도 베풀었고 또 북이스라엘 왕국의 유월절 역법에 맞춰—남유다보다 한 달 늦게 유월절을 기림—유월절을 열고 북이스라엘의 남은 백성에게 초청장을 보냈다."[62] 이러한 전망 속에서 신명기를 본다면 신명기는 북이스라엘의 멸망이라는 급변하는 국제정세 속에서 "하나의 이스라엘"을 꿈꾼 히스기야 왕조의 진지한 노력의 산물이었고 "나할라"는 북왕국의 영토를 취득하는 것을 합법화하기 위한 신학적 술어였다고도 할 수 있다.

이상에서 보았듯이 만일 우리가 니콜슨의 견해를 중심으로 신명기법전의 기원을 고려하면, 신명기법전이 기원전 8세기 중후반에 예언 활동을 하였던 아모스, 호세아, 이사야, 미가에게 영향을 주었을 개연성을 배제할 수 없다. 즉 우리는 신명기법전에 나타나는 사회경제적 공공성이 기원전 8세기 문서 예언자들의 공공성에 영향을 줄 수 있었을 것으로 추정할 수 있다. 그런데 이처럼 예언자들에게 영향을 준 "토라적 공공성"의 근간에 "땅 신학"이 있다는 것이 많은 연구를 통해 밝혀져 왔다. 마르틴 부버(Martin Buber)도 "세계의 전통 중에 신이 한 민족에게 땅을 약속한 전통은 유례가 없다"[63]라고 진술하며 이스라엘의 땅 신학을 강조하였다. 구약성경은 야웨가 이스라엘에게 수여한 "약속의 땅"이야말로 "토라적 공공성"의 근간임을 보여준다. 이제부터 우리는 기원전 8세기 예언자들에게 영향을 준 토라적 공공성의 근간인 땅 신학을 살펴보

---

62) 김회권, 『성서주석 이사야 I』 (서울: 대한기독교서회, 2006), 284.
63) M. Buber, Israel and Palestine: The History of An Idea (London: The East & West Library, 1952), 19.

고자 한다.

4.2.2. ── "토라적 공공성"의 근간으로서의 땅 신학(land theology)

폰 라트는 "육경을 통틀어서 야웨께서 주신 땅과 '약속의 땅'이라는 용어 속에 표현된 것보다 더 중요한 사상은 없다"라고 말했다.[64] 구약성경에는 "약속의 땅"이라는 직접적인 표현은 없으나, 내가(또는 야웨께서) 네게(혹은 조상) 준 땅(93회), 내가(혹은 야웨께서) 네게(혹은 조상) 주기로 맹세한(혹은 약속한) 땅(55회), 네가 들어가 차지할 땅(23회), 그리고 젖과 꿀이 흐르는 땅(19회) 같은 표현들이 있다.[65] 이는 "약속의 땅"이 야웨께서 세우고자 하는 의도와 공도를 행하는 백성(창 18:19)의 기초가 되기 때문이다. 이제 우리는 토라의 각 법전에 나타난 "땅 신학"을 고찰함으로써 "토라적 공공성" 개념을 확고히 하고자 한다.

4.2.2.1. ── 계약법전의 땅 신학

출애굽기 23:10-11은 사회적인 약자와 가축을 위해 7년마다 한 해 동안은 농경을 쉴 것을 명령하고 있다. 땅을 쉬게 한다는 의미는 이 본문의 히브리어 "샤마트"(שׁמט)와 "나타쉬"(נטשׁ)에서 유래하였다. "샤마트"는 "풀어 주다", "면제하다", "쉬게 하다"라는 의미가 있고, "나타쉬"는 "용서하다", "포기하다", "쉬게 하다"라는 의미가 있다(BDB 643-644). 수확을 위해서 6년 동안 연속으로 경작된 토지는 1년 동안 안식년으로 쉬게 해야 한다.

---

64) von Rad, *The Problem of the Hexateuch and Other Essays* (London: SCM Press, 1984), 79.

65) 이미숙, 「신명기의 땅 표현양식 연구」, 장로회신학대학원 박사학위논문(Th.D.)(2008), 2.

토지가 안식함으로써 그 땅에서 일하는 모든 존재가 안식을 누리게 된다. "땅의 백성"(암 하아레츠)의 안식은 약속의 땅에서 살아가는 데 있다. 계약법전은 가나안 정복 전쟁을 통해 분배받은 "약속의 땅"에 대한 야웨의 소유권과 그 땅에 사는 야웨 백성의 정체성을 규정하는 첫 번째 규례로서 중요한 의미가 있다.

그런데 우리는 계약법전에 나타나는 땅 신학이 이미 기원전 9세기 역사의 현실 속에서 등장하는 장면들을 열왕기서에서 볼 수 있다. 예를 들어 아합이 나봇의 포도원을 강탈하고자 할 때, 나봇은 "내 조상의 유산을 왕에게 주기를 여호와께서 금하신다"라는 말로써 분명한 거부 의사를 밝힌다(왕상 21:3). 이때 아합은 "근심하고 답답하여 왕궁으로 돌아와 식사를 하지 못 한다"(왕상 21:4). 만일 이것이 나봇의 개인적 거부였다면 절대 군주로 군림하던 아합 왕이 이렇게까지 무기력해진다는 것은 논리적으로 맞지 않다. 따라서 우리는 이미 이때 아합이 "야웨가 주신 공공재로서의 땅 사상"을 담은 계약법전을 인식하고 있었다고 보아야 한다. 그러한 개연성은 열왕기하 9장에 있는, 오므리 왕조의 심판자가 된 예후의 이야기에서 더욱 분명하게 드러난다. 예후는 아합 가문을 심판하기 위해 그의 아들 요람을 찾아간다. 그런데 이때 그가 만남의 장소로 택한 곳이 "나봇의 토지"(왕하 9:21)라는 것은 상징성이 매우 강하다. 또한 예후는 요람을 활로 쏘아 죽이고 그 시체를 "이스르엘 사람 나봇의 밭에 던지라"라고 명령한다(왕하 9:25). 이는 열왕기서 사가가 아합 가문의 죄의 핵심에 "계약법전의 땅 사상"을 파괴한 행위가 있음을 시사한 것을 보여준다. 다시 말해 열왕기서 사가는 아합 가문의 많은 죄 중에서도 야웨 종교의 공공성의 근간인 "약속의 땅 사상"을 파괴한 죄를 엄중히 묻고 있다.

또한 범위를 좀 더 넓혀 생각해보면, 열왕기상 17장부터 열왕기하 10장까지의 내용은 모두 야웨께서 엘리야를 통해 행하시는 "엘리야 저주 본문"이라고 볼 수 있다. 사실 예후에 의한 아합 가문의 심판 역시 야웨께서 엘리야에게 이미 지시하신 내용이 실행된 결과였다(왕상 19:16). 그런데 이러한 "엘리야 저주 본문"의 첫머리는 이스라엘의 온 땅에 3년간 비가 내리지 않는 일로 시작한다(왕상 17:1). 여기서 엘리야가 땅에 비가 내리지 않는 저주를 하였다는 것도 상당한 상징성이 있다. 열왕기상 16:29-34은 아합이 왕위에 오른 후 시작한 악행을 기술하는데 바알 종교를 본격적으로 도입한 것에 관한 보고가 그 중심을 이룬다(31-33절). 이 본문은 아합이 야웨 신앙의 땅 신학을 해체하는 바알 종교를 도입한 것을 주목한다. 그리고 바로 이어서 야웨가 엘리야를 통해 온 땅에 비가 내리지 않게 하는 저주를 내렸다는 대목에서 이미 당시에도 야웨 종교의 공공성의 핵심에 있었던 땅 신학에 관한 깊은 고려가 발견된다.

이처럼 우리는 출애굽기의 계약법전 안에서 땅 신학이 신명기법전이나 성결법전처럼 "야웨가 수여한 약속의 땅으로서의 땅 신학"이라는 문구를 통해 확연히 드러나지는 않더라도, 역사적 정황 속에서 그 존재와 영향력에 관한 개연성을 충분히 추측할 수 있다. 계약법전의 이러한 땅 신학은 신명기법전으로 이어지면서 좀 더 상세해지고 구체화된다. 이는 기원전 8세기의 이스라엘과 유다의 사회경제적 상황이 야웨의 신정통치적 공공성에 대한 더 강한 갈망을 일으켰기 때문이다.

4.2.2.2. —— 신명기법전의 땅 신학

패트릭 밀러(Patrick D. Miller)는 그의 신명기 주석에서 신명기에 나타난

"땅 신학"을 다음과 같이 설명한다.

> 신명기에 대한 모든 신학적 연구는 땅에 관한 이해와 그것이 이스라엘의 삶과 신앙에서 갖는 의미를 묻지 않으면 안 된다. 일반적인 땅이나 토지는 신명기의 관심사가 아니다. 빼앗길 위험에 처한 약속의 땅이 신명기의 관심사다. 이 땅에 대한 중요한 확신은 이것이 이스라엘에게 주어진 "하나님의 선물"이라는 데 있다.…하나님의 백성의 목표와 소원은 그분이 주신 땅에서 사는 삶에 있다. 한 민족으로서 이스라엘의 존재는 땅, 그리고 땅과 관련된 하나님의 은혜에 의존한다.…그러므로 땅을 차지하고 그 땅에 사는 것이 구원의 선물이다.…신명기에는 이스라엘 조상들에게 베푸신 땅에 대한 야웨의 약속이 18차례에 걸쳐 명시적으로 언급된다. 그중 세 차례를 제외한 모든 언급이 야웨께서 실제적으로 땅을 선물로 하사하는 것과 관련된다. 이처럼 땅에 대한 약속, 그리고 땅을 선물로 수여하는 것이라는 두 주제는 신명기의 땅 신학 안에서 서로 긴밀하게 결합되어 있다.[66]

신명기는 이러한 "땅의 선물성"을 강조하기 위해서 "젖과 꿀이 흐르는 땅"이라는 표현을 유난히 많이 사용한다(신 6:3; 11:9; 26:9; 15:27, 30; 31:20). "젖과 꿀이 흐르는 땅"이라는 표현은 출애굽기에 처음으로 나오는데(출 3:8), 월터 브루그만(W. Brueggemann)은 여호수아와 갈렙이 가나안 땅을 "심히 아름다운 땅"(민 14:7)으로 표현한 것을 "젖과 꿀이 흐르는 땅"

---

66) Patrick D. Miller, *Deuteronomy Interpretation: A Biblical Commentary for Teaching and Preaching* (Louisville: Westminster John Knox Press, 1990), 44-45.

과 연결해서 설명한다.[67] 야웨는 이스라엘에게 이렇게 좋은 땅을 선물로 주셔서 그들이 그것을 사용하고 누리도록 하셨다.

그런데 이러한 선물은 책임을 동반한다. 야웨가 이 땅을 선물로 주신 이유는 "이방 백성들의 불의"(신 9:5) 때문이었으며, 이스라엘을 향한 그분의 사랑(신 7:8), 그리고 그분이 이스라엘의 조상, 즉 아브라함과 이삭과 야곱에게 주신 약속을 실현하시기 위한 것이었다(신 9:5).[68] 이스라엘은 이 땅 위에서 매우 특별한 삶의 가능성, 즉 오염되지 않은 공동체적인 삶과 최선으로 야웨를 예배하는 삶의 가능성을 부여받았다. 이 땅은 만일 이스라엘이 그런 책임과 관련된 삶을 살아내지 못할 때는 언제든지 잃을 수 있는 선물이었다. 바인펠트는 이스라엘이 땅을 상실하게 되는 죄를 다섯 가지로 요약한다. 첫째, 안식년과 희년법을 파기하는 것, 둘째, 우상숭배, 셋째, 이방인과의 통혼, 넷째, 정의와 공의를 저버리는 것, 마지막으로 안식일을 준수하지 않는 것이다.[69] 이처럼 땅은 생명력이 넘치는 삶이 이뤄지는 현장이자 무대일 뿐만 아니라 이스라엘이 하나님의 요구를 수행하는 영역이기도 하다. 하나님에 대한 이스라엘 백성의 순종은 그 땅에서 입증될 것이다(신 4:5, 14; 5:31; 6:12; 12:1). 신명기의 메시지는 그들의 역사의 시작점으로 소환되어 하나님으로부터 생명과 땅이라는 선물을 다시 한번 받게 된 신명기의 청중에게는 강력한 말씀이다. 그들은 생명과 땅

---

67) Brueggemann, *The Land* (Minneapolis: Fortress Press, 2002), 34.

68) Miller, *Deuteronomy Interpretation: A Biblical Commentary for Teaching and Preaching*, 45.

69) Weinfeld, *The Promise of the Land* (Oxford: University of California Press, 1993), 193-201.

    구약 예언서의 공공신학

이라는 선물을 받음과 동시에 복종의 의무, 그리고 야웨 하나님을 사랑하고 공의를 수행할 책임을 떠맡는 것이다.[70]

땅은 면제년을 다루는 율법에 관한 설교적 문체의 정교한 부연 설명에서 종종 언급되는데, 이런 경우에서 땅은 가난한 자들을 돌보라는(신 15:1-8) 특별한 지시와 함께 언급된다. 신명기의 설교자는 가난한 자들이 항상 있게 될 것을 인정한다. 그러나 이러한 인정은 가난한 자들이 항상 있게 될 것이라는 사실을 수동적으로 받아들이도록 요구하는 것이 아니라, 오히려 손을 넓게 벌려 그들을 돌보라는 명령이다. 공동체의 모든 구성원은 하나님께서 선물로 주신 좋은 땅의 소산과 혜택을 누려야 한다. 재판 절차에 관한 입법조항의 권계적 확장 단락(신 16:18-20)에서도 땅은 중요한 역할을 한다. 생명과 땅은 공평 및 정의에 대한 확고한 투신에 의존하고 있다. 물론 불의는 죽음과 땅의 상실을 초래한다. 하나님의 선물을 받아 누리려는 사람들에게 요구되는 삶의 양식은 땅에 사는 모든 사람이 공평하게 대접받는 사회를 만들기 위해 노력하는 데서 특징적으로 나타난다.[71] 이것이 신명기 땅 신학의 정수다. 이처럼 토라적 공공성의 중심에는 바로 "땅 신학"이 있다.

4.2.2.3. —— 성결법전의 땅 신학

레위기 25장은 토라에 보존된 "땅 점유" 주제에 관한 유일한 실례를 담

---

70) Miller, *Deuteronomy Interpretation: A Biblical Commentary for Teaching and Preaching*, 48.

71) Miller, *Deuteronomy Interpretation: A Biblical Commentary for Teaching and Preaching*, 49-50.

은 규정이다(레 25:23-25). 그것은 고대 이스라엘의 지파, 문중, 개인이 점유한 땅의 법적 지위를 규정하는 유일한 규례다. 이 규례의 근저에는 야웨께서 이스라엘에게 "영구임대" 토지를 주셨다는 사상이 있다. 레위기 25:1-7은 안식년법을 규정하는 더 오래된 전승인 출애굽기 23:10-11을 되풀이하고 있다. 그것에 따르면 이스라엘 백성이 약속의 땅에 들어온 시점부터 계산하여 7년마다 순환적으로 땅은 안식년 휴식을 해야 한다. 레위기 25:8-12은 희년이 "너희(이스라엘)에게 거룩할 것이다"라는 사실을 부각한다. 곧 희년이 이스라엘의 거룩한 품격을 드러내는 표징 중 하나가 되리라는 것이다. 레위기 25:13-28은 희년법의 뼈대를 보다 더 구체적으로 구성한다. 희년법의 주된 관심은 이스라엘 공동체가 야웨께서 선물로 주신 땅이자 조상으로부터 유산으로 받은 땅에서 계속 정착할 수 있는 토대를 구축하는 일이다. 야웨께서는 희년법을 통해 이스라엘 공동체에 속한 거류민이나 가난한 자들에 관한 공동체적 돌봄을 법제화 및 예전화(sacramentalize)하고 있다. 야웨는 이스라엘 공동체에게 그들이 가나안 땅에 들어올 때부터 그분의 땅에 얹혀사는 게르(*gēr*)와 토샤브(*tôšab*)였음을 항구적으로 상기시키고, 이로써 이스라엘 공동체는 게르나 토샤브로 전락한 가난한 동포들의 삶이 파탄하지 않도록 그들을 돌볼 의무 아래 놓이는 것이다(레 25:39-42).[72]

이처럼 성결법전에는 계약법전과 신명기법전에 비해 더 세밀하고 철저한 경제적 공공성이 보인다. 희년제도가 7년마다 되돌아오는 안식년을 실행하는 어려움을 완화하기 위한 조치라는 견해도 있다. 하지만 희년제

---

72) 김회권, "구약성경의 율법들," 46-47.

 구약 예언서의 공공신학

도의 전국적인 시행이나 토지의 완전 반환 등의 규례는 확실히 더욱 강화된 조치로 보아야 할 것이다. 이는 이스라엘 공동체가 야웨께서 그분의 백성인 자신들에게 요구하신 공공성을 저버린 대가를 땅을 빼앗김으로써 치러야 했던 쓰라린 시간에 대한 민족적 반성에 기초하는 것으로 보인다.

4.2.3. —— "토라적 공공성"의 정의

이상에서 우리는 야웨 종교의 공공성의 기초가 되는 땅 신학을 살펴보았다. 땅 신학에 기초한 경제적 공공성이 토라의 골격을 이루는 각 법전에 나타나기 때문에, 우리는 이를 "토라적 공공성"으로 명명하고자 한다. 다시 말해 "토라적 공공성"은 땅 신학에 기초한다. 땅은 단순한 토지의 의미를 넘어서는 것이다. 땅은 그 위에서 이루어지는 모든 경제 활동에 대한 환유(換喩)다. 노예 해방이나 나그네와 가난한 자를 돌보는 행위도 땅을 매개로 이루어진다. 따라서 "토라적 공공성"이란 땅을 매개로 이루어지는 모든 종류의 경제적 공공성이라고 할 수 있다. 이러한 점에서 언약 백성(Covenant People)은 "땅에 정착한 백성"(Landed People)이다. 언약 백성은 "약속의 땅에 정착해서 사는 백성"이었고, 그들이 곧 "암 카도쉬"(עַם קָדוֹשׁ)로서의 자유농민들이었다. 이스라엘 예언자들, 특히 기원전 8세기 예언자들이 쏟아놓았던 그토록 강한 비판은 바로 땅에 정착한 백성인 자유농민들의 삶을 박탈하는 지배계층에 대한 경고였다. 왜냐하면 땅을 빼앗는 일은 곧 "토라적 공공성"을 무너뜨리는 행위였기 때문이다.

그런데 이러한 "토라적 공공성"은 고대 근동의 종교들과는 근본적으로 다른 야웨 종교의 신관과 인간관에서 비롯되었다. 고대 근동의 신들은 왕들에게 왕권을 부여함으로써 그들의 통치 정당성과 왕권 체제 유지를 위한 통로의 역할을 하였다. 그러나 성경에 따르면 야웨께서는 그분의 형상대로 지은 인간에게 그분의 속성을 부여한다(창 1:26). 히브리법에는 모든 인간은 기본적으로 야웨의 형상을 닮은 인간이라는 평등주의 사상이 있다. 따라서 현실적인 차이는 인정할지라도, 부자나 빈자나 내국인이나 나그네나 그 어떤 신분의 사람에게도 기본적으로 주어진 천부인권으로서의 평등주의가 적용된다. 이것이 "토라적 공공성"의 근간이다. 이러한 "토라적 공공성"은 야웨께서 수여한 공공재로서의 토지에 그 기반을 둔다. 따라서 야웨께서 선물로 수여한 땅에서 생산된 수확물을 누구나 향유할 수 있는 권리가 보장된다. 약속의 땅에 정착한 백성으로서 누리는 경제적 공공성이 바로 "토라적 공공성"의 핵심인 것이다.

4.3. ── 고대 근동의 법들과 토라 법전들의 공공성 비교

근간 여러 연구에 의해 고대 근동의 법들과 구약의 법전들을 비교하는 작업이 활발히 이루어졌다. 따라서 이 책에서는 고대 근동의 법들과 토라 법전들의 평행 본문을 비교하는 작업은 생략하고자 한다. 이미 고찰한 바와 같이 우르-이님기나 법부터 함무라비 법에 이르기까지 고대 메소포타미아의 법들도 사회경제적 공동선(bonum commune)을 추구한다. 앞의 논의를 통해 간접적으로 살펴보았듯이 실제로 고대 근동의 법들과 토라 법전들을 서로 비교하면 평행성을 보이는 많은 내용을 볼 수 있다.

그러나 이러한 유사성(연속성)에도 불구하고 고대 근동의 법들과 토라 법전들 사이에는 중요한 차이가 있다. 우선 형식적인 측면에서 볼 때, 고

구약 예언서의 공공신학

대 근동의 법들은 결의법(Casuistic Law) 형태로 되어 있으나 토라 법전들은 결의법도 있지만 십계명을 비롯한 많은 부분이 정언법(Apodictic Law) 형태로 되어 있다. 이러한 형식적인 면보다 더 중요한 것은 법전들의 기저에 흐르는 법의 이념과 목적이다. 고대 메소포타미아 법들은 왕정의 안정과 질서 유지에 목적을 둔다. 다시 말해 그것은 백성들로 하여금 왕은 곧 신의 대리자임을 인식하게 하고 그들에게 신에 대한 헌신을 강조함으로써 왕권을 정당화한다. 그러나 히브리법 사상에는 인간은 하나님의 형상대로 창조되었다는 것(창 1:26-28)에 기초한 평등주의적 인간관이 있다. 야웨가 이스라엘 백성을 주권적으로 이집트로부터 해방하여 그들에게 선물로 주신 "약속의 땅"에 대한 믿음이 그러한 인간관의 기초를 이룬다. 따라서 히브리법은 이스라엘 백성은 평등하다는 것을 선포하며 평등의 질서로부터 이탈된 약자들에 대한 강력한 보호를 명령한다. 이처럼 고대 메소포타미아 법들에서는 그 행위의 주도권이 인간 왕에게 있지만, 성경의 희년법은 야웨에 의한 신적인 명령이다. 따라서 고대 근동의 미샤룸에는 주기성이 없지만, 히브리법은 7년 또는 50년의 주기성을 강조한다. 또한 고대 메소포타미아 법들의 신적 관련성을 보면, 모든 왕의 치적을 언급하는 전문(前文)에서 신들에 대한 왕의 업적이 강조되지만 그런 신들이 인간과 어떤 관계에 있는지에 관한 구체적인 언급은 없다. 그러나 히브리 토지법은 모든 규례의 동인과 목표가 토지에 대한 야웨의 주권, 야웨와 인간의 관계, 그리고 토지 및 다른 사람들, 특히 고난받는 사람들에 대한 인간의 의무임을 분명히 강조한다. 결국 이러한 신관의 차이에 기초한 법 정신의 차이가 고대 근동의 신탁대언자들과 이스라엘의 참된 예언자들 사이의 공공성의 차이를 이루는 기초가 되었다. 즉 고대 근동의 법들

과 토라 법전들의 공공성 사이의 차이가 곧 기원전 8세기 이스라엘 예언
자들의 "토라적 공공성"을 형성한 요인이었다.

4.4. ── 소결론

이상에서 우리는 기원전 8세기 이스라엘 예언자들의 사회경제적 공공
성을 연구한 학자들의 연구사를 개관하였고 경제적 공공성을 실천하기
위한 근현대의 주요 연구를 고찰하였다. 또한 현대의 공공성 개념 및 공
공신학의 역사적 흐름과 정의를 정리했다. 우리는 공공신학이란 하나님
나라를 지향하는 가운데 끊임없이 오늘의 상황 및 공적 이슈들과 대화하
는 신학이며 그 공적 이슈들에 대해 프락시스로써 응답하는 예언자적 신
학이라고 정의했다. 동시에 우리는 기원전 8세기 이스라엘 예언자들의
신학을 현대의 공공성 개념의 세 요소에 비추어 보았다. 즉 기원전 8세기
이스라엘의 상황을 고려할 때, 공공성의 첫째 요소인 "인민"은 약속의 땅
위에서 살아갈 권리를 회복해야 할 자유농민들이고, 둘째 요소인 "공공복
리"는 이들이 땅에 정착한 백성으로서 누리는 안식이며, 셋째 요소인 "공
개성"은 이러한 회복을 위해 성문과 성소 및 궁중 등에서 활동했던 예언
자들의 예언 행위라고 할 수 있다.

그런데 기원전 8세기 이스라엘 예언자들의 이러한 공공성은 벨하우
젠이 주장한 것같이 그들 자신에게서 나온 것이 아니었다. 그들은 이스라
엘 종교의 창시자가 아니었고, 토라를 형성한 주체도 아니었다. 오히려
그들은 계약법전과 신명기법전의 영향 아래서 활동한 인물들이었다. 즉
그들의 예언 활동의 공공성은 "토라적 공공성"에 기인했다. 앞에서 언급

했듯이, "토라적 공공성"이란 야웨께서 주신 공공재로서의 땅을 매개로 이루어지는 모든 종류의 경제적 공공성이다. 결국 기원전 8세기 이스라엘 예언자들은 "토라적 공공성"을 회복하기 위해 지속적으로 고난받기를 감수한 인물들이었다.

제5장

주술적 영향을 초극한
예언자 종교

5.1. —— 고대 근동의 신탁대언자들과 예언적 문서들

이제부터 우리는 고대 근동 종교들의 신탁대언과 대언자들을 논할 것이다. 고대 근동 종교들에 나타나는 특징과 주술적 요소를 인지하고 이러한 요소가 이스라엘 종교에 미친 영향도 살펴보고자 한다. 또한 이스라엘 예언자들의 정체성이 변천한 과정을 추적할 것이다. 이를 통해 야웨 종교의 공공성이 형성되는 데 있어서 고대 이스라엘 예언자들, 특히 기원전 8세기 예언자들이 어떠한 역할을 했는지를 고찰하고자 한다.

그런데 고대 근동의 신탁대언자들이나 이스라엘 예언자들의 사회경제적 공공성에 관한 연구는 무엇보다 그들의 발언이 담긴 문서들을 직접 다룸으로써 가장 큰 가치를 가질 수 있을 것이다. 따라서 이 장은 두 가지 작업에 착수하고자 한다. 첫째, 고대 근동의 예언적 문서들을 통해 신탁대언자들의 발언 내용을 분석함으로써 그들의 사회적 위치와 영향력을 살펴보는 작업이다. 특히 그들의 발언이 당시의 사회경제적 "공공성"과 어느 정도로 관련되는지를 검토할 것이다. 둘째, 구약성경을 통해 기원전 9세기 예언자인 엘리야와 기원전 8세기 예언자인 호세아, 아모스, 이사야, 그리고 미가의 예언 활동에 나타나는 "공공성"을 연구하는 작업이다. 이를 통해 우리는 이스라엘 예언자들, 특히 기원전 8세기 예언자들의 예언 활동의 초점을 더욱 선명히 이해하게 될 것이다.

5.1.1. ── 고대 근동의 주술과 신탁대언자들

서론에서 언급한 바와 같이 신탁대언(예언) 현상은 기원전 8세기에만 국한된 것도, 이스라엘에만 국한된 것도 아니었다. 또한 고대 근동의 신탁대언자들과 이스라엘 예언자들의 상호 연관성에 관한 견해도 분분하다. 그러므로 이스라엘 예언자들을 논하기에 앞서 고대 근동의 신탁대언자들의 정체성 및 그들의 종교에 관한 기초 지식을 정립하는 작업이 필요하다. 구약성경을 자세히 관찰해보면 야웨 종교 전반에 걸쳐 고대 근동의 주술적 영향이 깊숙이 침투하여 주술적 신탁행위가 예언 활동과 더불어 널리 활용되었음을 알 수 있다. 신명기 18:9-12은 신탁행위와 주술 모두를 유사한 종교 현상으로 간주하면서 야웨 신앙을 위협하는 것으로 소개하고 있다.

9 네 하나님 여호와께서 네게 주시는 땅에 들어가거든 너는 그 민족들의 가증한 행위를 본받지 말 것이니,

10 그의 아들이나 딸을 불 가운데로 지나게 하는 자나 점쟁이(קֹסֵם קְסָמִים)나 길흉을 말하는 자(מְעוֹנֵן)나 요술하는 자나 무당(מְכַשֵּׁף)이나

11 진언자(חֹבֵר חָבֶר)나 신접자나 박수나 초혼자(אוֹב וְיִדְּעֹנִי וְדֹרֵשׁ אֶל־הַמֵּתִים שֹׁאֵל)를 너희 가운데에 용납하지 말라.

12 이런 일을 행하는 모든 자를 여호와께서 가증히 여기시나니 이런 가증한 일로 말미암아 네 하나님 여호와께서 그들을 네 앞에서 쫓아내시느니라.

　신명기법전에 속하는 이 본문은 이스라엘 백성이 가나안 땅으로 들어간 후 그 땅 민족들의 주술적인 행위를 본받지 않도록 주의해야 함을 강조한다. 그런데 이 본문에는 당시 가나안 지역에 존재하던 다양한 형태의 신탁행위자에 관한 명칭들이 열거되어 있다. 이러한 명칭들이 당시 유행하던 신탁행위에 관한 정확한 정보를 제공한다고는 볼 수 없을지라도 MT, 한국어 성경, 영어 성경에서 그 명칭들이 어떻게 표기되는지를 분석함으로써 어느 정도의 정보를 얻을 수 있을 것이다.

　예를 들어 MT를 분석해보면, "점쟁이"는 "코셈 크사밈"(קֹסֵם קְסָמִים)으로 동족목적어(קֶסֶם)를 가진 분사로 표기되어 있다. 히브리어 동사인 קסם은 "나누다"(divide, distribute)라는 뜻의 아랍어 어원을 가지고 있다. 이 동사는 사무엘상 28:8에서 사울 왕이 엔돌의 신접한 여인을 찾아가는 장면에서 나타난다. 사울은 신접한 여인에게 "나를 위하여 신접한 술법으로 내가 네게 말하는 사람을 불러올리라"라고 명하는데 여기서 קסם의 명령형인 "코소미-나"(קָסֳמִי־נָא)가 쓰이고 있다. 또한 열왕기하 17:17은 북이스라엘이 마침내 호세아 왕 때 앗시리아에 의해 완전히 멸망하게 된 핵심적인 원인이 우상숭배였음을 지적하는데, 여기서도 인신제사와 함께 복술을 행하고(וַיִּקְסְמוּ קְסָמִים) 사술을 행하여(וַיְנַחֲשׁוּ) 야웨를 격노하게 만든 것이 언급되어 있다.

　한국어 성경을 살펴보면, 우선 개역개정은 "점쟁이", "길흉을 말하는 자", "요술하는 자", "무당", "진언자", "신접자", "박수", "초혼자"라는 8개 단어를 통해 신탁행위자의 부류를 언급하고 있다. 표준새번역은 이들의 명칭을 각각 "점쟁이", "복술가", "요술객", "무당", "주문을 외우는 사람", "귀신을 불러 물어보는 사람", "박수", "혼백에게 물어보는 사람"으로 번역하고 있다. 천주교 『성경』은 이들의 명칭을 "점쟁이", "복술가", "요술사", "주술사", "주문을 외우는 자", "혼령이나 혼백을 불러 물어보는 자", "죽은 자에게 문의하는 자"로 번역하고 있다.

영어 성경을 살펴보면, NASB는 위의 명칭들을 "점술을 행하는 자"(one who uses divination), "마법을 행하는 자"(one who practices witchcraft), "징조를 해석하는 자"(one who interprets omens), "마술사"(sorcerer), "주문을 외우는 자"(one who casts a spell), "영매"(medium), "신접자"(spiritist), "죽은 자의 혼을 불러내는 사람"(one who calls up the dead)으로 번역하고 있다. KJV는 위의 명칭들을 "점술을 행하는 사람"(one that useth divination), "시대적 징조를 보는 사람"(an observer of times), "요술가"(an enchanter), "마법사"(a witch), "마법을 거는 사람"(a charmer), "신접자"(a consulter with familiar spirits), "마법사"(a wizard), "초혼점술가"(a necromancer)로 번역하고 있다. NIV는 위의 명칭들을 "점술을 행하는 사람"(one who practices divination), "마술을 행하는 사람"(one who practices sorcery), "징조를 해석하는 사람"(one who interprets omens), "마법에 관계된 자"(one who engages in witchcraft), "주문을 외우는 자"(one who casts spells), "영매"(medium), "신접자"(spiritist), "진혼자"(one who consults the dead)로 번역하고 있다.

전 세계의 중재자들을 인류학적인 차원에서 연구했던 윌슨은 이러한 용어적 혼란에 대해 다음과 같이 토로한다. "인류학자들이 널리 알려진 영어식 용어로 종교전문가들을 설명하고자 할 때 어려움은 더욱 커진다. 이러한 영어식 용어는 종종 정확하게 정의되지 않거나 일관성 있게 사용되지 않는다. 때때로 인류학자들은 임의로 용어들을 정리하여 이를 특정

사회에 해당하는 개념들과 연결하려고 한다. 하지만 이럴 경우 해당 용어는 일상적인 영어로서의 의미를 지니지 못하게 된다. 어떤 경우에는 특정 문화권의 고유한 인물들을 통상적인 영어식 용어의 의미에 억지로 끼워 맞추는 일도 있다."[1] 윌슨은 종교전문가들을 다음과 같이 분류한다.

첫째, 예언자(prophet)다. 예언자를 뜻하는 영어 "prophet"은 그리스어 "프로페테스"(*prophētēs*)에서 유래했다. "프로페테스"는 기원전 5세기 고전 그리스어 문헌에 나오는 동작의 주체를 지칭하는 명사(agent noun)다. "프로페테스"는 "말하다"의 의미를 가진 동사 "페미"(*phēmi*)와 "앞에"를 뜻하는 접두어 "프로"(*pro*)로 구성된 동사 "프로페미"(*prophēmi*)에서 유래한 것으로 보이지만 "프로페미"가 기원후 1세기 전에 사용된 증거는 없다. 고대의 자료에 의하면 "프로페테스"라는 칭호는 통상적으로 아폴론(Apolo)과 제우스(Zeus) 신의 신탁과 연관된 사람에게 주어졌다. 이 단어는 본래 신적 존재에게서 오는 메시지를 전하거나(speak forth) 선포하는(proclaim) 사람, 그리고 신탁을 구하는 자들에게 신적 언어를 해석해주는 사람을 지칭한 것 같다. 그러므로 "프로페테스"는 사람과 신 사이에서 중재적 역할을 맡은 사람을 지칭한 것 같다. 그러나 신의 메시지가 때로는 미래 사건을 취급하므로 "프로페테스"는 후에 가서는 사건이 실제로 일어나기 "전에 말하는"(speak before), 즉 "미래를 말하는"(speak of the future) 사람으로 알려지게 되었다. "프로페테스"는 영매(medium)와 점쟁이(diviner)로서의 기능을 겸하기도 했던 것 같다. "프로페테스"는 신의 메시지를 선포하고 해석했으며 때로는 미래에 대해 말하는 역할도 하였다.

---

1)   Wilson, *Prophecy and Society in Ancient Israel*, 21-28.

또한 "프로페테스"는 백성들에게 신과 접촉할 수 있는 수단을 제공했다.

둘째, 마법사(witch)와 마술사(sorcerer)다. 이 둘은 일반적으로 "사회적으로 해가 되는 목표를 이루기 위해 초자연적인 능력(power)이나 주술(magic)을 사용하는 자들"을 의미한다. 사실상 현대 영어에서는 마법사와 마술사 사이의 구분은 명확하지 않다. 이 둘의 구분이 쉽지 않지만 어떤 학자들은 마법(witchcraft)과 마술(sorcery)의 인류학적 분석을 단순화하는 데 기여했다. 구체적으로 말해 마법사는 선천적으로 내재된 능력을 사용함으로써 마법의 요소들이 외적으로는 보이지 않게 하는 사람들이지만, 마술사는 누군가에게 해를 끼칠 목적으로 마술적인 대상물을 신비하게 조종하는(magical manipulation) 사람들이다. 따라서 마법과 달리 마술은 다소 객관적으로 관찰되거나 확인될 수 있다.

셋째, 영매(medium)다. 영매는 인류학적 문헌에 자주 등장하는데 명확한 정의를 내리기는 쉽지 않다. 일반적으로 이것은 인간과 신의 영역 사이에서 대화를 매개하는, 즉 교류의 통로 역할을 하는 자들을 폭넓게 지칭하는 용어로 사용된다. 사람들은 자신들의 문제를 들고 영매에게 찾아가서 영에게 할 질문을 말한다. 영 역시 영매를 통해 사람들에게 그들이 인식할 수 있는 방법으로 말한다. 보통 영매라는 용어는 기능적으로 정의되기 때문에 여러 형태의 종교전문가에게 이 명칭이 부여될 수 있다.

넷째, 점쟁이(diviner)다. 인류학자들은 대개 이 용어를 과거, 현재, 미래에 감추어진 정보를 영에게서 알아내려고 하는 종교전문가를 지칭하는 데 사용한다. 모든 인류학자가 주장하는 바는 아니지만, 점쟁이가 질문하는 방법은 대개 도구 및 자연현상을 신비하게 조작하거나 해석하는 과정을 포함한다고 한다. 그러나 점을 치는 과정에서 도구 및 자연현상을 사용하지 않으면 점쟁이와 영매를 구별하기는 어렵다.

다섯째, 제사장(priest)이다. 일반적으로 받아들여진, 제사장이란 명칭에 대한 인류학적 정의는 막스 베버(Max Weber)가 정립했다. 베버가 내린 정의에 따르면 제사장은 "제의를 계속 수행하며 특정한 이름과 장소 및 시대에 영속적으로 연관된, 그리고 특수한 사회 그룹과 관계된 전문인"이다.[2] 베버는 제사장직을 유지하는 것이 제의를 유지하고 보존하는 일에 달렸다고 강조했으며 제사장의 권위는 전통적인 제의에 참여하는 것에서 유래한다고 생각했다.[3] 제사장직은 제의에 규칙적으로 참여하는 모든 종교전문가에 적용될 수 있다. 따라서 만일 예언자, 샤만, 마법사, 영매, 점쟁이가 그들이 속한 사회의 제의에서 규칙적인 역할을 담당한다면, 그들도 "제사장"으로 분류될 수 있다. 한편 제사장은 때때로 점쟁이나 예언자 및 영매의 역할을 담당할 수도 있다. 이러한 역할의 중복이 어느 사회에서나 일어나는 것은 아니고 한 사회 안에서도 항상 일어나지는 않는다. 그러나 제사장이 다른 종교적 역할을 종종 담당한다는 사실로 인해서 제사장과 다른 종교전문가들 사이의 구분이 불명확하게 되기도 한다.

여섯째, 중재자(intermediary)다. 이미 언급한 바와 같이 여러 종교전문가의 기능이 겹치는 이유는 그들의 사회적 기능이 공유되기 때문이다. 그래서 예언자, 샤만, 영매, 점쟁이 등을 포괄하는 보다 더 중립적인 용어를 생각할 수 있는데 그것을 "중재자"라고 부를 수 있겠다. 왜냐하면 이 모든 종교전문가는 신의 세계와 인간 세계 사이에서 중재(intermediation)하는

---

2)   Weber, *The Sociology of Religion*, 30.
3)   Weber, *The Sociology of Religion*, 46-47.

역할을 맡기 때문이다.

이외에도 윌슨은 샤만(Shaman)을 언급한다. "샤만"이라는 용어는 시베리아족과 만주족의 언어인 퉁구스 계열의 언어에서 유래했고 서구 세계에는 17세기 이후에 알려졌다. 그 어원적 유래가 명확하지는 않지만 일반적으로 모든 퉁구스 계열의 언어에서 샤만은 "신접하여 영을 자신에게 불러들일 수 있고(master of the spirits), 특정한 영으로 인해 고통받는 사람들을 도울 수 있으며, 영을 다루는 다양한 방법을 가진 남녀"를 뜻하는 용어다. 또한 샤만은 주로 동부 시베리아 지역의 신탁대언자들에게 국한된 용어다.

이상에서 우리는 고대 근동 세계의 다양한 주술사와 신탁대언자를 간략하게 살펴보았다. 신명기 18장 본문이 보여주듯이, 야웨 종교는 이러한 주술행위를 강하게 단죄하였다. 또한 이스라엘 예언자들은 신탁행위를 강하게 비판하였는데, 그 이유는 신탁행위가 대개 주술을 동반했기 때문이다.

허버트 허프먼(H. B. Huffmon)은 예언과 신탁행위를 분명하게 구분한다. 비록 절대적인 기준은 아닐지라도, 신탁행위와 대비되는 예언은 다음과 같이 정의된다.[4]

① 예언은 신적인 세계가 중재자(예언자)를 통해 제삼자와 소통(communication) 함으로써 성립하는데, 여기서 중재자는 신성을 띨 수도 있고 그렇지 않을 수

---

4) H. B. Huffmon, "Prophecy in the Mari Letters," *The Biblical Archeologists* 31(1968), 103.

도 있다.

② 예언은 대개 꿈 및 황홀경을 통해 얻은 영감이거나 내적인 조명(illumination)
에 의한 영감일 수 있다.

③ 예언은 즉각적인 메시지이며 특별한 전문가나 해석자를 요구하지 않는다.

④ 예언은 신탁행위와 달리 그 메시지가 인간의 요청에 의한 것이 아니다
(unsolicited).

⑤ 예언은 권고적(exhortatory)이거나 훈계적(admonitory)인 내용을 담고
있다.

한편 신탁행위와 주술 사이에는 공통점이 있다. 첫째, 신탁행위와 주술 모두는 신의 뜻을 알아보거나 행운을 얻으려는 계기를 마련하기 위해 이루어진다. 둘째, 신탁행위자와 주술사 모두는 특별한 도구를 사용한다. 신탁행위나 주술에 사용되는 도구는 대개 거룩한 물건으로 인정되며 특별한 신적인 힘을 소유한 사람들에 의해 사용된다. 따라서 신탁행위와 주술은 제의에서 종종 동반자 역할을 하게 된다.[5] 고대 근동의 신탁행위는 크게 두 가지로 분류할 수 있다. 첫째는 왕족 중심의 정교하고도 학문적인 신탁행위인데, 이는 주로 제사장이나 신탁대언 전문가에 의해 수행된다. 둘째는 민간 중심의 신탁행위인데, 이는 왕족 중심의 신탁행위에 비해 기술적으로 덜 발달되었다. 왕족은 정교한 신점술을 통해 자기가 섬

---

5) 노세영·박종수,『고대 근동의 역사와 종교』(서울: 대한기독교서회, 2000), 153. 노세영과 박종수는 "diviner"를 "신탁행위자(신탁대언자)"로 번역하는데 이는 Wilson보다 "diviner"의 의미를 넓게 보는 것이다. 이런 차이는 신탁행위와 주술 사이의 경계가 모호함을 드러내는 것이기도 하다.

기는 신의 의지를 파악하여 그것을 개인사나 국정에 반영하였지만, 일반 민중은 일상적인 삶에서 일어나는 개인적인 문제를 해결하기 위해 신탁행위를 하였다.[6] 현대인들은 특별한 인과관계가 없는 사건들을 서로 연계하는 데 별다른 의미를 부여하지 않는다. 그러나 고대인들은 사소한 사건들도 전체적인 현실의 배경에서 보는 경우가 많았다. 즉 고대인들은 사건들과 인간 경험의 요소들을 분리되거나 독립적인 현상으로 보지 않았다. 그러므로 신의 뜻을 알고자 하는 신탁행위는 주로 민간전승을 통해 인류의 종교사와 거의 함께해 왔다. 특히 고대 메소포타미아에서는 예언보다 신탁행위가 사회적으로 각광을 받았고 국가의 중대한 일을 결정하는 도구로 활용되기도 하였다.[7] 실질적인 측면에서 신탁행위는 신의 의지를 파악하기 위해 행해지는 인간의 기술적인 노력으로 한정되는데, 그 이유는 신탁행위가 대개 내담자의 요구에 의해 수동적으로 행해지기 때문이다. 반면에, 예언은 본인의 의사와 관계없이 신의 뜻이 직접적인 계시 수단을 통해서 전해진다.

---

6) 노세영·박종수, 『고대 근동의 역사와 종교』, 157. 신탁대언자(diviner)들은 본래 메소포타미아 사회에서 누구에게나 자문 역할을 할 수 있었지만 그들 중 대다수는 중앙 사회 조직에서 절대적으로 필요한 존재가 되었다. 신탁대언자들은 왕정의 후원을 받았고, 왕가는 정치적·종교적·사회적인 결정을 내리기 위해 신탁대언자들의 도움을 구했다. 그리하여 "바루"들은 사회 유지의 기능을 담당하였고 국가의 존립을 위해서도 필요하였다. 정치적인 인물을 등용하는 것은 "바루"들과 의논한 후에 이루어졌고 종교적인 의식도 징조들에 의해 조정되었다. 특히 "바루"들은 전쟁 시에 결정적인 역할을 하였다. 즉 그들은 전술의 종류와 적절한 공격 시기를 결정하였다. 어떤 경우에는 신탁대언자들이 군대를 이끌고 전투에 나가기도 하였다. 정치적인 중요성 때문에 왕은 "바루"들을 왕궁에 둘 뿐만 아니라 전 지역에 파견하여 관리들을 돕는 일을 하도록 하였다(Wilson, *Prophecy and Society in Ancient Israel*, 97).
7) 노세영·박종수, 『고대 근동의 역사와 종교』, 151.

  구약 예언서의 공공신학

기원전 제2천년기와 제1천년기의 바빌로니아 사람들과 앗시리아 사람들은 이처럼 포괄적인 징조 과학(extensive science of omen)을 다른 어느 민족보다도 많이 발전시켰다. 하늘(일식, 월식, 폭풍우 등)과 땅(기형아 출산, 기형 동물의 출산 등)에서 발생하는 예외적인 자연현상은 "이툼"(ittum, 히브리어로 "오트") 곧 어떤 이상한 일이 임박했음을 알리는 신의 표징으로 이해되었다. "바루"(bārû)라고 불리던 전문적인 미래해석자는 그러한 관찰을 토대로 왕과 도시 및 나라에 관한 어떠한 결론을 내릴 것인지를 연구했다. 또한 바루는 자신이 직접 만들어낸 징조를 매개로 하여 추가적인 정보를 이끌어낼 수도 있었다. 그것은 "테르툼"(tertum, 히브리어로 "토라"[?])이라고 불리었다.[8]

구바빌로니아 시대에는 인간을 매개(human agency)로 하거나 천문학을 통해 징조를 관찰하는 일은 드물었고, 희생물로 바쳐진 양의 간 모양을 살피는 간점(liver divination)이 주로 행해졌는데 이는 전쟁 참여 여부 같은 공적 차원의 관심사에 대한 가부(可否)를 묻는 일에 주로 활용되었다.[9] 고대 메소포타미아의 신탁대언자들이 가장 선호한 두 가지 방법은 희생물로 바쳐진 동물의 내장을 조사하는 엑스티스피시(extispicy)와 동물의 간장을 관찰하는 헤파토스코피(hepatoscopy)였다. 이 둘 중에 후자가 더 오래된 기술인 것 같다. 고대 바빌로니아 시대의 서기관들은 간의 여러 가지 변화를 징조와 관련지어 수집해 놓았다. 때로는 폐와 쓸개의 상

---

8) Koch, *The Prophets, vol. 1: The Assyrian Period*, 8.

9) Wolfram von Soden, *The Ancient Orient, An Introduction to the Study of the Ancient Near East*, tr. Donald G. Schley (Grand Rapids: William B. Eerdmans Publishing Co., 1994), 154.

태도 징조로 해석되었다. 징조에 관한 이런 초기의 자료는 이미 학문적인 체계를 갖춘 전승의 일부가 되었다.[10]

고대 메소포타미아에서 세 번째로 선호된 신탁행위 방법은 점성술(astrology)이었다. 천체 현상에 근거한 징조들은 일찍이 고대 바빌로니아 시대부터 입증되었다. 기원전 제1천년기 초반경에 이런 수천 개의 징조가 "에누마 아누 엔릴"(Enuma Anu Enlil)이라는 시리즈로 수집되었다. 이 시리즈는 달, 해, 항성, 일식과 행성의 운동, 특히 금성의 움직임에 관한 설명을 담고 있으며 다양한 기상 현상에도 관심을 기울이고 있다.[11] 신앗시리아의 에살핫돈(기원전 680-669년)의 부조(inscription)가 아슈르(Assur)의 에샤라(Esarra) 궁에서 발견되었는데(이것을 "Assur A"라 칭한다) 이것은 7개의 비문(prism), 1개의 석판, 그리고 1개의 토판으로 구성되어 있다.[12] 이 중 점성가 라쉴리(Rašili)의 보고를 기록한 *SAA 8* 409는 월(月)의 상서로운 시작을 알리는 징조를 보여준다.

> 만일 (그 달이) 첫 날에 [보이게 되면]
> : 신뢰할 만한[언급]; 그 땅은
> 행복해질 것이다.
> 그 [첫] 날에 순서를 따라 신이 나타날 것이고

---

10) Wilson, *Prophecy and Society in Ancient Israel*, 93.

11) Wilson, *Prophecy and Society in Ancient Israel*, 94-95.

12) Jeffrey L. Cooley, "Propaganda, Prognostication and Planets," in *Divination Politics and Ancient Near Eastern Empires*, eds. Alan Lenzi and Jonathan Stökl (Atlanta: SBL, 2014), 13-14.

: 나의 주 왕에게 좋은 일이 될 것이다.[13]

또한 에살핫돈의 부조에는 금성(*Dilvat* / Venus)에 관한 보고도 있다.

별 중에 가장 밝은 금성이,

서쪽에서 보일 것이다. 에아(Ea)의

[길에서]. 그 땅을 안전하게 보호하고

신들을 화해시키는 일을 도모한 후에

그것(금성)은 비밀의 [장소]에 이르고

그리고 후에 사라질 것이다.[14]

이처럼 고대 근동의 점성가들은 천체를 관찰하여 얻은 기록과 해석을 축적하였다. 이를 통해 그들은 국가의 흥망과 전쟁의 승패 등에 관한 징조를 해석해 그것을 왕에게 제공하는 역할을 하였다. 신앗시리아 자료들은 원래 에살핫돈과 앗수르바니팔(기원전 668-627년)에게 전달되었던 여러 개의 신탁모음집을 보존하고 있다. 이 문서 중 일부는 음역하거나 번역하기가 쉽지 않고 심지어는 현존하는 설형문자로 된 사본들도 명확하지 않아 오독(誤讀)되기 쉽다. 하지만 이러한 신탁모음집은 신앗시리아 시대의 예언과 사회의 관계성에 어떤 빛을 비추어 준다. "예언적인" 신탁의 수집은 왕의 행위가 신적 기원에 의한 것임을 정당화하는 데 사용된

---

13) Cooley, "Propaganda, Prognostication and Planets," 15.

14) Cooley, "Propaganda, Prognostication and Planets," 17. "Dilvat"은 "금성"을 가리키는 아카드어다.

듯하다. 만약 그렇다면 그런 본문은 하나의 정치 선전이거나 신탁대언자들이 앗수르바니팔 궁전에서 정규적인 사회유지 기능을 담당했다는 표식이기도 하다. 신탁대언자들이 궁정에 거하였고 확실히 사회유지 기능을 수행했던 것도 사실이지만, 다른 한편으로는 그들이 여전히 앗시리아 사회의 주류에 완전히 속하지 못하였다는 암시도 있다.[15]

이외에도 고대 메소포타미아에서는 물에 기름을 띄워 기름의 방향을 보고 점을 치는 수유점(lecanomancy), 화살을 쏘아 그 방향을 보고 점을 치는 화살점(belomancy),[16] 죽은 자나 신의 영을 불러내어 점을 치는 초혼점(necromancy), 그리고 제비를 뽑아 결정하는 제비신탁(cleromancy) 등이 신탁대언의 주술적 방법으로 활용되곤 하였다. 그런데 고대 메소포타미아에서는 초혼점이 활발하지 않았고 은밀하게 행해졌다. 그래서 그것은 공식적인 신탁행위로 인정받지 못했다. 이집트에서는 사자(死者)의 혼을 불러들이는 초혼점 대신 대제사장이 죽은 자에게 보냈던 서신이 발견된다. 시리아-팔레스타인에서도 주술행위를 통해 장례식에서 죽은 자들에게 제물을 바치는 의식이 행해졌다. 시리아-팔레스타인에서 초혼점은 별로 환영받지 못했는데, 그 이유는 한번 들어가면 다시 나오지 못하는 지하 세계에 대한 두려움이 민중에게 있었기 때문이다. 초혼자 역시 사자의 혼을 불러내기 위해 위험을 감수해야만 했다(삼상 28:12).[17]

이제부터 우리는 고대 메소포타미아, 이집트, 시리아, 그리고 팔레스

---

15) Wilson, *Prophecy and Society in Ancient Israel*, 115-119.
16) 겔 21:20-21은 바빌로니아 왕이 예루살렘을 공략할 것인지 아니면 암몬 족속의 랍바로 갈 것인지를 화살점을 통해 결정한 것을 보여주고 있다.
17) 박종수, 『이스라엘의 종교와 제사장 신탁: 제비뽑기의 신비』 (서울: 한들, 1997), 74-76.

   구약 예언서의 공공신학

타인 지역에서 발굴된 문서와 비문 같은 고고학적 자료 중 예언적 신탁과 관련된 것을 검토하여 고대 근동의 신탁대언자들의 공공성이 무엇이었는지를 고찰하고자 한다.

5.1.2. ── 마리(Mari) 문서와 신탁대언자들

5.1.2.1. ── 마리 문서에 나타난 신탁대언자들

고대 근동의 예언에 관한 연구는, 기원전 11세기 비블로스(Byblos)의 한 성전에서 있었던 탈혼 예언을 언급하는 이집트의 고대 문헌인 "웬 아몬(Wen-Amon)의 이야기"를 블라디미르 골렌니셰프(Vladimir Golenischeff)가 1899년에 발간한 것에서 시작했다고 볼 수 있다. 그 이후로 고대 근동의 예언 현상을 밝혀주는 많은 본문이 근동의 여러 유적지에서 출토되었는데, 그중 가장 걸출한 것이 유프라테스강 중류 지방에 위치한 마리(Mari)에서 발굴된 문헌들이다. 여러 학자는 기원전 제2천년기에서 유래한 이 문헌들을 이스라엘의 예언 현상의 원조로 일컫지는 않지만 그것의 선행자로 간주하기는 한다.[18]

고대 도시국가인 마리는 기원전 제3천년기 후반과 기원전 제2천년기 초반에 근동에 있었던 정치적·경제적으로 강력한 왕국의 수도였다. 마리는 유프라테스강 중부와 하부르(Habur)강 유역을 차지하여 바빌로니아와

---

18) R. P. Gordon, "From Mari to Moses: Prophecy at Mari and in Ancient Israel," in *On Prophets' Visions and Wisdom of Sages: Essays in Honour of R. Norman Whybray on His Seventieth Birthday*, ed. H. A. Mckay and D. J. A. Clines (JSOTSup 163; Sheffield: *JSOT*, 1993), 63.

시리아 사이의 주요 무역로를 통제했다. 오늘날의 시리아에 있는 텔 하리리(Tell Ḥarīri)에서 1933년 이래로 마리 유적지가 발굴되기 시작하여 약 2만 점 이상의 토판이 발견되었고, 수천여 점의 토판에 기록된 내용은 아직도 출판되지 않았다. 그중 대부분은 야스마흐 앗두(Yasmaḥ Addu: 기원전 1792-1775년) 왕 때에, 그리고 마리가 바빌로니아의 함무라비에게 멸망하기 직전의 마지막 왕이었던 지므리-림(Zimri-Lim: 기원전 1774-1760년) 왕 때에 기록되었다. 이 토판들은 *Archives Royales de Mari*(*ARM*)[19] 시리즈로 출판되었다. 이 시리즈에는 여러 다른 종류의 행정문서, 편지, 조약문서, 의식서(儀式書), 징조에 관한 글(omen texts), 그리고 문학작품이 포함되어 있다. 마리에서 발굴된 편지 중 수백 점에는 점술에 관한 기록이 나온다. 이것들은 주로 고관들이나 왕가의 여인들에 의해 작성된 것인데 예언적 신탁도 자주 보고하고 있다.[20]

마리 문서 중 일부에서 신탁대언자(oracular speaker)에 관한 언급이 발견된 이래로 고대 근동의 신탁대언자들과 성경의 예언자들을 비교하는 수많은 연구가 이루어졌다. 이런 연구들은 이스라엘 예언의 변종(prophecy of Israelite variety)이 실제로 마리에 존재했는지 아닌지를, 그리고 마리 예언자들과 후기 이스라엘 예언자들 사이에 역사적·문화적인 연계가 있었는지 아닌지를 결정하는 일에 일차적으로 관련됐다. 계속되는 이러한 논의의 일부로서 마리 대언자들(Mari speakers)의 언어 형태와 메시지는 광범위하게 분석되었다. 학자들은 마리 문서에 나타나는 예

---

19) 이것은 1941년에 출간되었다. 1950년에 출간된 것은 *ARMT*로 명명한다.

20) Nissinen, *Prophets and Prophecy in the Ancient Near East*, 13.

언적 황홀경(엑스터시)의 성격과 범위를 연구했다. 또한 학자들은 마리 대언자들이 신탁예언을 자발적으로 하였는지 아니면 제의적 질문에 응답만 하였는지도 연구했다. 하지만 이러한 예언의 사회적 차원(sociological dimension)에 관한 연구는 윌슨에 의해 본격화되었다. 윌슨은 신탁대언자들의 행동, 전체 사회와 그들의 관계, 그리고 그들의 사회적 기능에 특별히 주의하면서 마리 문서에 나오는 신탁대언자들의 다양한 형태를 조사하였다.[21]

마리의 신탁대언자들은 두 개의 일반적인 집단으로 이루어졌다. 그중 첫 번째 집단은 특별한 칭호를 지닌 사람들로 구성되었다. 이러한 칭호가 있다는 것은 그들이 자신들이 속한 사회 구조 안에서 비교적 확고한 지위를 차지하였음을 암시한다.

1) 아필루 / 아필투(āpilu / āpiltu)[22]

"아필루"(여성형은 아필투)라는 명칭은 주로 마리 문서에서 나타나는데 아마 "대답하다"라는 동사 "아팔루"(apālu)의 분사형인 것 같다. "대답하는 자"라는 칭호는 아필루가 신에게 질문하고 그 질문에 대한 응답으로 신탁을 전하였음을 의미하는 것 같다. 아필루는 다른 아카드 문서에서는 거의 나타나지 않고 마리 문서에서 주로 발견되는데, 사무엘상 10:5이나 열왕기상 20:35 등에 나오는 "예언자의 무리"처럼 집단으로 행동하는 점쟁이(diviner)들을 가리키는 용어로 보인다.[23] 아필루의 사회적 위치는 다양

---

21) Wilson, *Prophecy and Society in Ancient Israel*, 98-99.
22) Wilson, *Prophecy and Society in Ancient Israel*, 100-102.
23) 이것은 마리 문서 중 북부 시리아의 알렙포로부터 마리로 보낸 문서에서 발견된 신탁대언

했다. 이를 보여주는 세 가지 요소가 있다. 첫째, 아필루는 마리 외곽 지역의 지방 신들을 대표했다. *ARM* 9.22:14은 아필루를 왕궁으로부터 옷을 받는 수혜자로 명기한다. 이를 통해 중앙정부가 그들을 어느 정도 용인했음을 짐작할 수 있다. 하지만 그들은 마리의 중앙 제의에서는 주변적 인물들이었다. 둘째, 아필루의 메시지로 미루어보아 그들은 마리의 제의나 중앙정부에 속한 문제를 다루지는 않은 것 같고 자신들이 대표하는 신들과 제의들에 대한 왕의 은전(royal favor)을 얻는 일에만 관심이 있었다. 셋째, 왕은 아필루의 메시지를 진지하게 받아들이지 않았으며, 아필루가 자신들의 말을 궁정에 보고할 수 있는 공식적인 통로도 없었던 듯하다.

2) 무후 / 무후투(*muḫḫû* / *muḫḫûtu*)[24]

"무후"(여성형은 "무후투")라는 호칭은 마리의 여러 사람에게 주어졌으며 다른 곳에서는 "마후"(*maḫḫû*)의 형태로도 쓰였다. "무후"는 "황홀경에 들어가다"라는 뜻의 동사 "마후"(*maḫḫû*)에서 파생되었다.[25] 그들의 황홀경 행동에 관한 정확한 정보를 얻기는 어렵지만 그것은 최면 상태(trancer)나 도취된(ecstatic) 상태였다고 볼 수 있다. 그들도 제의에서 일정한 역할을

의 메시지에 나타난다(Abraham Malamat, *Mari and the Bible, Studies in the History and Culture of the Ancient Near East*, ed. B. Halpern and M. H. E. Weippert, vol. XII [Leiden: Brill, 1998], 87).

24) Wilson, *Prophecy and Society in Ancient Israel*, 103-105.

25) Abraham Malamat은 이것이 "미친 듯이 소리 지르다"(to rave) 또는 "이성을 잃고 광분하다"(to become frenzied)를 의미한다고 보며 히브리어 "메슈가"(*mᵉšuggaʿ*)와 비슷한 함의를 갖는 것으로 본다(Malamat, *Mari and the Bible, Studies in the History and Culture of the Ancient Near East*, 86-87).

 구약 예언서의 공공신학

했을 것이다. 마리의 중앙 사회 구조와 무후의 관계는 아필루의 경우보다
복잡하다. 무후는 이쉬타르(Ishtar) 제의에서 공식적인 역할을 수행하였고
제의 참여자로서 양식을 공급받을 수 있었는데 그중 일부는 왕실로부터
제공받았다. 아필루의 주변성(peripherality)을 시사하는 수많은 증거 자료
가 동시에 무후의 주변성도 나타낸다. 예를 들어 무후는 중앙 제의에 속
하지 못한 신들을 대리하였다. 무후는 신과 인간의 중재자인 "바루"(*bārû*)
를 대신하지는 못했지만 앗시리아의 궁정에서 호의적인 대접을 받았던
것으로 보인다.

3) 앗신누(*assinnu*)[26]

"앗신누"는 마리 문서에서 세 번 나타나고(*ARM* 10.6, 7, 80) 후기 자료에
서는 이쉬타르 제의에 참여하는 일원으로 나온다. "에라 서사시"(The Era
Epic)는 "쿠르가루와 앗신누"를 언급하고 있는데 여기서 이쉬타르는 사람
들에게 종교적인 경외심을 가르치려고 그들의 성(性)을 남성에서 여성으
로 전환했다. 이 구절에서 앗신누는 "환관", "동성연애자", "이성의 복장을
한 성도착자", "제의의 남창" 또는 "남색자"를 뜻하는 것으로 다양하게 해
석됐다. 그러나 그 어떤 해석도 확실한 지지를 받을 수 없었으므로 몇몇
학자는 앗신누가 제의 연극에서 여성 역할을 하였던 남자 배우에 지나지
않았다고 주장하였다.[27] 마리의 중앙 사회 구조와 앗신누의 관계는 모호

---

26) Wilson, *Prophecy and Society in Ancient Israel*, 106-107.
27) "앗신누"는 마리 문서(*ARM*) 중 4개의 편지에서 언급되는데 Martti Nissinen은 메소포
타미아의 자료들에 비추어 볼 때 그들이 예언자적 역할을 주로 하지는 않은 것으로 본다
(Nissinen, *Prophets and Prophecy in the Ancient Near East*, 14).

하다. 앗신누는 마리의 안누니툼(이쉬타르) 제의에서 정규적인 역할을 수행하였으며, 이미 알려진 앗신누의 신탁도 중앙정부의 안정과 왕의 신변 보호에 대한 관심을 보여준다(*ARM* 10, 6, 7). 아필루 및 무후와 마찬가지로 앗신누도 마리의 중앙 제의에서 주변적인 역할을 했던 것으로 보인다.

4) 콰바툼(*qabbātum*)[28]

ARM 10.80에는 "콰바툼" 즉 "대언자"(speaker)에 관한 언급이 있다. 이 단어는 개인의 이름으로 해석되기도 하였다. 이 단어가 실제로 한 개인을 호칭하는 것이라 할지라도 다른 곳에서는 나타나지 않으며 그 발음과 어원조차 불분명하다. 콰바툼의 특징적인 행동에 관해 알려진 정보는 없으나 그들이 중앙 제의에서 주변적인 역할을 한 것은 틀림없다고 본다.

5.1.2.2. —— 마리 문서에 나타난 신탁대언의 특징

마리 유적지는 1930년대 이래 안드레 패로트(Andre Parrot)에 의해 발굴되기 시작하면서 텔 하리리에서 약 2만 개의 설형문자판이 발견되었다. 또한 1979년 이후 장 마르게롱(Jean Margueron)에 의해 수천 개의 파편이 발견되면서 마리에 관한 더 많은 정보를 얻을 수 있었다. 특별히 마리 문서가 발견되면서 마리 지역의 신탁대언자들과 그 예언 내용이 고대 이스라엘의 예언 현상에 관한 많은 정보를 제공하였다.[29] 예언적 신탁이 담긴 편지들을 조사해보면, 다간(Dagan) 신의 계시가 13번, 그리고 여신 안

---

28) Wilson, *Prophecy and Society in Ancient Israel*, 108.
29) 노세영·박종수, 『고대 근동의 역사와 종교』, 295.

누니툼(Annunitum)의 계시가 5번 나타나며, 그 외에 여신들인 벨레테칼림(Belletekallim), 디리툼(Diritum), 닌후르삭(Ninhursag)과 남신들인 아닷(Adad), 샤마쉬(Šamaš), 마르둑(Marduk)의 계시도 있다.[30] 이러한 예언적 신탁이 포함된 텍스트들은 *ANET* 623-625과 629-632에 신성한 계시(Divine Revelation)라는 제목으로 정리되어 있다. 이 텍스트들은 대개 "나의 주에게 고합니다. 당신의 종 ooo"(Speak to my lord: Thus ooo your servant)라는 형식으로 시작한다.

이처럼 마리 지역 예언자들이 말하는 방식 역시 이스라엘 예언자들의 예언과 연관된다. 이스라엘의 예언과 마찬가지로 마리의 예언도 먼저 회화적인 언어(pictorial terms)를 사용해 당시의 역사적인 상황을 분석하거나 묘사하는데, 여기에는 그들이 믿는 신에 관한 중요한 의미를 갖는 경험이 포함된다. 이어서 임박한 사건에 관한 선포, 곧 그들의 신이 현재의 상황을 그대로 진행시킨다든가 또는 반대 방향으로 이끌 것이라는 선포가 뒤따른다.[31] 그러한 사례로 이투르-아스두(Itur-Asdu)라는 인물이 마리의 지므리-림(Zimri-Lim) 왕에게 전달한, 다간 신의 뜻이 담긴 편지의 전문(全文)을 보자.

당신의 종, 이투르-아스두(Itur-Asdu)가 나의 주에게 고합니다. 제가 이 문서를 주에게 보내던 그날, 샤카(Shakka)에서 온 사람, 말릭 다간(Malik Dagan)이 저를 찾아와서 말했습니다. "제 꿈에, 상부 구역에 있는 사가라툼

---

30) Nissinen, *Prophets and Prophecy in the Ancient Near East*, 16.
31) Koch, *The Prophets, vol. 1: The Assyrian Period*, 10.

(Sagaratum)의 요새로부터 다른 사람들과 함께 마리로 갈 생각이었습니다. 테르카(Terqa)[32]로 가는 도중에 다간의 신전으로 들어가자마자 저는 엎드렸습니다. 제가 엎드려 예배할 때 다간 신은 그의 입을 열어 말씀하셨습니다. '야민족(Yaminites)의 왕들과 그들의 세력이 여기에서 올라간 지므리-림(Zimri-Lim) 왕과 화친하였느냐?' 저는 대답하였습니다. '그렇지 않았습니다.' 제가 (신전을) 나가기 직전에 다간 신이 제게 말씀하셨습니다. '왜 지므리-림의 사신들이 나에게 지속적으로 나아오지 않느냐? 그리고 그가 왜 나에게 온전한 보고를 하지 않느냐? 이 일이 행해졌다면 나는 오래 전에 야민족의 왕들을 지므리-림의 권세 아래 두었을 것이다. 이제 가라. 내가 너를 보낸다. 너는 지므리-림에게 이렇게 말하여라.' '너의 사신들을 내게 보내고 나에게 온전한 보고를 하여라. 그러면 내가 야민족의 왕들을 어부가 하듯이(on a fisherman's *spirit*) 요리하여 네 앞에 놓을 것이다.'" 이것은 말릭 다간이 그의 꿈에서 보았고 제게 자세히 말한 내용입니다. 저는 주에게 이 꿈을 말씀드려야만 합니다. 더 나아가 만일 원하시면, 주는 온전한 보고를 다간 신에게 드려야 할 것입니다. 그리고 주의 사신들을 다간 신에게 지속적으로 보내야 할 것입니다. 저에게 이 꿈을 말해준 사람은 다간 신에게 파그룸 희생제사(*pagrum*-sacrifice)를 드리기로 되어 있었기에 저는 그를 보내지 않았습니다. 게다가 이 사람은 신뢰할 만했기 때문에 저는 그의 머리카락이나 옷자락 하나도 취하지 않았습니다.

---

32) 신적인 계시가 담긴 대다수 편지는 마리에서 기록되었다. 그러나 그중 일부는 다른 도시로 보내졌다. 이 도시들에는 투툴(Tuttul), 사가라툼(Saggaratum), 콰투난(Qattunan), 그리고 왕국에서 두 번째로 큰 도시이자 다간 숭배의 중심지인 테르카(Terqa)가 포함된다. 또한 몇몇 편지는 이웃 나라에도 전해졌다. 이 중에는 칼랏수 / 알렙포(Kallassu / Aleppo)의 아닷(Adad) 신과 바빌로니아의 마르둑 신(Marduk)에게 보내진 것도 있다(Nissinen, *Prophets and Prophecy in the Ancient Near East*, 15).

지므리-림 왕이 "야민족"과의 전쟁 중에 어떤 결정을 내려야 할지 주저할 때, 다간 신은 그에게 예언의 메시지를 전달한다. 다간 신은 지므리-림 왕이 자기를 만나고자 하지 않는 것을 책망하며 "너의 사신들을 내게 보내라"라고 명령한다. 또한 다간 신은 야민족의 왕들을 "어부가 하듯이 요리하여 네 앞에 놓을 것이다"라고 말하며 미래에 대한 약속을 한다.

그러나 마리 문서에 나타나는 예언적 신탁이 이처럼 미래의 사건을 선포하는 것만은 아니다. 신의 약속은 이미 발생한 역사의 연속선에서 주어지기도 한다. 이때 이 역사의 방향을 결정하는 데 인간의 반응(행동)이 배제되지 않는다. 우리는 누르-신(Nur-Sîn)이라는 인물이 지므리-림 왕에게 보낸 편지인 Letter A 1121에서 그러한 경우를 볼 수 있다.[33] 그 내용은 이렇다. 지므리-림은 아닷 신에게 그를 숭배하는 제의를 시행하기 위한 장소를 제공하지 않았다. 그런데도 아닷 신은 지므리-림이 왕위에서 쫓겨나 도망친 후에 그가 왕좌를 되찾을 수 있도록 도와주었다. 만일 지므리-림이 아닷 신에게 마땅히 바쳐야 할 것을 여전히 드리지 않는다면, 아닷 신은 자신이 이전에 지므리-림에게 주었던 것을 다 빼앗을 것이다. 그러나 지므리-림이 아닷 신의 기대에 부응한다면, 그는 전 세계를 통치하는 권리를 얻을 것이다.[34]

한편 예언이 빗나간 신탁도 있다. 샤마쉬 신의 한 아필루가 지므리-림에게 보낸 편지인 Letter A 4260에는 마리가 바빌로니아의 함무라비 왕

---

33) Nissinen, *Prophets and Prophecy in the Ancient Near East*, 17-20.

34) "누르-신"이 "지므리-림"에게 보낸 Letter A 1121의 내용은 아카드어 음역과 함께 영어로 번역된 전문이 다음에 있다. Nissinen, *Prophets and Prophecy in the Ancient Near East*, 17-20.

과의 전투에서 승리할 것이라는 신의 계시가 나온다.[35]

32   *u šanītam umma Šamašma*

33   *Ḫammurabi šar Kurdâ*

34   *[s]arrātim ittīka I[dbub]*

35   *u qāssu ašar šanê[m]*

36   *[š]aknat qātka i[kassaššu]*

37   *u ina libbi mātī [šu]*

38   *[a]ndurāram tuwa[ššar]*

39   *u an[u]mma mātum k[alûša]*

40   *ina qātīka nadna[t]*

41   *[k]īma ālamm tasab[batūma]*

42   *[a]ndurāram tuwaššar[u]*

43   *[akk]êm šarrūtka [d]ari[at]*

그리하여 샤마쉬가 말씀하신다. 쿠르다(Kurda)의 함무라비 왕이 너를 [속여서
말했다.] 그리고 그는 하나의 계획을 획책했다. 너의 손이 [그를 사로잡을] 것이
다. 그리고 너는 [그의] 땅에 회복의 칙령을 포고할 것이다. 이제 그 땅은 [온
전히] 너의 손에 주어질 것이다. 네가 그 성읍을 통치하고 회복의 칙령을 포고
할 때, 너의 왕권은 무궁할 것이다.[36]

---

35)   이 내용은 아카드어 음역과 함께 영어로 번역된 전문이 다음에 있다. Nissinen, *Prophets and Prophecy in the Ancient Near East*, 24-25.

36)   line 32-43. Nissinen, *Prophets and Prophecy in the Ancient Near East*, 24-25.

그러나 함무라비는 마리를 멸망시켰다. 이는 마리의 신탁대언자들이 왕의 요구에 부응하는 예언 활동을 하였음을 나타내는 한 단면으로 볼 수 있다. 고대 근동 문서의 예언적 신탁 연구에 정통한 핀란드 출신의 학자인 마티 니시넨(Martti Nissinen)은 다음과 같은 결론을 내린다.

(마리 문서에 나타나는) 예언의 현저한 주제는—신탁대언자들의 입장이 왕가의 이익과 일치하는 상황이기에—왕의 안녕과 전쟁의 승리에 관한 것이다. 특히 왕가의 여인들에 의해 보내진 편지들에는 왕이 스스로를 잘 보호하도록 조언하는 내용이 있다. 대부분의 예언은 적이나 적국에 대한 왕의 승리를 선언하고 있다.[37]

반면에, 윌슨은 다음과 같이 말한다. "마리의 신탁대언자들은 대개 그 사회 구조 안에서 주변적 중재자들이었던 것 같다. 그들의 발언은 자신들이 대표하는 신에 대한 제의의 위상을 높임으로써 사회적·종교적인 체제 내의 변화를 일으키려는 의도에서 나온 것이다. 즉 그들의 메시지는 대부분 혁신적이었고 기존의 상황을 변화시키려는 의도에서 나온 것이다."[38]

아브라함 말라맛(Abraham Malamat)은 그의 저서 *Mari and the Bible*에서 이스라엘과 마리 문서 사이의 연관성을 연구했다. 발굴되어 출판된 마리 문서 중 마지막 세 권(*ARMT* 23, 24, 25)에서 하솔(Hazor)이란 명칭이 7번 언급되는데 하솔은 마리 문서에 나오는 유일한 팔레스타인 도시다.

---

37) Nissinen, *Prophets and Prophecy in the Ancient Near East*, 16.
38) Wilson, *Prophecy and Society in Ancient Israel*, 110.

이를 고려할 때, 이스라엘의 예언들과 마리의 예언들이 서로 일정한 영향력을 주고받았을 개연성이 충분히 있다.[39]

한편 말라맛은 칼랏수의 주(Lord)인 아닷 신에 관한 신탁과 사무엘하 7:1-17 본문을 토대로 왕정세습 신탁의 유형(a typology of dynastic oracles)의 평행성을 연구하였는데 이는 아래의 도표와 같다.[40]

Motif	Adad, Lord of Kallassu (A.1121 [A], A.2731 [B])	Yahwe, Lord of Hosts (II Sam. 7:1-17)
(a) Installation	"(I) restored him to the throne···" (A:10-11)	"I took you from the pasture ··· that you should be prince over my people" (v. 8)
(b) Father-son imagery	"(I) reared him between my loins···" (A:11)	"I will be his father and he shall be my son" (v. 14)
(c) Tent-shrine	*maškānum* (A:27, 37)	*'ohel and miškan* (v. 6)
(d) Sanctuary as house or estate	*niḫlatum* (A:15; B)	*băyit* (v. 5, 6, 13; cf. *năḥ'lā*, Ex. 15:17, Ps. 79:1)
(e) House as palace / dynasty	*ašar šabuti* (A:13) *bītum* (A:20)	*băyit* (v. 11, 16)
(f) Throne	*kussû* (A: 11f., 19)	*kisse'* (v. 13, 16)

---

39) 이에 대해서는 다음을 참조하라. Malamat, *Mari and the Bible, Studies in the History and Culture of the Ancient Near East*, 41-55.

40) Malamat, *Mari and the Bible, Studies in the History and Culture of the Ancient Near East*, 118.

| (g) Land / kingdom | *epirum* (A:20)
 mātum (A:22) | *māmlākā* (v. 12, 16) |
| (h) Extent of rule | Spatial: "from the rising (of the sun) to its setting" (A:22-23) | Temporal: *'ăd 'ôlâm* "forever" (v. 13b, 16) |

[표 5-1] 마리 문서와 구약성경 비교

그러나 이처럼 마리의 신탁과 이스라엘의 신탁 사이에 상당한 유사성이 발견되고 마리의 신탁대언자들의 발언 안에 혁신적인 메시지가 종종 있더라도, 마리의 신탁대언자들은 현 체제 안에서 사회 질서를 유지하고 보존하는 일에 관심이 컸고 왕가의 가속(家屬)을 위해 예언했다는 것을 윌슨도 인정하고 있다.[41] 이와 관련하여 윌슨은 마리의 신탁대언자인 아필루의 메시지를 살펴보고 이를 다음과 같이 평가한다. "아필루는 마리의 제의나 중앙정부에 속한 문제를 다루지는 않은 것 같고 자신들이 대표하는 신들과 제의들에 대한 왕의 은전(royal favor)을 얻는 일에만 관심이 있었다."[42]

우리는 이상의 연구를 통해서 마리의 신탁대언자들이 사회경제적 "공공성"보다는 왕국의 체제 유지와 왕가의 안녕을 위한 역할에 더 충실하였다고 볼 수 있다.

---

41) Wilson, *Prophecy and Society in Ancient Israel*, 110.

42) Wilson, *Prophecy and Society in Ancient Israel*, 101-102.

5.1.3. —— 아카드의 신탁대언자들

여러 해 동안 설형문자 해석자(cuneiformist)들은 "예언"이라는 명칭을 미래의 사건을 "예고"(predictions)하는 내용으로 구성된 아카드 문서의 양식에 적용해 왔다.[43] 아카드의 예언들은 "사후 예언"(事後 豫言, vaticinia ex eventu)이었으며 그중 몇 가지는 당시의 정치적인 사건들에 관한 예언자들의 견해를 지지하기 위해 만들어졌음이 분명하다. 예언의 선전적 기능(propagandistic function of prophecies)은 마르둑의 예언적 연설에서 분명하게 나타난다. 이 본문은 의심할 여지없이 느부갓네살 1세의 통치 기간(기원전 1124-1103년경) 중에 만들어진 것이다. 느부갓네살 1세는 엘람에게 탈취당했던 마르둑 신상을 되찾는 데 성공했다. 이 일로 인하여 바빌로니아 세력이 부흥하기 시작했고, 마르둑은 만신전(pantheon)의 가장 높은 자리에 오르게 되었다. 이러한 사건들은 마르둑의 예언적 연설에 담겨 있다. 여기서 마르둑은 이름 모를 한 왕이 나타나 신상을 바빌로니아로 되찾아오고 신전을 재건할 것을 예고했다. 또한 마르둑은 이 왕이 오랫동안 성공적인 통치를 할 것이며 그 통치의 특성을 번영과 풍요로움으로 예견했다. 이 본문은 아마도 마르둑의 제사장들이 자신들의 신을 높이는 데 사용된 듯하며, 또한 느부갓네살 1세가 자신의 정치적·종교적인 정체성에 권위를 부여하는 데도 사용된 듯하다. 이 본문은 궁중에 소속된 서기관들에 의해 만들어진 것 같으며 사회 유지 기능을 가진 중앙의 중재적 문학 형태로 볼 수 있다.[44]

---

43) Wilson, *Prophecy and Society in Ancient Israel*, 119.
44) Wilson, *Prophecy and Society in Ancient Israel*, 121-122.

5.1.4. —— 팔레스타인과 시리아의 신탁대언자들과 자키르(Zakir) 비문

5.1.4.1. —— 팔레스타인과 시리아의 신탁대언자들

많은 학자가 가나안 문명의 예언이 이스라엘의 예언에 지대한 영향을 끼쳤을 것으로 추정했지만, 팔레스타인이나 시리아의 중재자들에 관한 성서 외적인 자료는 실제로는 매우 적다. 가나안 문명의 예언에 관하여 가장 먼저 발행된 참고문헌은 이집트의 웬-아몬(Wen-Amon) 이야기인데, 그 일부는 기원전 1100년경 페니키아의 상황을 반영하고 있다. 1899년 고고학자들이 이집트의 엘히베(el-Hibeh)에서 "웬-아몬의 일기"라는 필사본을 발견하였다. 이 일기 혹은 보고서에 기록된 외교적 사건이 실제이든 아니든 간에, 그 역사적 배경은 기원전 1090-1080년경 람세스 11세의 통치 기간에 관한 실제 상황을 보여주고 있다. 이 문서가 학자들의 관심을 불러일으키는 이유는 비블로스(Byblos)에서 일어난 예언 현상 때문이다. 여기서 비블로스의 왕자 "트제커 바알"의 종 가운데 몇몇이 황홀경에 빠진 상태에서 신들의 메시지를 전하는 광경이 인상적이다. 이러한 광경은 사무엘 시대의 사람들과 사울이 황홀경에 빠진 상태에서 예언하는 현상과 매우 흡사하다(삼상 10:5-11). 이러한 황홀경에 관한 비교 연구는 학자들로 하여금 이스라엘의 예언 현상이 가나안 문명의 예언으로부터 직수입된 것이라는 결론을 내리게 하였다. 오늘날 대다수 학자가 이러한 견해에 동의하는 것은 아니지만, "웬-아몬의 일기"는 고대 가나안과 이스라엘의 예언 현상을 연구하는 네 중요한 단서가 되었다.[45]

---

45) 노세영·박종수, 『고대 근동의 역사와 종교』, 347-349.

　　한편 시리아의 중재자들에 관한 언급이 하맛과 루아쉬(Hamath and Lu'ash)의 왕인 자키르(Zakir)의 아람어 비문에 나타난다.[46] 이 비문은 기원전 9세기 말이나 기원전 8세기 초의 것으로 추정된다. 이 비문은 자키르가 그의 한 성읍을 포위하였던 적대국 왕들의 강력한 연합 세력과 대치하게 되었을 때 그의 신(神)인 바알-샤마인(Ba'al-Shamayn)을 향하여 "손을 들었다"(기도하였다)라고 기록하고 있다. 자키르가 그의 손을 들자 바알-샤마인은 선견자들과 중재자들을 통하여 대답하면서 그에게 도움을 줄 것을 약속하고 적대국의 연합 세력이 멸망할 것을 예고한다.

　　가나안 문명의 중재자들에 관한 또 다른 증거는 오늘날의 요르단 지역에 있는 데이르 알라(Deir 'Alla)에서 발견된 아람어 비문에서 얻어진다. 이 비문은 석고 위에 검은색과 붉은색 잉크로 기록되어 있고, 보존 상태가 좋지 못하며, 기원전 700년경의 것으로 추정된다. 이 비문의 첫 줄은 신들의 선견자로 불리던 브올(Beor)의 아들인 발람(Balaam)에 관한 내용을 담고 있다. 그 내용이 민수기 22-24장의 내용과 대체로 일치한다. 이를 고려할 때, 데이르 알라의 비문과 민수기가 기록될 당시에 발람은 국제적으로 널리 알려진 인물이었다는 것, 그리고 이 두 텍스트가 동일인을 언급한다는 것은 의심할 여지가 없다.[47] 한편 민수기 24장은 발람 역시 황홀경 상태에서 예언했을 가능성을 시사한다.

---

46) 이에 대해서는 다음을 참조하라. James F. Ross, "Prophecy in Hamath, Israel, and Mari," *HTR* 63(1970), 1-28. Zakir의 편지에 대한 내용은 *ANET* 655-656에 번역되어 있다.

47) Wilson, *Prophecy and Society in Ancient Israel*, 132-133.

3 그가 예언을 전하여 말하되 브올의 아들 발람이 말하며 눈을 감았던 자가

　말하며

4 하나님의 말씀을 듣는 자, 전능자의 환상을 보는 자, 엎드려서 눈을 뜬 자가

　말하기를

15 예언하여 이르기를 브올의 아들 발람이 말하며 눈을 감았던 자가 말하며

16 하나님의 말씀을 듣는 자가 말하며 지극히 높으신 자의 지식을 아는 자, 전

　능자의 환상을 보는 자, 엎드려서 눈을 뜬 자가 말하기를

　(민 24:3-4, 15-16, 개역개정)

이 본문에서 발람은 자신을 "눈을 감았던 자"(현재는 눈을 뜬 자, שְׁתֻם הָעָיִן

הַגֶּבֶר]),[48] 즉 지금은 "눈을 뜬 자"(גְלוּי עֵינָיִם)로 소개하며 자신의 발언을 "눈

을 뜬 자"의 말씀(נְאֻם)으로 표현한다.

월슨은 발람의 이런 황홀경[49]이 신들림(possession) 때문인지 혹은 정

신을 잃었기 때문인지는 확실하지 않지만 발람은 분명 신을 봄(seeing)으

로써 신의 메시지를 받았다고 주장한다. 발람의 행동에 관한 이러한 설명

은 이스라엘의 예언 및 데이르 알라 문서의 표현과 연관성이 있다. 발람

의 신탁에 적용된 "느움"(נְאֻם)이라는 명칭은 이스라엘 예언자들이 발언하

는 어조(utterance)를 표현한 것으로 예언 문학 전반에 걸쳐서 나타난다.[50]

---

48) 쉬툼(שְׁתֻם)은 형용사로서 "open"의 뜻을 가지고 있다.

49) 이스라엘을 포함한 고대 근동에 나타난 탈혼적 예언 현상은 그 당시로부터 수십 세기가
　　지난 후에도 기독교 안에서 쉽게 찾아볼 수 있다(J. Lindblom, *Prophecy in Ancient Is-
　　rael* [Philadelphia: Fortress, 1962], 13-15).

50) Wilson, *Prophecy and Society in Ancient Israel*, 148-149.

그러나 왕정이 시작된 후에야 이스라엘의 예언이 등장했다고 주장하는 학자들은 발람의 신탁에 관한 언급은 훨씬 후대의 투사(retrojection)라고 생각한다.[51]

5.1.4.2. —— 자키르 비문에 나타난 신탁대언의 특징

하맛과 루아쉬의 왕인 자키르의 이야기가 실려 있는 자키르 비문은 기원전 9세기-기원전 8세기의 전형적인 서북 셈계의 기록물이다. 그 전문(全文)이 *ANET* 655-656에 영어로 번역되어 있다. 자신의 도시가 포위된 위급한 상황에서 자키르는 바알-샤마인에게 기도한 후 그로부터 도와주겠다는 약속을 받는다. 이 과정에서 자키르는 선견자들과 신탁대언자들의 도움을 받는다. 다음은 아람어로 기록된 자키르 비문의 내용 중 일부다.[52]

11 ואשא ידי אל בעלש[מי]ן ביענני בעלשמי]ן. ויד]

12 [בר] בעלשמין אלי ביד חזין וביד עדדן]. ויאמר]

13 [אלי.] בעלשמין אל תזחל כי אנה המל [כתך ואנה]

14 [אק]ם עמך ואנה אחצלך מן כל [מלכיא אל זי]

15 מחאו עליך מצר ויאמר ל[י בעלשמין . . . .]

16 כל מלכיא אל זי מחאו [. עליך מצר . . .]

17 [. . . .] . [. . . .]ושורא זנה ז[י]

---

51) 이에 대해서는 다음을 참조하라. Frank M. Cross, *Canaanite Myth and Hebrew Epic* (Cambridge: Harvard University Press, 1973), 223-229.

52) Ross, "Prophecy in Hamath, Israel, and Mari," 2.

이 내용을 번역하면 다음과 같다.

11 그리고 나는 나의 손을 바알-샤마인께 들었다. 그리고 바알-샤마인은 내게 대답하셨다. 그리고 바알-샤마인은

12 선견자(ḥzyn)의 손과 사자(使者)의 손으로 내게 말씀하셨다. 그리고

13 바알-샤마인은 (내게 말씀하셨다). "두려워하지 말라, 내가 너를 왕으로 세웠기 때문이다. 그리고 지금 내가

14 네 옆에 있다. 그리고 내가 너를 이 모든 왕으로부터 구원할 것이다.

15 너를 포위한…" 그리고 바알-샤마인은 내게 말씀하셨다.

16 "너를 포위한 이 모든 왕은…

17 그리고 이 성벽…."

제임스 로스(James F. Ross)는 하맛의 예언, 이스라엘의 예언, 그리고 마리의 예언의 연관성과 차이점을 연구한 논문을 발표하였다. 로스는 자키르 비문의 어휘와 구약성경의 어휘의 연관성을 다음과 같이 정리한다.[53]

1) "그리고 나는 나의 손을 들었다"(And I lifted up my hands)

이러한 여러 평행구절이 아카드 문서들에서 발견된다. "들어올리다"(נשׂא), "펼치다"(פרשׂ), "손"(יד) 또는 "손바닥"(כף)은 구약성경에서 기도와 관련하여 등장하는 특징적인 어휘이기도 하다.

---

53) Ross, "Prophecy in Hamath, Israel, and Mari," 3-11.

2) "그리고 바알-샤마인은 내게 대답하셨다"(And Ba'al-Shamayn answered me)

간구하는 자에게 주는 신의 이러한 대답은 고대 근동의 문서들에서 셀 수 없이 많이 나타난다. 그런데 구약성경의 몇몇 특별한 경우에서 야웨는 대리자를 통해 대답하시기도 한다. 사무엘상 28:6에서 사울이 야웨께 묻지만 그분은 꿈으로도, 우림으로도, 예언자로도 대답하지(ענה) 않으셨다. 그래서 사울은 엔돌의 신접한 여인을 찾아가서 사무엘의 "거짓 혼"(shade)을 불러내게 한다.[54] 예레미야는 이런 거짓 예언자들에 대해서 "여호와께서 무엇이라 응답하셨으며 여호와께서 무엇이라 말씀하셨느냐"(렘 23:35, 개역개정)라고 통렬하게 비판한다.

3) "그에 의해서"(그의 손으로)

사울은 야웨께서 더 이상 예언자에 "의해서"(by the hand of, ביד) 대답하지 않는다고 불평한다. 그런데 야웨께서는 17차례나 모세를 통해 "말씀하신다", "명령하신다", 그리고 "법령(statutes)이나 조례(ordinances)를 주신다." 비슷한 표현을 하나니의 아들 예후(왕상 16:7, 12), 여호수아(왕상 16:34), 엘리야(왕하 9:36), 실로의 아히야(대하 10:15)가 사용했다. 또한 야웨께서 선견자나 예언자에 의해서 백성들에게 "경고"하시는 두 경우가 있다(왕하 17:13; 느 9:30).

---

54) 엔돌의 무녀가 사무엘의 영을 통해 들려준 그 불길한 메시지는 사울 자신의 마음속에 이미 오래전에 각인된 자기 암시적 메시지였다. 사울의 마음속에는 사무엘의 심판 메시지가 자기 암시적 메시지로 내장되어 있었기 때문에 사울은 엔돌의 무녀에게 사무엘을 불러올려 달라고 요구한 것이다(김회권, 『하나님 나라 신학으로 읽는 사무엘(상)』 [서울: 복있는 사람, 2009], 333).

4) "선견자"

자키르 비문의 חזה이라는 어휘도 구약성경에서 친숙하다. 다윗의 선견자(חזה)인 갓(Gad)은 인구조사의 결과에 관한 야웨의 말씀을 전한다(삼하 24:11 이하). 야웨께서는 이스라엘의 모든 예언자와 선견자를 통하여 이스라엘과 유다에게 경고하신다("여호와께서 각 선지자와 각 선견자를 통하여 이스라엘과 유다에게 지정하여 이르시기를 너희는 돌이켜 너희 악한 길에서 떠나 나의 명령과 율례를 지키되 내가 너희 조상들에게 명령하고 또 내 종 선지자들을 통하여 너희에게 전한 모든 율법대로 행하라 하셨으나"[왕하 17:13, 개역개정]). 선견자는 때로는 예언자와 쌍을 이루고(사 29:10), 또 때로는 술객(점쟁이)과 쌍을 이루기도 한다("선견자가 부끄러워하며 술객이 수치를 당하여 다 입술을 가릴 것은 하나님이 응답하지 아니하심이거니와"[미 3:7, 개역개정]).

5) "사자(使者)"(עדדן)

많은 학자가 자키르 비문의 עדדן을 정황상 판단하여 "미리 말하는 자"(foreteller)나 "점쟁이"(diviner) 등으로 번역했다. 몇몇 학자는 아랍어 'adda에 근거하여 이 단어를 "점성술사"와 관련지어 생각한다. 그러나 우가리트어 어근 'd(d)와 관련하여 볼 때 자연스럽게 עדדן의 의미는 "말하는 사자"(speaking messengers), 곧 "선포하는 자"(proclaimers)로 볼 수 있다.[55] עדדן에 대한 구약성경의 평행 어휘는, 해럴드 긴스버그(Harold

---

55) Wilson은 다음과 같이 말한다. "자키르 비문이 ḥzyn과 'ddn의 행동 특성을 분명하게 보여주지는 못하지만 그들의 역할에 관해서는 상당한 정보를 제공한다. 이 두 부류의 중재자들은 중앙 사회 구조의 중요한 일원이 되었고 아마 제의 상황 속에서 활동한 것 같다"(Wilson, *Prophecy and Society in Ancient Israel*, 131).

L. Ginsberg)의 제안에 따라, 이사야 8:16과 8:20에 나오는 "증거의 말씀"(הָעֵדוּת)으로 볼 수 있다. 성경 히브리어에서 עוּד의 히필형은 보통 "경고하다"(warn), "질책하다"(admonish), "호소하다"(exhort) 등의 의미를 갖는다(BDB 729-730). 구약성경에는 이처럼 인간 매개자를 통한 경고가 자주 나타나는데, 예를 들어 야웨께서 모세를 통하여 이스라엘에게 경고하는 것(출 19:21), 야웨께서 사무엘을 통하여 백성들에게 왕정의 위험을 경고하는 것(삼상 8:9) 등이 있다. עִדּוֹן이 עוּד과 관계된다는 제안을 뒷받침하는 증거가 충분하지 않지만 "잇도"(עִדּוֹ עִדּוֹא עִדָּא)[56]라는 이름과 "오뎃"[57](עוֹדֵד עֹדֵד)이라는 이름에서 그 단서를 엿볼 수는 있다.

6) "두려워하지 말라"

이 말은 구약성경에서 성전(聖戰) 신학의 공식이다. 예를 들면 다음과 같다. "여호와께서 모세에게 이르시되 '그를 두려워하지 말라. 내가 그와 그의 백성과 그의 땅을 네 손에 넘겼나니…'"(민 21:34, 개역개정). "여호와께서 여호수아에게 이르시되 '두려워하지 말라. 놀라지 말라.… 내가 아이 왕과 그의 백성과 그의 성읍과 그의 땅을 다 네 손에 넘겨 주었으니'"(수

---

56) 구약성경에는 "잇도"라는 이름을 가진 6명 이상의 상이한 인물이 등장한다. ① 솔로몬의 신하로서 마하나임의 통치자였던 아히나답의 아버지인 잇도(왕상 4:14); ② 예언자 스가랴의 조부인 잇도(슥 1:1); ③ 스룹바벨과 함께 귀환한 제사장 가문의 수령인 잇도(느 12:4); ④ 르호보암의 행적을 기록한 선견자인 잇도(대하 12:15); ⑤ 아비야의 사적과 행위와 말을 기록한 예언자인 잇도(대하 13:22); ⑥ 레위 자손 중 게르손의 자손인 잇도(대상 6:21).

57) 구약성경에서 "오뎃"이라는 이름을 가진 인물은 두 명이다. ① 예언자 아사랴의 아버지인 오뎃(대하 15:1); ② 아하스 시대에 북왕국 이스라엘에서 활동한 야웨의 예언자인 오뎃(대하 28:9).

구약 예언서의 공공신학

8:1, 개역개정). "그러므로 주 만군의 여호와께서 이르시되 '시온에 거주하는 내 백성들아, 앗수르가 애굽이 한 것처럼 막대기로 너를 때리며 몽둥이를 들어 너를 칠지라도 그를 두려워하지 말라'"(사 10:24, 개역개정). 구약성경에는 이러한 구절이 많이 등장한다.

7) "내가 너를 왕으로 세웠다"

이와 관련하여 솔로몬의 기도에 대한 야웨의 응답이 대표적인 경우다. "하나님이 솔로몬에게 이르시되 '이런 마음이 네게 있어서 부나 재물이나 영광이나 원수의 생명 멸하기를 구하지 아니하며 장수도 구하지 아니하고 오직 내가 네게 다스리게 한(over whom I have you king, המלכתיך) 내 백성을 재판하기 위하여 지혜와 지식을 구하였으니 그러므로 내가 네게 지혜와 지식을 주고…'"(대하 1:11-12a, 개역개정). 우리가 이 구절을 궁정 예언자들(court prophets)이 작곡한 "왕실 시편"(royal psalm)으로 가정할 때, 이것은 왕관수여식에서 야웨를 대신하여 실제로 선포된 것으로 보아야 한다.

8) "내가 네 옆에 있을 것이다(ם[ק א])"

구약성경에서 이 어구에 정확히 상응하는 표현은 없다. 물론 전치사 עם이 성전(聖戰) 언어에서 "너의 편에서"라는 의미로 자주 등장하고 "임마누엘"에서도 보인다. 자키르 비문에서 사용된 것과 동일한 어휘가 고대 아람어 자료에서는 발견되었다. 파남무와 1세(Panammuwa I)는 하닷(Hadad), 엘(El), 레셉(Reshef), 레쿱-엘(Rekub-El), 샤마쉬(Šamaš) 같은 신들이 "내 옆에 서 있다"라고 주장한다(קומו מעם, Hadad, 1.2). 분명히 신은 위기의 때에 왕 옆에 있다. 그러나 성경 히브리어에서 동사 קום(arise)은 예언적인 구절에서 주로 부정적인 의미로 쓰였다. 예를 들어 "야웨가 이스라엘 또는 이방나라들에 대적하여 일어날 것이다"(사 14:22; 31:2; 암 7:9).

구약성경에서 이에 상응하는 동사(חלץ, 피엘)는 거의 전적으로 탄식 시편에 국한되어 있다. "나를 넓은 곳으로 인도하시고 나를 기뻐하시므로 나를 구원하셨도다"(시 18:20, MT). "이 곤고한 자가 부르짖으매 여호와께서 들으시고 그의 모든 환난에서 구원하셨도다"(시 34:7, MT). "그가 내게 간구하리니 내가 그에게 응답하리라. 그들이 환난 당할 때에 내가 그와 함께 하여 그를 건지고 영화롭게 하리라"(시 91:15, 개역개정).

이처럼 로스는 자키르 비문의 어휘와 구약성경의 어휘 사이의 현저한 유사성을 밝히고 다음과 같은 세 가지 사항을 제시하며 결론을 맺는다. 첫째, 벤 하닷 1세 및 그와 동맹한 32명의 왕이 사마리아를 위협할 때, 한 무명의 예언자가 아합에게 다음과 같이 말한다. "여호와의 말씀이 '네가 이 큰 무리를 보느냐? 내가 오늘 그들을 네 손에 넘기리니…'"(왕상 20:13, 개역개정). 둘째, 앗시리아 군대가 예루살렘을 포위했을 때 히스기야의 종이 이사야를 찾아가서 이스라엘을 위한 기도를 요청하자 야웨의 응답이 이사야를 통해서 임한다. "두려워하지 말라"(왕하 19:4-6; 사 37:4-6, 개역개정). 셋째, 이스라엘의 지도자들이 예레미야에게 야웨께 기도하도록 요청했을 때 그는 다음과 같이 말한다. "내가 너희 말을 들었다. 보라! 내가 너희의 요청대로 너희 하나님 여호와께 기도할 것이다. 여호와께서 무엇

   구약 예언서의 공공신학

이라 말씀하시든지 내가 너희에게 말하겠다"(렘 42:4). "바벨론의 왕을 두려워하지 말라.…내가 너희와 함께 있기 때문이다. 내가 너희를 구원하고 그의 손에서 너희를 건지리라"(렘 42:11).

이상에서 우리는 로스의 연구에 기초하여 자키르 비문에서 사용된 어휘와 구약성경에서 사용된 어휘 사이의 유사성을 살펴보았다. 그런데 이러한 표면적 유사성에도 불구하고 그 기저에는 중요한 이념적 차이가 있다. 자키르 비문에 따르면 바알-샤마인은 신탁대리자를 통해 자키르에게 "내가 너에게 병거와 마병을 주었다"(ANET 655-656), "내가 너를 왕으로 세웠다"라고 말한다. 이는 하맛의 종교 이념에서 신은 왕에게 군사적인 힘을 제공함으로써 왕의 권위를 세워주는 존재임을 보여준다. 반면에, 이스라엘의 에브라임 전승을 담고 있는 신명기나 사무엘서는, 야웨가 군사적 힘과 위압적 권세에 의한 왕정통치를 배격하고(삼상 8:4-22), 이스라엘의 왕은 율법에 충실한 야웨의 대리자이며, 야웨는 이러한 인간 대리자를 통한 신정통치를 제시하고 있음을 분명하게 보여준다. 그러므로 이스라엘의 왕은 병마를 많이 두지 말고 아내를 많이 갖지 말며 은금을 많이 쌓지도 말고 대신 율법서의 등사본을 평생에 자기 옆에 두고 읽어야만 한다(신 17:14-20). 왜냐하면 왕이 그렇게 하지 않을 때 왕의 절대 권력은 하나님 나라 백성인 이스라엘 민중에 대한 착취와 수탈로 이어질 수밖에 없기 때문이다. 따라서 이스라엘 예언자들은 왕이 신정통치의 대리자로서 해야 할 역할을 버리고 스스로 막강한 권력을 남용할 때 야웨의 이름으로 그에게 강력하게 경고하였다. 심지어 다윗이 그러한 야심을 품고 인구조사를 시행했던 일만으로도 야웨는 갓 예언자를 통해 다윗에게 강력한 형벌을 내렸다(삼하 24장). 이를 볼 때, 자키르 비문과 구약성경 사이에는 근본적인 차이가 있다. 하맛의 신탁대언자들은 왕의 권력을 옹호하고 강화하는 데 기여했지만, 이스라엘 예언자들은 왕의 권력을 견제하고 왕이 신정통치의 대리자로서 살아갈 수 있도록 인도하는 역할을 했다. 즉 하맛의 예언과 이스라엘의 예언 사이에는 그 이념과 지향점에서 근본적인 차이가 내포되어 있다.

5.1.5. —— 이집트의 신탁대언자들과 예언적 문서들

5.1.5.1. —— 고대 이집트의 신탁대언자들

고대 이집트는 신탁대언에 관한 문헌을 많이 남기지 않았다. 이집트인들의 종교관과 세계관은 주로 성전 제의에 반영되어 있는데, 그들은 제사장이 수행하는 모든 종류의 신탁행위를 관대하게 수용하였다. 이집트인들은 과거의 일에 관심을 두기보다는 당면한 중요한 일에 대한 해결책을 찾으려는 목적으로 신탁행위를 활용했다.[58] 성서학자들이 이스라엘의 예언과 묵시문학을 해석하기 위하여 이집트의 문헌들을 종종 이용하였지만 사실상 이런 문헌들은 이집트 예언의 성격에 관한 별다른 정보를 제공하지 못한다. 예언행위를 했던 대다수 사람은 중재자들(intermediaries)이 아니었고, 예언은 보통 대언자의 지혜(wisdom)와 지각력(perceptiveness)에서 유래한 것으로 생각되었다.[59] 모든 이집트 예언에서 보이는 지혜와 인

---

58) 노세영·박종수, 『고대 근동의 역사와 종교』, 157.

59) Wilson, *Prophecy and Society in Ancient Israel*, 124. 고대 이집트의 문헌들에 관한 내용은 Simpson, *The Literature of Ancient Egypt* (2nd ed.; New Heaven: Yale University Press, 1973)와 이 책의 최신 개정판인 *The Literature of Ancient Egypt: An*

식에 대한 강조, 대언자가 활동했던 궁중의 배경, 그리고 이집트의 문헌들이 지닌 탁월한 정치적 관심 등은 이런 문헌들이 서기관들이나 궁중의 다른 구성원들에 의해서 만들어졌음을 암시한다.[60]

이집트의 신탁대언자들은 중앙정부 안에서 기능적인 역할을 감당했지만 그것의 정확한 성격은 이집트 사회의 상태에 달려 있었다. 구체적으로 말하자면 이집트인이 나라를 통치할 때, 예언자들은 사회 유지의 기능을 담당했다. 즉 그들은 왕권의 도덕성에 관한 전통적인 견해를 지지하였고, 급속한 사회 변동을 막으려 했으며, 정책을 뒷받침했다. 그러나 외국의 지배자들이 나라를 통치할 때는, 똑같은 양식의 텍스트라도 주변적인 기능으로 밀려났다. 이런 경우에 예언자들은 예언을 통해 기존 사회 질서를 개혁하려고 했고 사회적 지위를 다시 확보하려고 하였다.[61] 이제 이집트 문헌에 나타난 신탁대언의 성격을 살펴보자.

5.1.5.2. ── 네페르티의 예언(The Prophecy of Neferti)

네페르티의 예언의 온전하고 유일한 사본은 이집트 제18왕조(기원전 1570-1293년)로부터 기원하는 것으로 파피루스 상트 페테르부르크(Papyrus St. Petersburg) 1116B에 보존되어 있다. 그 원본은 제12왕조(기원전 1991-1782년)의 암메네메트(Amenemhet) 1세의 통치 기간이나 사후에 만들어졌다. 이것은 멘투호텝(Mentuhotep) 가문으로부터 찬탈한 왕좌를 정당화

---

*Anthology of Stories, Instructions, Stelae, Autobiographies, and Poetry*에 잘 정리되어 있다.

60) Wilson, *Prophecy and Society in Ancient Israel*, 128.

61) Wilson, *Prophecy and Society in Ancient Israel*, 128.

하기 위한 선전용 문서로 만들어졌다. 그러나 이 문서를 단지 정치적 선전용으로만 보는 것은 정당하지 않다. 그 안에는 이집트 제1중간기(The first intermediate period)에 벌어진 재앙들에 관한 우아한 애도시(哀悼詩)들이 있으며, 그 문학적 가치는 선전용 목적을 압도한다.[62]

이 문서의 장소적 배경은 이집트 제4왕조의 스네프루(Snefru) 왕의 궁정이다. 여기서 왕은 경전과 주문 등을 읽어주는 제사장, 즉 렉토프리스트(lector-priest)인 네페르티를 호출하여 그의 예언을 듣고자 한다. 그 전문(全文)이 *ANET* 444-446과 윌리엄 심슨(W. K. Simpson)의 *The Literature of Ancient Egypt: An Anthology of Stories, Instructions, Stelae, Autobiographies, and Poetry* 216-220에 기록되어 있는데, 원문과 영역(英譯) 사이에는 상당한 표현의 차이가 있다. 네페르티의 예언은 미래 이집트에 닥칠 재앙과 혼돈을 무시무시할 정도로 상세하게 설명하고 있다. 먼저 그는 그 땅이 거짓과 악으로 가득 차서 땅 전체가 황폐하게 될 것을 예언한다.

오, 나의 심장아 깨어라!
네가 태어난 이 땅을 위해 울라.
거짓이 홍수처럼 범람하고 있다.
보라, 악이 아무런 처벌도 없이 난무하다.
보라, 위대한 사람들이 네가 태어난 땅에서 사라지고 있다.
네 눈앞에서 그런 일이 벌어져도 약해지지 말라.

---

62) Simpson, *The Literature of Ancient Egypt*, 214.

네 앞에 닥친 것을 잘 감당하여라.

보라, 위대한 사람들이 이 땅을 더는 보호하지 못한다.

그리고 행해지지 말아야 할 일들이 행해진다.

거짓 가운데서 아침을 맞이한다.

이 땅이 완전히 황폐하게 되었다.

악 때문에 손톱만큼의 흔적도 남아 있지 않다.

이 땅은 패망하고 그것을 돌보아 줄 사람이 없다.

말할 자가 아무도 없고 애도할 자도 없다(line 20-24).

또한 네페르티는 마치 묵시록적인 자연 재앙도 언급한다.

태양이 흐려지고 사람이 볼 수 있는 빛을 주지 않을 것이다.

폭풍 구름이 덮여서 사람이 살 수 없다.

모두가 충격에 휩싸인다.

나는 내게 닥친 것만 말할 것이다.

닥치지 않은 것은 미리 말하지 않을 것이다.

이집트의 강은 말라 버려서 도보로 건너갈 수 있게 된다.

사람들은 배를 띄울 수 있는 물을 찾으려고 할 것이다.

물길은 강둑이 되어 버린다.

강둑이 지금 물 있는 곳에 있을 것이고

물은 지금 강둑이 있는 곳에 있을 것이다.

남풍이 북풍과 충돌하고

하늘에는 산들바람이 사라지며

외래종의 새들이 삼각주 늪지에서 자라날 것이다.

그것들의 둥지가 사람들 옆에 만들어지고

네 사람이 그것들의 허술한 곳을 통하여 접근하게 될 것이다(line 25-30).

그러나 네페르티는 마지막에 가서는 암메네메트 1세가 질서를 회복하고 그 땅에 정의와 평화가 다시 한번 올 것이라고 예언한다.

그러나 남쪽으로부터 한 왕이 올 것인데

그 이름은 의로운 아메니(Ameny),

타-세티(Ta-Sety)[63]에 사는 한 여인의 아들이다.

네크헨(Nekhen)[64]에 있는 왕실의 한 자손이다.

그가 하얀 왕관(White Crown)을 받을 것이다.

그가 붉은 왕관(Red Crown)을 받을 것이다.

그는 두 세력[65]을 통합할 것이다.

그는 그들이 바라는 것으로 두 신을 만족시킬 것이다.

그 땅을 포위한 자들이 그의 손안에 있으므로

그 노(櫓)가 그의 통제 아래 있다.

그의 시대의 사람들이 기뻐할 것이다.

---

63) "타-세티"(Ta-Sety)라는 이름은 보통 "누비아"(Nubia)를 의미하는데, 여기서는 상부이집트의 남부 대부분 지역을 일컫는 것으로 보인다.
64) "네크헨"(Nekhen)은 상부이집트의 다른 이름이다.
65) 이 두 세력은 각각 상부이집트의 수호신인 "호루스"(Horus)와 하부이집트의 수호신인 "세트"(Seth)를 가리킨다.

구약 예언서의 공공신학

한 사람의 이 아들이 그의 이름을 영원히 세울 것이다.

악으로 떨어진 자들, 배반의 함성을 지른 자들이

그를 두려워하여 목소리를 낮추었다.

아시아인들이 그의 무력 앞에 떨어질 것이고

리비아인들이 그의 화염에 떨어질 것이다.

배반자들이 그의 진노에 떨어질 것이다(line 55-64).

이상에서 살펴본 바와 같이 네페르티의 예언은 이집트 사회에 만연한 악과 그 악의 결과가 가져올 심판을 선포하기도 한다. 그러나 그 내용은 결국 왕위 찬탈자인 암메네메트 1세를 의로운 왕이자 이집트를 회복할 왕으로 정당화하려는 것임을 알 수 있다. 이처럼 예언적 텍스트는 이집트 사회 구조 내에서 정치적인 선전도구로 사용되었다.

열왕기상 13장에는 유다로부터 올라와서 벧엘에 이른 한 "하나님의 사람"에 관한 이야기가 나온다. 그는 여로보암이 벧엘의 제단에서 분향할 때 야웨의 말씀으로 예언한다. "제단아, 제단아, 여호와께서 이와 같이 말씀하시기를 '다윗의 집에 요시야라 이름하는 아들을 낳으리니 그가 네 위에 분향하는 산당 제사장을 네 위에서 제물로 바칠 것이요 또 사람의 뼈를 네 위에서 사르리라' 하셨느니라"(왕상 13:2, 개역개정). 비록 이 무명의 예언자는 한 늙은 예언자를 만나 결국 죽게 되는 운명을 맞이하지만, 야웨는 우상을 숭배하고 다윗 왕국을 분열시킨 것에 일정한 책임이 있는 여로보암에게 예언자를 통해 책망하며 경고하고 있다. 이 무명의 예언자는 여로보암의 행위를 결코 정당화하거나 미화하지 않았다. 이는 왕위 찬탈을 정당화하고 정치적 선전용으로 전락한 네페르티의 예언과 대조적이다.

5.1.5.3. —— 이퓨워의 경고(Admonitions of Ipuwer)

"이집트 현자의 경고"(Admonitions of Egyptian Sage)로 불리는 이퓨워의 경고는 파피루스 라이덴(Papyrus Leiden) 344에 보존되어 있다. 이 문서는 이집트 제19왕조 때의 것이지만 그 내용 자체는 더 오래된 기록이다. 이것의 작성 시기에 관한 견해는 분분하며 또 매우 불확실하다. 알란 가디너(A. H. Gardiner)는 그 시기를 제12왕조로 보았다. 왜냐하면 이는 제1중간기에 이집트에 만연했던 혼란을 반영하는 것으로 보이기 때문이다. 그러나 이퓨워의 경고가 그렇게 이른 시기에 작성되지는 않은 것 같고 중왕조 후반 어느 시기의 것이라는 견해가 더 널리 수용되고 있다. 이 문서를 번역하는 데 많은 어려움이 있고 그중 일부에는 필사 과정에서 생긴 오류도 있다. 게다가 문서의 앞부분과 끝부분에 상당한 소실이 있는데, 앞부분의 약 40-50개 구절이 소실되었다. 따라서 이퓨워의 발언의 정확한 배경을 알기가 어렵다. 하지만 그 배경이 소위 "국가적 재앙"(national calamity)의 일반적인 범주에 속하는 것으로 볼 수는 있다.[66]

이퓨워의 경고의 전문은 *ANET* 441-444과 심슨의 *The Literature of Ancient Egypt: An Anthology of Stories, Instructions, Stelae, Autobiographies, and Poetry* 189-210에 실려 있다. 그 내용을 살펴보면 나라가 사회경제적인 혼란에 빠진 것 같고, 이퓨워는 과거와 현재의 이집트 정부를 비난하고 있다. 그러나 파라오는 무슨 일이 일어나고 있는지에 대해서 관심이 없어 보인다. 이에 처음에는 파라오의 잘못에 관대하려 했던 이퓨워가 직무를 회피한 파라오를 비난하는 것으로 발언을 마치

---

66) Simpson, *The Literature of Ancient Egypt*, 188.

게 된다. 그는 파라오 앞에서 저주를 담은 담대한 발언을 한다.

가난한 자들이 풍부하게 되고

신 한 켤레를 스스로 공급할 수 없던 그가 부를 소유하게 된다.

....

가난한 자들이 즐거워하는 동안 귀족들은 슬픔에 빠진다.[67]

....

요새가 초토화되고 이방 군대들이 이집트로 들어온다.

아시아인들이 그 땅에 도달했다.[68]

이퓨워가 사회의 병폐를 담대하게 드러내고 왕을 면전에서 겁없이 비판하는 모습은 성경의 참된 예언자들의 모습과 상당히 비슷하다. 그런데 이퓨워는 사회의 혼란을 비탄하고 왕에게 책임을 묻기는 하지만 사회의 행정 마비에 관한 인식으로부터 더 나아가 도덕적·정신적 몰락까지는 내다보지 못한다. 이집트의 이퓨워는 부자들의 재물이 약탈당하는 것을 안타까워했다. 반면에, 이스라엘 예언자들은 풍요 속에서 가난한 자들이 약탈당하는 것을 저주했다. 이퓨워의 분노와 동정심은 약자들이 억압받는 것보다는 사회의 기성 질서가 붕괴하는 것에 관련된다. 이스라엘 예언자들은 가난한 자들을 옹호했다. 그러나 이퓨워는 적어도 이 경우에는 법과 질서를 지키는 자였다. 그는 가난한 자들과 부자들의 위치가 뒤바뀔

---

67) line 2.5-2.9.
68) line 3.1.

정도로 사회가 전복되는 것은 용납하지 않았다. 이집트 예언자들은 안정을 옹호했지만 이스라엘 예언자들은 변혁을 추구했다. 이집트 예언자들은 이스라엘 예언자들처럼 인간의 삶의 조건을 위태롭게 만드는 뿌리를 찾으려고 하기보다는 인간에게 재앙과 비극이 떨어지게 된 것을 신들, 특히 레(Re) 신에게 돌려 그들을 비난했다.[69]

　이상에서 살펴본 바와 같이 고대 이집트 문서에 나타나는 예언자들의 발언과 활동은 그들이 지지하는 왕이 일으킨 왕위 찬탈을 정당화할 정도로 상당히 체제 옹호적이다. 물론 이집트 예언자들도 이퓨워의 발언처럼 위험을 초래할 수 있는 대담한 비판을 하기도 하였다. 이에 대해 윌슨은 다음과 같이 진술한다. "나라가 이집트인의 통치하에 있었을 때, 예언은 사회 유지 기능을 담당하였다. 즉 예언은 도덕과 정부에 대한 전통적인 견해를 분명하게 확증하였고, 급속한 사회 변동을 막으려 하였으며, 정부의 정책을 뒷받침하여 주었다. 그러나 이방의 지배자들이 나라를 통치하게 되어 이집트 궁중의 관리들이 중앙정부 안에서 더는 영향력을 행사하지 못할 때, 똑같은 양식의 텍스트라도 주변적인 기능으로 밀려나게 되었다. 이런 경우에 예언적 저자들은 예언을 통하여 기존 질서를 개혁하려고 했고 사회적 지위를 다시 확보하려고 하였다."[70] 그러나 아브라함 헤셸이 지적했듯이 전반적으로 이집트 예언자들은 기존 체제를 유지하는 데 기여했고 근본적인 변혁을 추구하지는 않았다.

---

69)　Heschel, *The Prophets*, 465-466.

70)　Wilson, *Prophecy and Society in Ancient Israel*, 128

　　　　　　　　　　　　구약 예언서의 공공신학

5.1.6. —— 신앗시리아의 신탁대언자들과 예언적 문서들

5.1.6.1. —— 신앗시리아의 신탁대언자들

구바빌로니아 시대 이후부터 신앗시리아 시대 및 에살핫돈과 앗수르바니팔의 통치 시기까지 예언적인 인물에 관한 기록이 없다. 이 기간에 점술은 계속 행해졌지만 신탁대언자들의 발전은 물론 그들의 존재와 그들이 표현했던 중재의 형태에 관해서도 알려진 바가 없다. 그러나 앗시리아의 자료들은 이 기간에 적어도 신탁대언자들의 유형에 관한 메소포타미아 사회의 평가에 중대한 변화가 일어났음을 보여준다. 이러한 인물들에 관한 최초의 기록은 마리에서 발굴되었다. 마리는 메소포타미아 중심 지역의 변방에 있었으며 서부 셈족과 아모리족 문화의 영향을 크게 받은 지역이다. 이는 이런 형태의 중재가 서부 셈족 종교의 한 특징이었고, 그것이 메소포타미아에서는 사회의 주변 지역에서만 존재할 수 있었음을 암시한다.[71] 이와 달리 신앗시리아의 자료들은 궁정에서 활동했던 신탁대언자들을 보여준다. 이는 이런 형태의 중재가 나중에는 메소포타미아의 중심적인 문화 전승의 일부가 되었음을 나타낸다. 이러한 변화가 점진적으로 일어났는지 혹은 에살핫돈과 앗수르바니팔의 통치 시기에 있었던 서방의 영향 때문인지는 분명하지 않다.[72] 하지만 분명한 것은 신앗시리아의 신탁대언자들은 마리의 신탁대언자들과는 상이한 사회적 기반을 가졌다는

---

71) Wilson, *Prophecy and Society in Ancient Israel*, 111.

72) 이에 대해서는 다음을 참조하라. H. Tadmor, "Assyria and the West: The Ninth Century and Its Aftermath," in *Unity and Diversity*, ed. H. Goedricke and J. J. M. Roberts (Baltimore: Johns Hopkins University Press, 1975), 36-48.

점이다. 신앗시리아 시대의 궁정에서는 마후(*maḫḫû*)가 활동하였다. 그 외에도 다음과 같은 호칭을 가진 신탁대언자들이 있었다.

1) 라기무(*raggimu*)

라기무의 여성형은 라긴투(*raggintu*)다. 라기무는 "부르는 자", "외치는 자"라는 의미가 있다. 에살핫돈에게 송달된 한 서신은 그 본문이 심하게 훼손되어서 그것의 배경을 재구성하기 어렵지만, 왕좌가 신정에서 제거되어야 한다는 라긴투의 요청을 보고하는 내용은 확인된다. 이 서신은 대리 왕을 위한 의식에서 라기무/라긴투가 담당한 역할을 보여주지만 그 역할의 정확한 성격과 그들의 공식적인 지위는 불분명하다.[73]

2) 샤브루(*šabrû*)

샤브루는 "보여준다"(to show), "나타낸다"(to reveal)라는 뜻을 가진 동사 "바루"(*bārû*)에서 유래한 것으로 보이는데, 이 동사는 특별한 꿈이나 환상과 종종 관련되어 있다. 이는 샤브루의 메시지가 주로 꿈에서 왔다는 것을 암시한다. *ANET* 606에 일부 번역되어 있는 앗수르바니팔에 관한 기록을 보면, 앗수르바니팔은 자신의 일곱 번째 출정에 관한 연대기의 보고에서 엘람인들이 곧 침략할 것이라는 소식을 들었을 때 이쉬타르(Ishtar) 신에게 기도했다. 이때 이쉬타르는 앗수르바니팔에게 응답했고 그를 안심시켰다. 그러고 나서 샤브루가 잠들고 계시적인 꿈을 꾸었다는 내용으로 이어진다(*ANET* 606). 그런데 여기서 앗수르바니팔이 샤브루의 환상을

---

73) Wilson, *Prophecy and Society in Ancient Israel*, 111-112.

구약 예언서의 공공신학

의심하지 않았고 그것을 점술로써 시험해 보지도 않았다는 것을 주목할 만하다. 이는 샤브루가 중앙 사회 구조 내에서 중요한 역할을 하였으며 왕을 위하여 신의 인도를 제공함으로써 사회 유지에 기여하였음을 보여준다.[74]

3) 쉘루투(šēlūtu)

쉘루투는 특정한 신을 섬기는 데 자신을 헌신한 여성들이었다. 그들이 제의 내에서 차지한 지위와 기능은 분명하지 않지만, 정규적인 제의 수행 기능을 담당하였다고 볼 수는 있다.[75]

이상에서 보았듯이 신앗시리아 시대에서는 신탁대언자들이 제국의 주변으로부터 그 중심으로 옮겨갔고, 제의에서도 더욱 중심적인 기능을 수행하였음을 알 수 있다.

5.1.6.2. —— 앗수르바니팔에 관한 신탁적 꿈에 대한 문서

신앗시리아의 자료들은 원래 에살핫돈과 앗수르바니팔에게 전달되었던 여러 신탁모음집을 보존하고 있다. 그중 일부는 음역하거나 번역하기가 쉽지 않고 심지어 현존하는 설형문자로 된 사본들도 명확하지 않다. 이러한 신탁모음집은 출판 상태가 좋지 않을 뿐 아니라 단편적이거나 수수께끼처럼 이해하기 어렵게 되어 있다. 하지만 그것은 신앗시리아 시대의 예

---

74)　Wilson, *Prophecy and Society in Ancient Israel*, 112-113.

75)　Wilson, *Prophecy and Society in Ancient Israel*, 114.

언과 사회의 관계성에 어떤 빛을 비추어 줄 수 있다. 대체로 신앗시리아의 신탁모음집은 전체적으로 조직된 형태가 없고 원래 독립적이었던 메시지들을 임의로 묶은 형태로 구성되어 있어서 그 안에는 여러 신이 나타난다. 그들 중 대다수는 여신들, 특히 닌릴(Ninlil) 신과 아르벨라(Arbela)의 이쉬타르(Ishtar) 신으로부터 유래한다. 대다수 신탁대언자는 여성이지만 몇몇 남성 신탁대언자도 등장한다.[76] 먼저 앗수르바니팔에 관한 신탁적인 꿈을 기록한 텍스트(An Oracular Dream concerning Ashurbanipal)의 일부를 살펴보자(*ANET* 606).

> 이쉬타르 여신이 나의 근심스런 탄식을 듣고
> "두려워하지 말라"며 나에게 확신을 주었다.
> "네가 기도의 손을 들고, 너의 눈이 눈물로 가득 찼기 때문에
> 내가 너를 불쌍히 여겼다."
> 내가 그녀(이쉬타르 여신) 앞에 선 그 밤에
> 샤브루(šabrû) 제사장이 누워서 꿈을 꾸었다.
> 이쉬타르 여신은 그(샤브루)에게 밤중에 이상을 보여주었다.
> 그(샤브루)가 내게(앗수르바니팔) 다음과 같이 보고했다.
> "아르벨라에 거하는 이쉬타르 여신이 오셨습니다.
> …………
> 당신은 이쉬타르 앞에 서 있었고 그녀는 마치 어머니처럼
> 당신에게 말했습니다. 이쉬타르가 당신을 불렀고

---

76)　Wilson, *Prophecy and Society in Ancient Israel*, 115-116.

　　　　　　　　　　　　　구약 예언서의 공공신학

모든 신 가운데 가장 높임을 받는 그녀가 다음과 같은 지침을
주었습니다. '공격하면서 기다려라. 네가 가는 곳마다
나도 항상 갈 준비가 되어 있다.'"
"당신이 말했습니다. '오, 여신 중의 여신이시여! 당신이 가는
곳에 나도 함께 갈 것입니다.'"
"그녀가 자신의 명령을 반복해서 말했습니다.
'너는 네가 있어야 할 곳에 머물러야 할 것이다.
너는 내가 가서 너를 도와 네가 얻고자 하는 것을 성취하는
동안에 먹고, 마시며, 즐거워하고, 나의 신성을 찬양하여라….'"

이어서 앗수르바니팔에게 보내진 한 편지의 내용을 살펴보자.

꿈에 아슈르(Ashur) 신이 나의 주 왕의 조부[77]에게 말했습니다.
현자가 말하기를, "왕들의 주, 왕이시여, 현자의 자손, 그리고 아다파(Adapa)…
당신은 지식에 있어서 압수(Apšu)보다 그리고 모든 현자보다 뛰어납니다."
나의 주 왕의 아버지,[78] 이집트에 갔을 때, 백향목으로 만들어진
하란(Harran) 신전 지역에서 보았습니다.
신하에게 기댄 신(Sin) 신(神)이 그의 머리에 두 왕관을 썼습니다.
누스쿠(Nusku) 신이 그 앞에 서 있었습니다. 나의 주 왕의 아버지가 들어왔고
그(누스쿠)는 그의 머리에 왕관을 씌우면서 말했습니다.

---

77) 산헤립(Sennacherib)을 가리킨다.
78) 에살핫돈(Esarhaddon)을 가리킨다.

"너는 가서 많은 나라를 정복하여라."

그가 떠났고 실제로 이집트를 정복했습니다. 아직 아슈르(Ashur)와

신(Sin)에게 복속되지 않은 다른 땅들은 그 왕, 왕들의 주가 정복할 것입니다.[79]

이상에서 본 바와 같이 예언적인 신탁모음집은 왕의 행위가 신적 기원에 의한 것이라는 생각을 정당화하는 데 사용된 듯하다. 만약 그렇다면 그런 본문은 하나의 정치적 선전이거나 신탁대언자들이 앗수르바니팔의 궁정에서 사회 유지 기능을 수행하였다는 표시다.

한편으로는 신탁대언자들이 앗시리아의 중앙 사회 구조에서 일정한 역할을 수행했다는 암시가 있다. 다른 한편으로는 그들이 사회에서 여전히 주변적인 역할만을 했을 뿐이라는 표시도 있다. 그들은 주로 여성이었으며, 비록 궁정에 거하여 사회 유지 기능을 담당하였으나, 여전히 사회 주류에는 속하지 못하였다는 결론이 내려진다.[80]

이스라엘의 종교 이념은 앗시리아의 종교 이념과 상충한다. 고대 근동의 신탁대언은 왕의 업적을 찬양하고 왕의 부귀와 영화를 칭송한다. 앗시리아의 종교 이념은 군사적 전투에 연관된 앗시리아 왕의 신성을 강조한다. 그러나 이스라엘의 종교 이념에서는 무기(말, 마차, 마부)와 많은 아내 및 부(富) 등이 혹독한 비판의 대상이 된다. 예를 들어 열왕기상 9:10부터 11:13은 솔로몬의 권력 남용을 비판한다. 또한 히스기야 기사(왕하 18-20장)는 무기와 외교 동맹을 포함한 국력보다 야웨에 대한 왕의 신뢰

---

79)　이 문서는 *ABL*과 R. F. Harper (Chicago, 1892-1912) vol. IX, 923에 수록되어 있다.

80)　Wilson, *Prophecy and Society in Ancient Israel*, 118-119.

구약 예언서의 공공신학

가 더욱 중요한 것으로 평가한다. 이스라엘의 종교 이념은 앗시리아가 중요하게 여기는 힘과 업적을 악의 상징이자 야웨에 대한 신뢰의 부족으로 본다. 이는 히스기야 기사에서 "신뢰하다"(חבט)라는 말이 8차례나 사용된 것을 보아도 알 수 있다.[81]

이상에서 우리는 마리, 하맛, 이집트, 신앗시리아 등지의 고대 근동 문서에 담긴 신탁대언자들의 예언을 살펴보았다. 말라맛(A. Malamat)이나 로스(J. Ross)의 연구가 보여주듯이 이들 사이에는 언어적 유사성이 나타나기도 한다. 또한 고대 근동의 신탁대언자들이 왕권의 비호와 사회 유지 기능의 역할만을 전적으로 담당한 것은 아니다. 네페르티의 예언에서 보이듯이 종종 그들은 왕과 귀족에게 강력한 비판을 가하기도 했다. 그러나 고대 근동의 신탁대언자들과 이스라엘 예언자들 사이에는 확실한 종교적 이념의 차이가 보인다. 야웨 종교의 신정통치적 공공성에 기초한 이스라엘 예언자들은 야웨의 신정통치적 전망에서 왕권과 국가에 관한 모든 것을 판단했다. 이스라엘의 참된 예언자들은 이 기준에 따라 때로는 왕을 혹독하게 비판했고, 또 때로는 왕에게 격려의 신탁을 전달했다. 그뿐만 아니라 그들은 자신들의 예언 활동이 가져올 위험을 충분히 예견하면서도 야웨의 신정통치적 공공성의 확보에 지속적으로 투신했다. 이제부터는 이러한 고대 이스라엘 예언자들의 역사와 공공성을 살펴보고자 한다.

---

81) 박신배, "앗시리아와 이스라엘의 종교 이념 연구", 「구약논단」 13/1 (2007), 148-149.

5.2. —— 고대 이스라엘의 예언자들

5.2.1. —— 주술적 영향을 초극한 예언자 종교

고대 이스라엘의 예언의 역사를 어디까지 소급해야 하느냐 하는 것은 쉬
운 문제가 아니다. 고대 이스라엘 사람들은 이집트나 바빌로니아에서 유
행하던 주술에 대해서 알고 있었고 그것의 영향도 받았다. 예를 들어 창
세기 30:14-16은 합환채가 주술적 도구로 사용되었음을 보여준다. 합환
채는 그 뿌리가 사람의 하체와 비슷해서 다산(多産)에 도움이 된다고 믿
어졌던 식물이다.[82] 민간에서 합환채는 성욕을 증진하는 힘을 가진 식물
로 생각되었다.[83] 또한 창세기 30:37-39에는 야곱이 라반의 집에서 일한
품삯을 보상받기 위해 양 떼에게 주술적인 행위를 한 기록이 있다. 야곱
은 양 떼가 물을 먹을 때 껍질을 벗긴 나뭇가지에 무늬를 새겨 그것을 양
떼에게 향하게 함으로써 그 무늬를 보면서 물을 먹은 양 떼가 점이 있는
새끼를 배게 만든다. 그런데 클라우스 베스터만(Claus Westermann)은 야
곱의 이러한 행위가 주술적 사고방식으로부터 과학적 사고방식으로 전
환되는 모습이라고 본다. 양에게 가시적인 인상(visual impression)을 주어
서 점이 있는 새끼를 낳도록 유도하는 행위는 일종의 과학적 사고에 근거
한다는 견해다.[84] 한편 창세기 31장에는 라헬이 라반의 "드라빔"(těrāpîm)
을 훔친 사건이 나오는데, 밴 더 트룬(Van der Troon)은 드라빔은 우상의

---

82) Claus Westermann, *Genesis 12-36*, tr. John J. Scullion (Minneapolis: Augsburg
 Publishing House, 1985), 475.

83) Nahum M. Sarna, *Genesis* (Philadelphia / New York / Jerusalem: JPS, 1989), 209.

84) Westermann, *Genesis 12-36*, 483.

일종으로 풍요 종교나 조상 숭배와 관련되는 것 같다고 주장한다.[85] 야
곱은 라반의 집에서 떠날 때 라헬을 비롯해 그와 함께한 모든 사람에게
드라빔 같은 일체의 이방신상을 땅에 묻고 스스로를 정결케 하도록 명
한다(창 35:2). 그런데 사사기 17:5에는 "이 사람 미가에게 신당이 있으
므로 또 에봇과 드라빔을 만들고 한 아들을 세워 제사장을 삼았더라"(삿
17:5, 개역한글)라고 기록되어 있다. 이는 드라빔 같은 주술적 요소가 후대
에도 있었음을 보여준다.

　　제사장에 의한 주술행위도 행해졌다. 예를 들어 악성 피부질환에 걸
린 사람이 완치되었다는 것을 증명하기 위해서는 제사장이 일정한 의식
을 해야 했다. 곧 정결하게 구별된 새 두 마리를 가져다가 그중 한 마리는
잡고 그 피를 살아 있는 새에게 뿌린 후 들판으로 날려 보낸다(레 14:1-7).
또한 민수기 5장에 의하면 남편의 의처증으로 인해 고발된 여인은 일정
량의 보릿가루를 지참하고 제사장에게 가야 한다. 그러면 제사장은 토기
에 물을 담아 성막 바닥의 흙을 그 안으로 집어넣는다. 그리고 제사장은
여인이 제단 앞에 서서 머리를 풀고 그 물을 마시게 한다. 만일 그 여인이
다른 남자와 동침했다면 그녀의 넓적다리가 마르고 배는 부어오르게 될
것이지만, 만일 그 여인이 다른 남자와 동침하지 않았다면 그녀는 그 쓴
물의 해를 면하게 된다(민 5:11-22).

　　또한 고대 이스라엘에는 고대 가나안의 뱀 주문과 유사한 주술행위도
널리 퍼져 있었던 것 같다(렘 8:17; 시 58:5-6; 전 10:11). 몇몇 성경 구절은

---

85)　Richard S. Hess, 『이스라엘의 종교, 고고학과 성서학적 연구』, 김구원 역 (서울: 기독교문
　　서선교회, 2009), 326.

주술사가 암송한 주문 덕분에 뱀에게 물리는 일을 예방할 수 있으며 뱀의 독을 제거하는 치료요법으로 주문이 활용되었음을 보여준다. 더욱 특이한 것은 민수기 21:6-9에 나오는 사건이다. 원망과 불평에 대한 징계로 뱀에게 물린 이스라엘 사람들에게 하나님은 특이한 치료법을 제시하신다. 하나님은 모세로 하여금 놋뱀을 만들어 장대 위에 매달아 높이 세운 후 그것을 보는 자마다 낫게 하신다. 이 사건은 주술의 결과는 신이 좌우하지만 주술의 수행자는 인간이라는 점을 보여준다. 그런데 이 사건은 후대에 전승되어 놋뱀이 신격화되는 부작용을 낳았다. 그러자 히스기야는 종교개혁의 일환으로 우상화된 놋뱀인 느후스단을 부숴버렸다(왕하 18:4). 제사장들이 사용했던 우림과 둠밈 역시 제비신탁(cleromancy)의 일종으로 볼 수 있다.

이상에서 본 바와 같이 고대 이스라엘의 역사에서도 야웨 신앙과 주술적 요소가 오랫동안 혼재했음을 알 수 있다. 비록 야웨 종교가 공식적으로는 주술을 배격하였을지라도 여러 종교적 활동에서, 특히 민간 차원에서 주술행위가 이루어졌다. 그러나 시간이 지남에 따라 이스라엘 종교에서 주술적 요소가 강력하게 배격되기 시작했다. 또한 모든 종류의 위협과 경고, 약속의 신탁과 관련된 황홀경 행위도 새로운 도덕적 정신(a new moral spirit) 안으로 점차 흡수되어갔다.[86] 둠(Bernhard Duhm)은 아모스서부터 제2이사야서까지의 위대한 예언자들이 윤리적 이상주의(ethical idealism)에 공헌했다고 주장한다. 이러한 이상주의는 거룩한 개념을 윤리화하며 하나님과 개인의 직접적인 관계를 발견하는 것과 더불어 본질적

---

86) Clements, 『신명기』, 67-68.

 구약 예언서의 공공신학

으로 종교에서 도덕성을 최우선에 둔 것이었다. 도덕적 이상주의에 대한
예언자들의 참신한 강조는 그들의 설교의 맥락을 설명해준다.[87]

그러면 성경이 보여주는 이스라엘 역사에서 예언자(선지자)라는 칭호
가 처음으로 나타나는 곳은 어디인가? 놀랍게도 예언자(나비, נָבִיא)라는 칭
호로 불렸던 첫 번째 인물은 아브라함이었다. 아브라함이 그의 아내 사라
를 아비멜렉에게 빼앗길 위험에 처했을 때 하나님은 아브라함을 "나비"라
고 칭하고 그에게 중재적 기능이 있음을 말씀하신다. 창세기 20:17은 아
브라함이 기도하였을 때 아비멜렉의 아내와 여종이 출산할 수 있도록 치
료되었다고 함으로써 "나비"라는 호칭을 중재의 기능과 분명하게 연결하
고 있다. 또한 하나님이 소돔과 고모라에 대한 심판을 앞두고 "내가 하려
는 것을 아브라함에게 숨기겠느냐"(창 18:17, 개역개정)라고 말씀하신 것은
예언자 아모스에게 "주 여호와께서는 자기의 비밀을 그 종 선지자들에게
보이지 아니하시고는 결코 행하심이 없으시리라"(암 3:7, 개역개정)라고 하
신 말씀을 연상하게 한다.[88]

또한 이스라엘 백성이 광야에서 거하던 시절에 모세가 담당했던 "중
재자"의 역할이 부각되고 있다. 이집트를 탈출한 이스라엘 백성이 시내산
에 머물게 되었을 때, 그들은 야웨의 강림 현상에 대한 두려움으로 인해
모세에게 중재적 역할을 요청한다(출 20:18-20). 이후로 모세는 백성들의

---

87) Clements, 『신명기』, 62-63.
88) Koch는 다음과 같이 진술한다. "아브라함과 이삭과 야곱 같은 족장은 예언자를 필요로 하
    지 않은 사람이었다. 야웨께서는 무엇인가 특별한 것을 그들에게 드러내고자 하실 때 꿈
    을 통해서나(창 28장) 바스락거리는 나뭇잎 소리를 통해서 그렇게 하신다(창 18:1). 또
    는 아주 중요한 경우에는 야웨께서 사람의 모양을 입은 채 '말아크'(使者)로 직접 나타나
    신다"(Koch, *The Prophets, vol. 1: The Assyrian Period*, 17).

계속되는 원망과 불평, 그리고 생명의 위협에도 불구하고 중재자로서 해야 할 역할을 감당한다. 그러나 백성들의 원망과 불평은 계속되었고, 그들이 만나를 공급받았음에도 불구하고 먹을 고기가 없음을 불평할 때 모세는 자신이 중재자 역할을 더는 감당할 수 없다고 하소연한다. 이에 야웨는 장로와 지도자가 될 사람 칠십 명을 모아 회막 문 앞에 서게 한다. 이때 모세에게 임했던 영이 그들에게 임하고 그들 모두가 예언하게(וַיִּתְנַבְּאוּ) 된다. 그러자 여호수아는 이들의 행위가 모세에 대한 잠재적인 위협이 될 것으로 판단하고 거부감을 보인다. 그러나 오히려 모세는 이들뿐 아니라 모든 백성이 다 예언자가 되기를 원한다고 하면서 야웨께서 지도의 책임을 분담하도록 하셨다는 뜻을 전한다(민 11:16-30). 이때 "예언하다"로 사용된 동사는 "나바" 동사의 히트파엘형("히트납베", 미완료 3인칭 남성형)을 사용하고 있다.[89]

카우프만에 따르면 모세의 예언 활동은 메소포타미아의 초기 영매술(신탁운동)의 획기적인 변형을 가져왔다. 모세는 고대 근동의 종교 발달사에서 사도적 예언 활동의 혁명적 효시였다는 것이다. 고대 근동 어디에서도 종교적 이데올로기와 도덕적 이데올로기를 동시에 결합해 요구하는 영매자는 없었는데, 모세는 그 둘을 결합한 최초의 신탁자였다.[90] 민수기 12:6-8에서 보이듯이 하나님의 말씀을 직접적으로 받는 모세와 간접적

---

89) Wilson은 이 기사에 대해 엘로힘 기자 그룹(the Elohistic group)이 신들림을 긍정적으로 보았으며 이스라엘의 지도자를 인증하는 데 신들림이 중요한 역할을 했던 것을 보여준다고 해석한다(Wilson, *Prophecy and Society in Ancient Israel*, 154). "나바"의 히트파엘형인 "히트납베"가 삼상 18:10에서는 사울에게 악신이 임하였을 때에도 사용된 것을 볼 때, 이것이 야웨의 영에 국한된 용어는 아닌 것 같다.

90) Kaufmann, *The Religion of Israel*, 215.

으로 받는 다른 예언자들 사이에는 분명한 구분이 있다.[91] 이러한 구분은 예언 역사의 후대에도 나타난다. 즉 참된 예언자들은 야웨로부터 직접 메시지를 받았지만 거짓 예언자들은 그렇지 않았다(렘 23:16-40; 왕상 22:13-23). 또한 이러한 구분은 일반 예언자들, 그리고 그들과 다른 범주에 속한 예언자들이 이스라엘에서는 상존하였다는 것을 암시한다.[92] 신명기 18:9-22은 중재자들을 다스리는 여러 법규를 제시하는데 여기서 "내가 그들의 형제 중에서 너와 같은 선지자 하나를 그들을 위하여 일으키고 내 말을 그 입에 두리니 내가 그에게 명령하는 것을 그가 무리에게 다 말하리라"(신 18:18, 개역개정)라는 약속이 선언된다. 신명기는 계약 갱신 축제의 형태를 따르기 때문에[93] 우리는 모세가 이 축제 기간에 백성들에게 율법을 낭독해 주었다는 것을 짐작할 수 있다(신 27장). 이러한 정황과 성경의 기록을 볼 때 세대마다 예언자 중 한 사람이 모세의 역할을 수행했다는 것을 추측할 수 있다.

비록 드물기는 하지만, 사사기에도 예언자의 존재를 암시하는 몇몇 기사가 있다. 예를 들어 사사기 4:6-7에 따르면 드보라가 이스라엘의 하나님 여호와께 받은 신탁을 전하고 있다. 그녀가 어떻게 이런 신탁을 받았는지 나타나지는 않지만, 이 본문은 예언자의 신탁이 전쟁과 많이 관

---

91) 출 15:20에서 모세의 누이 미리암 역시 예언자("나비"의 여성형인 "네비아"를 사용하고 있다)로 불리고 있다. 그러나 민 12장에서 미리암은 모세가 구스 여인을 취한 것을 문제 삼아 그의 리더십에 도전하다가 하나님의 징계를 받는다.

92) Wilson, *Prophecy and Society in Ancient Israel*, 157-158.

93) Alt는 고대 가나안의 지지학적(地志學的) 연구를 바탕으로 신명기의 출처를 고대 암픽티오니 계약 갱신 제의의 한 중심지인 세겜의 가을 축제에서 찾는다.

련되어 있었다는 추측을 하게 한다.[94] 발터 아이히로트(Walther Eichrodt)
는 사사들은 민족 전체나 일부에 어느 정도의 권위를 행사한 매우 다양한
유형의 이스라엘 지도자들로서 그중 몇몇은 "선견자"와 "나실인"이라고
본다.[95]

　한편 사무엘의 예언자적 역할에 관한 기사들은 곳곳에 나타난다. 우
선 사무엘상 7:3-17을 보면 이스라엘 백성은 사무엘을 사사이자 예언
자로 생각하는 것 같다. 사무엘은 이스라엘 백성이 우상을 제거하고 야
웨만 섬기면 야웨께서 그들을 블레셋 사람들의 손에서 건지실 것이라
고 선포한다. 그리고 사무엘상 9장에는 사울이 잃어버린 암나귀를 찾으
러 나섰다가 사무엘과 운명적으로 조우하는 장면이 기록되어 있다. 사울
이 암나귀를 찾을 방법이 없었을 때 그의 사환이 "이 성읍에 '하나님의 사
람'(אִישׁ הָאֱלֹהִים)이 있는데 존경을 받는 사람이라. 그가 말한 것은 반드시
다 응하나니 그리로 가사이다. 그가 혹 우리가 갈 길을 가르쳐 줄까 하나
이다"(삼상 9:6, 개역개정)라고 말한다. 그런데 이때 신명기 사가는 "옛적 이
스라엘에 사람이 하나님께 가서 물으려 하면 말하기를 '선견자'(רֹאֶה)에게
로 가자 하였으니 지금은 '선지자'(נָבִיא)라 하는 자를 옛적에는 선견자라
일컬었더라"(삼상 9:9, 개역개정)라는 해설을 더하고 있다. 여기서 우리는
예언신탁 행위자들의 칭호 문제에 부딪히게 된다.

---

94)　Koch는 "쇼페팀"을 "사사"로 번역하는 것은 부적절하다고 한다. 그는 "쇼페팀"은 카리스마
　　적인 군사 지도자들이었고 백성이 위기에 처했을 때 야웨의 신에 사로잡혀 군대의 리더로
　　활동하던 농부들이었다고 주장한다. Koch, *The Prophets, vol. 1: The Assyrian Period*,
　　18.
95)　Walther Eichrodt, 『구약성서신학 1』, 박문재 역 (서울: 크리스챤다이제스트, 1994), 325.

코흐는 "'선견자'나 '하나님의 사람'은 왕정 이전 시대에는 산발적으로 드물게 나타나며 이스라엘의 제의와 삶에서 결정적인 역할을 수행한 것으로 보이지 않는다"라고 함으로써 그 의미를 축소한다.[96] 그러나 헤셸은 이를 일찍이 선견자와 예언자가 구분되어 있었음을 나타내는 것으로 본다.

사무엘상 9:1로부터 10:6 사이에서 선견자(9:11, 18)와 예언자(10:5, 10-12)가 구분되어 있다. 이 구분은 기원전 9세기까지도 유지되었다. 한편 기원전 8세기의 위대한 예언자들이 남긴 저술에서는 이 구분이 사라져가고 있으며, 후대의 자료에서는 이 두 개념이 혼재한다(삼하 14:11; 왕하 7:13; 사 29:10). 먼 옛날에 "나비"는 자신의 내적인 경험으로 본 초자연적인 계시를 황홀경 속에서 사람들에게 전하는 사람이었다. 반면에, "로에"와 "호제"는 황홀경 같은 방식이 아니라 여러 가지 인식 수단을 통해 초자연적인 지식을 얻은 선견자들이었다. 그들이 즐겨 사용하던 방법은 환상을 본다든가 꿈속에서 어떤 환영을 보는 것이었다. "나비"는 신비한 지식을 가진 자로서 등장하여 장차 일어날 일을 예견한다. 그러나 그것이 "나비"의 본질에 속하는 것은 아니다. 그들이 황홀경을 경험하는 것은 신비스러운 기질에 뿌리를 두고 있다. 따라서 그들은 점쟁이나 주술사와는 다르다. 점술이나 주술은 습득된 지식에 바탕을 둔다. 그래서 이들은 황홀경에 들어가기 위해서 시끄러운 음악이나 자기 몸에 피를 내는 것 같은 수단을 쓴다. 휠셔는 이 "나비"와 "로에"가 서로 섞임으로써 후대의 고전적 예언이 발생한 것으로 보고 점치는 일도 원래 셈족에게서 발견되는 현상으로 생각

---

96) Koch, *The Prophets, vol. 1: The Assyrian Period*, 17.

한다. 황홀경 중에서 하는 예언은 셈족에게는 낯선 일이었고, 초기 유목 생활을 하던 때의 이스라엘 사람들도 황홀경 현상을 알지 못했다. 이는 후에 가나안 문화의 영향을 받아 발전한 것으로 보인다. 황홀경은 기원전 1천 년경쯤 "트라키아"나 "소아시아"에서 그리스인과 히브리인에게로 퍼져나간 것 같다.[97]

그러나 아이히로트는 헤셸과 달리 황홀경(탈혼상태)이 야웨 종교에서 돌발적이거나 이질적인 요소가 아니라고 주장한다. 아이히로트는 황홀경이 가나안이나 시리아, 혹은 소아시아로부터 차용된 것이 아니라 하나님이 부여한 새로운 추진력이었음을 시사해주는 여러 증거가 있다고 주장한다. 예를 들어 당시의 종교적 관행을 비판했던 아모스조차도 나실인 같은 옛 예언자들을 이스라엘에 대한 야웨의 특별한 관심을 드러내는 선물로 보았다(암 2:11). 아이히로트는 후대의 어느 예언자도 탈혼상태를 참된 야웨의 본성과는 아무런 공통점이 없는 타락한 가나안 문화로 비판하지 않았다고 주장한다.[98]

선견자(호제 또는 로에)와 예언자(나비)에 관한 칭호 문제를 깊게 파고든 학자는 윌슨이다. 윌슨은 이스라엘의 예언 전승을 에브라임 전승과 유다 전승으로 구분한다. 에브라임 예언 전승에서 중재의 과정은 하나님께서 예언자에게 말씀하신 것으로 서술된다. 하지만 유다 예언 전승에서는 환상(이상)이 강조된다. 그래서 하나님의 말씀이 언급될 때조차도 예언자는 종종 그 말씀을 "보았다"라고 표현한다(암 1:1; 미 1:1). 이를 통해 윌슨은

---

97) Heschel, *The Prophets*, 347-348.
98) Eichrodt, 『구약성서신학』, 336.

구약 예언서의 공공신학

"호제"나 "로에"는 에브라임 예언 전승의 예언자들을 가리키는 호칭이었지만 "나비"는 유다 예언 전승의 예언자들을 가리키는 호칭이었다고 주장한다.[99]

예언에 관한 에브라임 전승의 견해를 가장 자세히 기술한 것은 신명기사가들(Deuteronomists)이 만든 문헌에서 찾아볼 수 있다. 이 문헌은 정복시대와 왕정의 전(全)역사를 다루기 때문에 이스라엘의 예언과 사회의 관계에 관한 일반적인 정보를 제공할 뿐 아니라 예언의 역사적 발전에 관한 에브라임 전승의 관점을 제공하기도 한다.[100] 이러한 관점에서 볼 때, 에브라임 전승은 모세, 사무엘, 실로의 아히야, 예후, 엘리야, 엘리사 전승으로 이어지며, 문서 예언자 중 호세아와 예레미야 등이 이 전승에 속한다. 반면에, 유다 전승에는 예언자들의 활동을 복원해줄 만한 자료가 거의 없다. 유다 전승의 예언 이야기는 오직 몇 권의 유다 예언자들의 책에서만 발견되며 예언 활동에 관한 역대기 저자의 해설 대부분도 열왕기서에 나온 것을 단순히 되풀이하고 있을 뿐이다.[101]

그러나 갓의 경우에 유다 전승 안에 분명하게 자리 잡은 그의 언어와 행동의 특징을 명시하는 자료는 거의 없지만 성경 본문은 그가 다윗의 통치 기간에 예루살렘의 중앙 사회 구조 안에서 활약한 유다인임을 강력하게 시사한다. 갓은 보통 "다윗의 선견자"나 "왕의 선견자"로 불렸는데, 이

---

99) 이에 대한 자세한 설명은 다음을 참조하라. Wilson, *Prophecy and Society in Ancient Israel*, 254-256.

100) Wilson, *Prophecy and Society in Ancient Israel*, 156.

101) Wilson, *Prophecy and Society in Ancient Israel*, 253.

는 갓을 각각 "유다의 예언 전승"과 "궁중"에 연관시키는 호칭이다.[102] 갓은 본래 "나비"(예언자)였으나 다윗이 왕위에 오른 후에 "로에"(선견자)로 활동했다고 여겨진다. 한편 나단은 항상 "나비"로 불렸다.[103] 나단의 예언은 예루살렘 왕정 신학의 기초가 되었고, 그는 다윗 왕국의 안정을 유지하는 데 중요한 역할을 하는 궁정의 일원으로 묘사된다. 윌슨은 나단을 북쪽 출신의 에브라임 사람으로 보며, 다윗이 아비아달을 북쪽 제사장으로 세웠을 때 그가 예루살렘의 정치체제로 들어왔으리라고 생각한다. 즉 윌슨은 다윗이 제사장을 북쪽(아비아달)과 남쪽(사독)에 한 사람씩 세운 것처럼, 예언자 역시 북쪽(나단)과 남쪽(갓)에 한 사람씩 세웠을 것으로 보았다.[104] 이러한 유다 전승은 나단을 거쳐 문서 예언자인 아모스, 제1이사야, 미가, 나훔, 하박국, 스바냐, 에스겔로 이어진다. 또한 윌슨은 에브라임 전승에는 전형적인 언어 사용이나 독특한 표준 신탁 구조가 있으나, 유다 전승에는 그러한 전형적인 구조가 약하다고 본다. 그러나 신탁예언자들의 호칭에 관한 이런 연구에도 불구하고 그 정의를 내리는 데는 어떤 학자든 주관적인 요소를 많이 보인다.

사무엘상 9장에서 사무엘은 처음에 "하나님의 사람"으로 불렸다가 (9:6-8, 10) 나중에는 "선견자"로 불린다(9:11, 18). 아모스 7:12-14은 호제(ḥōzeh)와 나비(nābî)라는 표현을 동일시한다. 벧엘의 제사장 아마샤는 아

---

102) 이에 대해서는 다음을 참조하라. 삼하 24:11; 대상 21:9; 대하 29:5; Wilson, *Prophecy and Society in Ancient Israel*, 263.

103) 삼하 7:2; 12:25; 왕상 1:8; 10, 22, 23, 32, 34, 38, 44, 45; 시 51:1; 대상 17:1; 29:29; 대하 9:29; 29:25.

104) Wilson, *Prophecy and Society in Ancient Israel*, 265.

   구약 예언서의 공공신학

모스를 호제(ḥōzeh)로 부르며 "선견자여 너는 유다 땅으로 가서 피하라"라고 한다. 이에 대해 아모스는 "나는 예언자(nābî)도 아니고 예언자의 아들(ben-nābî)[105]도 아니다"라고 말한다. 즉 여기서도 호제와 나비가 구분되지 않고 사용되고 있다.

롤프 렌토르프(Rolf Rendtorff)는 개별적인 예언자와 예언자 집단에 대해 언급하면서 성경 본문에서 이에 관한 통일된 답변을 얻기 어렵다는 것을 인정한다. 예언의 전체적인 역사를 볼 때 개별적인 예언자가 지배적으로 나타난다. 그러나 혼자 활동하던 사무엘이 황홀경에 빠진 예언자 집단의 "수령"(그들을 대표하여 서 있는 자, נִצָּב)으로 나타난 적도 있다(삼상 19:20). 엘리야는 보통 위대한 단독 행위자로 나타나지만 그의 사역의 마지막 장면에서 "베네 하네비임"(예언자들의 제자)의 무리를 갑자기 만나게 된다(왕하 2:3-5). 엘리야는 이전에 자신이 "야웨의 예언자들" 가운데 홀로 남았다고 탄식했다(왕상 18:22; 19:2). 그렇다면 그의 홀로됨은 강요된 것이었다. 엘리사는 "베네 하네비임"과 가까웠고 그들과 정기적인 만남도 갖고 있

---

105) "예언자의 아들"이란 "예언자의 제자"라는 의미다. 당시 예언자의 무리는 엘리사 같은 사람을 "아버지"로 모시고 일종의 공동체 생활을 했다(Koch, *The Prophets, vol. 1: The Assyrian Period*, 25). Koch는 다음과 같이 진술한다. "신명기 역사가는 '나비'들이 일반적으로 무리지어 생활했다고 본다. 사울의 시대에 언급되는 '나비'들은 이미 집단을 이룬 자들로 나타난다. 그들은 어떤 거룩한 산(산당)으로부터 내려왔으며 당시에 성소가 있었던 라마에서 살기도 했다(삼상 10장; 19장). 그들은 예언을 하기 위해 또는 대중적인 종교 집회를 하기 위해 무리지어 나타나기도 했다(왕상 18장; 22장). 엘리사가 자기 주위에 거느리고 있던 제자들은 벧엘이나 길갈 등의 제의 장소에 속해 있었다. 거기서 그들은 음식을 먹기도 하고 우두머리가 된 자의 가르침에 귀를 기울이기도 했다(왕하 2-6장). 그들은 묵상 훈련에 참여하기도 했고 황홀경 체험과 영감을 얻기 위해 수련을 받기도 했을 것이다"(Koch, *The Prophets, vol. 1: The Assyrian Period*, 24-25).

었다. 그들은 "엘리사 앞에 앉아 있는" 공동 회집 장소(왕하 6:1 이하)와 공동 식사 시간(왕하 4:38-41)을 가진 수도회와 비슷한 공동체였다. 따라서 우리는 개별적인 예언자와 예언자 집단 사이의 근본적인 구별을 전제할 수 없다. 그들은 줄곧 서로 밀접하게 연관되어 있었다.[106]

예언자의 활동을 묘사하기 위해서는 "나비"에서 파생된 동사인 "나바"(נבא)가 사용된다. 이 동사의 어근은 단지 니팔(Niphal)형과 히트파엘(Hithpael)형으로만 나타난다. 사무엘상 10:5 이하, 10:10 이하, 그리고 10:13에서는 히트파엘형이 "네비임"의 황홀경적인 행동을 묘사하는 데 쓰였다. 이러한 일은 "야웨의 영"이 사울과 그의 전령들에게 임할 때 일어났다(삼상 19:20 이하; 19:23 이하). 열왕기상 18:29에서 히트파엘형은 바알의 예언자들이 그들의 신으로부터 응답을 받기 위해 끊임없이 노력하는 모습에서 나타난다. 한편 사무엘상 18:9 이하에서는 다윗을 죽이려는 사울의 시도가 "하나님이 보내신 악령"이 야기한 "히트납베"(*bitnabē'*)의 결과로 고찰된다. 여기서 이 동사는 예언적 현상과는 대조적인 "광기"에 해당하는 용어로 이해된다. 문서 예언서 중에서는 "나바"의 히트파엘형이나 니팔형이 예레미야서에서 자주 나오며, 예레미야서 외에는 아모스서에서만 나온다.[107] 아모스는 자신은 예언자가 아니며 예언자의 제자도 아니라고 부인하지만, 자신의 예언자적 활동에 대한 용어로 "나바"를 사용한다. 예언서에서 "로에"나 "하나님의 사람"은 "문서 예언자"를 의미하는 명칭으로는 더 이상 발견되지 않는다. "호제"도 제사장 아마샤의 입에서 한 번

---

106) Rolf Rendtorff, 『구약정경신학』, 하경택 역 (서울: 새물결플러스, 2009), 427-428.
107) "사자가 부르짖은즉 누가 두려워하지 아니하겠느냐? 주 여호와께서 말씀하신 즉 누가 예언하지(יִנָּבֵא; "나바"의 니팔형이 사용되었다) 아니하겠느냐?"(암 3:8, 개역개정).

구약 예언서의 공공신학

만 언급될 뿐이다(암 7:12). 이사야는 "나비"로 불리고(사 37-39장) 그의 아내도 "네비아"로 표현된다(사 8:3). 예레미야에 이르면 (아모스와 달리) "나비"에 대한 긍정적인 사용이 이루어지고 있다. 예레미야 스스로도 자신을 "나비"로 칭하고 있다.[108] 호세아 4:5의 재앙 선포에서 "나비"가 제사장과 나란히 언급된다. 이사야의 경우에는 그가 "나비"로서 다른 관리들과 나란히 등장한다.

코흐는 이에 대해 "모든 것을 종합해볼 때, 포로기 이전에는 '나비'라는 표현이 제사장처럼 성소에서 자신에게 맡겨진 특수한 역할을 수행한 제의 예언자를 의미하는 것으로 추측된다"라고 진술하며 "이스라엘의 제의 공동체는 성소를 중심으로 만들어진 '나비' 조직이 말과 행동을 통해 공동체의 잘못을 고발하게 함으로써 그것이 일종의 비판적인 제도가 되게 하였다"라고 주장한다.[109] 이는 시편의 내용이 제사장들과 함께 제의에 참여했던 제의 예언자들에 의한 노래들이라는 모빙켈의 추정과 맥락을 같이하는 주장이다. 그러나 렌토르프는 "이사야 28:7 이하에서는 이사야에게 대항하는 제사장들과 예언자들의 논쟁을 보여주며 미가는 매수당하는 '네비임'을 비난한다(미 3:5-7, 11). 여기서 언급된 '네비임'은 직책의 소유자로서 이해될 수 없다"라고 말한다.[110]

한편 고대 근동의 신탁대언자들과 이스라엘 예언자들 사이의 연속성에 관한 여러 견해가 있었다. 그중 하나의 예를 들면 알프레드 할더(A. Haldar)는 고대 근동의 신탁대언자인 "바루"의 기능이 이스라엘의 "선견

---

108) Rendtorff, 『구약정경신학』, 429-431.

109) Koch, *The Prophets, vol. 1: The Assyrian Period*, 25.

110) Rendtorff, 『구약정경신학』, 432.

자"(호제)에 의해, 그리고 "마후"(엑스터시에 빠진 자)의 기능은 "예언자"(나비)에 의해 수행된 것으로 보았다.[111]

이상에서 우리는 예언자의 호칭 문제, 특히 그 변천 과정과 용어적 문제를 논함으로써 "당시 예언자들은 어떤 사람들이었고 어떤 사회적 위치에 있었는가?"를 부분적으로나마 다루었다. 이에 관한 학자들의 견해는 성경 본문과 고대 근동 자료에 대한 집요한 연구에도 불구하고 매우 다양하여 통일성을 찾기가 어렵다. 그러나 우리는 이상의 연구를 통해 몇 가지 추정적 결론에 이르게 된다. 첫째, 시간이 지남에 따라 "호제"나 "로에" 및 "하나님의 사람"은 점차 "나비"로 통합되어 간 것으로 보인다.[112] 둘째, 코흐가 "아모스에서 비롯되는 초기 문서 예언자들은 결코 '루아흐'에 의존하지 (appeal) 않았다. 그들이 황홀경에 기초한 계시 수납 방식에 반대했는지 아니면 다른 방식으로 영감을 얻었는지에 대해서는 논란이 있다"[113]라고 말한 것은 다소 과할지라도, 문서 예언자 시대에 이르면 계시 수납 방식에서 "신비적 요소"보다는 "메시지의 내용"이 중요해졌다는 것은 분명해 보인다. 셋째, 이는 "나비"의 사회적 위치에 관한 것으로서 코흐는 다음과 같이 말한다.[114]

---

111) A. Haldar, *Associations of Cult Prophets among the Ancient Semites* (Uppsala: Almqvist & Wiksell, 1945). 이는 다음에서 재인용한 것이다. Wilson, *Prophecy and Society in Ancient Israel*, 9-10.

112) Eichrodt는 "나비즘"(Nabism)이라는 용어를 사용하면서 그 특징과 변천 과정을 기술하고 있다(Eichrodt, 『구약성서신학』, 328-358). 예언자와 선견자에 대한 학자들의 다양한 견해에도 불구하고 구약성경은 이 둘이 그 역할에 있어서는 남북 왕국 어디서나 거의 유사했다는 것을 보여준다.

113) Koch, *The Prophets, vol. 1: The Assyrian Period*, 27.

114) Koch, *The Prophets, vol. 1: The Assyrian Period*, 26.

이스라엘 백성은 자신들의 미래에 관심이 있었기 때문에 "나비"를 필요로 했다. … 또한 국가적으로 중요한 사건―전쟁이나 기근―이 있을 때는 더욱 절실히 그랬다. "나비"는 어느 누구보다 하나님의 응답을 가능하게 하는 중재기도(intercession)에 익숙한 사람들이었다. 그들은 그러한 봉사의 대가로 사례금을 받아 자신, 그리고 자신이 속한 집단의 생계를 유지하기도 했다. 그들은 병자를 고칠 수 있었고 심지어 죽은 자를 살리기도 하였다. 그러나 다른 한편으로는 사회 주변부에 있었던 "나비"는 멸시를 받기도 했다. 예를 들어 호세아는 "신에 감동한 자가 미쳤다"(호 9:7, "메슈가"[mᵉšuggaʻ])라는 조롱을 받았다. 예레미야 시대에는 성전 안에 "미친" 예언자들을 관리하는 제사장이 있었을 정도였다. 그들이 지나치게 거칠게 행동하면 밤새도록 쇠고랑에 채워 두기도 했다(렘 20:2). "나비"는 때때로 왕궁 안에 감금되기도 하였다(왕상 22:27).

코흐의 진술이 보여주듯이 참된 예언자들은 때로는 이스라엘에게 절실히 필요한 존재였으나, 또 때로는 불편하고 성가신 존재로 여겨지기도 했다. 이스라엘 백성이 참된 예언자를 필요로 했던 이유는, 그들이 거짓 예언자들과 달리 야웨로부터 계시를 받고 참된 예언을 했기 때문이다. 예레미야는 거짓 예언자들을 비난하면서 다음과 같이 말한다. "그러나 너는 내가 네 귀와 모든 백성의 귀에 이르는 이 말을 잘 들으라. 나와 너 이전의 선지자들이 예로부터 많은 땅들과 큰 나라들에 대하여 전쟁과 재앙과 전염병을 예언하였느니라. 평화를 예언하는 선지자는 그 예언자의 말이 응한 후에야 그가 진실로 여호와께서 보내신 선지자로 인정받게 되리라"(렘 28:7-9, 개역개정). 이에 따르면 참된 예언자들의 특징은 선포의 성취에 있었다. 이스라엘 백성은 이러한 예언 활동을 절실히 필요로 하였다. 참된 예언자들의 예언은 기본적으로 왕실의 체제 유지에 복무하거나 백성들의 요구에 부응하기 위한 것이 아니었다. 참된 예언자들은 야웨의 계시를 수납하여 전달했기 때문에 그들의 예언은 야웨의 신정통치적 "공공성"에 철저하게 기초했다. 이러한 "공공성"은 때때로 왕실과 백성들의 심기를 건드렸고 그들의 반발 및 핍박을 초래했다. 기원전 8세기 문서 예언자들의 시대에 들어서면서 이러한 현상은 더욱 잦아지게 된다.

이 책의 주된 관심사는 참된 예언자들의 신탁에 나타나는 "공공성"을 살펴보는 것이다. 고대 이스라엘 예언의 역사를 어디까지 소급하느냐에 따라 살펴보아야 할 공공성의 범위가 달라지겠지만, 예언자("나비")들의 전형적인 예언의 역사는 왕정 이후로 보아야 할 것이다. 그런데 신명기적 이상왕(理想王) 규례(신 17:14-20)에 비교적 충실했던 다윗은 야웨적 신정 통치의 공공성을 해칠 만한 실정을 거의 하지 않았다. 따라서 예언자 나단과 선견자 갓의 역할은 다윗의 개인적인 죄, 즉 밧세바 사건(삼하 12:1-15) 및 인구조사에 나타난 정치적 야심(삼하 24장)에 대한 책망과 신탁예언의 역할에 국한되었다. 그러나 분열 왕국 시대에 접어들면서 기원전 10-9세기에 북왕국의 예언자들은 활발한 예언 활동을 시작하게 된다. 프랭크 무어 크로스(Frank M. Cross)는 그들의 예언 활동을 크게 세 가지 범주(rubric)로 분류한다.[115]

첫째, 왕정 신탁(royal oracles)이다. 실로의 예언자 아히야(Ahijah)는 여로보암 앞에서 자신의 옷을 찢어 열두 조각으로 나누면서 자신이 야웨 하나님으로부터 "내가 이 나라를 솔로몬의 손에서 찢어 빼앗아 열 지파를

---

115) Cross, *Canaanite Myth and Hebrew Epic*, 224-226.

여로보암에게 주겠다"라는 신탁을 받았음을 선포한다(왕상 11:29-39). 동시에 아히야는 "그러나 내가 택한 종 다윗은 내 명령과 법도를 지켰으므로" 유다는 다윗의 집에 남게 되리라고 예언하면서 여로보암에게 언약에 순종할 것을 조건으로 "안전한 왕국"에 대한 야웨의 약속을 전해준다. 열왕기상 19:16에서는 엘리야가 시나이에서 능력을 받아 오므리 왕조를 대신해 예후에게 기름을 붓고, 다메섹의 하사엘(Hazael)에게는 왕으로 기름을 부으며, 엘리사에게도 기름을 부어 자신을 대신하게 한다. 또한 열왕기하 9:1-10에 따르면, 예언자 집단(prophetic guild)의 일원으로서 엘리사는 예후에게 기름을 붓고 그의 왕권을 선언한다.

둘째, 북왕국의 왕과 왕실에 대한 심판 신탁(oracles of judgment)이다. 열왕기상 14:7-11에는 아히야가 여로보암과 그의 집안에 전하는 심판 신탁이 나온다.[116] 예언자 예후 역시 바아사(Baasha)에 대해서 같은 신탁 형식(formula)을 반복하고 있다(왕상 16:1-4, 7, 12). 한편 열왕기상 20:40 이하에는 한 무명의 예언자가 아합에게 그가 성전(holy war)에 대한 야웨의 뜻을 이행하지 않고 벤 하닷(Ben-Hadad)의 목숨을 살려준 것 때문에 선포한 저주 신탁이 나온다.

셋째, 전쟁 신탁(war oracles)이다. 이는 신명기 자료에서 예언자들의 입을 통해 과도할 정도로 자주 나타난다. 확실히 왕의 편에서 성전(holy war)에 참여하거나 왕이 전쟁에 나가지 못하도록 하는 것은 예언자에게

---

116) 왕상 14:1-18에서 여로보암의 아들 아비야가 병들자 여로보암의 아내는 아히야를 찾아 간다. 이때 아히야는 여호와께서 여로보암을 주권자가 되게 하고 나라를 다윗의 집에서 찢어내어 그에게 주었는데, 그가 오히려 악을 행하고 우상숭배를 한 죄를 책망하며 그에게 속한 자가 죽게 될 것을 예언한다.

속한 기능이었다. 엘리야와 엘리사가 공통적으로 사용했던 "이스라엘의 병거와 마병이여"라는 표제는 그들이 성전에서 중요한 역할을 했음을 시사하는 것이기도 하다.

크로스는 이러한 세 가지 분류를 기원전 8-7세기 유다의 예언자들에게도 적용한다.[117] 이는 예언자들의 신탁을 분류하는 좋은 기준을 제시하고 있다.

이제 우리는 예언의 공공성이라는 측면에 초점을 맞추어 기원전 9세기의 대표적 예언자인 엘리야, 그리고 기원전 8세기의 위대한 문서 예언자인 호세아, 아모스, 이사야, 미가를 큰 틀에서 살펴보고자 한다.

5.2.2. —— 기원전 9세기 예언자: 엘리야

구약성경에는 흔히 묵시문학으로 분류되는 다니엘서를 제외하면 총 15권의 예언서가 있다.[118] 이 예언서들은 각각 예언자들의 이름으로 명명되어 있다. 이처럼 예언서들의 제목으로 붙여진 예언자들을 보통 "문서 예언자"라고 부른다. 반면에, 구약성경에는 예언자 자신의 이름으로 명명된 문서가 없는 "비문서 예언자"들도 많이 나타난다. 기원전 10세기 말 왕국의 분열 이후에 출현한 이러한 비문서 예언자들을 간단히 정리하면 다음과 같다.

---

117) 이에 대해서는 다음을 참조하라. Cross, *Canaanite Myth and Hebrew Epic*, 228-229.
118) 유대적 전통은 여호수아-열왕기를 전기예언서로, 그리고 이사야-말라기를 후기예언서로 분류한다.

구약 예언서의 공공신학

예언자	활동지	활동 당시 왕들	관련 성경 본문
실로의 아히야	북	여로보암 1세	왕상 11:25-40; 14:1-17 대하 10:15
스마야	남	르호보암	왕상 12:22-23 대하 11:2-4
잇도	남	아비야	대하 13:22
아사랴	남	아사	대하 15장
하나니	남	아사	대하 16:7-10
하나니의 아들 예후	북(왕상) 남(대하)	바아사(북) 여호사밧(남)	왕상 16:1-4 대하 19:1-3
엘리야	북	아합 아하시야	왕상 17장- 왕하 2:11
이믈라의 아들 미가야	북	아합	왕상 22:1-36 대하 18:4-27
그나아나의 아들 시드기야	북	아합	왕상 22:11, 24 대하 18:10, 23
도다와후의 아들 엘리에셀	남	여호사밧	대하 20:37
여호야다의 아들 스가랴	남	요아스	대하 24:20-22
엘리사	북	요람, 예후, 여호아하스, 요아스	왕상 19:19-21장 왕하 2장-13장
오뎃	북	베가	대하 28:9-11
훌다(女 예언자)	남	요시야	왕하 22:15-20
하나냐	남	시드기야	렘 28장

[표 5-2] 이스라엘 왕정기의 비문서 예언자들

이와 같은 비문서 예언자들 중 엘리야와 엘리사에 관한 기록은, 그 분량과 기사의 독특함을 고려할 때, 여타 예언자들의 기록과 비교할 바가 아니다. 무엇보다 왕정 시작 이후부터 기원전 9세기까지 이스라엘 예언자들의 기록된 행적을 통해 그 "공공성"을 논하고자 할 때, 우리는 엘리야와 엘리사 외에 그 누구에게서도 충분한 자료를 발견할 수 없다. 따라서 엘리야와 엘리사의 예언 활동을 고찰함으로써 이 둘과 기원전 8세기 예언자들의 연속성 및 차이점을 연구하는 것은 중요한 의미가 있다. 그런데 사실 엘리사를 엘리야의 히브리식 "확장된 자아"(extended self)로 간주해도 무방할 만큼 이 둘의 사역과 행적은 상당한 유사성을 보인다.[119] 예를 들어 엘리야가 사르밧 과부의 공궤를 받았으며 그녀의 죽은 아들을 살린 이야기(왕상 17:8-24)와, 엘리사가 수넴 여인의 공궤를 받았으며 그녀의 죽은 아들을 살린 이야기(왕하 4:8-37)가 그것이다. 이제 우리는 엘리야의 삶과 예언 활동을 살펴보는 가운데 기원전 9세기 이스라엘 예언자들의 "공공성"을 조명해보고자 한다.

이를 위해 먼저 엘리야의 개인적인 출신 배경과 오므리 왕조 시대의 사회적 상황을 살펴보고자 한다. 성경에서 엘리야는 "길르앗에 우거하는 자 중에 디셉 사람"(왕상 17:1, 개역개정)이라고 소개된다. 디셉은 길르앗(Gilead)의 디스베(Tishbeh)를 가리키는 것으로 보인다. 넬슨 글루엑

---

119) "확장된 자아"는 삶과 책임의 영역에 있어서 세대들 간에 연대 관계가 존재한다는 히브리적인 개념이다(Koch, *The Prophets, vol. 1: The Assyrian Period*, 35). 예를 들어 생물학적 존재로서의 모세 이후 모세의 확장된 자아로서의 여러 모세적 인물들에 의해 토라의 규례와 원리가 전승되었다고 보는 것이다. 신 18:15-18에 의하면 여호와께서 각 시대에 모세적 권위를 가진 예언자를 일으켜서 그분의 말씀을 중개하도록 하겠다고 약속하신다. 이런 식으로 보면 여호수아는 제2대 모세가 되는 것이며, 기원전 10세기에는 사무엘이, 그리고 기원전 9세기에는 엘리야와 엘리사가 모세적 예언자가 되는 것이다(김회권, 『하나님 나라 신학으로 읽는 모세오경 2』 [서울: 복있는사람, 2007] 100-101).

(N. Glueck)은 열왕기상 17:1을 "길르앗 야베스 출신의 야베스 사람"으로 본다.[120] 글루엑의 견해에 기초해서 우리는 엘리야의 출신 지역과 엘리야가 지닌 야웨 신앙(Yahwism) 사이의 연관성을 추측할 수 있다. 사사기에 따르면, 길르앗 야베스는 베냐민 지파의 처가(妻家)가 되는 역사적인 맥락을 가진 지역이다(삿 21장). 이러한 연관성 때문인지 베냐민 출신인 사울은 왕위에 오른 후에도 길르앗 야베스 지역과 밀접하게 관련된 모습을 보여준다. 예를 들어 사무엘상 11장에는 사울이 왕위에 오르자마자(삼상 10:17-27) "암몬 사람 나하스"가 길르앗 야베스를 공격하는 사건이 나온다. 이때 길르앗 야베스 사람들은 나하스에게 화친을 제안하지만 나하스는 "너희 오른 눈을 다 빼어야 너희와 언약하리라"(삼상 11:2, 개역한글)면서 화친을 거부하고 길르앗 야베스를 진멸할 의도를 드러낸다. 이에 길르앗 야베스 사람들은 사울에게 전령을 보내어 도움을 요청한다. 당시 길르앗 야베스가 이스라엘의 관할하에 있었는지는 확실하지 않으나 이스라엘 백성은 이 소식을 듣고 소리 높여 울었으며 사울 왕은 크게 노하여 이스라엘 전역에 동원령을 내린다.

스콧 힐(Scott D. Hill)에 따르면, 길르앗은 좋은 목초지를 가진 고원 지대로 물산이 풍부한 지역이었을 뿐 아니라 이스라엘과 유다, 시리아에게 매우 중요한 지역(key site)으로서 아합이 길르앗 라못 전투에서 전사할 정도로 전략적인 가치가 높은 곳이었다. 힐은 "신명기 사가들은 길르앗을 야웨 신앙의 '게토'와 같은 지역(pocket of Yahwism)으로 묘사한다"라고

---

120) N. Glueck, *AASOR* 25-28(1951), 1.

진술한다.[121] 그렇다면 우리는 이스라엘 역사에서 "야웨 신앙"과 "바알 신앙" 간의 대결의 최전방에 섰던 엘리야가 바로 이 길르앗(디셉) 사람이라는 것은 우연한 일이 아니라고 추측할 수 있다. 한편 힐은 "엘리야가 왜 이스라엘로 왔는가?"라고 질문하면서 엘리야가 길르앗의 명문 가문의 아들로서 더욱 나은 기회를 얻기 위해 망명한 것으로 본다.[122] 그러나 코흐는 엘리야의 출신에 대해 전혀 다른 견해를 보인다.

엘리야는, 자신의 땅을 소유하지 못한 소작농(tōšab) 계층이자 하류층에 속한 사람이 예언 활동을 통해 어떻게 사회 전체를 위한 결정적 역할을 수행하게 되었는지를 잘 보여준다. 야웨 신앙에 뿌리를 둔 이스라엘의 사회질서는 근본적으로 지도자 계층의 카리스마적인 요소에 항상 의존하고 있었다. 그리고 그것은 신분과 계급의 장벽이 단단하게 굳어지는 것을 방지하였다. 엘리야는 심지어 왕에게 온 이스라엘을 모을 것을 명하기까지 하였다.[123]

힐과 코흐의 견해 중 어느 것이 엘리야의 기원을 더 잘 설명하는가에 대해서는 견해가 다양할 수 있다. 다만 엘리야가 아합 왕과 대면할 정도의 영적 기상을 과시한 것을 볼 때, 그가 이스라엘의 공적 무대에 출현했을 때 이미 상당한 카리스마를 갖춘 인물이었음을 짐작할 수 있다. 사실

---

121) Scott D. Hill, "The Local Hero in Palestine in Comparative Perspective," in *Elijah and Elisha in Socioliterary Perspective*, ed. Robert Coote (Atlanta: Scholars Press, 1992), 66.

122) Hill, "The Local Hero in Palestine in Comparative Perspective," 66.

123) Koch, *The Prophets, vol. 1: The Assyrian Period*, 32.

열왕기상 17장부터 열왕기하 2장까지 기록된, 엘리야에 관한 다양한 기적과 카리스마적 사건은 우리의 이목을 집중시키기에 충분하다. 그러나 우리는 엘리야 시대의 사회경제적 정황을 파악하고 그 배경하에서 이루어진 엘리야의 예언 활동의 의미에 주목하고자 한다.

5.2.2.1. ── 오므리 왕조 시대의 사회경제적 정황과 엘리야

오므리 왕조(the Omride dynasty) 시대의 경제는 전형적인 선진 농업경제(a typical "advanced agrarian") 모델로 특징된다. 이 시대의 경제는 농촌을 배경으로 하는 농업 지역과 도시를 배경으로 하는 상업 및 산업 지역으로 구성되었다. 지배자들(오므리, 아합, 아하시야, 요람)의 정치적·경제적 정책은 잉여 생산물을 생산하는 농민 계층과 잉여 생산물의 사용을 통제하는 엘리트 계층 사이의 비대칭적인 구조를 증폭하는 사회 계층화를 조장했다. 이러한 잉여 재화의 분배는 권력에 의해 좌우되었고 사회적 갈등을 일으켰으며 이러한 갈등의 뿌리는 왕정 자체에 있었다. 따라서 이 시기의 이스라엘 사회는 예언자들의 목소리가 이어지게 만들었다.[124]

본래 이스라엘에서는 저지대 도시국가들의 위계질서와 대조적으로 평등주의가 발달했으며 왕정 이전의 취락들은 도시국가 왕들의 통치권 밖에 있던 인구 비밀집 지역에 주로 집중되었다. 다윗의 왕권은 남과 북을 연합하고 팔레스타인의 이러한 도시국가적 영향력을 상쇄할 수 있었다. 그러나 북이스라엘 지역은 다윗 아래에서 통합된 기간조차도 그 독

---

124) Judith A. Todd, "The Pre-Deuteronomistic Elijah Cycle," in *Elijah and Elisha in Socioliterary Perspective*, 3.

립적인 특성이 사라지지 않았으며, 다윗의 통치 말기에는 배반과 분리 운동이 일어났다. 왕위에 오른 솔로몬은 더욱 무거운 세금과 부역을 부과하였다. 솔로몬의 통치 스타일은 전통적인 야웨 신앙의 평등주의에 압력을 가함으로써 지파적 연대를 해체했고 이스라엘 사회를 전형적인 "발전된 농업경제의 계층화 모델"로 이끌었다. 솔로몬 사후에 북이스라엘은 여로보암이 집권한 때부터 오므리가 집권하기 전까지 약 50년 동안 정치적·종교적으로 탈중앙화(decentralization)하는 시기를 맞는다. 그러나 오므리는 집권 후에 (예후의 혁명이 일어나기 전까지) 솔로몬의 옛 도시국가적 모델을 따름으로써 "이스라엘 사람들"과 "가나안 사람들" 사이의 관계 문제를 지속시키는 전초가 되었다. 오므리의 정책은 이스라엘 사람들과 가나안 사람들 사이의 긴장 상태를 사사기 시대나 왕정 초기 시대 때 그들이 겪었던 긴장 상태의 수준으로 되돌려놓았다.[125] 이스라엘 사람들과 가나안 사람들 사이의 긴장의 기초에는 사회경제적 시스템과 가치체계의 차이가 있다. 이는 곧 이스라엘 농업사회의 기초가 되었던 토지제도에 대한 가나안 가치체계의 도전이었다.

쿠트는 이러한 토지제도의 차이를 자세하게 설명한다.[126] 토지 소유권이란 궁극적인 토지 소유자 및 사용자, 그리고 이용방식을 모두 포함한다. 토지 소유권에는 두 가지 방식이 있다. 첫째, 세습토지소유권(Patrimonial domain)이다. 이스라엘에서 토지 소유권은 보통 부자(父子) 사이에서 이전되었으며, 그 기원이 어찌 되었든 간에, 일차적으로는 세습

---

125) Todd, "The Pre-Deuteronomistic Elijah Cycle," 4.

126) Coote, *Amos among the Prophets: composition and theology*, 26-27.

적이었다. 씨족(clan)의 토지는 "선물"(grant[*naḥălâ*]는 보통 inheritance로 번역된다)로 불렸는데, 그 이유는 이스라엘이 토지를 야웨가 수여하는 것으로 인식했고 세습토지소유권을 주장하였기 때문이다. 마을 단위에서 이 소유권은 공평을 유지하기 위해서 정기적으로 재분배되었다. 그래서 이를 재분배적 씨족 평등주의(redistributional clan egalitarianism)라고 부른다. 둘째, 수녹토지소유권(Prebendal domain)이다. 이는 국가의 관리들이 이 땅의 궁극적인 소유자인 군주로부터 땅을 하사받아 그것에 대한 권한을 갖는 소유권이다. 통상적으로 관리들은 이런 땅에서 얻는 수입에 대한 권리를 행사했다. 이렇게 땅에서 얻는 수입을 하사하는 것을 수녹제(prebend)라고 하고, 그것을 주장하는 관리들을 수녹주(히브리어로 *sar*. 이는 흔히 "prince"로 번역되며 "수녹주"를 의미한다)라고 한다. 이런 토지 소유권은 왕정체제의 특징이었다. 왕정체제에서는 땅, 그리고 땅의 임대에 대한 세습권을 군주의 권력을 내세워 박탈할 수도 있었다. 군주 시대(대략 기원전 1000-600년)에 이스라엘의 토지 소유권은 세습제로부터 수녹제로 변천하는 경향이 뚜렷했다. 초기 이스라엘을 연구하는 많은 학자는 당시의 특정적인 세습토지소유권이 이스라엘의 첫 두 왕이 등장하기 이전 약 2세기 동안 일어났던 농민들의 반란과 토지 개혁의 결과로 형성되었다고 믿는다. 초기 이스라엘의 세습토지소유권은 농민들이 토지 소유자에게 흘러들어가는 잉여 농산물을 스스로 통제하려는 혁명적인 방식으로 제정된 것이었다. 그래서 초기 이스라엘 농민들은 야웨가 땅의 주인이라고 주장하였고 엘리트 지배계층에 대항하여 전혀 다른 도지 소유방식을 주창하였다.

그런데 열왕기상 21장에는 바로 이러한 세습토지소유권을 박탈하려는 아합과 이세벨의 공격이 묘사되어 있다. 나봇이라는 인물은 이스르엘 평원에 포도원을 소유한 자경자영의 자유농민이었다. 수도 사마리아에 거주하던 아합 왕은 기름진 이스르엘 평원에 있던 이 좋은 포도원을 취하고 싶은 욕심에 빠지게 된다. 그러나 이에 대한 나봇의 태도는 단호하였다. "내 조상의 유산(נַחֲלָה)을 왕에게 주기를 여호와께서 금하실지로다"(왕상 21:3, 개역개정). "내가 주는 것을 야웨께서 금하신다"(מֵיהוָה מִתִּתִּי לִי חָלִילָה)는 특히 사무엘서에서 많이 등장하는 구문이다(삼상 2:30; 12:23; 14:45; 20:2, 9; 22:15; 24:6; 26:11; 삼하 20:20; 23:17). 사무엘상 26:11에서 다윗은 사울을 죽이지 않고 살려주면서 "내가 손을 들어 여호와의 기름 부음 받은 자를 치는 것을 여호와께서 금하시나니"라고 말한다. 이는 이러한 금지가 야웨로부터 기원하는 강한 금지임을 나타내는 것으로 보인다. 비록 아합은 이세벨을 아내로 맞이했고 페니키아와 동맹함으로써 야웨 신앙을 배반했으며 바알 숭배를 받아들인 인물이었으나, 그는 야웨로부터 기원하는 이런 금지의 의미를 알았기 때문에 나봇의 단호함에 더는 대응하지 못하고 식사도 거른 채 근심에 빠지고 만다(왕상 21:4). 그러자 이러한 이스라엘의 가치체계를 이해하지 못하는 페니키아 출신인 이세벨은 단순히 나봇의 태도를 왕권에 대한 심각한 도전으로 받아들인다. 이세벨은 즉시 계략을 짜서 나봇을 죽이고 그의 포도원을 취해버린다. 이 일이 있고 난 뒤 야웨의 말씀이 엘리야에게 임한다(왕상 21:17). 엘리야는 야웨의 신탁대로 아합을 만나서 그 부당성을 고지하고 저주의 예언을 퍼붓는다.

이 사건은 엘리야의 수많은 예언 활동 중 매우 특이한 사건임이 틀림없다(이 사건 이전에 엘리야가 했던 예언 활동은 단지 그를 점증하는 바알 신앙

[Baalism]에 외롭게 저항하는 예언자로 보이게 한다). 레온 우드(Leon J. Wood)
는 당시 북이스라엘의 상황을 다음과 같이 기술한다.

> 아합이 페니키아와 동맹을 맺고 페니키아의 공주 이세벨과 혼인을 한 것은 이
> 스라엘에게 "비극적 손상"이었다. 이세벨은 이스라엘 내로 바알-멜카트(Baal-
> Melqart, "멜카트"는 두로의 신으로서 옛 가나안의 바알 신에 해당하기 때문에 성
> 경에서는 단지 "바알"로 불린다) 신앙을 유입한 인물이었고 야웨의 예언자들을
> 핍박하고 무참히 학살하였다. 또한 궁중에서 850인에 이르는 바알과 아세라
> 선지자들을 지원하였다. 가나안 신 바알 숭배는 왕국 이전 시대에도 이스라엘
> 지파들에서 발견되는데 사무엘은 이에 격렬하게 대항하였고 다윗은 마침내 그
> 것을 몰아내는 데 성공하였다. 그런데 이세벨에 의해 다시 바알-멜카트 숭배가
> 도입된 것이다.[127]

5.2.2.2. —— 엘리야의 예언 활동의 공공성과 그 한계

엘리야의 생애는 주로 이러한 바알 신앙에 저항하여 야웨의 주권을 회복
하는 데 집중되어 있었던 것이 사실이다. 그런데 디어만은 알트와 달리
가나안이 이스라엘에 미친 영향을 최소화하는 입장을 견지한다. 디어만
은 바알 신앙의 종교적인 면과 경제적인 면을 구분한다. 그에 따르면 성
경에서 가나안 사람들이 비방을 받은 이유는 "그들의 경제적인 파괴와 영
향"(their economic subversion and influence) 때문이 아니라 "그들의 종교

---

127) Leon J. Wood, 『이스라엘의 선지자』, 김동진 역 (서울: 기독교문서선교회, 1990), 303-
304.

적이며 제의적인 영향"(their religious and cultic influence) 때문이다.[128] 그
러나 이는 고대 사회에서 종교와 정치, 경제의 상호 연동을 간과한 단견
이다. 코흐의 견해에 따라 엘리야를 길르앗의 자유농민 출신으로 본다면
우리는 상당히 다른 관점을 가질 수 있다. 엘리야는 오므리 왕조의 집권
이후 이스라엘의 전통적인 세습토지소유권이 위협받는 상황이 진행되는
것을 목격하였을 것이다. 따라서 엘리야는 나봇의 포도원 사건을 단순히
왕의 탐욕으로 보지 않고 지배계층의 탐욕에 의해 이스라엘의 평등주의
적 경제 질서가 무너지는 전초 현상으로 보았다.

사마리아에서 실시된 발굴 작업의 결과는 오므리가 궁정 근처에 있
던 내성과 외성을 쌓았다는 것을 드러냈다. 이 건축물들은 아합의 장엄
한 상아궁(참조. 왕상 22:39; 암 3:15)이었다. 이 건축물들의 벽은 백대리석
으로 단장되어 상앗빛을 내었고, 200여 개가 넘는 상아 조각물과 액자 및
작은 화판이 창고에서 발견되었다. 아합은 이외에도 성읍 몇 채를 더 건
축하였다(왕상 22:39).[129] 이는 당시에 급속하게 진행되기 시작한 도시화와
계층화의 증거가 될 것이다. 따라서 엘리야의 저항은 단순히 바알 숭배에
대한 종교적 저항을 넘어 바알 신앙의 가치체계가 가져오는 사회적·경제
적 영향에 대한 저항이기도 했다. 분명 이러한 면은 엘리야의 예언 활동
이 가진 "공공성"의 한 단면이라고 볼 수 있다.

그러나 엘리야의 활동과 기원전 8세기 예언자들의 활동을 비교하면
엘리야의 "공공성"은 초기 단계의 모습을 보여준다고 할 수 있다. 디어만

---

128) Dearman, *Property Rights in the Eighth-Century Prophets: The Conflict and Its
Background*, 70.
129) Wood, 『이스라엘의 선지자』, 304.

이 주장하듯이 바알 종교가 이스라엘에 종교적인 영향만 주었을 뿐이고 그것의 사회경제적인 영향력은 거의 없었다고 할 수는 없다. 하지만 기원전 9세기의 상황은 이스라엘의 세습토지제도를 비롯한 평등주의적 경제 질서가 심각하게 위협받는 수준은 아니었다. 아합은 나봇이 "여호와께서 금하신다"라고 말하며 야웨 종교의 땅 사상에 기초해서 그에게 저항했을 때 무기력해졌다. 이는 야웨 신앙적 경제 질서에 대한 의식이 아합에게 아직 있었음을 의미한다. 무엇보다 기원전 9세기는 국제무역이 충분히 활성화되기 전이었기 때문에 비교우위 농산물 생산에 집중하는 집약농업 단계에 이르지는 않았다.

쿠트는 세습토지제도를 수녹토지제도로 전환한 결정적인 요인을 임대자본주의(rent capitalism)로 본다. 엘리트들이 세습토지를 수녹토지로 전환하는 도구로 임대자본주의를 이용하였다는 견해다. 부모로부터 물려받은 토지와 관련하여, 농부들은 (생산을 위해 필요한) 여러 요소를 임대하는 데서 비롯된 경제적 압력을 견디어내기 어려웠다. 결국 기원전 8세기에 이르러서는 농부들이 세습토지 권한을 양도하는 일이 일어났고, 결국 그들이 채무 노예로 전락하는 운명을 아무도 막을 수 없었다.[130] 따라서 예언자들이 사회적·경제적 착취와 불의를 집중적으로 고발하기 시작한 때는 기원전 8세기였다.

이상에서 고찰한 바와 같이 기원전 9세기 예언자인 엘리야는 야웨의 "하나님 되심"에 가장 큰 관심을 두었다(왕상 18:36; 왕하 1:3, 6, 16 등). 비록 나봇의 포도원 사건이 보여주듯이 엘리야가 야웨의 주권과 땅을 중심으로

---

130) Coote, *Amos among the Prophets: composition and theology*, 31-32.

하는 경제적·정치적 제도의 연관성을 간과하지는 않았을지라도, 그의 예언 활동의 "공공성"은 초기 단계였다고 할 수 있다. 예언 활동에 담긴 진정한 의미의 "공공성"은 기원전 8세기 문서 예언자들 시대에 본격적으로 나타나기 시작했다.

5.2.3. —— 기원전 8세기 문서 예언자들

5.2.3.1. —— 기원전 8세기 근동의 국제적 상황과 이스라엘

기원전 8세기는 고대 근동 세계의 역사 중에서도 극심한 격동의 시대였다. 리비아 출신 왕들의 통치하에서 이집트(제22-23왕조, 기원전 950-730년)는 오랫동안 무기력한 시기를 보내고 있었다. 이 시기가 끝날 무렵 나일강 삼각주 지역의 여러 도시가 이집트 중앙정부로부터 독립하였다. 다행히도 이 기간에 북이스라엘과 남유다는 남쪽에 있던 그들의 이웃나라들로부터 거의 간섭을 받지 않았다. 또한 메소포타미아 북쪽의 앗시리아역시 아닷 니라리 3세가 다메섹과의 전투에서 승리한 것(*ANET* 281-282)을 마지막으로 그 세력이 크게 약화되었다. 이처럼 기원전 8세기 북이스라엘과 남유다의 번영은 앗시리아 제국과 이집트 제국의 세력이 일정기간 약화되었던 상황에 힘입은 결과였다.[131]

두 왕국의 재기는 북이스라엘에서는 유능하고 장수했던 여로보암 2세(기원전 786-746년) 아래에서, 그리고 같은 시기에 남유다에서는 여로보

---

131) William H. Hallo and William Kelly Simpson, *The Ancient Near East: A History* (New York: Hacourt Brace Jovanovich, 1971), 287-289.

암 2세보다 젊었지만 그만큼 유능했던 웃시야(기원전 783-742년) 아래에서 그 절정에 달했다. 열왕기하 13:24-25에 따르면, 여로보암 2세의 아버지인 요아스(여호아스)는 다메섹이 패배한 틈을 타서 아람인들에게 빼앗겼던 이스라엘 영토를 되찾았다. 그리고 여로보암 2세 때에 이르러 조방농업(粗放農業)과 국제무역을 통해 국부를 형성하고 실질적인 독립의 시기를 이룰 수 있었다. 여로보암 2세에 관해서 우리는 잘 알지 못하지만(요단 동편에서 얻은 두 번의 승리가 암 6:13에 암시되어 있다), 그가 북부 국경선을 솔로몬 시대에 설정된 대로 오론테스강 주변의 하맛(Hamath) 어귀까지 확장할 수 있었다는 것은 확인할 수 있다(왕하 14:25). 이 국경선은 가데스(Kadesh)에서 남쪽으로 조금 떨어진 지역인 북부 수리아의 요지에 있었으므로 다메섹과 하맛의 영토가 제한되어 있었다는 것을 알려준다. 실제로 열왕기하 14:28은 여로보암 2세가 다메섹과 하맛에 그의 권위를 행사했음을 시사하는데 이것은 확실히 가능한 일이다. 비록 열왕기하 14:28의 본문이 모호하기 때문에 그가 정복한 정확한 범위가 분명하지 않지만, 다메섹은 완전히 격파되었고 야르묵(Yarmuk)강 북쪽의 요단 동편에서는 이스라엘의 국경선이 사해 연변의 한 지점에 설정되었다. 이 지점(암 6:14에서는 "아라바 시내"라고 불림)은 불확실하기 때문에 여로보암 2세가 모압 족속의 영토를 어느 정도로 축소했는지 알기는 어렵다. 하지만 만일 그것이 버드나무 시내(아라빔)와 동일하고 또한 사해 남단의 와디 엘 헤사(세렛)라면, 그가 모압 족속을 완전히 정복했다는 뜻이 된다. 어쨌든 여로보암 2세가 모압 족속과 암몬 족속을 이스라엘 영토에서 쫓아내고 철저하게 제압했다고 추측할 수 있다.

웃시야는 16살의 나이로 남유다의 왕위에 올랐고(왕하 15:2) 처음에는 자신보다 연상인 북이스라엘의 여로보암 2세의 그늘에 가려져 있었지만, 이내 그 침략 정책의 대등한 동반자로 등장했다.[132] 웃시야는 예루살렘 방비를 개수했고, 군대를 재편하는 동시에 장비를 개선했으며, 포위 공격을 당할 때 사용할 기발한 장치들을 도입했다(대하 26:9, 11-15). 또한 그는 공격 작전을 감행하기도 했다(대하 26:6-8). 그는 분명히 에돔 족속의 땅에 대한 지배력을 행사했고 서북 아라비아 부족들에 대한 군사 작전을 전개함으로써 교역로와 관련하여 자신의 위치를 공고히 했다. 에시온게벨의 요새화된 항구(엘랏)는 그에 의해 재건되어(왕하 14:22) 남방과의 교역 중계지로 개항되었는데, 웃시야의 아들이자 (그의 섭정 기간의) 공동 통치자였던 요담의 것으로 보이는 인장이 이곳에서 발견되었다. 웃시야는 네겝 지방과 남부 사막지대도 장악하고 있었는데, 이는 대상 통로들을 보호하기 위해 그곳에 세워진 요새 조직을 통해 예증된다. 또한 웃시야는 국경선을 해안 평야 깊숙이 확장하여 가드, 야브네, 아스돗을 점령하고 블레셋인의 영토 안에 여러 성읍을 세웠다. 비록 웃시야는 말년에 나병에 걸려서(왕하 15:5) 공적인 권력 행사를 아들 요담에게 물려주어야 했지만, 그는 살아 있던 동안에는 계속해서 통치자로서 해야 할 역할을 했던 것 같다.[133] 요컨대 여로보암 2세와 웃시야의 통치 시기는 이스라엘과 유다가 짧은 기간이나마 자신들의 운명을 스스로 관리할 수 있었던 실질적인

---

132) J. Maxwell Miller와 John H. Hayes는 John Bright와는 달리 "웃시야와 요담은 여로보암의 그늘 아래 있던 아주 평범한 군주였다"라고 본다(J. Maxwell Miller and John H. Hayes, 『고대 이스라엘 역사』, 박문재 역 [서울: 크리스챤다이제스트, 1996], 383). 그러나 Miller와 Hayes가 대하 26장이 왜 웃시야를 열렬하게 찬양하는지에 대한 설명은 하지 않은 채 웃시야를 평가절하하는 것은 납득하기 어렵다.

133) John Bright, *A History of Israel 4th ed. with an Introduction and Appendix*, ed.

 구약 예언서의 공공신학

독립의 시기였다.

그러나 디글랏 빌레셀 3세가 등장하면서 국제 정세는 새로운 국면을 맞이하게 된다. 그는 기원전 745년에 바빌로니아를 침공하였고, 744년에는 북동 방면으로 진군하였으며, 743년부터 738년까지는 이스라엘의 므나헴, 그리고 "아후디의 아자리야"(Azriau from Iauda, 유다의 아사랴[웃시야]일 것임)와의 전쟁을 유발한 북서쪽과 서쪽 지방에 대한 대대적인 원정을 감행하였다. "아자리야"는 디글랏 빌레셀 3세의 서진을 막기 위해 조직된 남부 시리아와 팔레스타인 동맹군에서 수장 역할을 맡았던 것으로 보인다. 그러나 결국 이러한 노력도 디글랏 빌레셀 3세의 위세 앞에 무너졌고, 그는 기원전 738년에 [아후디]의 아자리야를 정복했다(*ANET* 282ff, lines 103ff).[134] 같은 해에 디글랏 빌레셀 3세는 하맛, 두로, 비블로스, 다메섹을 비롯한 시리아와 팔레스타인의 대다수 나라로부터 조공을 받았고 이스라엘도 그 안에 포함되었다.[135]

이제 이스라엘과 유다는 세계 패권 국가의 힘과 정면으로 맞부딪히게 되었다. 이로 인해 강대국의 무력에 대책 없이 노출되어감에도 불구하고 이스라엘과 유다의 전통적인 야웨 신봉자들은 하나님께서 자신들을 앗시리아의 범람으로부터 구해주실 것이라고 믿었다. 그러나 엄청난 속도로 중근동 일대를 휩쓸고 토착민들을 뿌리째 뽑아 이주시키는 강제 사민정책 앞에서 깨어 있는 백성들은 위기와 공포를 느꼈다. 마침내 디글랏 빌레셀 3세는 아람을 완전히 멸망시키고 북이스라엘의 북부 지역을 앗시

William P. Brown (Louisville: Westminster John Knox Press, 2000), 257-259.

134) Noth, *The History of Israel* (London: Adam & Charles Black, 1958), 257.

135) Fohrer, 『이스라엘 역사』, 방석종 역 (서울: 성광문화사, 1982), 197-198.

리아의 속주로 병탄했다. 급격한 쇠락을 맛본 북이스라엘의 베가(Pekah) 왕은 막대한 조공을 지불하고 간신히 파멸의 운명을 면하였다(기원전 732년). 그런데 베가의 왕위를 찬탈하고 왕이 된 호세아(Hoshea)는 이집트 왕인 소(So)와 동맹을 맺고 앗시리아 왕인 살만에셀 5세에게 저항하였다(왕하 17:4). 이에 살만에셀 5세는 이스라엘을 침략하여 3년간 사마리아를 포위하였고, 그의 아들 사르곤 2세는 사마리아를 함락하고 많은 상류층 사람을 포로로 잡아갔다(기원전 722/721).[136]

아모스가 일어날 것이라고 예언한 일들이 그대로 일어났다. 살만에셀 5세는 기원전 722년 늦여름 또는 가을에 사마리아를 점령했다. 이스라엘의 많은 사람이 전쟁으로 죽었다. 그의 계승자인 사르곤 2세는 27,290명의 생존자를 앗시리아 왕국의 먼 지역으로 이주시켰다. 이렇게 강제로 이주된 사람들은 엘리트 통치 계층의 대다수 사람과 그들에게 종속된 기술자들이라고 추측할 수 있다.[137] 이 사건은 이스라엘 예언자들의 사고방식에 상당한 영향을 주었다. 따라서 아모스서의 주요 부분들은 대개 이러한 "재난의 서곡" 기간에 만들어졌음이 분명하다. 이러한 때에 국제 정세를 평가하는 능력이 아닌 다른 그 무엇이 예언자로 하여금 번영하는 국가를 향하여 이제 살날이 얼마 남지 않았다고 선포하게 만들었다.[138] 열왕기하 15:20에 제시된 숫자가 정확하다면, 여로보암 2세 이후 10여 년을 통

---

136) 김회권, 『성서주석 이사야 I』, 43-44.

137) Coote, *Amos among the Prophets: Composition and Theology*, 46. 사르곤 2세의 비문에는 "짐은 사마리아를 포위 공격하여 정복하고 전리품으로 그곳 거민 27,290명을 끌어왔다"라는 기록이 있다(참조. 왕하 17:6).

138) Donald E. Gowan, 『구약 예언서 신학』, 차준희 역 (서울: 대한기독교서회, 2004), 72.

구약 예언서의 공공신학

치한 므나헴은 디글랏 빌레셀 3세에게 조공을 바치기 위해 6만 명의 지주로부터 은 50세겔씩을 징수했다. 우리는 그 당시 지방에서의 빈곤 상태가 얼마나 심각했는지를 가늠할 수 없다. 하지만 아모스가 사법제도의 붕괴(암 5:10-12) 및 부정한 사치를 누리는 계층들을 목격하고 이를 공격적으로 고발하는 장면을 통해 어느 정도 힌트를 얻을 수는 있다.[139] 한편 이러한 재난의 파도는 유다의 운명도 시시각각으로 위협하고 있었다. 이제 유다의 정치적 독립은 풍전등화의 위기 앞에 놓이게 되었다.

유다 내의 개혁이 기원전 727-726년(히스기야가 왕권을 행사한 첫해)에 시작되었을 가능성이 전혀 없는 것은 아니다. 이후 온 이스라엘 백성에 대한 종교적·정치적 통합 노력은 사르곤 2세가 시리아-팔레스타인에 대한 통치를 완전히 확립하기 전, 그리고 사메리나(사마리아) 지방이 완전히 정상화되기 전(기원전 720년 이후), 다시 말해, 북왕국의 멸망 직후에 시도되었을 가능성이 있다.[140] 사르곤 2세의 실록에 그가 통치 2년(기원전 720년)에 유다를 침공한 사실이 적시되지는 않았지만, 또 다른 앗시리아 비문은 그를 "먼 나라 유다를 정복한 자"라고 지칭한다. 이것은 기원전 720년에 시리아-팔레스타인에서 발생한 반란을 진압하기 위해서 사르곤 2세가 그 지역을 공격한 것을 의미할 수 있다. 이것은 히스기야가 다스리던 유다가 아하스 정부의 대(對)앗시리아 정책과는 조금 다른 정책을 펼쳤음을 보여주는데, 북왕국에 대한 히스기야의 특별한 관심이 그가 반란에 동

---

139) Gowan, 『구약 예언서 신학』, 71.
140) Ian Provan 외 2인, 『이스라엘의 성경적 역사』, 김구원 역 (서울: 기독교문서선교회, 2013), 554-555.

참한 계기였을 수 있다.[141] 그러나 히스기야는 사르곤 2세의 엄청난 군사력을 실제로 보고 막판에 반(反)앗시리아 연합에서 빠졌을 것으로 추정된다. 그는 앗시리아에게 조공을 바침으로써 앗시리아에 대한 충성 서약을 갱신했던 것 같다. 히스기야는 기원전 714년에 시리아와 팔레스타인의 많은 소왕국이 이집트와 힘을 합하여 반앗시리아 봉기를 일으켰을 때도 그것에 가담하지 않았다. 앗시리아 문서에 따르면 아스돗은 다른 블레셋 도시들뿐 아니라 유다, 에돔, 모압도 앗시리아의 굴레에서 벗어날 것을 선동하였지만 유다가 아스돗이 주도한 반란에 참여했을 가능성은 희박해 보인다. 국제 정세는 시시각각으로 변하고 있었다. 기원전 705년에 사르곤 2세가 죽은 후 새로 집권한 산헤립(기원전 705-681년)은 기원전 701년에 시리아-팔레스타인으로 진군한다. 성경은 히스기야가 산헤립의 공격에 잘 대비했음을 보여준다(왕하 18:8, 20; 대하 32:3-6, 28-29; 사 22:8-11). 이번에는 히스기야가 반란에서 선도적인 역할을 했던 것 같다. 하지만 반앗시리아 연합은 이미 전쟁 초반에 무너졌고 히스기야는 앗시리아 군대의 철수를 조건으로 조공을 제안했다(왕하 18:13-16). 그런데 산헤립은 조공을 받는 대가로 후퇴하거나 철수하지 않았고 오히려 라기스(Lachish)로부터 군대를 보내어 예루살렘을 포위하고 히스기야에게 완전히 항복할 것을 설득하였다(왕하 18:17 이하). 그러나 열왕기하 19:35 이하는 예루살렘의 운명이 앗시리아 군대의 손에 달려 있을 때, 앗시리아 군대가 신비스러운 실패를 경험했음을 보고한다. 성경의 저자들은 그 실패

---

141) Ian Provan 외 2인, 『이스라엘의 성경적 역사』, 555.

　　　　　　　　　　　　　　　구약 예언서의 공공신학

를 "주의 사자"의 활동과 연결한다.[142]

이상에서 우리는 기원전 8세기 근동의 국제 정세가 북이스라엘과 남유다에 미친 영향을 살펴보았다. 기원전 8세기 근동의 복잡한 국제 정세는 북이스라엘과 남유다 왕국의 내부에도 상당한 영향을 끼쳤다. 그중에서도 가장 큰 변화가 시작된 것은 토지 제도였다. 사실 이러한 변화는 사울 왕을 기점으로 왕정 제도가 도입되면서 사무엘에 의해 이미 경고된 것이었다(삼상 8:12-15). 여기서 사무엘은 수녹토지제도에 대해 경고하고 있다. 수녹토지제도는 왕정 이전의 이스라엘 사회에서는 볼 수 없었던 제도였다. 그런데 사무엘상 22:7은 "사울이 곁에 선 신하들에게 이르되 '너희 베냐민 사람들아, 들으라. 이새의 아들이 너희에게 각기 밭과 포도원을 주며 너희로 천부장, 백부장을 삼겠느냐'"라고 기록하고 있다. 이 말에 사울과 다윗 모두가 이러한 제도를 알고 있었고, 그것을 충성스러운 신하들에게 사용했으며, 또 사용할 것이라는 암시가 담겼다고 볼 수 있겠다.[143]

왕정 이전의 토지 제도는 어느 한 집안이 토지를 독점하는 일을 막아주는 역할을 했다. 그러나 군주제가 도입되면서 왕은 권력을 이용하여 토지를 정복하거나, 상속받거나(삼상 9장), 지참금으로 얻거나, 법적으로 몰수하여 축적하였고(왕상 21장), 때로는 이를 매매하거나(왕상 16:24), 신하에게 수여하는 일이 모두 가능했다. 이와 관련해서 다윗은 므비보셋에 대

---

142) Ian Provan 외 2인, 『이스라엘의 *성경적 역사*』, 556-559. 이 사건의 원인에 대해서는 전염병에 의한 것 등 많은 논란이 있다. 그러나 성경에는 종종 이러한 신적 개입에 의한 극적인 해결(*Deus ex machina* solution)이 나타난다.

143) M. E. Polley, *Amos and the Davidic Empire: A Socio-Historical Approach* (New York / Oxford: Oxford University Press, 1989), 124.

한 처벌로써 그에게 전에 수여했던 토지를 몰수하기도 하였다(삼하 16:1
-4). 이런 수녹토지는 대개 도시에서 떨어진 지방에 있었고 그 지역에 사
는 농민들에게 소작을 주었다.[144] 이런 제도를 통해서 관료들은 도시에 거
주하면서도 원거리의 시골에 있는 자신의 토지에서 생산된 농산물로부터
생긴 이익을 챙기는 부재지주(不在地主) 역할을 하게 되었다.[145] 이러한
구조들은 이스라엘이 군주사회로 변화함으로써 초래되었다. 이는 내부적
으로는 주로 제한된 생존 환경(인구 증가, 농경지 부족), 기술 혁신을 통한 잉
여 생산, 권력 집단의 발생, 집약농업을 위한 관리 시스템의 필요성, 그리
고 주변 지역과의 통상무역으로 인한 것이었다. 외부적으로는 주로 블레
셋과의 군사 접촉이 이것에 상당한 영향을 끼쳤다.

이러한 상황은 기원전 8세기에 이르러 국제무역의 발달과 함께 급격
히 가속화된다. 수녹토지를 소유한 엘리트 지배층은 국제 수출입 무역에
참여하면서 포도주와 올리브 기름 생산에 유리한 중앙 산간지대를 차지
했고, 기존에 구획별로 나뉜 소규모 자영농가의 토지를 합법적인 방식으
로 갈취했다. 이후 엘리트 지배층은 그런 소규모 소유지를 거대한 토지로
전환하고 그곳에서 일하던 소작농들에게 단일 영농법을 주문하여 포도
주와 올리브 기름 생산에 박차를 가하는 집약농업을 정책적으로 추진하
였다.

우택주는 기원전 8세기의 사회경제적 배경의 가장 중요한 요소로 "집
약농업의 구조"를 지적한다. 그는 문서 예언자들의 등장도 이러한 농업

---

144) 우택주, 『8세기 예언서 이해의 새 지평』, 88.
145) 우택주, 『8세기 예언서 이해의 새 지평』, 111.

구조와 연결되어 있다고 주장한다. 그는 "집약농업"을 다음과 같이 설명한다.

집약농업역학이란 파종할 종류와 경작방식에 대한 결정권이 경작자에게 없다. 자족적인 마을 중심의 기초생활경제(village-based subsistence economy)에서 생산량의 결정권이 국가와 관료에 의해 원격 조정됨으로써 잉여농산물은 국제 시장에 수출하기 위해 공출되면서 그 경제적 이익을 지방의 대다수 농부로부터 도시의 소수 지배계층이 차지하는 도시 중심의 시장지향성 기획경제(urban-centered and market-oriented command economy)로 이동하는 과정이다.[146]

우택주는 "집약농업"에 관한 더 넓은 의미의 정의도 내리고 있다.

부는 상류계층에만 집중하게 되고 하층민은 가난과 억압에 시달리는 구조를 지닐 수밖에 없는 사회구조를 형성하게 된다. 이 정치경제적 정황 전체를 가리켜 집약농업의 역학이라 부른다. 대지주화(latifundialization) 과정과 거의 같은 역학을 일컫는다. 그러나 대지주화 과정은 토지 집중(land consolidation)에 초점을 두고 있는 데 비해서 여기서 사용하는 용어는 토지의 집중을 포함하여 더 큰 정치적·경제적·사회적 역학관계를 포함하여 말하는 장점이 있다.[147]

---

146) 우택주, 『8세기 예언서 이해의 새 지평』, 109.
147) 우택주, 『8세기 예언서 이해의 새 지평』, 113.

그는 기원전 8세기의 사회경제적 특징 중 하나인 "집약농업역학"은 아무리 강조해도 지나치지 않다고 하면서 단순히 "집약농업"만이 아니라 그러한 사회경제적 구조가 초래했던 문제들과 예언자들이 그것을 어떻게 다루었는지도 설명한다.

결국 야웨가 수여한 것으로 주장되던 소규모 소유지는 보다 넓은 수녹토지로 전락하였고, 모든 의도와 목적을 살펴볼 때, 그러한 토지의 최종 주인은 야웨가 아니라 엘리트 지배계층의 다른 구성원과 왕이었다. 이 과정을 대지주화라고 부른다.[148] 이런 정황이 가장 극심하게 드러난 시대가 기원전 8세기 중반이었고, 이 시기에 주요 문서 예언자들이 등장했다는 사실은 의미심장하다.

이상에서 상술한 바와 같이 기원전 8세기는 히브리 자경자작의 기반 몰락, 곡식 시장의 왜곡, 거대한 지주와 농지 탄생, 채무 급증 등이 보여주듯이 자유농민의 몰락이 가속화되던 시기였다. 이러한 "재난의 서곡" 가운데서 호세아, 아모스, 이사야, 미가 같은 예언자들이 출현했다. 이처럼 특별한 시대적 환경에서 그들은 사법제도의 붕괴, 부정한 사치를 누리는 계층, 자유농민의 몰락, 종교지도자의 타락을 목격하고 이를 고발했다. 이 각각의 구체적인 모습은 기원전 8세기 예언서들을 주석하면서 다루어질 것이다.

기원전 8세기에 활동했던 예언자들에는 요나, 호세아, 아모스, 이사야, 미가 등이 있다. 그러나 요나의 사역에 대해서는 알려진 것이 거의 없다. 우리가 알고 있는 것은 요나서에 나오듯이 요나가 니느웨에서 예언 활동

---

148) Coote, *Amos among the Prophets: Composition and Theology*, 29.

  구약 예언서의 공공신학

을 한 것, 그리고 열왕기하 14:25에 나오듯이 요나가 여로보암이 이스라엘 영토를 회복하여 하맛 어귀에서부터 아라바 바다까지 확장하리라는 예언을 한 것뿐이다. 이에 우리는 요나 이후에 등장한 네 명의 예언자(호세아, 아모스, 이사야, 미가)를 중심으로 그들의 예언 활동과 예언서의 특징을 간략히 살펴보고자 한다.

5.2.3.2. ── 기원전 8세기 예언자와 예언 활동

1) 호세아

호세아서는 호세아가 남유다의 웃시야, 요담, 아하스, 히스기야 시대에, 그리고 북이스라엘의 여로보암 2세 시대에 사역하였다는 것을 밝히고 있다. 여로보암 2세는 기원전 753년에 죽었고[149] 웃시야는 기원전 767년에 왕위에 올랐음을 고려할 때 호세아가 그의 사역을 시작한 연대는 대략 기원전 760년경이 될 것이다. 또한 호세아는 히스기야가 홀로 다스리기 시작한 기원전 715년까지 사역했으므로 그의 활동 기간은 40-50년에 걸친 긴 기간이었다.[150]

　　호세아는 여로보암 2세의 강력한 치리로 북이스라엘이 번영과 영향력을 누리던 시대에 살았지만, 이스라엘의 죄악이 끓어넘치는 것을 간파

---

149) 여로보암 2세의 41년간의 공식적 통치는 여호아스와 함께 섭정이 시작된 기원전 793/792년에 시작했다. 섭정으로 시작한 해는 즉위년으로 부르지 않고 통치 첫해로 세산된다. 그렇다면 여로보암 2세의 실제 통치기간은 40년이 된다(기원전 793-753년)(Edwin R. Thiele, 『히브리왕들의 연대기』, 한정건 역 [서울: CLC, 1990], 158).

150) Wood, 『이스라엘의 선지자』, 396.

하고 있었다. 당시에는 불의한 법정(호 5:11), 지도자들의 방탕과 정욕(호 7:3-7), 이를 따르는 백성들의 음행(호 9:1-3), 세를 과시하려는 과도한 건축(호 8:14)이 있었으며, 용사의 많음을 의지했고(호 10:13-15), 거짓과 포학이 범람하였으며(호 12:2a, MT), 강대국을 의지하려 하였다(호 12:2b, MT). 야웨는 이러한 이스라엘의 죄악을 "고멜"이라는 여인을 통해 상징적으로 보여주고 호세아가 고멜과 결혼하게 함으로써 이스라엘을 다시 품고 회복시키려는 의도를 나타내셨다. 야웨는 "내가 여러 선지자에게 말하였고 이상을 많이 보였으며 선지자들을 통하여 비유를 베풀었노라"(호 12:11, MT)라고 말씀하신다. 또한 야웨는 땅의 구원적 가치(선물성)를 다시 인식할 수 있도록 그들을 깨우치신다(호 11:1).

그러나 백성들은 호세아에게 "신에 감동하는 자가 미쳤나니(מְשֻׁגָּע)"(호 9:7, 개역개정)라고 반응한다. 이러한 형태의 언어는 흔히 그들의 주장이 받아들여지지 않는 주변적 예언자(peripheral prophet)의 특징을 말할 때 기존 체제가 사용하던 언어다. 신들림 증상은 참된 중재자에 대한 표시로 이해될 수 있고 정신병의 징조(a sign of mental illness)로도 이해될 수 있다. 신들림 증상을 정신병의 징조로 평가하는 경우는 사회가 영에 사로잡힌 사람을 하나님의 중재자로 인정하기를 거부하는 것이다.[151]

그런데도 야웨는 여전히 그들을 사랑하시며(호 2:14-15) 종국적으로 이스라엘의 회복이 이루어질 것을 말씀하신다(호 14:4-8). 호세아는 그의 불행한 결혼 생활에도 불구하고 하나님의 뜻에 온전히 순종하였고, 죄악을 범한 이스라엘 지배계층과 백성들에게 "하나님을 참으로 알지 못해서

---

151) Wilson, *Prophecy and Society in Ancient Israel*, 229-230.

  구약 예언서의 공공신학

망해가는 것"(호 4:6)을 깨우치기 위해 헌신한 예언자였다.

2) 아모스

아모스는 남유다 드고아 출신이면서도(암 1:1) 북이스라엘에서 예언 활동을 하였다. 그의 활동 시기에 대해서는 논란이 많다. 아모스의 예언 활동 시기와 관련하여 아모스 1:1은 북이스라엘의 여로보암 2세와 남유다의 웃시야 시대라고 기록하고 있다. 그렇다면 아모스의 사역 연대는 호세아가 사역을 시작했던 때로써 웃시야가 홀로 통치하기 시작한 기원전 763년에서 여로보암 2세의 통치가 끝난 기원전 753년 사이가 된다. 그런데 아모스 1:1은 아모스의 사역이 시작된 시기가 "지진이 나기 2년 전"이라고 하지만 이 지진이 언제 발생했는지를 알 수 없으므로 이 기록으로 그 시기를 추정하는 것은 별로 도움이 되지 못한다.[152] 그러나 샬롬 폴(S. M. Paul)은 발굴된 하솔 지층(stratum VI of Hazor)의 증거로 볼 때 기원전 760년에 이 지진이 발생했다고 주장한다. 폴은 이스라엘에서 지진이 드문 일은 아니었지만 스가랴 14장의 "유다 왕 웃시야 때에 지진을 피하여 도망하던 것 같이 하리라"(슥 14:5, 개역개정)라는 기록을 볼 때 그것이 상당히 큰 지진이었을 것으로 본다.[153] 한편 더글라스 스튜어트(Douglas Stuart)는 아모스가 벧엘의 대제사장인 아마샤를 조우한 것(암 7:10-17)과 기원전 750년부터 웃시야가 병으로 인해 통치에서 물러나고 요담이 섭정을 시작한 것을 고려하여 아모스의 예언 활동이 기원전 750년 이후에

---

152) Wood, 『이스라엘의 선지자』, 408-409.
153) S. M. Paul, *Amos* (Hermenia; Minneapolis: Fortress Press, 1991), 35-36.

는 활발하지 못했을 것으로 본다.[154]

아모스는 자신의 출신에 대해 "목자요 뽕나무 배양하는 자"(암 7:14)라고 진술하는데, 여기서 "목자"로 번역된 "보케르"(בּוֹקֵר)는 "소"를 의미하는 "바카르"(בָּקָר)에서 유래한 것이어서 "소를 치는 자"로 보는 것이 더 합당하다. 아모스 1:1에서도 아모스는 자신을 "목자"로 칭하는데 여기서는 "노케드"(נֹקֵד)[155]라는 단어가 사용되었다. "노케드"는 "나코드"로 불리는 작은 "양"을 치는 자를 의미한다. 아모스는 이외에도 "뽕나무"(쉬케밈, שִׁקְמִים)를 재배했는데 "쉬케밈"은 "무화과나무"를 의미한다.[156] 또한 그는 자신이 본래 "예언자"(나비, נָבִיא)가 아니고 "예언자의 아들"(벤 나비, בֶּן־נָבִיא)도 아니라고 한다. 이 말의 의미에 대해서는 상당한 논란이 있으나 "예언자의 아들"이란 "예언자 학교의 생도(제자)"를 의미한 것으로 보인다. 즉 아모스는 자신이 생계를 위해 활동하는 직업적인 예언자가 아니라는 것을 밝히고 있다.

아모스 시대는 호세아 시대와 거의 겹치고, 이 둘의 활동 영역도 같았다. 따라서 그들이 고발하는 내용은 상당히 유사하다. 당시 엘리트 지배계층은 대지주화와 집약농업, 임대자본주의를 통한 착취, 그리고 국제무역을 통해 축적한 막대한 부로 인해 방탕한 생활을 하였다. 그들은 가난한 자들의 옷을 전당 잡고 제단 옆에서 술을 마셨다(암 2:8). 그들은 힘없는 자들을 학대하고 술에 취했으며(암 4:1), 상아 상에 누워 대접으로 술

---

154) Douglas Stuart, *Hosea-Jonah* (WBC; Waco: Word Books, 1987), 283.

155) "노케드"는 왕하 3:4에서 모압 왕인 메사에 대하여 사용되기도 했는데, 이 경우에 "노케드"는 양을 치는 자가 아니라 양에 대한 소유권을 가진 자로 볼 수 있다. 만일 그렇다면 아모스도 양에 대한 소유권을 가진 부유한 자였을 수도 있다. "쉬케밈"은 눅 19:4에 나오는, 삭개오가 올라갔던 "돌무화과나무"(개역개정; συκομορέα)와 같은 것으로 보인다.

156) Wood, 『이스라엘의 선지자』, 410-411.

을 마셨고(암 6:1-6), 우상숭배를 계속했다(암 8:14). 야웨는 아모스를 통해 "내가 땅의 모든 족속 중에 너희만을 알았는데…우리가 서로 뜻이 다르니 어떻게 동행하겠느냐"라고 말씀하신다(암 3:1-3). 야웨는 심지어 "너희는 내게 구스 족속과 다르지 않다"라고 하시면서 출애굽의 구원신학과 그들의 특권의식을 해체한다(암 9:7). 이는 이스라엘이 야웨의 언약 가운데 계속해서 머물지 않을 때 계약 공동체가 해체될 수밖에 없다는 뜻이다. 야웨적 신정통치의 공평과 정의가 사라질 때, 야웨는 그들을 심판할 수밖에 없음을 경고하신다.

그러나 야웨는 종국에는 "다윗의 무너진 장막을 다시 일으키고…옛 적과 같이 다시 세우겠다"라고 함으로써(암 9:11) 다윗적인 이상 왕을 통하여 회복이 이루어질 것을 말씀하신다. 아모스는 이스라엘 백성이 야웨와 맺은 언약의 신실함을 회복하여 "오직 정의가 물 같이, 공의를 마르지 않는 강 같이 흐르게 하는 것"(암 5:24)이 살길임을 외쳤던 예언자였다.

3) 이사야

이사야는 예루살렘에 본거지를 둔 상류계층에서 태어났으며 왕실 내부에서 일어나는 일들과 외교 정책의 추이를 면밀히 분석하고 비판할 수 있을 만큼 유다 왕실의 내부 사정에 정통한 인물이었다. 그는 유다 왕실의 내부자였던 셈이다. 그가 웃시야 왕의 서기관(대하 26:22)이자 히스기야 왕의 서기관(대하 32:32)이었다는 것은 신빙성 있는 역사적 증언일 것이다. 이사야는 유다가 야웨 하나님과의 계약 관계를 파기하였기 때문에 발생한 사회적인 문제들을 폭로하였고 귀족과 관료, 지주 등 상류사회의 타락과 부패를 공격하였다(사 1:3-9; 5:8-25). 그러면서도 그는 예루살렘 거민

이었으며 초지일관 왕정신학과 시온신학의 신봉자로 남았다.[157]

둠(Duhm) 이래로 많은 학자는 이사야 1-39장을 제1이사야, 40-55장을 제2이사야, 그리고 56-66장을 제3이사야서로 불렀다. 여기에는 세 가지 이유가 있다. 첫째, 언어적·어휘적 차이다. 40-66장에는 "앗수르"라는 단어가 나타나지 않고 "이사야"라는 말도 나오지 않는다. 둘째, 신학적·이데올로기적 차이다. 1-39장에는 "이스라엘의 거룩한 자"[158]라는 표현이 주로 사용되고, 40-66장에서는 "이스라엘의 거룩한 자, 구속자"라는 표현이 주로 사용된다. 셋째, 문체상의 차이다. 1-39장에는 부분적인 전기 이야기체 문체와 장엄한 심판 문체가 주로 사용되지만, 40-66장은 대부분 운문체 예언이며 위로와 희망을 선포하는 시문들이 주를 이룬다. 40-66장에는 예언 선포의 역사적 맥락이 거의 누락되어 있지만 1-39장에서는 그것이 상당 부분에 걸쳐서 명시되어 있다. 이런 차이에도 불구하고 이사야서 전체를 하나로 묶는 것은 신학적·이데올로기적 연속성이다. 시온을 향한 야웨의 계약적 투신과 사랑, 즉 "시온을 향한 야웨의 계획"(*ēṣâ*)이 이사야서를 응집시킨다.[159]

이사야는 웃시야가 죽은 해인 기원전 742년에 소명을 받았으며(사 6:1; 대하 26:22) 히스기야의 치세(기원전 715-687/686년) 기간의 특정 시기까지 예언 활동을 했던 것으로 보인다. 이사야는 종교지도자들의 타락(사

---

157) 김회권, 『성서주석 이사야 I』, 39.

158) "이스라엘의 거룩한 자"(קְדוֹשׁ יִשְׂרָאֵל)라는 말은 성경 전체에서 31회 나온다. 그중 25회가 이사야서에 나타난다. 1:4; 5:19, 24; 10:20; 12:6; 17:7; 29:19; 30:11, 12, 15; 31:1; 37:23; 41:14, 16, 20; 43:3, 14; 45:11; 47:4; 48:17; 49:7; 54:5; 55:5; 60:9, 14. 40장 이후부터는 "구속자(고엘)"라는 호칭이 덧붙여진 경우가 많다.

159) 김회권, 『성서주석 이사야 I』, 37-38.

1:1-17)을 고발했고 참된 예배가 무엇인지를 일깨웠다. 야웨는 유다가 극상품 포도를 생산하기를 바라셨으나 지배계층은 "정의"(미쉬파트, מִשְׁפָּט) 대신 "포학"(미쉬파흐, מִשְׂפָּח)을 일삼았고, "공의"(츠다카, צְדָקָה) 대신 고통받는 자유농민들의 "부르짖음"(츠아카, צְעָקָה)을 일으켰다(사 5:1-7). 야웨는 이처럼 정의와 공의를 상실한 예배를 "성전 마당만 밟을 뿐이라"(사 1:12)라고 질타하며 참된 예배가 무엇인지를 깨우쳐주신다. 야웨는 "가옥에 가옥을 이으며 전토에 전토를 더하여 자신만 잘살려 하는"(사 5:8) 지배계층의 죄악을 고발하면서 "다윗의 장막에 인자함으로 왕위가 굳게 서며 그 위에 앉은 자는 충실함으로 판결하며 정의를 구하고 공의를 신속히 행할 것"(사 16:5)을 촉구하신다.

무엇보다 이사야는 시리아-에브라임 전쟁(기원전 734-732년)에서 아하스 왕에게 전했던 임마누엘의 신탁을 통해, 그리고 산헤립(Sennacherib)의 침공(기원전 701년)으로 야기된 히스기야의 곤경 가운데서 전한 신탁을 통해 왕정신학과 시온신학을 포기하지 않는 모습을 보여준다. 이사야에 따르면, 말일(새 역사가 일어나는 시점)에는 야웨의 전의 산이 모든 산꼭대기에 굳게 설 것이며 열방 백성들이 예루살렘(시온)으로 모여든다. 타인을 약탈하며 살던 자들이 야웨 하나님이 주신 토라를 공부함으로써 자신들의 습관을 버리고 땀 흘려 일하면서 살아가는 법을 배우기 위해 시온산에 오른다는 것이다(사 2:2-4).

이사야서의 백미(白眉)는 "메시아 사상"(사 9, 11, 32장)과 "남은 자 사상"(사 6:11-13; 7:3, 4; 10:20-23; 28:5, 6)이다. 이사야 1-12상은 이러한 다윗적 이상 왕에 의하여 주도되는 포로들의 고토 귀환, 남북지파의 통일, 주변 민족에 대한 통일, 이스라엘의 정치적 지배를 갈망하고 있다. 9장과

11장은 이사야의 초기 메시아 예언시로서 북이스라엘의 멸망을 염두에 두고 민족주의적인 애정과 열망을 잘 부각하고 있다.[160] 이사야는 국내외 적인 위기 가운데 북이스라엘의 참혹한 징벌을 목격한 유다 지배계층에게 강대국을 의지하는 인간적인 모략 대신 전적으로 야웨를 의지하는 것이 살길임을 계속해서 선포했고, 그러한 예언 활동으로 인해 고난받은 예언자였다. 이사야가 볼 때 그러한 위기에서 결정적으로 필요한 것은 필사적 동맹 외교나 전쟁 준비가 아니라 시온을 공평과 정의 위에 새롭게 건설하시려는 하나님의 계획을 "믿고 받아들이는 일"이었다(사 5:12, 19; 6:11, 13; 7:8-9; 10:5-15; 14:24-27; 28:16-18, 21-22).[161]

4) 미가

미가는 이사야와 동시대의 예언자였다. 미가의 사역 연대에서 웃시야가 언급되지 않는 것을 고려할 때(미 1:1), 미가는 이사야보다는 예언 활동을 다소 늦게 시작했을 것이다. 또한 히스기야 시대에 일어난 산헤립의 침공에 관한 언급이 없는 것으로 보아, 미가는 아마도 그 이전에 사역을 마쳤을 것이다. 그렇게 볼 때 미가의 활동 기간은 기원전 735년에서 710년 사이로 추정된다.[162] 예레미야는 예레미야 26:18-19에서 미가가 히스기야 시대에 예언 활동을 하고 있는 것을 언급하면서 미가 3:12을 인용한다.

　　미가는 당시 유다 지배계층의 타락과 직무유기를 강하게 비판한다.

---

160) 이에 대해서는 다음을 참조하라. Hae Kwon Kim, *The Plan of Yahweh* (UMI Dissertation Service: Princeton Theological Seminary, 2001), 256-274.

161) von Rad, *Old Testament Theology, vol. 2*, 160-162.

162) Wood, 『이스라엘의 선지자』, 446.

"정의를 아는 것이 지도층의 본분이나 그들은 선을 미워하고 악을 기뻐하여 내 백성의 가죽을 벗기고 살을 먹는다"(미 3:1-4). 미가는 그들의 착취와 압제가 "시온을 피로, 예루살렘을 죄악으로 건축하는 것"(미 3:10)과 같이 무자비하고 "우두머리들은 뇌물을 받고 재판하고 제사장은 삯을 위하여 교훈하며 선지자는 돈을 받고 점을 치면서 야웨가 우리 가운데 계신다는 거짓 예언을 한다"라고 고소한다(미 3:11). 왕정신학과 시온신학[163]을 끝까지 포기하지 않았던 이사야와는 달리, 미가는 시온이 역사의 기억으로부터 도말될 것이라고 선포하면서 시온신학을 비신화화한다. "이러므로 너희로 인하여 시온은 밭같이 갊을 당하고 예루살렘은 무더기가 되고 성전의 산은 수풀의 높은 곳과 같게 되리라"(미 3:12). 시온신학에 의지하여 예루살렘이 결코 망하지 않을 것이라 믿은 국수주의적 편견을 해체한

---

163) "시온신학"은 다윗 왕조의 정치신학으로서 다윗 및 다윗 왕조의 선택과 시온의 선택이라는 두 개의 선택 전승으로 구성되어 있다(시 76, 78, 132편). 다윗 언약의 핵심은 다윗에게 한 집(왕조)을 세워주시되 영원히 존속하는 집(왕조)을 세워주시겠다는 하나님의 약속이다. 비록 다윗의 후손 왕들이 죄를 범해 하나님께서 보내신 채찍과 막대기에 의하여 견책을 당하고 환난을 겪을지언정, 다윗의 후손들이 계속해서 다윗의 위(位)를 차지하게 함으로써 왕조의 법통은 끊어지지 않게(참조. 사 7:1-9) 보존해주시겠다는 약속이었다. 이 다윗 언약은 여러 가지 신학적·역사적 정황에서 하나님의 "헤세드"를 간청하는 애가의 구속역사적 배경이 되기도 하고, 절체절명의 위기에 처한 다윗 왕조의 힘겨운 잔존을 보증하는 신적 언질로 기능하기도 한다(왕하 19:34; 사 37:35 "내 종 다윗을 위하여 이 성을 사하리라"; 비교. 사 7:1-9). 후대의 어느 단계에서 다윗 왕조 선택 전승은 다윗의 통치 본거지인 시온 선택 전승과 결합하여 다윗 왕조의 공식적 정치신학의 두 기둥을 형성하게 된다(Ben C. Ollenburger, *Zion, the City of the Great King: A Theological Symbol of the Jerusalem Cult* [JSOT supplement series 41; Sheffield: JSOT Press, 1987], 60; Moshe Weinfeld, "Covenant, Davidic," in *IDBS*, 188-192). 이에 대한 자세한 논의는 다음을 참조하라. 김회권, "시편 89편에 나타난 다윗 왕조의 정치신학", 「구약논단」 14권 2호(2008), 107-127.

것이다. 이는 죄로 가득한 시온이 거룩하신 하나님과 함께할 수 없다는 선언이었다.

그러나 미가 역시 회복의 희망을 놓지 않았다. 미가는 이사야 2:3-4과 똑같은 비전을 선포하며(미 4:2-3), "각 사람이 자기 포도나무 아래와 자기 무화과나무 아래 앉게 될 날"을 기대한다(미 4:4). 즉 미가는 소작농과 채무 노예로 전락한 자유농민들이 그들의 땅을 되찾는 토라적 사회경제 질서의 회복을 꿈꾸었다.

이상에서 우리는 고대 이스라엘의 예언자들을 살펴보았다. 우리는 기원전 9세기 예언자인 엘리야의 예언 활동의 특징과 공공성 및 그 한계를 논했고, 기원전 8세기 문서 예언자들인 호세아, 아모스, 이사야, 미가의 특징과 그들의 예언 활동에 나타난 공공성의 대략적인 윤곽을 파악했다. 물론 기원전 8세기 문서 예언자들의 본문을 좀 더 깊이 고찰할 필요가 있다. 그러나 그 전에 이러한 예언자들의 공적 "사역"의 무대가 되었던 성문 앞 광장을 조명해보고자 한다. 이스라엘의 도시화 과정에서 나타난 성벽과 성문의 변천을 간략히 개괄하고 성문 앞 광장의 기능을 연구함으로써 우리는 예언자들의 예언 활동에 담긴 "공공성"을 더욱 입체적으로 조망할 수 있을 것이다.

5.2.4. ── "공론의 장"으로서의 성문 앞 광장

앞에서 우리는 고대 근동의 예언의 역사를 고찰하였다. 그중 특히 이스라엘의 예언의 맥락을 고찰하면서 기원전 9세기 이후 이스라엘 예언자들의 예언 활동과 그 성격을 집중적으로 논했다. 그런데 예언 활동이라는 것은 신의 뜻을 민중에게 드러내는 매개의 역할이므로 선포자와 청중이라는 관계 속에 있을 수밖에 없다. 따라서 예언자들에게 그들의 예언 활동의 효과를 극대화할 수 있는 "공론의 장"이 존재했음을 충분히 짐작할 수 있다. 물론 예언자들이 활동했던 공적 장소가 "성문 앞 광장"만은 아니었을 것이다. 모빙켈은 "네비임"을 거의 전적으로 성전 제의에 참여한 예언자들로 보았다.[164] 또한 많은 예언자가 궁중에서 활동하였다.[165] 지배계층이 주로 활동했던 성전과 제단, 궁중, 그리고 지방의 산당도 예언자들의 공적 활동과 관계되었음에 틀림없다. 그러나 성문 앞 광장은 성소나 궁중과는 달리 군사적·정치적·행정적·경제적·제의적 기능이 복합된 다양성 및 개방성으로 인하여 거의 모든 사회지배계층이 연관된 장소였다. 이 점을 생각하면 성문 앞 광장은 예언자들이 펼친 "공론의 장"으로서 가장 적합한 장소였다. 그러므로 예언자들의 활동 무대가 되었던 "성문 앞 광장"의 역할에 주목할 필요가 있다. 이를 위해 우선 우리는 이스라엘의 도시 발달 및 취락(settlement)[166]의 구조에 관한 연구를 정리하고자 한다. 성문과 성벽의 구조는 도시 발달 및 취락의 변천 과정과 그 궤를 같이한다. 따라서 우리가 성문 앞 광장의 역할을 논하기 위해서는 도시 발달 및 취락의 과정을 이해하는 기초 작업을 우선적으로 해야 한다. 이를 통해 우

---

164) Eichrodt는 Mowinckel의 이러한 견해를 반박하면서 "나비즘(Nabism) 전체를 성소의 직원들의 행위처럼 분류하는 것은 구약의 자료들을 지나치게 단순화시키는 것"이라고 주장한다. Eichrodt, 『구약성서신학』 vol. 1, 333-334.

165) 아모스서의 경우 아모스가 예언을 선포한 장소로 궁궐이 12회(1:4, 7, 10, 12, 14; 2:2, 5; 3:9, 10, 11; 6:8; 7:13), 성소가 2회(7:9, 13), 산당이 1회(7:9), 제단이 7회(2:8; 3:14; 4:4; 5:5-6; 7:13; 9:1), 그리고 성문이 3회(5:10, 12, 15) 나타난다.

166) 취락은 촌락과 도시를 모두 포함한다.

리는 성문과 성벽의 기능 및 당시의 사회상을 더욱 구체적으로 파악하게
될 것이다.

먼저 제엡 헤르조그(Ze'ev Herzog)가 제시한 아래의 도표를 보자.

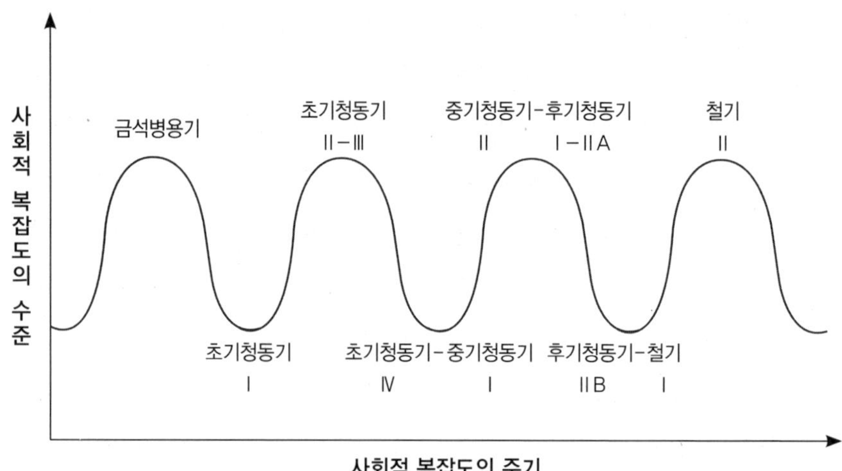

[그림 5-1] 고대 이스라엘 도시 발달의 주기

헤르조그는 팔레스타인 지역의, 신석기 시대(Neolithic Period)부터 금
석병용기 시대(金石倂用期, Chalcolithic Period)를 거쳐 철기 시대에 이
르는 광범위한 도시 발달에 관한 연구 결과를 출간하였다. 그는 고대 이
스라엘의 도시 발달에는 흥망성쇠의 일정한 도시화 순환 주기(Cycles of
Urbanism)가 있었음을 주장한다. 그는 그것을 위와 같은 도표로 정리하
였다.[167]

위의 도표에서 보는 바와 같이 금석병용기 시대 이후 팔레스타인은

도시 발달의 시기를 세 번 거치게 된다. 제1도시화 단계(The First Urban Phase)는 초기청동기 II(EB II, 기원전 3100-2650년) 시대에 나타난다. 이 시기의 현저한 특징은 도시의 요새화(fortification system)가 등장하는 것이다. 이러한 도시화는 초기청동기 III(EB III) 시대에도 계속되지만 상당한 변화가 이루어진다. 즉 므깃도(Megiddo)나 텔 야르뭇(Tel Yarmut), 벤 예라(Beth Yerah) 등의 도시는 초기청동기 II 시대와 초기청동기 III 시대에 걸쳐 계속해서 발달하지만, 초기청동기 II 시대의 말에 이르면 아랏(Arad), 게젤(Gezer), 아벡(Aphhek) 같은 도시들에는 사람들이 거의 살지 않게 된다. 반면에, 초기청동기 III 시대에는 하솔(Hazor), 라기스(Lachish), 텔 할리프(Tel Halif) 같은 도시들이 출현하게 된다.[168] 그러나 초기청동기 IV(EB IV) 시대와 중기청동기 I(MB I) 시대에 이르면 도시 발달이 급격히 쇠퇴한다. 이와 관련하여 쉐이(S. Shay)나 핑켈슈타인(I. Finkelstein)은 구체제 통치 계층의 사회적·경제적 쇠락을 가져올 만한 내부적 요인이 있었던 것으로 추측하며, 외부적 요인으로는 기후 변화로 인하여 유목 생활을 하게 될 수밖에 없었다는 추측을 하기도 한다.[169]

중기청동기 II(MB II) 시대부터 후기청동기 IIA(LB IIA) 시대에는 제2도시화 단계(The Second Urban Phase)가 도래한다. 이 시기에는 여러 종류의 도시가 출현하게 된다. 첫째, 방벽도시(Rampart City)다. 여기서는 특

---

167) Ze'ev Herzog, *Archaeology of the City: Urban Planning in Ancient Israel and Its Social Implications* (Jerusalem: Graphit Press, 1997), 260.

168) Herzog, *Archaeology of the City: Urban Planning in Ancient Israel and Its Social Implications*, 266.

169) Herzog, *Archaeology of the City: Urban Planning in Ancient Israel and Its Social Implications*, 268.

별한 요새화는 없으나 엘리트 계층과 일반 민중의 거주 지역이 분리되어 있다. 둘째, 요새화된 도시(Fortified City)다. 이는 성벽에 의해 강화된 도시 인데, 성벽의 두께가 2.5m 정도나 되지만 진흙 벽돌로 지어졌기에 그리 견고하지 못하다. 셋째, 확장도시(Extended City)다. 이는 보통 4-5헥타르의 면적을 가진 요새화된 도시다. 넷째, 제방도시(Embankment City)다. 이는 기존 도시들과 달리 언덕이나 고지대에 세워지지 않고 장대한 규모로 요새화된 직사각형 구조를 보인다.[170]

고대 이스라엘의 도시 발달은 후기청동기 IIB(LB IIB) 시대에 또 한 번의 쇠퇴기를 거친 후 철기 II 시대에 마침내 제3도시화 단계(The Third Urban Phase)에 이르게 된다. 우리의 주 관심사는 바로 이 시기의 도시 발달이다. 철기 II 시대는 이스라엘에서 왕정 체제가 시작된 시기며 동시에 예언자들의 활동이 본격화된 시기다.

한편 철기 시대의 취락 발달은 크게 철기 I 시대와 철기 II 시대로 구분하여 생각해볼 수 있다. 철기 I 시대에는 도시 계획의 수준이 낮고 공공 건물과 요새가 없지만, 철기 II 시대가 되면 주거용 건물 및 공공 건물과 요새의 계획성이 발달한다.[171] 따라서 이스라엘의 도시 변천 과정을 고찰 하려면 이스라엘의 철기 시대에 관한 구분을 이해할 필요가 있다. 그런데 학자에 따라 시대 구분이 약간씩 차이를 보인다. 최근 학자들의 철기 시

---

170) Herzog, *Archaeology of the City: Urban Planning in Ancient Israel and Its Social Implications*, 269-271.

171) Herzog, "Settlement and Fortification Planning in the Iron Age," in *The Architecture in Ancient Israel: From the Prehistoric to the Persian Periods(chapter 24)*, ed. A. Kempinski and R. Reich (Jerusalem: Israel Exploration Society, 1992), 231.

대 구분을 정리하면 다음과 같다.[172]

요하난 아하로니 (Y. Aharoni)		필립 킹 (P. J. King)		아미하이 마자르 (A. Mazar)	
명 칭	연대(기원전)	명 칭	연대(기원전)	명 칭	연대(기원전)
이스라엘 IA	1200-1150	철기 I	1200-930	철기 IA	1200-1150
이스라엘 IB	1150-1000			철기 IB	1150-1000
이스라엘 IIA	1000-925			철기 IIA	1000-925
이스라엘 IIB	925-721	철기 IIA	930-721	철기 IIB	925-720
이스라엘 IIC	721-587/6	철기 IIB	721-605	철기 IIC	720-586
		철기 IIC	605-536		

[표 5-3] 고대 이스라엘의 철기 시대 구분

팔레스타인에서 철기 시대의 문화적 특징은 기원전 12세기에 시작된다. 이때에 이르러 이스라엘은 이집트의 잔존 세력으로부터 벗어난다. 그리고 그 땅에는 가나안 족속, 이스라엘, 블레셋, 이 세 민족이 공존하게 된다. 기원전 11세기를 지나는 동안 이 세 민족의 전통은 혼합되고, 그 결과 기원전 10세기 문화가 출현한다.[173]

철기 I 시대의 도시는 다음과 같은 유형을 보인다. 1) 오두막과 저장공 유형(Settlements of Huts and Pits), 2) 가축우리 겸 가옥 유형(Clusters of Pens), 3) 울타리 취락 유형(Enclosed Settlements), 4) 이스라엘 취

---

172) 한상인, "철기시대 이스라엘의 도시 발달", 한국대학박물관협회, 「고문화」 55(2000), 130.
173) 한상인, "철기시대 이스라엘의 도시 발달", 130.

락촌락 유형(Israelite Settlement Villages), 5) 군집 취락 유형(Clusters of Enclosures), 6) 계획도시 유형(Planned Cities), 7) 가나안 도시들과 이집트 행정 중심지 유형(Canaanite Cities and Egyptian Administrative Centers).[174] 이 시대의 성벽 또는 도시 방어 시설은 단지 도시 외곽에 건축되어 가옥들의 방어벽 역할을 하는 가옥들(주거성벽, a peripheral belt of houses)에 의존하고 있다.[175] 이러한 외곽 주거성벽은 기원전 10세기 후반 이후로는 더 이상 나타나지 않는다.

철기 II 시대에 이르면, 다윗과 솔로몬 왕국 아래서 모든 건축술은 융합된다. 이들이 이스라엘 전 지역을 지배함에 따라서 가나안 도시국가들의 정치적 독립은 사라지고, 기원전 10세기 중반부터는 특히 도시 계획에서 급격한 변화가 나타난다. 수도급 도시들은 다양한 기능을 가진 중심지가 되고, 다른 도시들은 하나의 주 기능, 즉 행정 중심지, 병거 도시, 저장 도시, 제의 중심지의 기능을 담당하는 수행 도시로 세워진다.[176] 기원전 10세기 후반이 되면 솔로몬이 야웨의 전을 비롯하여 예루살렘, 하솔, 므깃도, 게셀에 성을 건축하였다는 기록(왕상 9:15)이 나오는데, 그 형태는 포곽성벽(casemate wall)이 우세했다. 그 이후로 포곽성벽은 드물게 건축되었다.[177] 하지만 거대하고 견고한 육중성벽은 기원전 11세기 말부터 기원전 7세기까지 오랫동안 사용되었다.[178] 육중성벽은 북왕국의 거의 모든

---

174) 한상인, "철기시대 이스라엘의 도시 발달", 132-134.

175) 한상인, 『이스라엘 왕국 시대의 고고학』 (서울: 대한기독교서회, 2004), 238.

176) 한상인, "철기 시대 이스라엘의 도시 발달", 135.

177) A. Mazar, *Archeology of the Land of the Bible* (New York: Doubleday, 1990), 465.

178) Mazar, *Archeology of the Land of the Bible*, 467.

도시에서 출현했고, 남 왕국에서도 예루살렘, 라기스, 텔 엔 나스베 등지에서 나타났다.

포곽성벽은 크게 세 가지 유형으로 구분된다.[179] 첫째, 독립형 포곽성벽(Freestanding Casemate Wall)이다. 이 유형은 도시 내의 건축물과 성벽이 도로에 의해 분리된 형태다. 이러한 성벽의 방들은 도로를 향해 입구가 났는데, 그것은 평화 시기에는 저장 공간이나 수비 초소로 사용되었고, 전쟁 시기에는 돌과 흙으로 메워져 성벽을 보강했다. 둘째, 통합형 포곽성벽(Integrated Casemate Wall)이다. 이 유형은 성벽의 주거지가 도시와 연결되는 형태다. 브엘세바 III층이 이에 관한 대표적인 사례다. 셋째, 충전형 포곽성벽(Filled Casemate Wall)이다. 이 유형은 일상생활에 이용하려는 목적이 아니라 성벽을 견고하게 하려고 포곽형의 방에 흙을 채워 넣는 형태다. 이런 성벽의 장점은 높이 쌓을 수 있다는 것이었지만, 공성퇴에 의해 쉽게 무너진다는 단점도 있었다.

육중성벽도 세 가지 유형으로 구분된다.[180] 첫째, 요철형 육중성벽(Offset-and-Inset Wall)이다. 므깃도 IV B층이 이에 관한 대표적인 사례다. 이 유형은 기원전 10세기 중엽에 속하고 텔 엔 나스베에서도 나타난다. 이 성벽의 두께는 6m이며 0.5-0.6m의 돌출부가 있다. 이런 형태 덕분에 성벽 아래의 취약 지점을 잘 방어할 수 있다. 둘째, 탑형 육중성벽(Wall with Towers)이다. 이 유형은 탑에서 공격할 수 있도록 만들어진 성벽으로

---

179) Herzog, *Archaeology of the City: Urban Planning in Ancient Israel and Its Social Implications*, 269.

180) Herzog, *Archaeology of the City: Urban Planning in Ancient Israel and Its Social Implications*, 270.

다른 성벽보다 탑이 훨씬 높고 그 안에 방들도 있다. 셋째, 일반형 육중성벽(Regular Massive Wall)이다. 이 유형은 요철이 없다는 것이 특징이다. 연대상으로는 아스돗 X층에서 기원전 11세기 말에 이미 나타났다.

한편 시대에 따라 성문에도 변화가 나타났다. 이스라엘 각지에서 발견된 철기 II 시대의 약 20개 성문이 당시 성문의 기능과 형태 분석을 위한 자료가 되었다. 철기 II 시대의 성문은 중기청동기 시대의 성문과 유사한 점이 있다. 예를 들어 이 두 시대의 성문 옆에는 거대한 두 개의 탑이 세워져 있었다. 그러나 차이점도 있다. 예를 들어 중기청동기 시대 성탑의 방들은 격리되어 있었지만, 철기 II 시대 성탑의 방들은 서로 연결되어 있었다. 또한 철기 II 시대 성탑의 방들 안에는 중기청동기 시대에는 없었던 의자나 석제 대야도 있었다. 따라서 그러한 방들은 평화 시기에 사용되기 적합하였다. 성문의 방들이 협정체결이나 상거래 시에 장로와 재판관 및 예언자에 의해 사용되었고, 비상시에는 왕의 자리로 사용됨으로써 성문은 도시의 사회적·종교적·군사적 중심지 역할을 하였다.[181]

---

181) 한상인, "철기 시대 이스라엘의 도시발달", 135.

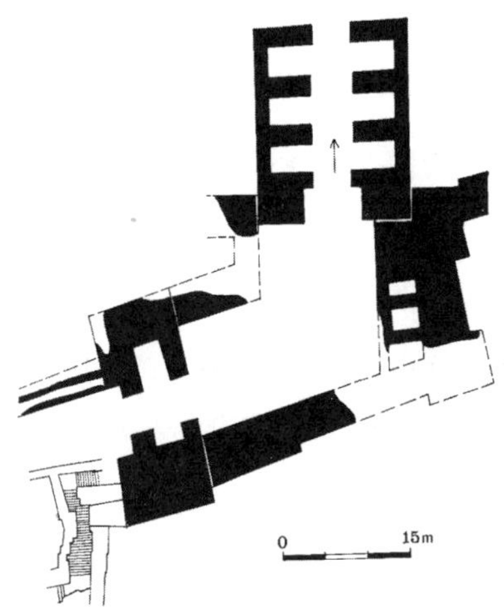

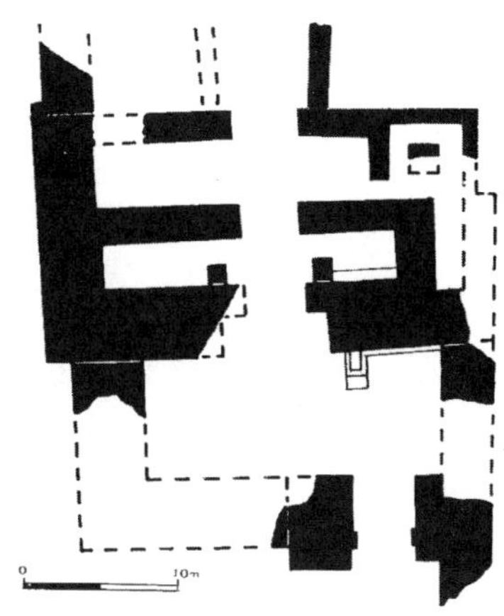

아스돗의 6개 방 구조
성문

텔 단의 4개 방 구조
성문

므깃도의 2개 방 구조
성문

[그림 5-2] 방의 개수에 따른 성문 구조 [182]

---

182) Herzog, *The Architecture in Ancient Israel: From the Prehistoric to the Persian Periods*, 266-274.

성문의 구조에서 특징적인 점은 부속된 방의 개수가 변한 것이다. 대체로 6개에서 4개 혹은 2개의 방을 가진 구조로 변했는데, 그 이유는 평화 시기의 용도에 따른 것으로 여겨진다.[183] 성문이 열리면 맨 앞에 있는 2개의 방은 성문에 의해 대부분 차지된다. 자연히 방의 개수가 많을수록 평화 시기에 그 활용도가 높아진다. 전시에는 방들이 메워지게 되므로 방의 개수가 많을수록 강한 방벽이 형성될 것이다. 6개의 방을 가진 성문은 므깃도, 하솔, 게셀, 아스돗, 라기스, 텔 이라에서 발견된다. 4개의 방을 가진 성문은 방이 4개라는 공통점 외에는 각 유적마다 상당한 차이가 있다. 브엘세바 V층, 므깃도 IV A층, 그리고 텔 단에서는 성문이 앞 성문과 연결되어 있다. 그런데 브엘세바 II층에서는 성문이 포곽성벽에 인접해 있다. 4개의 방을 가진 성문은 철기 II 시대 내내 나타난다. 이러한 성문은 기원전 11세기 말에는 아스돗에서, 다윗의 시대에는 브엘세바와 텔 단에서, 그리고 이집트 왕인 시삭의 원정 이후인 10세기 후반에는 므깃도와 텔 엔 나스베에서 출현했다. 2개의 방을 가진 성문 중 므깃도 III층의 앗시리아 도시 성문이 유명하다. 이러한 성문은 기원전 11세기 말의 므깃도 IV A층에서부터 8세기의 텔 베이트 미르심 A2층까지 나타나며, 철기 II 시대에 계속해서 사용되었다.[184]

---

183) Herzog, "Israelite City Planning Seen in the Light of Beer-Sheba and Arad Excavations," *Expedition* 20(1978), 272.
184) 한상인, "철기 시대 이스라엘의 도시 발달", 44.

이제 고고학자들이 발굴한, 중기청동기 IIB(MB IIB) 시대 세겜 (Shechem)의 도시 구조를 살펴보고자 한다. 이를 통해 앞에서 고찰한 성벽과 성문 구조에 관한 지식을 한눈에 확인할 수 있을 것이다.[185]

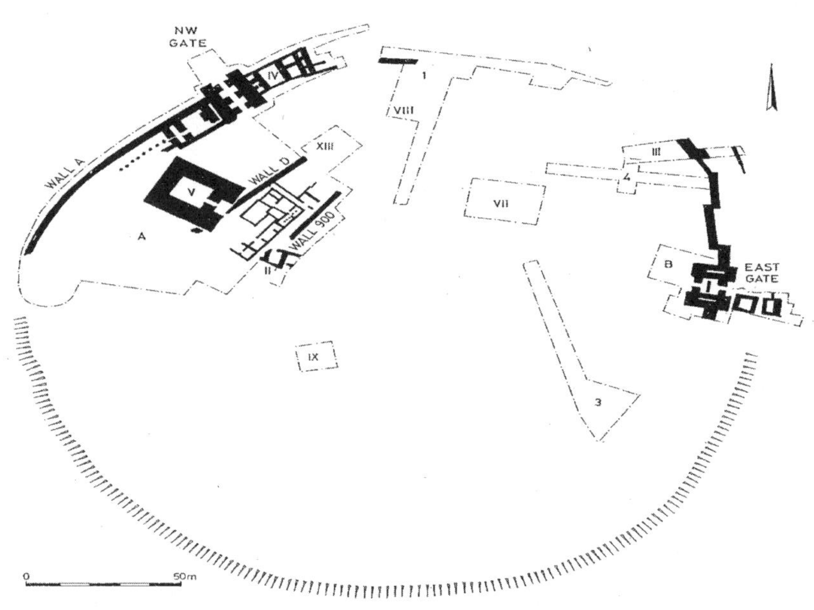

[그림 5-3] 발굴된 중기청동기 IIB(MB IIB)의 세겜

세겜 발굴탐사는 1913년에 젤린에 의해 처음으로 진행되었다. 이어서 1913년과 1914년에는 오스트리아, 독일, 네덜란드 출신의 학자들이

---

185) Herzog, *Archaeology of the City: Urban Planning in Ancient Israel and Its Social Implications*, 142.

발굴을 주도했다. 그 사이에 여러 차례 발굴이 이루어졌으며, 1978년에 조지 라이트(G. E. Wright)가 주도한 발굴을 통해 세겜에 이미 중기청동기 IIA(MB IIA) 시대에 4.5헥타르 정도 넓이의 요새화된 첫 도시가 형성되었다는 잠정적인 결론이 내려졌다. 이 도시(Stratum XX) 주위에는 2.5-2.85m 두께의 성벽(Wall D)이 방어벽으로 형성되었다. Wall A는 중기청동기 IIB(MB IIB) 시대 초기에 형성된 것으로 보이는데, 이 시기에는 도시 면적이 오히려 줄어들어 그 크기가 2.5헥타르였다. 주요 공공 건축지역은 도시 북서쪽 부근(NW Gate 부근)의 Wall D와 Wall 900 사이에 있었다. 궁정(court)과 그것을 둘러싼 방들은 지배계층에 의해 사용된 것으로 보이며 큰 규모로 계획되었던 것 같다. 라이트는 그것을 "Courtyard Temple"이라고 불렀다.[186] 그림 5-3에서 북서쪽 성문(NW Gate)은 6개의 방을 가진 구조, 그리고 동쪽 성문(East Gate)은 2개의 방을 가진 구조인 것을 볼 수 있다. 또한 성문 바로 내측의 광장(성문 앞 광장)도 확인할 수 있다.

그렇다면 성문의 구체적인 기능은 무엇이었을까? 일차적으로 성문이 성벽의 일부로서 군사적인 목적으로 건축되었음은 물론이다. 하지만 성문의 기능이 여기에 그쳤던 것은 아니다. 성문의 기능에 관해서는 이미 많은 연구가 이루어졌다. 헤르조그를 비롯한 여러 외국 학자는 유적과 유물에 대한 고고학적 방법을 통하여 성문의 다양한 기능을 연구하였다. 국내에서도 한상인, 소형근, 장대규, 원용국, 김영진 같은 학자들에 의해 이

---

186) Herzog, *Archeology of the City: Urban Planning in Ancient Israel and Its Social Implications*, 141.

러한 외국 학자들의 연구가 소개되었다. 그러나 이에 관한 좀 더 깊은 연구는 이 책의 범위를 넘어선다. 따라서 우리는 이를 간략히 정리하는 것으로 갈음하고, 정리한 내용에 기초하여 성문의 기능과 기원전 8세기 예언자들의 예언 활동 사이의 연관성을 주목하고자 한다.

빌데(A. de Wilde)는 도시 성문이 고대 이스라엘 도시사회에서 상업적·경제적 목적으로 활용되었음을 주장하였다. 에프알(I. Eph'al)과 나베(J. Naveh)는 데이르 알라(Deir 'Alla)와 텔 킨로트(Tel Kinrot) 비문을 통하여 도시의 성문에서 상업적 거래가 활발하게 이루어졌음을 추측하였다. 에브라임 스파이서(Ephraim A. Speiser)는 도시 성문의 행정적·공무적 기능을 연구하였다.[187]

고고학적 증거와 성경을 포함한 문헌 증거를 통해 도시 성문의 이처럼 다양한 기능을 확인할 수 있다. 사마리아의 기둥형 건축물은 세금을 징수하고 보관하려는 목적으로 고안된 것이었고, 곳곳에서 발견된 저울추와 인장 자국은 도시 성문에서 경제적·행정적 업무가 진행되었음을 입증한다. 사마리아 오스트라카(The Samaria Ostraca)는 도시 성문의 기둥형 건축물이 경제적·행정적으로 사용되었음을 보여준다. 예를 들어 "사마리아 오스트라카 No. 10"은 날짜, 장소, 개인의 이름, 탁송된 물건의 품목을 기록하고 있다. 오스트라카와 더불어 인장 및 인장 자국도 공무적·행정적·정치적인 요소를 보여주는 증거다. 인장에 나타난 인장 각인은 권력 집단인 행정 관료들의 계급구조를 이해하는 데 도움이 된다.[188] 구약성경

---

187) 장대규, "고대 이스라엘 도시화에서 도시성문의 기능 연구: 도시성문의 경제적-행정적 기능을 중심으로", 「도시연구: 역사, 사회, 문화」 창간호(2009), 132-133.
188) 장대규, "고대 이스라엘 도시화에서 도시성문의 기능 연구: 도시성문의 경제적-행정적 기

내에서도 도시 성문의 이러한 기능을 추정할 수 있다. 도시 성문은 정치적·행정적인 결정을 내리기 위한 장소로 사용되었다(왕상 22:10). 또한 도시 성문에서는 왕의 업무와 행정이 집행되었고(렘 38:7-8), 행정 관료들의 모임도 이루어졌다(렘 39:2-3). 성문은 곡식 저장소로도 사용되었다.[189] 열왕기하 23:8에 "성문의 산당"이라는 말이 나오는 것으로 보아, 성문은 제의적 기능과도 관련되었음을 알 수 있다. 그리고 성문은 재판의 자리로도 사용되었다. 이에 대해 프랑크 크뤼제만(Frank Crüsemann)은 다음과 같은 고고학적 근거를 제시한다.

끝으로 중요한 것은, 이러한 재판이 시행되었던 장소가 지역 성문이라는 것이다. 비교적 작은 도시들도 성문을 겸한 성벽으로 둘러싸여 있는 것은 군주시대의 업적이다. 이러한 성문들의 크기와 그것을 만드는 데 소요된 비용은 성문이 다른 도시 시설물들과는 달리 분명히 국가 기구였다는 것을 암시한다. 특히 통일된 기본 모형을 전제하는, 이러한 성문들의 상당한 유사성이 이를 뒷받침한다. 법정이 도시의 군사적 안전을 위해 그 기능을 발휘하고 그것에 의해서 국가의 군사적 주둔을 대변한다면, 바로 그 한 가지 이유만으로도 우리는 성문

____

능을 중심으로", 143-145.
189) 바타쉬에서 발굴된 기둥형 건축물의 바닥은 돌과 두꺼운 석회층으로 구성되어 있다. 바닥이 두꺼운 석회층으로 이루어진 것은 그 건축물이 음식이나 곡물을 저장하기 위한 저장소로 계획되고 건축되었음을 보여준다. 석회질로 바닥을 마감처리 한 것은 벌레나 설치류가 침입하지 못하도록 하기 위한 장치였다. 건축물 안에서 수많은 항아리와 도기가 발견되었다. 또한 브엘세바의 기둥형 건축물에서는 연삭숫돌, 항아리, 철제도구가 발견되었다. 이는 단순히 일반 가옥에서 발견되는 유물로 규정하기 어려우며 규모가 큰 상업적 시장을 위해 곡물가루가 대량으로 준비되었음을 보여준다(장대규, "고대 이스라엘 도시화에서 도시성문의 기능 연구: 도시성문의 경제적-행정적 기능을 중심으로", 143).

을 전적으로 국가에 속한 재판 기구로 생각해야 할 것이다.[190]

신명기 21:19과 룻기 3:11 등은 이러한 성문 앞 광장의 사법적 기능을 시사한다.

지금까지 우리는 고대 이스라엘의 도시 발달 및 취락의 변천 과정, 그리고 성문의 기능을 개략적으로 살펴보았다. 이상의 논의를 정리해보자. 고든 차일드(V. Gordon Childe, 1892-1957)는 도시 발달 과정과 관련하여 진화적-확산적 접근(evolutionary-diffusionistic approach)을 주장하였다. 그 기본 개념은 농업 생산물의 잉여(surplus)에 있다. 잉여 농산물은 농업 생산자가 아닌 사회 구성원들, 즉 제사장, 정치적·군사적 지도자, 그리고 장인과 상인 그룹에 의해 사용되고, 그 결과 도시화가 이루어질 수 있게 된다.[191] 철기 II 시대에 들어서면서 이스라엘에서는 왕정 체제가 시작된다. 왕정 체제는 사회적·정치적·행정적·종교적 엘리트 집단이 형성될 수 있는 기초가 된다. 이런 엘리트 집단은 잉여 농산물을 사용하여 상류 계층의 삶에 필요한 것들을 확보하려 하게 된다. 이 과정에서 히브리 자경자작 기반의 몰락, 거대한 지주와 농지의 탄생, 채무 급증 등이 발생하여 자유농민의 몰락이 가속화된다. 도시 발달은 더욱 빠르게 진행되고, 결국 야웨가 수여한 것으로 주장되던 소규모 소유지는 보다 넓은 수녹토지로 흡수되고 만다. 마침내 이스라엘 계약공동체의 핵심인 토지는 야웨

---

190) Frank Crüsemann, *The Torah*, tr. Allan W. Mahnke (Minneapolis: Fortress Press, 1996), 82.

191) Herzog, *Archaeology of the City: Urban Planning in Ancient Israel and Its Social Implications*, 260.

의 소유가 아니라 엘리트 집단의 소유로 전락하게 된다. 바로 이 시기에 아모스, 호세아, 이사야, 미가 같은 예언자들이 출현한다. 그들은 자유농민을 보호하지 않는 불의한 법정, 부정한 사치를 누리는 계층, 지배계층과 결탁한 종교지도자들의 타락을 목격하고 이를 고발하고 있다. 따라서 발달한 도시는 예언자들에게는 공공성을 띤 예언의 주된 장소가 되었다. 그중에서도 성문을 중심으로 하는 성문 앞 광장은 예언자들의 공적 활동의 주된 무대가 되었을 개연성이 크다.

요컨대 집약농업으로 유발된 잉여 생산물의 증가, 그리고 상업과 무역의 발달 같은 변화로 인하여 성문은 군사적으로뿐 아니라 경제적으로도 중요해졌다. 경제가 발달함에 따라 성문은 행정적으로도 중요해졌다. 자연히 엘리트 지배계층이 모이는 이곳에서 사법적 기능이 이루어졌을 것이다. 왕과 관리, 그리고 제사장과 장로 같은 엘리트 지배계층은 성문에서 재판에 참여하는 구성원들이 되었다. 아모스 5:10-15은 바로 이러한 도시 성문에서 행해지는 죄악을 고발하는 어떤 인물을 보여준다.

10 무리가 <u>성문에서</u> 책망하는 자를 미워하며 정직히 말하는 자를 싫어하는도다.

11 너희가 힘없는 자를 밟고 그에게서 밀의 부당한 세를 거두었은즉 너희가 비록 다듬은 돌로 집을 건축하였으나 거기 거주하지 못할 것이요, 아름다운 포도원을 가꾸었으나 그 포도주를 마시지 못하리라.

12 너희의 허물이 많고 죄악이 무거움을 내가 아노라. 너희는 의인을 학대하며 뇌물을 받고 <u>성문에서</u> 가난한 자를 억울하게 하는 자로다.

13 그러므로 이런 때에 지혜자가 잠잠하나니 이는 악한 때임이니라.

14 너희는 살려면 선을 구하고 악을 구하지 말지어다. 만군의 하나님 여호와께서 너희의 말과 같이 너희와 함께 하시리라.

15 너희는 악을 미워하고 선을 사랑하며 <u>성문에서</u> 정의를 세울지어다. 만군의 하나님 여호와께서 혹시 요셉의 남은 자를 불쌍히 여기시리라(암 5:10-15, 개역개정).

여기서 무리에게 미움을 받으며 책망하는 자는 누구였을까? 의인을 학대하며 뇌물을 받고 가난한 자를 억울하게 하는 사법적 불의를 고발하는 자는 누구였을까? "너희는 악을 미워하고 선을 사랑하며 성문에서 정의를 세우라"라고 외친 자는 누구였을까? 그는 물론 예언자였다.[192] 그것은 도시의 발달과 함께 가속화된 사회 지도층의 불의를 고발하는 예언자의 목소리였다. 집약농업과 토지의 대지주화로 인해 자유농민의 몰락이 가속화되었던, 그리고 도시화와 계층화 및 국제 무역의 발달로 인해 상류 계층의 사치와 향락이 만연하였던 기원전 8세기에 예언자들의 외침은 더욱 거세어졌다. 예언자들의 외침 안에서 사회의 공평과 정의의 회복을 위한 공공성이 더욱 강조될 수밖에 없었다. 기원전 8세기는 바로 이러한 사회적 불의와 그것을 고발하는 예언자들의 목소리가 가장 크게 증폭된 시기였다는 것을 이상의 연구를 통해 파악할 수 있다. 누구보다 그러한 외침을 새겨들어야 할 사회 지도층의 경제적·행정적·정치적·제의적·사법적 활동의 중요한 자리였던 성문 앞 광장이 예언자들의 공적 예언의 무대가 되었음을 충분히 유추할 수 있다. 다시 말해 우리는 이스라엘 에언자

---

192) 이에 대한 자세한 논의는 이 책의 6.2.1.─아모스 5:10-15을 참조하라.

들이 가장 효과적인 사역을 위하여 성문 앞 광장을 "공론의 장"으로 활용하였다는 것을 충분히 짐작할 수 있다. 이처럼 성문 앞 광장은 야웨 종교의 공공성을 확보하는 대표적인 공론의 장이 되었던 것이다.

5.3. ── 소결론

이상에서 우리는 고대 메소포타미아, 이집트, 시리아, 팔레스타인 같은 고대 근동 지역의 신탁대언 활동과 신탁대언자들을 개괄적으로 살펴보았다. 또한 고대 이스라엘의 예언자들은 어떤 사람들이었으며 어떤 예언 활동을 하였는지를 추적하였다. 특히 우리는 그들의 예언 활동이 정치와 경제 및 사회 전반에 미친 영향에 초점을 맞추었다. 이를 통해 고대 근동 지역과 이스라엘의 예언이 지녔던 사회적 위치와 영향력을 알아보고자 하였다. 또한 우리는 이스라엘의 예언자들에게 주요 "공론의 장"이 되었던 "성문 앞 광장"을 간략히 살펴보았다. 이를 통해 우리는 기원전 8세기 이스라엘 예언자들이 다른 시대에 활동했던 이스라엘 예언자들보다, 그리고 동시대 또는 다른 시대에 활동했던 고대 근동 신탁대언자들보다 더욱 현저한 "공공성"을 보였으며 사회적 담론에도 깊이 관여하였음을 확인할 수 있었다. 특히 우리는 기원전 9세기의 이스라엘 예언자들에게는 바알 종교에 대항하기 위한 종교 이념에 천착하는 것이 주된 관심이었다면, 기원전 8세기의 이스라엘 예언자들에게는 통치 이념의 "토라적 공공성"에 천착하는 것이 더욱 주된 관심이었음을 볼 수 있었다. 무엇보다 기원전 8세기 문서 예언자들은 야웨 종교의 "토라적 공공성"을 사회경제적으로 실현하기 위해 지속적으로 자신을 투신한 사람들이었다. 그들은 신적 계시를 추동력으로 삼아 이스라엘 사회 가운데 야웨 종교의 공공성을 실현하기 위해 고난받기를 자처한 사람들이었다. 이제부터 우리는 기원전 8세기 문서 예언자들과 관련된 성경 본문을 사회과학적으로 연구함으로써 이들의 공공성의 내용과 특징을 구체적으로 검토하고자 한다.

제6장

토라적 공공담론으로서의 기원전 8세기 예언서

앞에서 우리는 기원전 8세기 이스라엘 예언자들에게 영향을 미친 "토라적 공공성"을 살펴보았다. 그들은 계약법전과 신명기법전을 근거로 하는 공공성의 영향 및 특별한 시대적 상황으로 인해 공공담론으로서의 예언 활동을 활발히 전개하였다. 이로 인해 그들의 예언은 자연히 사회경제적 공공담론의 성격을 띠게 되었다. 그러므로 기원전 8세기 예언서인 아모스서, 이사야서, 미가서, 그리고 호세아서를 주석함에 있어서 사회과학적 비평은 매우 중요하다. 이에 따라 우리는 이 네 예언서를 사회경제적 공공담론의 관점에서 새롭게 해석하고자 한다.[1]

그러나 그 전에 이 네 예언서가 과연 기원전 8세기의 역사적 배경(Historical Setting)에 정초하고 있는지를 확인해야 한다. 이미 앞에서 살펴본 바와 같이 기원전 8세기의 국제적·사회적·경제적 상황 등에 비추어 볼 때, 그리고 각 예언서의 언어나 어휘, 신학 사상 등을 검토해볼 때, 이 네 예언서가 기원전 8세기의 상황을 반영한다는 데 많은 학자가 동의하고 있다. 그러나 각 예언서의 역사적 위치를 확정하기 애매한 부분이 있

---

1)   기원전 8세기 예언서들의 본문 주석은 MT와 LXX를 기초로 영어 번역 성경(NASB, RSV, NRSV, KJV, NIV), 독일어 성경(Luther Bibel), 그리고 한국어 번역 성경(개역개정, 표준새번역, 천주교 『성경』)을 검토하였다. 본문을 제시한 것은 주석 과정에서 인용한 본문으로 한정하였다.

고, 또 이에 대해 이견을 제시하는 학자도 있다.

첫 번째로, 미가서를 살펴보자. 롤란드 해리슨(R. K. Harrison)은 미가서의 메시지가 어느 정도 질서가 있고 잘 배열되어 있다고 주장한다. 1-3장은 2:12-13을 제외하고는 전적으로 멸망에 대해 경고하고 있다. 4-5장은 회복의 메시지를 전하고 있으며, 6:1-7:6은 다시 임박한 심판의 경고로 가득차 있다. 그리고 7:7-20에서는 미래의 소망과 심판의 경고가 교차하고 있다. 해리슨은 예언자의 선포가 정확히 이 순서를 따라 주어졌다고 보는 것은 무리가 있으나 현재의 형태가 예언의 역동성과 호소력을 더해 준다는 점에는 의심의 여지가 없다고 주장한다.[2]

1-3장은, 슈타데(B. Stade)나 메이스(J. Mays) 같은 학자들의 견해처럼, 미가의 순수하고 참된 메시지로 간주된다. 다만 2:12-13은 이스라엘이 추방되어 흩어진 것을 전제로 삼지만, 이것은 다른 세 예언서에 담긴 생각과 일치하기 때문에 후대에 첨가된 것으로 볼 필요는 전혀 없다. 해리슨은 4-5장에 관한 오르트(H. Oort)와 쿠에넨(A. Kuenen)의 견해를 대조한다. 오르트는 4:1-7과 4:11-13이 미가를 거짓 예언자로 간주하고 그의 잘못을 수정하려고 노력한 후대의 저자에 의해 삽입된 것이라고 주장한다. 하지만 쿠에넨은 4:11-13이 미래 상황을 묘사하는 본문과 다소 조화되지 않는 것을 제외하고는 미가서가 기원전 8세기에 작성되지 않았다고 간주할 요소가 하나도 없다고 주장한다.[3] 미가서가 메시아에 관한 예언(5:2)에서 이사야서와 일치하고, 또한 종말에 이루어질 예루살렘의 회

---

2) Roland K. Harrison, *Introduction to the Old Testament* (Grand Rapids: Eerdmans Publishing Co., 1969), 509.

3) Harrison, *Introduction to the Old Testament*, 509-510.

복에 관한 예언(사 2:2-4; 미 4:1-3)에서도 이사야서와 일치하는 것은 미가서가 기원전 8세기에 정초하고 있음을 시사한다.

두 번째로, 이사야서를 살펴보자. 1-39장의 역사적 배경이 기원전 8세기 후반이라는 것은 여러 증거를 통해서 확인할 수 있다. 20:1은 "앗수르의 사르곤 왕이 다르단을 아스돗으로 보내매 그가 와서 아스돗을 쳐서 취하던 해니라"라고 보고하고 있다. *ANET* 284-287에는 기원전 716년에 세워진 사르곤 2세의 비문이 기록되어 있는데, 이 비문은 사르곤 2세가 아스돗과 가드를 정복함으로써 유다가 더욱 고립무원에 빠진 것을 보여준다. 37:9은 "그때에 앗수르 왕이 구스 왕 디르하가의 일에 관하여 들은즉 사람들이 이르기를 '그가 나와서 왕과 싸우려 한다' 하는지라. 이 말을 듣고 사자들을 히스기야에게 보내며 이르되"라고 보고하고 있다. *ANET* 287-288에 나오는 산헤립(기원전 704-681년)의 정복 일지에는 에디오피아(구스) 왕 디르하가(Tirhakah) 휘하의 군대가 유다 지역으로 파견되었다는 것, 그리고 엘테크(Eltekeh) 전투에서 이집트 군대가 앗시리아에게 패배하였다는 것이 기록되어 있다. 이는 37:9의 역사적 신빙성을 높여준다. 이러한 역사적 배경은 1-39장이 기원전 8세기 후반에 위치한다는 것을 보여준다.

김회권은 그의 박사학위 논문에서 이사야 28-33장의 단락이 기원전 8세기 후반의 역사적 배경을 보여주고 있음을 다음과 같이 요약한다.[4] 첫째, 이 단락은 기원전 705년과 701년 사이에 체결된 히스기야와 이집트의 동맹의 정황을 명확하게 가리킨다. 둘째, 이 단락은 야웨의 거룩한 디

---

4)   Hae Kwon Kim, *The Plan of Yahweh*, 165.

리자(divine agent)로서 침공해오는 적과 유다 사이의 직접적·군사적인 조우를 다루고 있다(28:2). 유다와 앗시리아의 군사적 조우는 기원전 705년과 701년 사이에 처음으로 일어났다. 셋째, 28-33장에 나타나는 예언자의 발언은 이사야의 대적은 막연한 대중이 아니라 예루살렘의 정치적·종교적 지도층이었음을 보여준다. 논란이 있는 이러한 장면은 예루살렘에 거하던 정치적·종교적 엘리트들에게 주어진 권력의 집중을 그 특징으로 하는 히스기야 통치 체제의 정치적 하부구조(Hezekian political infrastructure)에 가장 잘 들어맞는다.

세 번째로, 아모스서를 살펴보자. 헤르만 궁켈(Hermann Gunkel)과 후고 그레스만(Hugo Gressmann)은 양식비평적 연구에 기초해 아모스서의 예언 신탁이 예언 문학의 가장 오래된 장르(Gattung)이고, 전형적인 예언이 부상하기 이전 시기로 소급되며, 8세기 이전 이스라엘 종말론의 대표적인 형태라고 주장한다.[5] 한편 윌리엄 도얼리(William J. Doorly)는 아모스서에서 드고아의 예언자 아모스가 말한 정확한 언어를 "의심의 그림자 없이" 추출하는 것은 불가능하며, 또 (쿠트에 따르면) 본래의 선포자(original preacher)의 신학이 기원전 7세기 신명기 사가들에 의해 더욱 복잡하게(intricate) 교직되었을지라도, 아모스서에는 기원전 8세기의 아모스의 발언이 나타난다고 본다.[6] 그리고 윌슨은 다음과 같이 말한다. "아모스서는 길고 복잡한 전승사를 가진 것 같고 학자들 간에 이러한 전승사의 세세한 부분까지 의견이 일치되지는 않는다. 하지만 학자들은 아모스 신탁의 기

---

5)　Paul, *Amos,* 7.

6)　William J. Doorly, *Prophet of Justice, Understanding the Book of Amos* (New York: Paulist Press, 1989), 18.

 구약 예언서의 공공신학

본 모음집이 신원 미상의 몇몇 편집자에 의해 보완되었다는 것을 일반적으로 인정한다. 그러한 편집자 중 아모스의 제자도 있었을 것이다.…그러나 지금 우리가 가진 증거로는 그 가능성을 시험해볼 길이 없어서 아모스서의 재건된 모습이 정확한지는 여전히 의심스럽다. 결국 아모스의 활동과 관련하여, 우리는 그것의 정확한 역사적 모습보다는 그것에 관한 전통적인 묘사에 만족해야 할 것이다."[7]

이처럼 아모스서 본문의 역사적 위치와 배경을 설정하는 것이 복잡한 상황이다. 그렇다면 윌슨이 말한 대로 성경 본문의 내적 증거에 의존하는 것이 현재로서는 가장 타당하다. 무엇보다 아모스서가 보여주는 예언자의 고발과 경고는 기원전 8세기 이스라엘의 사회경제적 상황에 가장 부합한다. 따라서 적어도 아모스서의 운문 신탁 대부분은 기원전 8세기의 아모스의 진정성 있는 예언으로 볼 수 있다.

마지막으로, 호세아서를 살펴보자. 호세아는 미가, 이사야, 아모스와는 달리 북왕국 출신이었다. 많은 학자가, 호세아가 활동을 시작한 시기는 아모스보다 10년 정도 늦었을 것으로 본다. 호세아서의 언어와 신명기 역사서의 언어 사이의 유사성은 오랫동안 주목받아왔는데, 보통 이러한 유사성은 호세아의 예언이 후대 신명기 사가들에게 영향을 끼쳤음을 암시하는 것으로 여겨진다.[8] 코흐의 견해에 따르면, 아모스와 호세아는 거의 같은 시대에 활동했지만 호세아의 하나님 이해가 후에 예레미야와 에스겔의 신학을 형성하는 데 도움을 주었고, 또 호세아가 아모스보다 훨씬

---

7)   Wilson, *Prophecy and Society in Ancient Israel*, 266-267.

8)   Wilson, *Prophecy and Society in Ancient Israel*, 227.

더 후세에까지 영향을 끼쳤다.[9]

기원전 8세기 예언자들 사이에는 차이점과 공통점이 있다.[10] 우선 그들의 종교적 관념은 그들이 물려받은 관념에 비해 매우 과격하고 혁신적이다. 이러한 과격성의 일치가 그들의 차이를 사소하게 보이도록 만든다. 또한 그들은 비인습적인 용어로 하나님을 묘사하는데(예. 암 9:7의 이방 비유, 호 5:12의 이스라엘의 몸에 생긴 종기, 사 5:1 이하의 성공하지 못한 연인 등) 이러한 과격성은 앗시리아가 팔레스타인에 진출한 것과 같은, 이스라엘이 직면한 상황과 관련이 깊다.[11] 이처럼 아모스서, 호세아서, 이사야서(1-39장), 미가서의 신탁은 기원전 8세기의 사회경제적 현상에 부합하는 진정성을 가지고 있다. 이제부터는 당시의 현상을 보여주는 성경 본문들을 구체적으로 연구하고자 한다.

6.1. —— 토라의 땅 신학을 붕괴시키는 지배계층에 대한 고발

먼저 우리는 기원전 8세기 예언서 중 자유농민의 붕괴 상황을 보여주는 상징적인 본문들을 주석해보고자 한다. 이에 관한 많은 본문이 있겠으나, 특히 아모스 2:6-8은 사회경제적 측면에서 새로운 주석이 이루어질 수 있는 흥미로운 본문이다. 2:6의 "신발 한 켤레를 받고 가난한 자를 판다"라는 것은 무엇을 의미하는가? 부자가 겨우 신발 한 켤레 값을 위하

---

9)   Koch, *The Prophets, vol. 1: The Assyrian Period*, 77-78.
10) 이에 대해서는 다음을 참조하라. 김회권외 4인, 『현대인과 성서』 (서울: 숭실대학교출판부, 2007), 277-281.
11) 김회권 외 4인, 『현대인과 성서』, 279.

여 가난한 자를 팔 이유가 있는가? 이러한 의문을 제기하면서 우리는 사회과학적 주석을 시도하고자 한다. 또한 2:7에서 "아버지와 아들이 한 젊은 여인에게 다닌다"라는 표현도 지나치기 쉬운 구절이다. 그동안 이 구절은 주로 윤리적 타락을 나타내는 것으로 해석되어왔다. 그러나 우리는 이제 그 앞뒤 문맥에 기초하여 이 구절에 관해서도 사회과학적 연구를 시도하고자 한다.

이사야 5:8-10을 선정한 이유 역시 비슷하다. 5:8-10을 부자의 탐욕을 강조하는 것으로 보는 기존의 해석을 넘어 "가옥", "전토", "빈틈" 등이 갖는 사회경제적 의미에 주목함으로써 기원전 8세기에 본격화된 대토지화(latifundialization)라는 관점에서 이 본문을 바라볼 수 있다. 이상의 두 본문을 기원전 8세기의 사회경제적 상황에서 바라보고 사회과학적 비평을 통해 해석할 때 우리는 당시 자유농민의 붕괴 상황을 가장 잘 이해할 수 있을 것이다.

6.1.1. —— 아모스 2:6-8

MT

6 כֹּה אָמַר יְהוָה עַל־שְׁלֹשָׁה פִּשְׁעֵי יִשְׂרָאֵל וְעַל־אַרְבָּעָה לֹא

אֲשִׁיבֶנּוּ עַל־מִכְרָם בַּכֶּסֶף צַדִּיק וְאֶבְיוֹן בַּעֲבוּר נַעֲלָיִם׃

7 הַשֹּׁאֲפִים עַל־עֲפַר־אֶרֶץ בְּרֹאשׁ דַּלִּים וְדֶרֶךְ עֲנָוִים יַטּוּ

וְאִישׁ וְאָבִיו יֵלְכוּ אֶל־הַנַּעֲרָה לְמַעַן חַלֵּל אֶת־שֵׁם קָדְשִׁי׃

8 וְעַל־בְּגָדִים חֲבֻלִים יַטּוּ אֵצֶל כָּל־מִזְבֵּחַ וְיֵין עֲנוּשִׁים יִשְׁתּוּ

בֵּית אֱלֹהֵיהֶם׃

개역개정¹²

개역개정[12]

6 여호와께서 이와 같이 말씀하시되 "이스라엘의 서너 가지 죄로 말미암아 내가 그 벌을 돌이키지 아니하리니 이는 그들이 은을 받고 의인을 팔며 신 한 켤레를 받고 가난한 자를 팔며

7 힘 없는 자의 머리를 티끌 먼지 속에 발로 밟고 연약한 자의 길을 굽게 하며 아버지와 아들이 한 젊은 여인에게 다녀서 내 거룩한 이름을 더럽히며

8 모든 제단 옆에서 전당 잡은 옷 위에 누우며 그들의 신전에서 벌금으로 얻은 포도주를 마심이니라."

1) 아모스 2:6b

MT עַל־מִכְרָם בַּכֶּסֶף צַדִּיק וְאֶבְיוֹן בַּעֲבוּר נַעֲלָיִם׃

LXX ἀνθ' ὧν ἀπέδοντο ἀργυρίου δίκαιον καὶ πένητα ἕνεκεν ὑποδημάτων

개역개정 이는 그들이 은을 받고 의인을 팔며 신 한 켤레를 받고 가난한 자를 팔며

천주교 『성경』[13] 그들이 빚돈을 빌미로 무죄한 이를 팔아넘기고 신 한 켤레를 빌미로 빈곤한 이를 팔아넘겼기 때문이다.

---

12) 대한성서공회, 2007.
13) 한국천주교주교회의, 2005.

표준새번역[14] 그들이 돈을 받고 의로운 사람을 팔고, 신 한 켤레 값에 빈민을 팔았기 때문이다.

사역(私譯) 그들이 돈을 수단 삼아 의로운 자를, 한 켤레 신으로 한 행동을 수단 삼아 가난한 자를 팔았기 때문이다.

아모스 2:6b과 관련하여 한국어 성경의 번역을 보면 개역개정, 표준새번역, 천주교 『성경』이 거의 동일하다. 의로운 자(the innocent)에 해당하는 히브리어 "차디크"(צדיק)는 예언자들이 법적인 함의를 가지고 사용한 말이었다. 기원전 8세기 예언자들은 종종 가난한(poor)/무죄한(innocent)/의로운(righteous)이라는 말을 각각 부유한(rich)/죄악된(guilty)/사악한(wicked)이라는 말에 반대되는 의미로 상호교환적으로 사용하였다.[15]

여기서 주로 논해야 할 것은 두 가지다. 전치사 "베트"(ב)의 의미와 "신 한 켤레"에 해당하는 히브리어 단어를 어떻게 이해할 것이냐는 점이다. 한국어 성경을 보면 개역개정은 전치사 "베트"를 "받고"로 번역했고, "바아부르"(בעבור)도 "베트"의 의미와 동일하게 "받고"로 번역했다. 한국천주교주교회의가 출판한 천주교 『성경』은 "베트"와 "바아부르"를 동일하게 "빌미로"로 번역했다. 표준새번역(1993)은 "베트"는 "받고"로, 그리고 "바아부르"는 "값에"로 번역하였다. LXX는 은(silver)에 해당하는 명사를 속

---

14) 대한성서공회, 1993.

15) Premnath, *Eighth Century Prophets: A Social Analysis*, 163.

격(genitive)으로 처리해서 번역했다. "사다", "팔다", "비용을 지불하다", "값을 매기다", "교환하다" 등의 의미를 가진 동사들이 속격과 같이 사용될 때, 그 속격을 "가격과 가치의 속격"(Genitive of Price and Value)이라고 분류한다.[16] 그리고 LXX는 "바아부르"를 이것에 해당하는 그리스어 단어 "헤네켄"(ἕνεκεν)을 사용하여 번역하였다.

전치사 "베트"는 "안에"(in), "가운데"(among), "함께"(with), "의하여"(by), "위하여"(for), "때문에"(on account of) 같은 매우 다양한 의미를 가지고 있다.[17] "베트"를 "함께 / 으로"(with)나 "위하여"(for / on behalf of)로 해석한다면, 돈과 신발이 매매 행위의 수단이 아닌 목적이 되어버린다. 그럴 경우, "신발 때문에"라는 표현은 이해하기가 어렵다. 엘리트 채권자들이 신발 한 켤레를 얻기 위해 애쓰는 이유가 불분명하게 남기 때문이다.[18]

샬롬 폴(S. M. Paul)은 전치사 "베트"의 의미를 "때문에"(for / on account of)로 규정한다.[19] 이에 근거해서 관련 부분을 번역하면 "돈 때문"이 된다. 폴은 여기서 멈추지 않고 그 의미를 다음과 같이 풀어서 설명한다. "사람이 빚지고 갚을 수 없는 돈 때문에", "금액이 너무 적어서 그 행동(팔아넘기는 행위)을 정당화할 수 없을 만큼 작은 빚 때문에." 폴이 "베트"의 의미를 이렇게 규정하는 것은 그 뒤에 나오는 부분의 영향이 큰 것 같다. 즉 "때

---

16) H. W. Smyth, *Greek Grammar*, rev. G. M. Messing (Cambridge: Harvard University Press: 1984), 325.

17) B. F. Brown, S. R. Driver, and C. A. Briggs, (eds.) *A Hebrew and English Lexicon of the Old Testament* (Oxford: Clarendon Press, 1951), 88-91.

18) 우택주, 『8세기 예언서 이해의 새 지평』, 146.

19) Paul, *Amos*, 77-79.

구약 예언서의 공공신학

문에”로 번역되는 “바아부르”와 평행을 맞추다 보니, “베트”의 의미를 “때문에”로 규정하는 것 같다. 그런데 폴은 “바아부르”는 논의 대상으로 삼지도 않고 그냥 전통적인 의미만을 제시하고 넘어간다.

한스 볼프(Hans W. Wolff)는 전치사 “베트”와 “바아부르”에 대해서 약간 다른 설명을 시도한다. 볼프는 이 둘은 서로 교환해서 사용될 수 있다고 말하는 동시에 “베트”는 가치로서의 “베트”라는 말을 첨가한다. 그러나 그의 주석에 나오는 본문에서는 해당 부분이 “은을 위하여”(for silver)로 되어 있다. 이 점에서 볼프는 일관성이 다소 없어 보인다.[20]

BDB의 설명에 따르면, 전치사 “베트”는 “함께”(with), “의하여”(by), “대가로”(at the cost of)라는 의미를 가진다. BDB는 좀 더 구체적으로 그것이 “어떤 행동을 하려고 할 때 도구로 사용되는”을 표현할 수 있다고 보충하여 설명한다.[21] 우택주도 동사 “마카르”(מָכַר)가 전치사 “베트”와 함께 사용될 때는, “베트”가 “교환 조건으로”(in exchange of)나 “수단으로”(by means of)로 번역되는 것이 적절하다고 설명하면서 신명기 21:14, 요엘 3:3, 나훔 3:4을 제시한다.[22]

대다수 학자가 아모스가 고소하는 대상자를 탐욕스러운 채권자(creditor)로 보는 것과는 달리, 디어만은 아모스가 고소하는 사람은 부패한 재판장일 수 있다는 견해를 제시한다.[23] 폴도 מָכַר가 여기서 3인칭 남

---

20) H. W. Wolff, *Joel and Amos* (Hermenia; Philadelphia: Fortress Press, 1977), 133.

21) Brown, Driver, and Briggs, *A Hebrew and English Lexicon of the Old Testament*, 88-90.

22) 우택주, 『8세기 예언서 이해의 새 지평』, 145-146.

23) Dearman, *Property Rights in the Eighth-Century Prophets: The Conflict and Its Background*, 20.

성 복수로 되어 있는데, 그 본래의 의미는 "그들이 ~을 팔았다"라고 확대하여 해석할 수 있으며, 결국 "그들"은 채권자들에게 매수된 재판장이라고 추측한다.[24] 고대 근동의 신탁에서 고소를 당하는 대상자가 분명한 것과 달리, 이처럼 이스라엘 예언자들은 고소 대상자를 분명하게 밝히지 않는 경우가 많다. 그러나 탐욕스러운 채권자이든 불의한 재판장이든 간에, 아모스 2:6에서 고소 대상자는 지배계층일 가능성이 크다는 것에는 의심의 여지가 없다. 이스라엘의 왕정 시기에는 장로들뿐만 아니라 도성의 유력자들에게도 재판의 권한이 있었다.

그런데 여기서 한 가지 문제를 제기할 수 있다. 이러한 가정이 사실이라면, 지배계층의 사람들이 신발 한 켤레 값에 해당하는 아주 적은 금액 때문에 가난한 자들을 종으로 팔아치운다고 말하는 것은 경제적으로 개연성이 없어 보인다. 그렇다면 "한 켤레 신발 때문에"는 무엇을 의미하는 것일까? "바아부르"(בַּעֲבוּר)는 통상적으로 "~때문에"로 번역된다. 아니면 이것은 목적을 표현하는 구문을 이끄는 목적 접속사로 사용될 수 있으며, 이유나 목적을 나타내는 전치사로 사용될 수도 있다. 앞서 살펴보았듯이, 폴은 "바아부르"에 관해 아무런 언급도 하지 않은 채 넘어갔고, 볼프 또한 그것을 무시했다. 이러한 사실은 "바아부르"가 일반적으로는 관용어구처럼 이해되고 있음을 나타낸다. 대다수 주석가는 이 전치사구와 관련된 부분을 "신발 한 켤레 때문에"로 이해하여 그 의미를 설명한다. "신발 한 켤레"에 관한 의견은 크게 두 가지로 나뉜다. 하나는 그것이 "아주 적은 금액의 빚"을 의미한다는 견해다(S. M. Paul; H. W. Wolff; Ernst Jenni 등).

---

24) Paul, *Amos*, 77.

구약 예언서의 공공신학

다른 견해에 의하면 그것은 상징적인 행위를 나타낼 수도 있다. 즉 그것은 성문 앞 광장에서 행해진 상호 거래를 입증하는 행위로 설명될 수도 있다.[25]

그러나 우택주는 "바아부르"에 관한 독창적인 의견을 제시한다. 먼저 그는 "신발 한 켤레"에 해당하는 적은 금액 때문에 지배계층의 사람들이 소란을 피우는 일이 적합하지 않다는 문제를 제기한다. 그러고 나서 그는 전통적인 주석과 차별화되는 사회과학적 해석을 시도하면서 이것을 "신발 한 켤레를 교환 조건으로(혹은 수단으로)"로 번역한다.[26] 또한 그는 아카드어의 의미를 빌려와서 새로운 의미를 부여한다. 그는 "아부르"(עֲבוּר)가 아카드어 "에부루"(ēbūru)에서 유래한다고 보고 "아카드어 에부루(ēbūru)는 계약문서에 빈번하게 등장하는 용어로서 '채무 융자 기한이 만료되는 시기인 추수'를 지칭한다"라고 주장한다.[27] 성경에서 "아부르"가 이런 의미로 사용된 경우는 두 번인데, 바로 여호수아 5:11과 5:12이다.

> 유월절 이튿날에 그 땅의 소산물(עֲבוּר)을 먹되 그 날에 무교병과 볶은 곡식을 먹었더라. 또 그 땅의 소산물(עֲבוּר)을 먹은 다음 날에 만나가 그쳤으니 이스라엘 사람들이 다시는 만나를 얻지 못하였고 그 해에 가나안 땅의 소출(תְּבוּאָה)을 먹었더라(수 5:11-12, 개역개정).

이에 따라 우택주는 아모스 2:6b을 다음과 같이 번역한다. "돈을 수단

---

25) Douglas Stuart, *Hosea-Jonah* (WBC; Waco: Word Books, 1987), 317.
26) 우택주, 『8세기 예언서 이해의 새 지평』, 146.
27) 우택주, 『8세기 예언서 이해의 새 지평』, 146.

삼아(교환 조건으로) 가난한 자를 팔고, 신발 한 켤레로 (보증을 선) 추수를 수단 삼아(교환 조건으로) 궁핍한 자를 팔며."[28] 그러나 우리는 그가 아모스서에 나오는 단어를 여호수아서에 나오는 단어와 일치시키는 것에 의문을 제기하지 않을 수 없다. 아모스서의 "아부르"는 여호수아서의 "아부르"와 달리 전치사와 결합하여 사용되기 때문이다. 물론 아카드어 어원의 도움을 받아서 이 단어를 이해하는 것이 유익할 수도 있다. 그러나 하나의 언어가 다른 민족의 언어 속으로 들어가면 거기에 적응함으로써 새로운 의미를 부여받기 때문에, 우택주의 번역에 의문이 제기되는 것이다.

차라리 MT를 연구하면 흥미로운 사실이 발견된다. 첫째, "바아부르"(בַּעֲבוּר)는 총 49번 사용되는데, 그중 15번이 사무엘서에서 나타난다.[29] 이 전치사구는 특히 철기 II 시대의 상황을 묘사하는 글에서 많이 사용된다. 기원전 8세기 예언서에서 이 전치사구는 아모스서에서 두 번, 그리고 미가서에서는 한 번 나타난다. 둘째, LXX 번역자들이 이 전치사구를 다양하게 이해한다는 것을 알 수 있다. LXX에서 대다수(46번) 번역은 크게 세 가지로 분류된다. 1) διά + 대격, 2) ἕνεκεν + 속격, 3) 목적절을 이끄는 ἵνα. 여기서 "아부르"(עֲבוּר)는 따로 번역되지 않는다. 그러나 이것은 창세기 3:17, 창세기 8:21, 그리고 예레미야 14:4에서는 번역되어 있다.

---

28) 우택주, 『8세기 예언서 이해의 새 지평』, 146-147.

29) Abraham Even-Shoshan (eds.), *A New Concordance of the Old Testament* (Michigan: Baker House, 1993), 194-195. 창 3:17; 8:21; 12:13, 16; 18:26, 29, 31, 32; 21:30; 26:24; 27:4, 10, 19, 31; 46:34(15회); 삼상 1:6; 12:22; 23:10; 삼하 5:12; 6:12; 7:21; 9:1, 7; 10:3; 12:21, 25; 13:2; 14:20; 17:14; 18:18(15회); 출 9:9, 14, 16, 16; 13:8; 20:20(7회); 대상 14:2; 17:19; 19:3; 대하 28:19(4회); 시 105:45; 106:32; 132:10(3회); 암 2:6; 8:6(2회); 욥 2:2(1회); 렘14:4(1회); 미 2:10(1회).

  구약 예언서의 공공신학

MT: אֲרוּרָה הָאֲדָמָה בַּעֲבוּרֶךָ

LXX: ἐπικατάρατος ἡ γῆ ἐν τοῖς ἔργοις σου

MT: לֹא־אֹסִף לְקַלֵּל עוֹד אֶת־הָאֲדָמָה בַּעֲבוּר הָאָדָם

LXX: οὐ προσθήσω ἔτι τοῦ καταράσασθαι τὴν γῆν διὰ τὰ ἔργα τῶν ἀνθρώπων

MT: בַּעֲבוּר הָאֲדָמָה חַתָּה

LXX: τὰ ἔργα τῆς γῆς ἐξέλιπεν

LXX는 창세기 3:17, 창세기 8:21, 그리고 예레미야 14:4, 이 세 본문에서는 "아부르"(עֲבוּר)를 그리스어 명사로 번역한다. 즉 이것을 "행위"(τὸν ἔργον)의 중성 복수 대격으로 이해하여 번역한다. 땅이 어떤 소산을 내듯이, 사람의 행위를 소산에 비유하여 이해한 것으로 보인다. 우리는 "아부르"의 의미와 관련해서 다른 측면을 고려할 수 있다. 창세기 12:16-19을 고찰해보면, "아부르"와 "베트"를 결합하여 단순하게 "이유"를 나타내는 전치사로 사용할 때 "아부르"의 본래적인 의미가 축소되는 것으로 보인다. 그 본래적인 의미를 찾아서 구약성경 본문들을 나시 한번 읽는다면, 더욱 풍성한 이해에 도달할 수 있을 것이다.

창세기 12:16	וּלְאַבְרָם הֵיטִיב בַּעֲבוּרָהּ
창세기 12:17	עַל־דְּבַר שָׂרַי אֵשֶׁת אַבְרָם:
창세기 12:18	מַה־זֹּאת עָשִׂיתָ לִּי
창세기 12:19	וָאֶקַּח אֹתָהּ לִי לְאִשָּׁה

창세기 12:16에서 "바아부르"(בַּעֲבוּר)가 포함된 부분을 단순하게 "그녀 때문에"라고 번역할 수도 있다. 그러나 "아부르"(עֲבוּר)가 본래 "소산"(product) 혹은 "수확"(yield)이라는 의미가 있음을 생각해보면, 이 단어는 사람과 관련해서 사용될 때 (LXX의 해석에서 본 것처럼) 그 사람이 한 "행동"을 의미할 수 있다. 창세기 12:16은 이러한 의미를 통해 본다면 더욱 생생하게 이해된다. 이런 의미로 창세기 12:16-19을 번역하면 다음과 같다.

창세기 12:16	그는 그녀의 <u>행동</u> 때문에 아브람에게 선을 베풀었다.
창세기 12:17	아브람의 아내인 사래의 <u>일</u> 때문에
창세기 12:18	어찌하여 네가 나에게 <u>이것을 행하였느냐?</u>
창세기 12:19	내가 <u>그녀를 나의 아내로 취하도록</u>

창세기 12:16에 나오는 사래의 행동은, 창세기 12:11-13에 기록되었듯이, 아브람이 그녀에게 부탁한 일이다. 더 나아가서 사래는 바로의 아내가 되는 것을 거절하지 않는 행동을 보였다. 16절에 나오는 "행동"이 17-19절을 통해서 분명하게 밝혀지고 있다. 이러한 이유로 16절의 관련 부분을 단순하게 "그녀 때문에"로 번역해서는 안 된다. 그렇게 되면 이 본

문의 의미가 모호해질 여지가 생길 수 있다. 결론적으로 사래의 "아부르"가 의미하는 바는 아주 구체적이다. 그것은 사래가 바로에게 자신이 아브람의 누이라고 말하는 행동뿐만 아니라 바로의 아내가 되는 행동도 의미한다.

우리는 이러한 본문들에 기초해서 아모스 2:6b에 나오는 "바아부르"를 단순하게 "~때문에"로 보지 않고 구체적인 행동을 의미하는 것으로 이해하여, 그 의미에 맞게 새로운 번역을 시도할 것이다. 전치사 "베트"를 "가격"이나 "가치" 즉 "교환 수단"으로 이해하고, "바아부르"를 "~때문에"가 아닌 "어떤 구체적인 행동"을 나타내는 표현으로 이해해서 아모스 2:6b을 번역하면 다음과 같다.

그들이 <u>돈을 수단 삼아</u> 의로운 자를,

<u>한 켤레 신으로 한 행동을 수단 삼아</u> 가난한 자를 팔았기에

많은 주석가는 "신발 한 켤레"가 의미하는 것을 논하면서, 이것이 "적은 양의 빚"뿐만 아니라 "계약행위"도 의미할 수 있다는 가능성을 배제하지 않는다.[30] 신발을 (거래하는) 상대방에게 벗어주는 행위는 소유권 이전이나 무르기를 확정 짓는 관행을 암시하는 것으로 이해할 수 있다. 신명기 25:9-10은 "그의 형제의 아내가 장로들 앞에서 그에게 나아가서 그의 발에서 신을 벗기고 그의 얼굴에 침을 뱉으며 이르기를 '그의 형제의 집을 세우기를 즐겨 아니하는 자에게는 이같이 할 것이라' 하고 이스라엘

---

30)   우택주, 『8세기 예언서 이해의 새 지평』, 147; Stuart, *Hosea-Jonah*, 316.

중에서 그의 이름을 신 벗김 받은 자의 집이라 부를 것이니라"라고, 그리고 룻기 4:7은 "옛적 이스라엘 중에는 모든 것을 무르거나 교환하는 일을 확정하기 위하여 사람이 그의 신을 벗어 그의 이웃에게 주더니 이것이 이스라엘 중에 증명하는 전례가 된지라"라고 기록하고 있다.

이처럼 "신발"(나알라임, נְעָלַיִם)은 몇 가지 의미를 가질 수 있다. 첫째는 문자 그대로의 신발과 같은 아주 사소한 액수의 빚을 뜻한다. 둘째는 상징적 의미의 신발로서 계약 관계를 지시한다. 또 하나 살펴보아야 할 것은 쌍수로 표현된 "나알라임"(נְעָלַיִם)이 "나알"(נַעַל)이라는 동사에서 파생되었다는 점이다. 이 동사는 "빗장을 지른다" 혹은 "걸쇠로 잠근다" 등의 의미를 가지고 있다. 우택주의 설명에 따르면, 그것은 토지 합병(land consolidation)을 위해 소유주가 다른 두 지역의 밭을 한데 묶는다는 의미를 포함할 수도 있다.[31] 그러나 이것은 다소 과한 해석으로 보인다. 이는 이사야 5:8의 "가옥에 가옥을 이으며 전토에 전토를 더하여 빈 틈이 없도록 하고 이 땅 가운데에서 홀로 거주하려 하는 자들은 화 있을진저"와 같은 본문들을 기초로 해석학적 상상력을 펼친 것으로 보일 뿐, "바아부르"에 관한 해석과는 연결되지 않는다. "신발"이라는 단어는 "빗장을 지른다"와 어근에 있어서 동일하지만 사실상 구약성경에서 이 단어를 땅과 관련해서 사용한 구절은 하나도 없다. 아무튼 이상의 본문 연구에서 본 바와 같이, 비록 기원전 8세기에 이스라엘에서는 외견상 정당한 형식을 갖추어 거래가 이루어졌지만, 이스라엘 자유농민은 야웨가 수여한 세습토지 소유권(patrimonial domain)을 잃어버리고 채무 노예(debt slavery)로 전락

---

31) 우택주, 『8세기 예언서 이해의 새 지평』, 147.

   구약 예언서의 공공신학

해갔다.

　가난한 소작농의 채무와 관련하여, 농부는 일단 은(당시의 화폐)으로 대부(loan)를 얻은 후, 다음 추수기를 기한만료 시점으로 삼고 그때에 그가 추수할 여러 가지 농산물로 채무를 변제하기로 계약하는 것이 관례였다.[32] 이런 상황에서 궁핍한 사람은 채무를 진 가난한 농부를 일컫는다. 출애굽기 22:24[33]에 의하면, 가난한 자에게 돈을 꾸어주면 그것은 무이자로 제공되어야 마땅하지만, 채권자는 율법의 문자적 규정을 고집하여 현금과 작물의 가치를 상대적으로 평가절하하는 방식으로 계약서를 작성했다.[34] 그리고 다음 해 추수기에 채무를 변제받을 시기가 되면 공급과잉 때문에 농산물의 가격이 최하점에 도달하므로 채권자는 손쉽게 실질적인 고리로 이득을 챙기지만, 채무자는 채무에 쪼들리다가 나중에는 자신의 땅을 팔며 결국 채무 노예로 팔리는 악순환이 거듭되는 것이다.[35] 노만 갓월드(Norman K. Gottwald)는 자유농민이 채무 노예를 거쳐 결국 소작농으로 전락하는 과정을 국제정치적인 상황과 관련하여 다음과 같이 설명한다.

　이들이(강대국들) 이스라엘과 유다에 개입하면서 이 두 국가의 사회 내부에서는 갈등이 지속되었다. 위협적인 외세에 부딪히자 두 국가는 입장을 강화하기 위하여 군비를 증강했고, 우호적인 무역 균형을 맞추기 위해 제한된 부―농부

---

32) 우택주, 『8세기 예언서 이해의 새 지평』, 147.
33) 이는 MT의 절 수이며, 개역개정은 22:25이다.
34) 우택주, 『8세기 예언서 이해의 새 지평』, 147-148.
35) Chirichigno, *Debt-Slavery in Israel and the Ancient Near East*, 141.

들조차 확보하기 어려운 "잉여농산물"—를 집중적으로 사용하였다. 외국의 강대국들과 군주가 벌이는 전쟁은 동시에…이스라엘 농부 대다수가 벌이는 전쟁이 되었다. 대다수 이스라엘 사람은 과도한 세금 징수를 당했다. 또한 엄청나게 높은 이자로(at exorbitant interest rates) 제공되는, 상인들의 살인적인 자본에 잠식당하여 점차 많은 수의 가난한 이스라엘 사람이 채무 노예(debt slavery)로 전락해갔다.[36]

쿠트는 이런 사회현상의 중심에 임대자본주의가 있다고 주장한다.

엘리트 지배계층은 수녹토지제도를 적용하지 않은 채로도 농부들의 생산물의 대부분을 통제할 수 있었다. 그러나 엘리트 지배계층이 세습토지(patrimonial land)를 수녹토지(prebendal land)로 전환하는 도구로 임대자본주의(rent capitalism)를 이용한 것은 분명하다. 농부들은 부모에게 물려받은 토지와 관련하여 (생산을 위해 필요한) 많은 요소를 임대하는 데서 오는 경제적 압력(economic strain)을 견뎌내기 어려웠다. 기원전 8세기에 농부들이 세습토지 권한을 양도하는 일이 일어나면서 결국 채무 노예로 전락하는 운명을 아무도 막을 수 없었다. 그래서 많은 농부가 토지 없는 일용노동자 계층(landless labor pool)으로 밀려났고 엘리트 지배계층의 자비에 기대는 신세가 되고 말았다. 아모스 시대에 사마리아에 거주하던 소수 통치계층은 더욱 부와 권력을 추구하면서 농부들에게 임대 항목을 세분화(fragmentation)하는 억압적인 조

---

36) N. K. Gottwald, "Social and Economic Development of Israel," in *Interpreter's Dictionary of the Bible: Supplementary Volume*, ed. K. R. Crim (Nashville: Abingdon, 1976), 446.

치를 취하였고, 전에는 농부들에게 수입 항목이었던 것을 채무 항목으로 바꾸어놓았다.[37]

창세기 47:13-31은 기원전 8세기의 이런 상황을 이해하는 데 도움을 줄 수 있다. 당시 고대 근동 대부분 지역에 기근이 들자 먹을 것이 없었던 사람들은 처음에는 돈으로 곡식을 사 먹었다. 돈이 다 떨어진 다음에는 가축, 즉 말, 양, 소, 나귀를 주고 곡식을 샀다. 이것마저 다 떨어지자 그다음에는 자신들의 토지와 몸을 팔았다. 결국 그들은 파라오의 종이 되어 소출의 오분의 일을 파라오에게 공납하게 되었다. 이 창세기 본문은 자유인이 어떤 과정을 거쳐서 부유한 지주에게 의존하는 존재가 되는지를 보여준다.[38]

아모스의 예언은 농업경제의 대부분이 농부들의 이익을 위한 것이라기보다 시장 논리의 힘에 노출되어 있음을 보여준다. 농부들은 독자적인 생계유지형 영농(independent subsistence farming)을 했다. 가정마다 (자급자족을 위한) 모든 종류의 농산물을 조금씩 재배하는 경향이 있었고, 생산물 대부분을 소비했으며, 소비한 생산물 대부분을 다시 생산했다. 고고학적 증거를 통해 보면, 사람들이 산지에 정착해 살던 처음 몇 세기에는 포도를 집중적으로 재배하는 데 더 적합한 땅에서조차 혼합영농이 시행되었음을 알 수 있다. 농부들은 여러 가지 이유로 포도보다 곡식을 더 많이 재배하였다. 그중 두 가지 이유는 다음과 같다. 첫째, 밀과 보리는 포도

---

37)　Coote, *Amos among the Prophets: Composition and Theology*, 31-32.

38)　Bernhard Lang, *The Social Organization of the Peasant Poverty in Biblical Israel* (*JSOT* 24; Sheffield: Sheffield Academic Press, 1982), 49-50.

보다 나은 식량이었다. 둘째, 재분배 제도가 시행되어 토지가 7년마다 재
분배되는 동안에 농부들은 포도 같은 다년생 작물을 재배하는 데 투자한
노동의 대가를 토지를 재분배할 때 한꺼번에 상실할 위험을 감수하려 하
지 않았다.[39]

그러나 고지대가 점차 엘리트 지배계층의 수녹토지로 전락해갈 때 어
떤 일이 일어났을까? 그들은 이미 평지와 계곡의 넓은 땅을 장악하고 있
었다. 또한 이미 그런 지역의 땅은 거의 수녹토지제도 아래 있었다. 자연
히 그들은 포도 재배에 가장 적합한 산지를 취해서 이익을 극대화하기를
원했다. 그들은 7년마다 다년생 작물에 투자한 것을 잃어버릴 염려를 하
지 않아도 되었다. 포도주와 올리브 기름은 부피가 작고 장기 보존이 가
능해서 사마리아 지배계층은 페니키아 상인들과 결탁하여 값비싼 상거래
를 하였다. 그래서 새로운 토지 소유주들은 고지대 소유지를 혼합경작지
에서 포도원과 올리브 과수원으로 바꾸었다. 이로 인해 농민들이 사용할
곡식은 필요량보다 아주 적게 생산되었고, 그들에게 매우 불리한 곡식 거
래가 이루어졌다. 이것은 아모스가 지배계층을 향하여 그들이 "아름다운
포도원을 심고"[40] 거기에서 생산되는 포도와 포도주를 먹으려 한다고 고
발하는 기초가 되었다.[41] 결국 아모스 2:6은 성문 앞 광장에서 재판장 역
할을 했던 지배계층이 자영자경의 자유농민을 채무 노예로 전락시키고

---

39) Coote, *Amos among the Prophets: Composition and Theology*, 33.
40) "너희가 힘없는 자를 밟고 그에게서 밀의 부당한 세를 거두었은즉 너희가 비록 다듬은 돌
     로 집을 건축하였으나 거기 거주하지 못할 것이요, 아름다운 포도원을 가꾸었으나 그 포도
     주를 마시지 못하리라"(암 5:11, 개역개정).
41) Coote, *Amos among the Prophets: Composition and Theology*, 33-34.

                                        구약 예언서의 공공신학

대지주화된 농장의 소작농으로 만들어버린 사회적·경제적 상황에 대한 예언자의 "공적인" 비판인 것이다. 우리는 아모스 2:6과 평행을 이루는 아모스 2:7도 이러한 방식으로 이해할 수 있다.

2) 아모스 2:7c

MT וְאִישׁ וְאָבִיו יֵלְכוּ אֶל־הַנַּעֲרָה לְמַעַן חַלֵּל אֶת־שֵׁם קָדְשִׁי׃

LXX υἱὸς καὶ πατὴρ αὐτοῦ εἰσεπορεύοντο πρὸς τὴν αὐτὴν παιδίσκην ὅπως βεβηλώσωσιν τὸ ὄνομα τοῦ θεοῦ αὐτῶν

개역개정 아버지와 아들이 한 젊은 여인에게 다녀서 내 거룩한 이름을 더럽히며

천주교 『성경』 아들과 아비가 같은 처녀에게 드나들며 나의 거룩한 이름을 더럽힌다.

표준새번역 아버지와 아들이 같은 여자에게 드나들며, 나의 거룩한 이름을 더럽혔다.

사역(私譯) 그리고 그들이 한 남자와 그의 아버지를 저당권 상실로 들어가게 하여 내 거룩한 이름을 더럽힌다.

이 본문은 아모스서에서도 난해한 구절로서 일반적으로 성적 문란에

대한 고발로 이해되었다. 그러나 앞뒤 문맥을 고려하면, 이런 이해는 어색한 느낌을 준다. 7a절과 7b절은 모두 가난하고 힘없는 사람들을 무자비하게 대하는 자들의 모습을 묘사한다. 이어서 7c절이 나온다. 그리고 8절은 채권자들이 채무자들로부터 저당 잡은 물건을 자신들의 방탕과 사치를 위해 사용하는 것을 보여주는 내용이다. 이처럼 7c절을 중심으로 해서 앞뒤 내용은 모두 채권자와 채무자를 다루고 있다. 이런 상황에서 아버지와 아들이 같은 여자를 통해서 성적 부패를 야기하고, 그 결과 주님의 거룩한 이름을 더럽힌다는 내용은 문맥상 어색하다. 그래서 MT 편집자들은 7c절이 첨가된 것이 아니냐는 의문을 표하고 있다.[42] 우리는 이 본문과 관련해서 세 가지 문제점을 지적한 후 사회과학적 접근법에 기초한 주석을 제시하고자 한다.

첫째, MT의 아모스 2:7에는 "사람"(이쉬, אִישׁ)과 "그의 아버지"(아브, אָב)라는 단어가 있다. 하지만 번역본들은 "사람"을 어느 정도 조정해서 번역했다. LXX는 "사람"을 "아들"로 번역했다. 이는 아들에 해당하는 히브리어가 따로 있는데도 불구하고 선입견을 품고 번역한 것으로 볼 수 있다. 이런 사정은 한국어 번역본 모두에 해당한다. 한국어 번역본은 LXX보다 더 나아가서 MT에서 "사람"과 "그의 아버지"가 나오는 순서를 바꿨다. 즉 한국어 번역본은 "사람"을 "아들"로 번역했을 뿐만 아니라 이렇게 번역한

---

42) 본문 비평 장치는 이 구절 전체를 가리키며 "add?"로 표기하고 있다. "add"는 *additum* 의 약자로서 *addere*(첨가하다)의 완료 수동 분사이며 "첨가된"을 뜻한다. 그리고 본문 비평 장치는 "?"를 통해서 이 구절 전체가 첨가된 것은 아닌지 의문을 표하고 있는 것이다. 이는 이 구절을 MT의 모음 읽기대로 읽을 때, 그것이 문맥상 어색해진다는 것을 간접적으로 보여준다.

"아들과 아버지"를 "아버지와 아들"로 바꿨다. 이는 동양적인 사고의 결과물인 것 같다. MT에 나오는 "사람"과 이 단어 뒤에 있는 "아버지"를 부자(父子) 관계로 볼 수도 있다. 그러나 "사람"을 "아들"로 번역하면 그 의미가 협소해질 수 있다. "아버지와 아들"은 한 세대를 가리키는 평범한 표현이지만, "한 사람과 그의 아버지"는 두 세대를 가리키는 특이한 표현이 된다.[43]

둘째, "여자"라는 번역에도 문제가 있다. 히브리어에서 "소녀"나 "처녀"를 의미하는 말은 "나아라"(נַעֲרָה)다. MT의 아모스 2:7에서 이 단어는 다른 형용사를 취하고 있지 않다. 그러나 LXX는 "나아라"를 "그 동일한 소녀"(τὴν αὐτὴν παιδίσκην)로 번역하고 있다. 그리스어에서 3인칭 대명사는 강조 용법으로 사용될 수 있는데, 이는 관형적 위치(관사와 명사 사이)에 놓여서 "같은/동일한"(the same)을 의미한다.[44] LXX는 "한 여자에게 간다"라는 점을 부각하는 번역이라고 할 수 있다. 한국어 번역도 모두 이와 비슷하다. 개역개정은 "나아라"를 "한 젊은 여인"으로, 천주교『성경』은 이 단어를 "같은 처녀"로, 표준새번역은 이를 "같은 여자"로 번역하였다. 그런데 "나아라"의 의미에 관한 견해는 "결혼 적령기의 소녀",[45] "젊은 여자나 청소년기의 여성"(young woman or adolescent),[46] "여자 노예"(a female slave)[47] 등으로 아주 다양하다.

---

43) 우택주,『8세기 예언서 이해의 새 지평』, 150.

44) Smyth, *Greek Grammar*, 303.

45) Wolff, *Joel and Amos*, 167.

46) Paul, *Amos*, 82.

47) Stuart, *Hosea-Jonah*, 317.

셋째, "~에게 가다"(הָלַךְ אֶל)라는 표현과 관련된 문제점이다. 폴(S. M. Paul)이 이 표현을 가장 자세히 다룬 것 같다. 폴은 아카드어와 아람어, 그리고 타르굼(Targum)의 표현들을 연구한 성과에 기초해서 "~에게 가다"는 "성적 관계"를 의미하는 것이라고 말한다.[48] 그러나 구약성경에서 "~에게 가다"가 "성적 관계"를 의미하는 곳은 아모스서 외에는 없다. 구약성경에서 아모스서를 제외하면 "~에게 가다"가 여덟 번 사용된다(창 26:1, 26; 41:55; 왕하 6:22, 23; 22:14; 대하 34:22; 렘 41:14)(BDB 231). 하지만 여기서 성관계를 의미하는 곳은 하나도 없다. 그중 남자가 여자에게 간 경우는 열왕기하 22:14과 역대하 34:22이다. 이는 제사장 힐기야, 아히감, 악볼, 사반, 그리고 이사야가 여선지자 훌다에게 간 경우다. 이를 제외한 나머지 경우에서는 찾아가는 사람과 상대방의 관계가 어느 정도 구분된다. 따라서 "~에게 가다"를 곧바로 "성적 관계"를 암시하는 표현으로 이해하는 것은 무리한 추정이라고 생각된다.

이상에서 살펴본 전통적인 번역이나 주석은 한결같이 아모스 2:7의 문맥을 깊이 고려하고 있지 않다. 2:6-8은 북이스라엘의 부유한 엘리트 계층이 가난한 자들을 채무 노예로 몰아넣는 상황을 고발하는 장면이다. 즉 이 단락은 북이스라엘의 사회경제적 타락상을 집중적으로 고발하고 있다.[49] 그런데 그 중간에 2:7c이 나오는 것이다. 쿠트는 이 문장을 해석할 때 한 가지 사실을 염두에 두어야 함을 권고한다.

---

48) Paul, *Amos*, 82. 아카드어와 타르굼 표현들에 대한 연구물을 참고하라.

49) 우택주, 『8세기 예언서 이해의 새 지평』, 153.

 구약 예언서의 공공신학

이 문장이 무엇을 의미하든지 간에, 즉 그것이 채무 노예에 대한 학대, 강요된 매춘, 술집 채무(saloon credit) 또는 아직 밝혀지지 않은 몇 가지 또 다른 의미를 지녔든지 간에, 이를 사회경제적·종합적인 상황 속에서 이해하려는 것이 올바르다.[50]

이에 따라 우리는 2:7c을 사회경제적·종합적인 상황에서, 그리고 그 문맥에 어울리는 방식으로 번역하고자 한다. 이를 위해 두 가지 사항을 살펴보자. 첫째, "여인"으로 번역되는 "나아라"(נַעֲרָה)다. 우리는 이 단어의 동음이의어(homonym)가 있음을 염두에 두어야 한다. "나아라"는 남성 명사 "나아르"(נַעַר)의 여성형이다. 그런데 명사 "나아르"가 아닌 동사 "나아르"(נָעַר)에는 "흔들다"(to shake), "털어버리다"(to shake out or off)라는 의미가 있다(BDB 654). 그렇다면 2:7c의 "나아라"가 이 동사와 관련된 것은 아닌지를 검토할 필요가 있다. 그러한 사례로 이자 제도를 폐지하고 그로 인해 발생한 재산권 이전이나 박탈당한 소유물을 원주인에게 반환하라고 선언하는 내용을 담은 느헤미야 5:13을 주목할 필요가 있다.

내가 옷자락을 털며(נָעַרְתִּי) 이르기를 "이 말대로 행하지 아니하는 자는 모두 하나님이 또한 이와 같이 그 집과 산업에서 털어 버리실지니(יְנַעֵר) 그는 곧 이렇게 털려서(נָעוּר) 빈손이 될지로다" 하매 회중이 다 "아멘" 하고 여호와를 찬송하고 백성들이 그 말한 대로 행하였느니라(느 5:13, 개역개정).

---

50) Coote, *Amos among the Prophets: Composition and Theology*, 36.

느헤미야가 옷을 털었다는 말은 무슨 뜻인가? 그 뒤에 나오는 "나아르"(נער)를 단순히 "털어내다"로 보아야 할 것인가? 다른 성경 본문을 한번 보자. 출애굽기 14:27에는 동사 "나아르"(נער)가, 그리고 30절에는 "나아르"와 반대되는 행동을 의미하는 동사 "야샤"(ישע)가 나온다.

여호와께서 애굽 사람들을 바다 가운데 엎으시니(נער)(출 14:27, 개역개정).

그 날에 여호와께서 이같이 이스라엘을 애굽 사람의 손에서 구원하시매(ישע)
(출 14:30, 개역개정)

개역개정은 27절의 "나아르"를 "털어내다"가 아니라 "엎으시니"로 번역하고 있다. 이것은 다른 번역들을 참고한 결과인 것 같다.[51] 30절에 나오는 동사는 "야샤"다. 이 동사의 의미는 "구원하다"(to save) 혹은 "건지다"(to deliver)이다(BDB 446-447; *HALOT* 448-449). 즉 이는 위험한 상황에서 건져냄을 의미한다. 그러므로 27절에 사용된 동사 "나아르"를 "털어내다"로 이해하기보다는 "건지다"와 대조되는 의미로 이해하는 것도 가능하다. 결론적으로 27절에 나오는 동사 "나아르"는 "털어내다"라는 기본 의미에서 더 나아가 "털어내어 어떤 상황에 내버려 두는 것"으로 이해될 수 있다. 그렇게 되면 27절은 야웨께서 이집트 사람들을 홍해에 털어내어 그 가운데 빠져 죽도록 놓아두신 것으로, 그리고 30절은 야웨께서 이스라엘 백성을 이집트 사람들의 손에서 건져내어 안전한 곳에 놓아두신 것으

---

51) KJV(overthrew); Luther Bibel(stürzte).

  구약 예언서의 공공신학

로 이해될 수 있다. 다른 말로 하면, 이집트 사람들은 야웨께서 구원을 포기한 상태에 있지만, 이스라엘 사람들은 야웨께서 구원한 상태에 있는 것이다. 그렇다면 "나아르"라는 동사가 "털어내다"라는 의미에서 시작하여 "내버려두다", "방치하다", "포기하다"라는 의미도 파생할 여지가 있다. "나아르"를 이런 의미로 이해하는 것이 이것을 "전복시키다"로 이해하는 것보다 훨씬 나을 것이다. 이렇게 해서 느헤미야 5:13에 나오는 동사 "나아르"를 다시 볼 때, 13b절은 여러 표현이 분명하게 드러나지 않아서 부득이하게 사역을 할 필요가 있다.

> 하나님께서 이와 같이 이 일을 행하지 않은 자는 모두 그의 집과 그가 얻은 것으로부터 털어내리니(נער) 그는 털어져서(נער) 빈털터리가 될 것이다.

여기서 사용된 "나아르"(נער)도 단순히 "털어내다"가 아닌, 이 동사에서 파생된 의미로 볼 수 있다. 구체적으로 말하자면, 우리는 이를 사람들이 그들의 집, 그들이 얻은 것, 그들의 소유, 그들의 재산으로부터 분리되어 방치된 상황을 묘사하는 것, 즉 그들이 담보물로 얻은 재산으로부터 분리되어서 그 재산을 포기한 상태에 있는 것으로 이해할 수 있다. 이는 가난한 자들로부터 그들의 담보물을 분리해 그들이 그것을 포기하도록 만드는 자들에게는 야웨께서 그와 똑같이 행하실 것이라는 뜻이다.

둘째, "옐쿠 엘"(יֵלְכוּ אֶל)이다. 이처럼 "나아라"(נערה)를 "여인"이 아닌 "저당권 포기"로 이해한다면, 문제가 되는 것은 바로 "옐쿠 엘"이다. 또한 주어가 누구이며 "남자와 그의 아버지"가 아모스 2:7c에서 담당하는 역할에 대해서도 의문이 생길 수 있다. 우택주는 이 동사에 관해 설명하면서,

본문을 필사하는 과정에서 자음 변형이 일어났다는 가정하에 이를 히필 (Hiphil) 동사로 변형시켜서 제시했다.[52] 그러나 우리는 자음 변형을 가정할 필요가 없다고 생각한다. "옐쿠 엘"의 자음을 "욜리쿠 엘"로 읽을 수 있기 때문이다. 전자는 칼(Qal) 동사지만 후자는 히필 동사다.

그러면 "남자와 그의 아버지"는 어떤 역할을 담당하는가? 아모스 2:7c에서 대다수 번역은 "남자와 그의 아버지"를 주어로 번역하고 있다. 하지만 우리는 이를 목적어로 볼 것을 제안한다. 아모스 2:7c의 주어는 아모스가 지금 고발하고 있는 자들이다. 즉 가난한 자들을 채무 노예로 팔아넘기는 자들이 주어이고 "남자와 그의 아버지"는 목적어다. 이상의 것을 종합하여 2:7c을 다음과 같이 번역할 수 있다.

그들이 한 남자와 그의 아버지를 저당권 상실로 들어가게 하여 내 거룩한 이름을 더럽힌다.

이상에서 우리는 전통적인 번역과 주석에서 벗어나 아모스 2:6-7을 새로운 시각에서 이해하려고 시도했다. 이를 통해서 이 본문을 그 당시 지배계층의 성적 타락(2:7c)이 아닌 자유농민이 자신의 재산을 잃고 심지어 채무 노예로 팔리는 사회경제적 상황을 의미하는 것으로 해석하였다. 이 본문은 부족한 것이 없는 채권자들이 가난한 채무자들의 형편을 헤아려 주기보다는, 대부금과 저당 잡힌 물건을 포기하게 만드는 상황으로 채

---

52) 우택주, 『8세기 예언서 이해의 새 지평』, 155.

　　　　　　　　　　　　　　　　　　　구약 예언서의 공공신학

무자들을 몰아가는 구체적인 내용을 보여주는 것이다.[53]

가난한 자들은 결국 노예로 팔려서 지주들의 재산만 늘려주는 일꾼으로 전락했다. 이러한 채무 노예들과 토지 없는 자들이 존재하게 된 이유는, 한편으로는 조세 부담 때문이고, 다른 한편으로는 토지를 보유한 엘리트 계층이 재화를 점점 더 독점해갔기 때문이다.[54] 엘리트 계층이 이용한 다양한 수단에 의해 토지를 잃고 노예가 된 자들은 어떤 방법으로도 그 사슬로부터 빠져나올 수 없었다. 아모스는, 창조주의 인색함 때문이 아닌 소수의 탐욕과 불의가 가져온 바로 이러한 상황이 주님의 거룩한 이름을 더럽히는 아주 흉악한 죄악임을 고발하고 있는 것이다.

6.1.2. —— 이사야 5:8-10

MT

8 הוֹי מַגִּיעֵי בַיִת בְּבַיִת שָׂדֶה בְשָׂדֶה יַקְרִיבוּ עַד אֶפֶס מָקוֹם
וְהוּשַׁבְתֶּם לְבַדְּכֶם בְּקֶרֶב הָאָרֶץ׃

9 בְּאָזְנָי יְהוָה צְבָאוֹת אִם־לֹא בָּתִּים רַבִּים לְשַׁמָּה יִהְיוּ
גְּדֹלִים וְטוֹבִים מֵאֵין יוֹשֵׁב׃

10 כִּי עֲשֶׂרֶת צִמְדֵּי־כֶרֶם יַעֲשׂוּ בַּת אֶחָת וְזֶרַע חֹמֶר יַעֲשֶׂה
אֵיפָה׃

---

53) Lang, *The Social Organization of the Peasant Poverty in Biblical Israel*, JSOT 24(1982), 51-52.

54) Chirichigno, *Debt-Slavery in Israel and the Ancient Near East*, 140.

8 οὐαὶ οἱ συνάπτοντες οἰκίαν πρὸς οἰκίαν καὶ ἀγρὸν πρὸς ἀγρὸν ἐγγίζοντες ἵνα τοῦ πλησίον ἀφέλωνταί τι, μὴ οἰκήσετε μόνοι ἐπὶ τῆς γῆς;

9 ἠκούσθη γὰρ εἰς τὰ ὦτα κυρίου σαβαωθ ταῦτα ἐὰν γὰρ γένωνται οἰκίαι πολλαί εἰς ἔρημον ἔσονται μεγάλαι καὶ καλαί καὶ οὐκ ἔσονται οἱ ἐνοικοῦντες ἐν αὐταῖς

10 οὗ γὰρ ἐργῶνται δέκα ζεύγη βοῶν ποιήσει κεράμιον ἕν καὶ ὁ σπείρων ἀρτάβας ἓξ ποιήσει μέτρα τρία

8 가옥에 가옥을 이으며 전토에 전토를 더하여 빈 틈이 없도록 하고 이 땅 가운데에서 홀로 거주하려 하는 자들은 화 있을진저,

9 만군의 여호와께서 내 귀에 말씀하시되 "정녕히 허다한 가옥이 황폐하리니 크고 아름다울지라도 거주할 자가 없을 것이며

10 열흘 갈이 포도원에 겨우 포도주 한 바트가 나겠고 한 호멜의 종자를 뿌려도 간신히 한 에바가 나리라" 하시도다.

8 불행하여라, 빈터 하나 남지 않을 때까지 집에 집을 더해가고 밭에 밭을 늘려가는 자들! 너희만 이 땅 한가운데 살려 하는구나.

9 만군의 주님께서 나의 귀에다 말씀하셨다. "정령 수많은 집들이 폐허가 되어 크고 좋은 집들에도 사는 사람이 없으리라.

10 열흘 갈이 포도밭이 포도주 한 밧밖에 내지 못하고 한 호메르의 씨앗이 곡

식 한 에파밖에 내지 못하리라."

8 화 있을진저, 작은 공간이 없을 때까지 집에 집을 잇고 들에 들을 잇대며 그 땅 가운데 홀로 거하려 하는 자들이여

9 만군의 주님께서 내 귀에(말씀하셨다)[55] 넓은 땅들은 황폐하게 될 것이며 광활하고 좋을지라도 거하는 자 하나 없으리라

10 열홀 갈이 크기의 포도원들은 한 바트를 생산해낼 것이며 한 호멜지기를 (낼) 크기의 밭은 에바를 생산해 낼 것이다.

우리는 8절과 9절을 중심으로 관련된 몇 가지 사항을 다루면서 중요한 표현들을 주석할 것이다. 첫 번째, 간투사(interjection) "호이"(הוֹי) 뒤에는 애도의 대상이 대체로 호격이나 대격으로 이어지기 때문에, 여기서는 이를 "화 있도다, ~하는 자들이여!"로 번역하는 것이 합당하다.[56] 다시 말해서 "호이" 다음에 나오는 분사를 호격으로 이해해야 한다. 애도의 대상이 분사로 표현되고 있다. 이처럼 문장이 분사로 시작되는 구문은 그다음에 정동사로 이어질 수 있다. 완료, 와우 없는 완료, 단순 미완료, 와우 없는 미완료, 와우 연속 미완료가 올 수 있다.[57] 이런 원칙에 의해서 8절을 다음과 같이 나눌 수 있다.

---

55) LXX 번역자는 이를 "그것이 들려졌기 때문이다"로 번역했고, MT 편집자는 "그러므로 그것이 들려졌다"를 추천하고 있다.

56) Wilhelm Gesenius, 『히브리어 문법』, 신윤수 역 (서울: 비블리카아카데미아, 2003), 702.

57) Gesenius, 『히브리어 문법』, 539.

הוֹי מַגִּיעֵי בַיִת בְּבַיִת שָׂדֶה בְשָׂדֶה יַקְרִיבוּ

עַד אֶפֶס מָקוֹם וְהוּשַׁבְתֶּם לְבַדְּכֶם בְּקֶרֶב הָאָרֶץ:

두 번째, 분사 "막기에"(מַגִּיעֵי)와 연결되는 것은 동사 "야크리부"(יַקְרִיבוּ)
뿐이다. MT 학자들도 이와 동일하게 문장을 나누고 있다. 한 문장에서 일
차적인 구분 표시인 아트나흐(Atnah)가 "야크리부" 밑에 붙어 있기 때문
이다. 이러한 구분에 가장 근접한 번역은 LXX와 천주교『성경』이다. 개역
개정과 표준새번역은 이러한 구분을 간과하고 있다.

세 번째, 인칭 변화다. 8a절은 3인칭으로 표현되어 있지만 8b절은 2
인칭으로 되어 있다. 이러한 변화는 시 문체나 예언자들의 어법에서 종
종 발견된다. 2인칭에서 3인칭으로 전환되기도 하고, 8절에서처럼 3인칭
에서 2인칭으로 전환되기도 한다. 1인칭에서 3인칭으로 전환되는 경우
도 있다.[58] 개역개정은 인칭 변화를 주목하지 않고 8절을 3인칭으로, 그리
고 표준새번역은 이를 2인칭으로 통일하여 번역하고 있다(너희가, 더 차지
할 곳이 없을 때까지, 집에 집을 더하고, 밭에 밭을 늘려 나가, 땅 한가운데서 홀로 살
려고 하였으니, 너희에게 재앙이 닥친다!). 그러나 천주교『성경』은 인칭 변화
를 놓치지 않고 잘 포착하여 번역하고 있다. LXX도 3인칭과 2인칭 모두
를 번역에 반영하고 있다.

네 번째, "후샤브템"(וְהוּשַׁבְתֶּם) 동사다. MT대로 하자면, 이는 호팔 완
료 2인칭 복수다. "와우" 접속사에 이어져서 와우 연속 완료로 사용되고
있다. RSV는 이 동사와 관련된 부분을 "너희는 거주하게 되었다"(you are

---

58) Gesenius, 『히브리어 문법』, 689.

   구약 예언서의 공공신학

made to dwell)로, 그리고 NRSV는 이를 "너희는 살도록 놓여졌다"(you are left to live)로 번역한다. 그러나 대다수 번역은 능동의 형식을 취한다.[59] 특히 LXX의 번역에 주목할 필요가 있다. "단지 너희들만 그 땅에 거할 것이냐?"(μὴ οἰκήσετε μόνοι ἐπὶ τῆς γῆς;)

LXX의 번역에는 두 가지 특징이 있다. 먼저 의문문이라는 것이다. 그리고 동사 형태가 능동태다. 그렇다면 LXX 번역자는 "후샤브템"(הוּשַׁבְתֶּם)을 "하예샤브템"(הַיְשַׁבְתֶּם)으로 본 것이다. "와우"와 "요드"는 필사 과정에서 가장 흔하게 혼동된다. 따라서 "후샤브템"을 "하예샤브템"으로 읽는 것이 그리 이상한 일은 아니다. 불가타역(Vulgate)도 LXX를 따르고 있다.[60] 분사구문에 의해서 3인칭으로 묘사된 자들이 2인칭으로 전환되어 언급되는 것을 볼 때, 2인칭 동사를 수동보다는 능동의 의미로 이해하는 것이 더 적절한 것 같다. 예를 들어 미가 2:1-2에서, 소수의 지배층 사람이 먼저 계획을 구상한 다음에 그것에 맞춰 백성들의 밭과 집을 수탈하는 것을 볼 수 있다. 그들이 주도적으로 일을 처리한다. 따라서 그들이 그 땅 가운데 거하도록 놓인다고 보면, 그 의미가 다소 약해질 수 있다. 다수의 백성으로부터 땅과 집을 빼앗아 커다란 성채를 짓고 그 가운데 살려는 것이 그들의 계획이다. 그들에게는 그 계획을 주도적으로 실행할 수 있는 권세도 있다. 그런데 갑자기 그들의 행동이 수동적으로 표현되는 것은 문맥에 적절하지 않다. 그러므로 LXX의 번역에 근거해서 "후샤브템"을 다시 번역하는 것도 좋은 제안이라고 생각된다. 많은 번역본이 이러한 제안을 받

---

59) NIV(you live); NASB(you have to live); LB(sie besietzen).
60) *habitabitis vos*(너희들이 거할 것이다).

아들였다. 위에 제시된 한국어 성경도 이러한 제안대로 번역하고 있다.

다섯 번째, "마콤"(מָקוֹם)의 의미다. 윌리엄 모란(W. L. Moran)은 아카드어 "비투"(bītu)가 우가리트 문서들, 특히 부동산 거래를 다루는 문서들에서 어떤 의미로 사용되었는지를 조사했다. 모란은 "비투"가 "집", "집과 땅", "단순한 땅"만을 지칭하는 것이 아니라 다양한 방식으로 사용되었다는 결론을 내렸다.[61] 체이니는 모란의 연구에 기초해 십계명에서 "어떤 이웃의 '집'(בַּיִת)은 원래 농사지을 작은 땅을 지칭했다"[62]라고 주장한다. 결론적으로 이사야 5:9, 아모스 3:15, 그리고 미가 2:2에 나오는 "허다한 가옥"(בָּתִּים רַבִּים)이 의미하는 바는 "광범위하게 소유된 토지"(large landholdings)다.[63] 한국어 성경에서 "마콤"은 "빈 틈"(개역개정), "빈터"(천주교 『성경』), "더 차지할 곳"(표준새번역)으로 번역되었다. LXX는 이를 MT나 다른 번역본들과는 상당히 다르게 번역했다. 문제가 되는 "마콤"의 기본적인 의미로는 "위치"(location), "장소"(place), "공간"(site), "방"(room), "지역"(region) 등이 있다(HALOT 627). 그런데 프렘나스는 존스톤의 우가리트 연구에 근거해서 "마콤"을 "소작농이 보유하고 있는 작은 땅"(small landholding)으로 번역해야 함을 지적한다.[64] 프렘나스의 지적에 따라 이사야 5:8의 중반부를 번역하면, "소작농의 작은 토지가 더 이상 없을 때까

---

61) Premnath, "Latifundialization and Isaiah 5:8-10," 54.

62) Premnath, "Latifundialization and Isaiah 5:8-10," 54.

63) Premnath, "Latifundialization and Isaiah 5:8-10," 54.

64) Premnath, "Latifundialization and Isaiah 5:8-10," 54. Johnstone은 이 용어가 지칭하는 것에는 "locality", "place", "spot" 외에 "estate"(소유지)나 "property"(토지, 부동산)도 있음을 주장한다.

구약 예언서의 공공신학

지"로 할 수 있다.[65]

마지막으로, 8절과 9절에 나오는 "야샤브" 동사의 의미를 고찰할 필요가 있다. 많은 주석가는 이 동사에 "거하다"뿐 아니라 그 이상의 의미가 있다는 점을 주목했다. 먼저 알트(A. Alt)는 사사기 5:23에 기초해서, 분사 형태인 "요쉐브"(יֹשֵׁב)는 "정치적 고위층을 의미하는 뉘앙스"를 담고 있다고 주장한다.[66] 갓월드(N. K. Gottwald)도 비슷한 주장을 한다. "요쉐브(יֹשֵׁב)는 봉건주의적 사회기구 체제의 지도자들이다. 그들은 왕과 봉건주의 체제의 관리들과 긴밀한 관계를 유지했다. 이스라엘이 국가 통제하의 사회 정치 기구를 발전시켰을 때, 그 용어는 점차적으로 국가에서 일하는 관리에 대해 사용되었고 사회경제적으로 고위층에 속하는 권력자를 종종 지칭했다."[67] 프렘나스는 대토지 소유주들은 이러한 지배계층 사람들이었고 8절과 9절에 나오는 "야샤브"의 동사나 명사 형태를 땅을 축적하는 과정이라는 상황에서 바라보아야 한다고 지적한다.[68] 한스 빌트버거(Hans Wildberger)는 이러한 주장에서 한 단계 더 나아간다. 빌트버거에 의하면, 땅을 소유하는 것과 잃는 것이 의미하는 바는 시민권과 관련되어 있다. "땅을 소유하는 것은 이스라엘 사람들에게 그들의 경제적인 문제뿐만 아니라 공동체 내에서 그들이 가진 시민의 지위를 확인해 준다. 땅과 부동산을 포기해야만 하는 사람은 그것으로 인해 일상에서 영향력을 발휘할

---

65) S. J. Paul Jouön, *A Grammar of Biblical Hebrew, vol. II*, tr. T. Muraoka (Roma: Pontifical Biblical Institute, 1996), 607-608.

66) Premnath, "Latifundialization and Isaiah 5:8-10," 54.

67) Premnath, "Latifundialization and Isaiah 5:8-10," 54-55.

68) Premnath, "Latifundialization and Isaiah 5:8-10," 55.

수 있는 능력을 상실하게 된다. '야샤브'의 호팔(Hophal) 동사가 의미하는 바는 어떤 사람이 공공연한 권리와 의무를 부여받은 채 그 땅에 거주한다는 것이다."[69]

이처럼 본문비평과 주석을 통해서 우리는 소수 지배계층이 소작농이 소유한 작은 땅덩어리를 착취하는 모습을 볼 수 있다. 또한 땅을 잃은 자들이 자신이 속한 공동체에서 어떠한 영향력도 발휘하지 못하면서 단지 지배계층의 불로소득을 높여주는 도구로 전락하는 모습을 볼 수 있다.[70] 소수 엘리트 지배계층은 마치 경쟁이라도 하는 것처럼 자신의 집과 부동산을 넓혀 간다. 이렇게 해서 대지주가 된 자들의 영향력은 더욱더 확대되었을 것이다. 그러나 대지주들의 성공은 그들을 고립 상태로 몰아넣는 결과를 초래하며, 그들이 소유한 넓은 토지의 생산량이 급격히 떨어지는 하나님의 심판을 받게 된다(사 5:10). 이것은 지배계층이 예상한 바와 정반대의 결과다. 이는 단순히 기원전 8세기 이스라엘에서만 볼 수 있는 현상이 아니다. 김회권은 이를 오늘날의 상황과 잘 연결시키고 있다.

지난 2003년 3월 23일 이라크 전쟁을 일으킨 미국의 속셈은 세계 석유 매장량 2위 국가인 이라크를 점령하여 석유자원을 안정적으로 확보하고자 함이었다.

---

69) Hans Wildberger, *Jesaja, Isaiah 1-12,* tr. T. H. Trapp (Minneapolis: Fortress, 1991), 197-198.

70) Alfred J. Hoerth, *Archaeology and the Old Testament* (Michigan: Baker Books, 1998), 329-330. Hoerth는 사마리아에서 발견된 도자기 조각들은 기원전 8세기 여로보암 2세 기간에 속한다고 말한다. 그의 주장에 따르면, 그것은 당시의 세금 제도를 보여줄 뿐만 아니라 성경에 언급되지 않은 많은 정착민 백성의 이름을 제공하며, 당시 사마리아 지역에 농부들이 많이 있었음을 보여주는 증거다.

중국의 티벳 점령이나 러시아의 체첸 점령도 사실 자원과 영토에 대한 야욕의 표현이다. 덩치가 큰 나라들은 에너지 소비 규모가 엄청나다. 그래서 에너지를 많이 사용하는 나라들은 탐욕과 독점의 화신으로 돌변하기 쉬운 존재들이다. 중국과 미국, 러시아와 같은 큰 나라의 특징은 영토와 자원을 독점하려는 데에 있다. 그것이 바로 제국주의의 가치다. 주전 8세기 이사야 당시에 이스라엘과 유다는 지주들의 집단 출현과 가난한 자들(땅을 잃은 자들)의 집단 출현을 동시에 목격하였다. 당시의 지주들은 조방농업(extensive agriculture, 아마도 수출농업)을 통하여 가난케 된 이스라엘의 자유농민을 소작인으로 부렸다. 그들은 가옥에 가옥을 연하며 전토에 전토를 더하여 부동산과 집, 땅과 자원을 독점하였다. 가히 그들은 넓은 땅 가운데서 홀로 거하려 하는 자들이었다. 이사야는 이와 같이 독점과 탐욕의 가치를 숭상하는 자들에게 "화 있을진저"라는 저주를 선언한다.[71]

기원전 8세기 유다와 이스라엘에서 일어났던 이러한 대지주화 현상을 보여주는 고고학적 증거들이 많이 존재한다. 커다란 건축물들과 큰 규모의 저택들을 통해서 우리는 당시 대지주들이 생산 수단을 독점한 것과 그들의 탐욕을 고발하는 예언자들의 메시지를 확인할 수 있다. 철기 II 시대의 가옥 건축 방식을 보면, 기원전 11세기부터 기원전 6세기까지 이스라엘의 일반 가정집은 기둥이 2개나 3개 또는 4개가 있는 집으로 지어졌다.[72] 대다수 가옥은 평범했지만, 그중 아주 규모가 크고 잘 꾸며진 집

---

71) 김회권 외 4인, 『현대인과 성서』, 159.

72) Philip J. King, *Amos, Hosea, Micah, An Archaeological Commentary* (Philadelphia: The Westminster Press, 1998), 61.

들이 있었는데, 그것들은 상류층이 쓰던 빌라 같은 종류로 여겨진다.[73] 일반 가정집과는 다르게 아주 많은 방을 가진 저택도 나타나는데, 그것은 궁전이나 성채였을 것이다. 그런 종류의 가옥들은 하솔, 므깃도, 이스르엘, 사마리아, 텔 엔 나스베, 게셀, 예루살렘, 라맛 라헬, 라기스, 텔 베이트 미르심 등지에서 발견된다. 특히 기원전 9세기 북왕국의 수도인 사마리아에서 호화로운 궁전과 수입 가구들이 출토된 지역은 통치자들의 저택이었을 것이다.[74] 기원전 8세기 문서 예언자들이 활동하던 시기는 외교적으로나 국내적으로 번영과 평화를 누리던 때였다. 그러나 소수 지배계층은 그러한 풍요가 백성들에게 골고루 돌아갈 수 있도록 혜택을 주기보다는 다양한 방법을 동원해서 다수의 백성의 재산을 착취하였다. 그 결과 대지주화 현상과 빈부격차는 더욱 심화되었다. 동시에 토지를 소유한 자들의 정치적 영향력은 증가했지만 여러 가지 이유로 토지를 상실한 자들은 노예의 삶을 살아갈 수밖에 없었다. 지배계층이 이러한 악을 행하는 데 있어서 이용한 기구 중 하나가 법정이다. 이제는 기원전 8세기 예언서에 나오는 법정제도와 관련된 성경 구절들을 주석하고자 한다.

6.2. ── 자유농민을 보호하지 않는 불의한 법정에 대한 고발

기원전 8세기 문서 예언자들의 예언에서는 불의한 재판장과 사법제도를 고발하는 내용을 많이 발견할 수 있다. 소수의 고위층이 불의한 합법

---

73) 한상인, 『이스라엘 왕국 시대의 고고학』, 258.
74) King, *Amos, Hosea, Micah, An Archaeological Commentary*, 64-65.

화 과정을 통해서 다수의 가난한 자를 착취하고 노예로 삼았음을 알 수 있다. 당시 법의 본질은 기존 세력 관계의 표현이었기 때문이다.[75] 법을 집행하던 이들은 모두 왕의 신하였고, 충성의 대가로 토지를 받은 자였으며, 군주제도 이념에 따라 사는 자였기 때문에 정의를 행하기보다는 기존 질서를 유지하는 데 더 관심이 있었던 것으로 보인다. 예언자들은 이를 신랄하게 비판했다. 특히 아모스 5:10-15은 아모스서 중 유일하게 "성문에서" 열렸던 법정에 관한 묘사를 하고 있어서 우리의 시선을 끈다.

6.2.1. —— 아모스 5:10-15[76]

MT

10 שָׂנְאוּ בַשַּׁעַר מוֹכִיחַ וְדֹבֵר תָּמִים יְתָעֵבוּ׃

11 לָכֵן יַעַן בּוֹשַׁסְכֶם עַל־דָּל וּמַשְׂאַת־בַּר תִּקְחוּ מִמֶּנּוּ בָּתֵּי גָזִית בְּנִיתֶם וְלֹא־תֵשְׁבוּ בָם כַּרְמֵי־חֶמֶד נְטַעְתֶּם וְלֹא תִשְׁתּוּ אֶת־יֵינָם׃

12 כִּי יָדַעְתִּי רַבִּים פִּשְׁעֵיכֶם וַעֲצֻמִים חַטֹּאתֵיכֶם צֹרְרֵי צַדִּיק לֹקְחֵי כֹפֶר וְאֶבְיוֹנִים בַּשַּׁעַר הִטּוּ׃

13 לָכֵן הַמַּשְׂכִּיל בָּעֵת הַהִיא יִדֹּם כִּי עֵת רָעָה הִיא׃

14 דִּרְשׁוּ־טוֹב וְאַל־רָע לְמַעַן תִּחְיוּ וִיהִי־כֵן יְהוָה אֱלֹהֵי־צְבָאוֹת אִתְּכֶם כַּאֲשֶׁר אֲמַרְתֶּם׃

---

75) Crüsemann, *The Torah*, 74.
76) 기원전 8세기 예언서들에서 이와 관련된 내용은 다음과 같다. 사 1:21-26; 3:14; 10:1-2; 미 3:1-2, 9-12; 호 5:1; 12:7.

שִׂנְאוּ־רָע וְאֶהֱבוּ טוֹב וְהַצִּיגוּ בַשַּׁעַר מִשְׁפָּט אוּלַי יֶחֱנַן 15

יְהוָה אֱלֹהֵי־צְבָאוֹת שְׁאֵרִית יוֹסֵף:

사역(私譯)

10 사람들이 성문에 (있는) 재판장을 싫어하며

사람들은 정직하게 말해야 하는 증인을 혐오한다.

11 그러므로 너희들이 가난한 자를 짓밟고

너희가 그들로부터 곡물세를 취하고

너희가 다듬은 돌로 집을 세우나

너희가 그 안에 살지 못할 것이다.

12 너희의 허물이 많고 너희 죄가 셀 수 없다는 것을 나는 안다.

의인을 학대하고 뇌물을 취하며

그들은 성문에서 가난한 자들을 밀어 내었다.[77]

13 그러므로 지혜자가 이러한 때에 침묵함은

때가 악하기 때문이다.

14 너희는 살기 위해 악이 아닌 선을 구하라.

그러면 만군의 주 하나님[78]이 너희들이 말하는 것처럼,

너희와 함께하시리라.

15 너희들은 악을 미워하고 선을 사랑하라.

그리고 성문에서 공의를 세워라.

---

77) "나타"(נָטָה)의 히필형의 의미를 "thrust away"(밀어내다)로 취했다. *HALOT* vol. Ⅰ, 693.

78) MT 편집자는 "만군의 하나님"을 삽입된 것으로 이해하고 있다.

구약 예언서의 공공신학

만군의 주 하나님이 요셉의 남은 자를 긍휼히 여기시리라.

이 단락은 북왕국의 법정이 어떤 상태에 있는지를 자명하게 보여주는 동시에 어떤 역할을 해야 하는지도 보여준다. 여기서는 10절을 고려의 대상으로 삼을 것이다. 왜냐하면 이 구절이 이 단락을 이해하는 데 실마리가 되기 때문이다.

MT שָׂנְאוּ בַשַּׁעַר מוֹכִיחַ וְדֹבֵר תָּמִים יְתָעֵבוּ׃

LXX ἐμίσησαν ἐν πύλαις ἐλέγχοντα καὶ λόγον ὅσιον ἐβδελύξαντο

개역개정 무리가 성문에서 책망하는 자를 미워하며 정직히 말하는 자를 싫어하는도다.

천주교 「성경」 그들은 성문에서 올바로 시비를 가리는 이를 미워하고 바른말 하는 이를 역겨워한다.

표준새번역 사람들은 법정에서 시비를 올바로 가리는 사람을 미워하고, 바른 말 하는 사람을 싫어한다.

여기서 우리는 세 가지 사항을 고찰할 필요가 있다. 첫째, "모키아흐"(מוֹכִיחַ)를 살펴보자. 동사 "야카흐"(יכח)의 히필형에는 "책망하다"(rebuke), "벌하다"(punish), "결정하다"(decide) 등의 의미가 있으며,

고유명사로서 "재판장"(arbitrator)이라는 의미도 있다(*HALOT* 410). LXX 는 "모키아흐"를 "수치를 당하다"(be disgraced), "교차검증하다"(cross-examine) 등을 의미하는 동사의 분사로 번역하였다.[79] 한국어 성경은 이를 "책망하는 자", "올바로 시비를 가리는 이", "시비를 올바로 가리는 사람"으로 번역했다. 이렇게 되면, 한 가지 문제점이 생긴다. 곧 올바르게 판단하는 행위를 무리가 싫어하는 것인지, 아니면 단순히 그 직책을 맡고 있는 사람을 싫어하는 것인지가 분명하지 않게 된다. 이런 이유 때문에 "모키아흐"를 보통명사가 아닌 고유명사로 이해하려는 시도가 있다. 폴은 "모키아흐"를 "재판장"(arbitrator)과 "심판자"(judge)로 해석한다.[80] 폴처럼 "모키아흐"를 고유명사로 제시하지는 않지만, 볼프도 이 단어를 비슷한 의미로 이해하고 있다.[81]

둘째, "도베르 타밈"(דֹּבֵר תָּמִים)을 살펴보아야 한다. LXX는 이 단어를 분사로 이해하지 않고 명사로 번역하였다. LXX는 "모키아흐"를 분사로 처리했으면서도 "도베르"는 분사가 아닌 명사, 즉 말(word)로 보았고, 바로 뒤에 나오는 "타밈"은 형용사로 이해했다. 즉 LXX는 "도베르 타밈"을 "경건한 말"로 번역한다. 한국어 성경은 "도베르 타밈"을 "정직히 말하는 자", "바른말 하는 이", "바른말 하는 사람"으로 번역하였다. 이처럼 LXX나 한국어 성경은 이것을 고유명사가 아닌 보통명사로 번역하고 있다. 그러

---

79) H. G. Liddell and R. Scott, *Greek-English Lexicon* (Oxford: Clarendon Press, 1996), 531.

80) Paul, *Amos*, 171.

81) Wolff, *Joel and Amos*, 246.

나 폴은 "도베르 타밈" 역시 고유명사일 가능성을 제시한다.[82] 볼프는 "도베르 타밈"이 증인의 무리에 속하는 한 사람임을 지적하고 있다. 폴과 볼프 모두 "타밈"을 형용사가 아닌 부사로 이해하고 있다. 볼프는 "도베르 타밈"을 "온전히 시험하는 사람"(one who testifies fully)으로, 그리고 폴은 이를 "온전하고 정직하게 변호하는 사람"(one who pleads with integrity and honesty)으로 번역하고 있다.

그러나 "모키아흐"와 "도베르 타밈"을 고유명사로 간주하는 폴의 견해는 지나친 해석이라고 볼 수 있다. 특히 "도베르 타밈"에서 "다바르"의 분사 형태를 나타내는 구약의 다른 본문들을 살펴볼 필요가 있다. 구약성경에서 "다바르"의 칼 분사 형태는 세 곳에서 쓰였다. 에스더서는 모르드개가 모든 핍박의 과정이 종식된 후 자기 족속을 "안위하였다"(도베르 샬롬, 에 10:3, 개역개정)라고 기록하고 있다. 시편은 "진실을 말하며"(도베르 에메트, 시 15:2, 개역개정)라고, 그리고 잠언은 "정직하게 말하는 자"(도베르 예샤림, 잠 16:13, 개역개정)라고 기록하고 있다. 이 세 경우를 고려할 때, "도베르 타밈"이 특정한 고유명사를 가리킨다고 보기는 어렵다. 따라서 "도베르 타밈" 역시 분사 형태로 보는 것이 합당하다. 그런데 여기서 더 중요한 점은 "모키아흐"나 "도베르 타밈"이 과연 누구를 가리키느냐는 것이다. 백성들을 핍박하고 오히려 사법적 결탁을 통해 책망하는 지배계층일까? 아니면 누구일까? 여기서 우리는 "타밈"에 주목할 필요가 있다. "타밈"은 출애굽기, 레위기, 에스겔서 같은 제사장 문서에 주로 등장하는 용어로서 "하나님 앞의 제사적(예배적) 온전함"을 의미한다. 그런데 이러한 "온전함"

---

82) Paul, *Amos*, 171.

은 정의와 공의(מִשְׁפָּט וּצְדָקָה)를 통해 사회경제적이며 구체적인 현실에서 나타나게 된다. 결국 기원전 8세기 이스라엘의 정황 속에서 이러한 "온전함"(타밈)을 말한 자들은 누구인가? 그들은 예언자라고 보는 것이 가장 타당하다. 결국 예언자들은 "토라적 공공성"에 근거하여 지배계층의 죄악을 책망하였던 것이다.

셋째, 문장의 주어를 살펴보아야 한다. "모키아흐"와 "도베르 타밈"을 예언자들로 볼 때 과연 그들을 싫어하는 주체는 누구일까? 지배계층의 사람들인가? 아니면 착취의 대상이 된 자유농민들도 포함될 수 있는가? 크뤼제만(F. Crüsemann)은 기원전 8세기 예언자들이 지배계층을 단일 집단으로 보고 그들을 겨냥하고 있음을 지적한다. 그에 의하면 그러한 지배계층의 구성원이란 "장로들", "지도적인 씨족들의 우두머리들", "궁전 관리들", "재판장들", "군인들", "대다수 종교인"이다.[83] 그런데 이들이 가난한 자들을 착취하는 방법이 형식상으로는 합법적이라는 점을 기억해야 한다. 그들은 법을 장악하고서 착취하는 데 적당한 방법을 고안하여 백성들에게 무거운 세금을 부과했다.[84] 우리는 이러한 지배집단이 그들의 불의를 책망하고 "타밈"(토라적 공공성)을 일깨우는 예언자들을 싫어하였음을 충분히 추측할 수 있다. 여기서 우리가 간과하기 쉬운 점은 피지배 대상인 자유농민들의 책임이다. 일반적으로 자유농민들을 일방적인 피해

---

83) Crüsemann, *The Torah*, 80.

84) Adam Smith는 『국부론』에서 국왕의 사법은 왕과 그 아래의 모든 족장과 영주—이들은 특정 종족, 씨족에 대해서나 특정 영토, 지역에 대해 왕을 대신해서 특정 재판을 행했다—에게 상당한 수입의 원천이었으며, 이런 이유 때문에 뇌물이라는 커다란 폐단이 생겼다고 지적한다(Adam Smith, 『국부론』(하), 김수행 역 [서울: 비봉출판사, 2007], 882-883).

 구약 예언서의 공공신학

자로 보는 시각을 넘어 그들이 가진 "도덕적 해이"에 관해서도 생각할 필요가 있다. 자유농민들이 지배계층의 조직적 착취의 피해자인 것은 분명하다. 그런데 자유농민들은 그들의 삶에서 "타밈"을 온전하게 실천하였을까? 아모스와 같은 시대에 활동했던 이사야는 "나의 백성"(사 1:3)과 "관원들"(사 1:10)을 동시에 책망했다(이에 대해서는 이 책 제3장의 각주 7번을 참조하라). 이는 토라적 공공성의 대상에는 지배계층뿐 아니라 인민(자유농민들)도 포함된다는 것을 보여준다. 자유농민들 역시 토라적 공공성에 근거한 삶을 주창하는 예언자들이 마냥 좋지만은 않았을 것이다. 따라서 아모스 5:10의 주어는 일차적으로 지배계층이겠으나 토라적 공공성을 실천하지 않았던 백성들도 포함할 수 있다고 보아야 한다.

이상에서 살펴본 바와 같이 기원전 8세기 이스라엘의 지배계층은 사법적 결탁을 통해 토라적 공공성 및 자유농민들의 생존경제를 무너뜨렸다. 기원전 8세기 예언자들은 이런 시대에 하나님 앞에서의 온전함(토라적 공공성)을 회복시키기 위해 목소리를 높였던 것이다.

6.2.2. —— 이사야 10:1-4

MT

1 הוֹי הַחֹקְקִים חִקְקֵי־אָוֶן וּמְכַתְּבִים עָמָל כִּתֵּבוּ׃

2 לְהַטּוֹת מִדִּין דַּלִּים וְלִגְזֹל מִשְׁפַּט עֲנִיֵּי עַמִּי לִהְיוֹת

אַלְמָנוֹת שְׁלָלָם וְאֶת־יְתוֹמִים יָבֹזּוּ׃

3 וּמַה־תַּעֲשׂוּ לְיוֹם פְּקֻדָּה וּלְשׁוֹאָה מִמֶּרְחָק תָּבוֹא עַל־מִי

תָּנוּסוּ לְעֶזְרָה וְאָנָה תַעַזְבוּ כְּבוֹדְכֶם׃

4 בִּלְתִּי כָרַע תַּחַת אַסִּיר וְתַחַת הֲרוּגִים יִפֹּלוּ בְּכָל־זֹאת
לֹא־שָׁב אַפּוֹ וְעוֹד יָדוֹ נְטוּיָה׃

1 불의한 법령을 만들며 불의한 말을 기록하며

2 가난한 자를 불공평하게 판결하여 가난한 내 백성의 권리를 박탈하며 과부
   에게 토색하고 고아의 것을 약탈하는 자는 화 있을진저,

3 벌하시는 날과 멀리서 오는 환난 때에 너희가 어떻게 하려느냐? 누구에게로
   도망하여 도움을 구하겠으며 너희의 영화를 어느 곳에 두려느냐?

4 포로 된 자 아래에 구푸리며 죽임을 당한 자 아래에 엎드러질 따름이니라.
   그럴지라도 여호와의 진노가 돌아서지 아니하며 그의 손이 여전히 펴져 있
   으리라.

이사야 10:1-4은 "호이 신탁"(woe oracle)으로 시작하는데 프렘나스
는 이 신탁을 이사야 5:8-24의 "호이 신탁"의 한 부분으로 추정한다. 왜냐
하면 이사야 5:8-24이 6개의 신탁으로 되어 있어서 여기에 이사야 10:1
-4을 더하면 완전수인 7을 채우는 의미가 있고, 이사야 5장과 10:1-4a이
내용상 유사하기 때문이다.[85]

1절에서 "불의한 법령"으로 번역된 "히크케-아웬"(חִקְקֵי־אָוֶן)은 특이한
표현이다. 여기서 "아웬"(אָוֶן)은 크게 세 가지를 의미한다. 첫째, "고통", "슬
픔"(창 15:18; 민 23:21 등). 둘째, "우상숭배"(사 41:29; 암 5:1; 호 12:12 등). 셋

---

85) Premnath, *Eighth Century Prophets: A Social Analysis*, 171.

구약 예언서의 공공신학

째, "죄나 악행으로 인한 고통"(잠 6:12; 사 55:7 등)(BDB 19-20). "불의한 법령"은 가난한 자들에게 고통이 되는 법이라는 의미를 시사한다. 이 말은 1b절에 나오는 "아말"(עָמָל, 고통, MT)과 평행을 이루면서 그 의미가 강조되고 있다.

2a절에서 "가난한 자를 불공평하게 판결한다"라는 구절도 주의 깊은 주석을 요한다. 엘리트 지배계층은 자신들의 독점적인 경제적 지배권을 확대하기 위해 "가난한 자들"(달림, דַּלִּים)에게 "미딘"(מִדְּיַן)을 계속해서 들이댄다(נָטָה, stretch). 여기서 מִדְּיַן은 "법적 이의제기"(legal claim), "소송"(lawsuit), "칙령"(verdict), "분쟁"(dispute) 등의 의미를 가진[86] דִּין과 접두어 מ으로 구성되어 있다.[87] 이는 지배계층이 계속해서 가난한 자들의 권리를 빼앗기 위해 자신들에게 유리하게 만든 법령(1절)으로 소송을 제기하는 것을 보여준다. 이사야는 2절에서도 1절에서와 마찬가지로 평행법을 사용함으로써 그 의미를 강조하고 있다. 2절 중간 부분에 나오는 "가난한 내 백성의 권리를 박탈하는 것"(לִגְזֹל מִשְׁפַּט עֲנִיֵּי עַמִּי)은 경제적인 면에서 중요한 함의를 내포하고 있다. 신명기 25장은 재판의 공정한 절차를 강조한다.[88] 그런데 당시 사회 지배계층은 스스로 만든 불의한 법령에 기초해 자신들이 정당한 절차를 거치는 것처럼 보이게 하여 정의를 비트

---

86) Wilhelm Gesenius, 『게제니우스 히브리어 아람어 사전』, 이정의 역 (서울: 생명의말씀사, 2007), 157.

87) מִדְּיַן은 비평의 대상이 되어 왔다. 어떤 이는 이 단어 자체를 명사로 해석하는가 하면 그 가능성을 부정하는 학자도 있다(Luzzato). Ginsburg(*JBL* 69, [1950], 54)와 Kaiser는 또 하나의 전접사 מ을 제안한다. 그러나 MT는 이 단어를 דִּין과 전치사 מִן으로 표시했다(John D. W. Watts, *Isaiah 1-33* [WBC; Waco: Word Books, 1985], 141).

88) "사람들 사이에 시비가 생겨 재판을 청하면 재판장은 그들을 재판하여 의인은 의롭다 하

는 행위(לְהַטּוֹת מִשְׁפָּט)를 자행했다. 여기서 우리는 "미쉬파트"(מִשְׁפָּט)를 단순히 "정의"가 아닌 "토지에 대한 자유농민들의 권리"로 보아야 한다. 결국 2절에서 "가난한 자들에게 소송을 뻗치는 것"과 "토지에 대한 자유농민들의 권리를 왜곡하는 행위"는 상호보완적으로 강조되고 있는 것이다. 따라서 앞에서 언급한 "달림"(דַּלִּים)은 특별히 사법적 공격으로 말미암아 자신들의 정당한 권리(토지 소유권)를 빼앗긴 자유농민들을 의미한다. 이처럼 이사야 10:1-4은 사법적 불의로 인해 자신들의 정당한 권리를 빼앗겨 가난으로 내몰렸던 자유농민들의 현실을 보여주고 있다.

북이스라엘 왕국이 하나님의 엄중한 심판을 받게 된 이유는 악한 법령을 제정하고 공포하여 이스라엘의 계약공동체적 결속을 파괴해버렸기 때문이다. 북이스라엘 왕국이 도입한 가장 악한 법령 중 하나는 "오므리의 율례"로 알려진 지주제도, 즉 토지집중 소유제였다(미 6:16). 이스라엘의 재판관들은 이렇게 불법적인 법을 토대로 빈핍한 자를 불공평하게 판결하고, 가련한 자의 권리를 박탈하며, 과부에게 토색하고, 고아의 것을 약탈하는 짓을 일삼았다.[89] 이사야는 그런 역사적 전례를 보면서도 같은 길을 가는 유다의 지배계층에게 신랄한 경고를 가하고 있다.

한 사회의 사법적 정의는 그 사회의 공공성의 절대적인 척도다. 김회권은 그의 사무엘서 강해에서 예언자들이 외쳤던 사법적 정의의 사회에 관해 다음과 같이 기술하고 있다.[90]

고 악인은 정죄할 것이며"(신 25:1, 개역개정).

89) 김회권, 『현대인과 성서』, 265.

90) 김회권, 『하나님 나라 신학으로 읽는 사무엘(하)』 (서울: 복있는사람, 2009), 122-123.

구약 예언서의 공공신학

사무엘서 저자는 다윗의 이스라엘의 통치의 근간을 공(공평, 미쉬파트)과 의(정의, 체데크)의 실행이라고 말한다(8:15; 대상 18:14). 공은 공평을 의미하는데 재판을 통해 강력한 자들에게는 억제와 견제를 수행하고 그들에게 밀려 인권이 유린되는 연약한 구성원들을 보호하는 행위이다. 공은 재판을 의미하는 단어인 미쉬파트로 변역된다. 대개 고아와 과부의 민원을 듣고 억울함을 풀어주는 행위이다. 다윗이 경향각지의 이스라엘 평민(이스라엘 자유농민)들의 억울한 민원을 직접 듣고 재판했다는 것을 방증하는 본문은 두 곳에 나온다. 하나는 사무엘하 14장에 드고아 여인의 사연을 들어주는 장면이며…또 하나의 예를 들어 사무엘하 21장의 기브온 족속의 민원해결 장면을 보자. 일단 이스라엘의 일원이 되어 살고 있는 소수 민족인 기브온 족속이 사울 왕 때 당한 억울한 일을 다윗은 정당한 법리적 판단을 통해 풀어준다. 부당한 일로 한이 맺히는 일이 없도록 구성원들을 돌보는 것이다. 의로 번역된 체다카는 강한 자들에게 시달리는 연약한 자들에게 이스라엘의 계약공동체의 일원으로 계속해서 살 수 있도록 물질적·사법적 보호와 돌봄을 초과적으로 베푸는 행위를 의미한다. 다윗의 인애 정치는 이스라엘의 가장 연약한 구성원들에게 흘러가는 하나님의 인애를 맛보게 만들었다.

기원전 8세기에 이사야는 엘리트 지배계층과 결탁하여 무너진 사법적 정의가 다윗 시대의 공평과 정의로 회복될 수 있도록 공론의 장에서 외쳤던 것이다.

6.3. —— 토라적 공공성을 저버린 지배계층의 타락과 부패

여러 고고학적인 증거를 통해서 볼 때, 기원전 9세기의 아합 왕 시대나 기원전 8세기의 북왕국 시대는 번영을 누린 시기였음을 알 수 있다. 이를 보여주는 대표적인 사례로 출토된 상아 제품과 인장을 들 수 있다. 먼저 상아 제품을 살펴보자. 상아 세공기술의 조형이 페니키아나 북부 시리아에서도 발견되고 있지만, 이스라엘과 유다의 상아 제품은 자체적으로 생산된 것이었다. 특히 사마리아에서는 대량의 상아 제품이 모든 종류의 목제 기구의 장식품으로 발견되었다. 이러한 상아 제품은 고대 이스라엘 사회계층의 호화로운 생활 수준을 보여주는 대표적인 증거물이다. 그 이유는 다음과 같다. 첫째, 상아 제품은 그 수량이 적어서 사치품인 것이 분명하다. 둘째, 그것은 수도뿐만 아니라 왕궁에서도 발견된다. 셋째, 그것은 이국적 가구에 관한 취향을 소유했고 값비싼 물품을 획득할 수 있었던 부유층이 존재했다는 증거다. 넷째, 사치스러운 상류층에 대한 사회적 비판이 예언자들의 주요 아젠다(agenda)였다.[91]

다음으로 이스라엘의 수공예술품인 인장을 살펴보자. 인장은 무척 귀중한 것이었고 사회적으로는 권위의 상징이었다.[92] 인장 중 화려한 장식이 되어 있고, 보석에 새겨졌으며, 심지어 금반지에 부착된 것들도 있다. 그러한 인장에는 제사장, 왕의 종, 왕자 등의 명칭도 새겨져 있었다.[93] 고고학자들이 발굴한, 고대 이스라엘 왕국 시대에 속하는 중요한 인장으로

---

91) 한상인, 『이스라엘 왕국 시대의 고고학』, 25-26.
92) 한상인, 『이스라엘 왕국 시대의 고고학』, 26.
93) Mazar, *Archeology of the Land of the Bible*, 518-520.

는 기원전 8세기 여로보암의 종이었던 쉐마(Shema)의 것과 호세아의 종이었던 압디(Abdi)의 것을 들 수 있다.[94]

그런데 상아 제품과 인장보다 더 결정적인 증거가 있다. 비록 언급되는 횟수는 적지만, 기원전 8세기 지도층의 사치를 결정적으로 보여주는 제도가 있다면 그것은 바로 "마르제아흐"다. 과거에 주석가들은 이 단어를 주목하지 않았다. 그러나 최근에 주석가들은 이것에 관한 많은 연구물을 쏟아냈다. "마르제아흐"라는 단어는 아모스 6:7과 예레미야 16:5에서 각각 한 번씩 사용되고 있다.

우리는 당시 지배계층의 부패와 사치를 보여주는 많은 성경 본문 중 먼저 "마르제아흐" 제도를 암시하는 아모스 6:4-7을 새롭게 주석해보고자 한다. 또한 우리는 예언자들이 "호이"라는 탄식을 자아낼 정도로 밤낮없이 악을 도모한 지배계층의 사치를 보여주는 미가 2:1-5, 지배계층의 부패를 드러내고 이에 대한 심판을 예언하는 미가 3:9-12, 달구어진 화덕처럼 탐욕과 정욕에 눈먼 상류층 남성들의 모습을 묘사하는 호세아 7:3-7, 그리고 그 부인들인 상류층 여성의 행태를 고발하는 아모스 4:1-3을 차례대로 주석하고자 한다. 우리는 기원전 8세기 이스라엘의 사회상을 적나라하게 예거하는 이 본문들을 분석함으로써 당시의 사회경제적 상황을 관찰해보고자 한다.

---

94) 한상인, "철기 II기의 이스라엘 왕국의 사회구조," 26-29 이외에 동굴무덤도 지도층의 사치를 보여주는 단서라고 할 수 있다. 한상인의 설명은 다음과 같다. "오히려 기념이 될 만한 동굴무덤들이 많이 발견되는데, 그러한 무덤은 철기 II기의 인구에 비해 무척 적은 수이며 그 부장상태로 볼 때 소수의 특권층의 무덤으로 여겨진다." 이에 대한 가장 대표적인 예가 사 22:15-16에 언급되는 유다의 고관 셉나의 호화분묘다.

6.3.1. —— 아모스 6:4-7[95]

MT

7 לָכֵן עַתָּה יִגְלוּ בְּרֹאשׁ גֹּלִים וְסָר מִרְזַח סְרוּחִים:

LXX

7 διὰ τοῦτο νῦν αἰχμάλωτοι ἔσονται ἀπ' ἀρχῆς δυναστῶν καὶ ἐξαρθήσεται χρεμετισμὸς ἵππων ἐξ Εφραιμ

개역개정

7 그러므로 그들이 이제는 사로잡히는 자 중에 앞서 사로잡히리니 기지개 켜는 자의 떠드는 소리가 그치리라.

천주교 「성경」

7 그러므로 이제 그들이 맨 먼저 사로잡혀 끌려가리니 비스듬히 누운 자들의 흥청거림도 끝장나고 말리라.

표준새번역

7 이제는 그들이 그 맨 먼저 사로잡혀서 끌려갈 것이다. 마음껏 흥청대던 잔치는 끝장나고 말 것이다.

---

95) 우택주는 아 4:1-2; 호 7장; 사 18:1-6에서도 "마르제아흐"를 찾을 수 있다고 주장한다.

1) "미르자흐"(מַרְזֵחַ)

"미르자흐"의 본래 형태는 "마르제아흐"(מַרְזֵחַ)다. *HALOT*는 이 단어의 의미를 "술 마시고 떠들어 대는 종교적 제의"로 설명하고 있다(*HALOT* 634). LXX는 이를 전혀 다르게 "(말들의) 울음소리"로 번역하는데 그 근거가 무엇인지는 확실하지 않다. 한국어 성경은 이 단어를 "떠드는 소리", "홍청거림", "마음껏 홍청대던 잔치"로 번역한다. 볼프는 이 단어를 오토 아이스펠트(Otto Eissfeldt)의 견해를 근거로 "홍청거림"(spree)으로 번역하고,[96] 폴 역시 이를 "홍청거림"(spree)으로 번역한다.[97]

2) "쓰루힘"(סְרוּחִים)

"쓰루힘"은 기본 동사 "싸라흐"(סרח)의 분사로서 형용사의 실체적 용법으로 사용되고 있다. 그 의미는 "축 늘어져서 눕다"(lounge around)이다 (*HALOT* 769). LXX는 "쓰루힘"(סְרוּחִים)을 "쑤씸"(סוּסִים)으로 읽어서 번역한 것 같다. 한국어 성경은 이를 "기지개 켜는 자"와 "비스듬히 누운 자들"로 번역한다. 폴과 볼프 모두는 이 단어를 "사지를 뻗고 눕다"(sprawl)로 번역한다.[98] 이러한 고찰을 근거로 하여 7b절을 다시 번역하면, "그리고 큰 대자로 뻗은 자들의 마르제아흐는 끝날 것이다"가 된다.

그렇다면 "마르제아흐"는 어떤 기능을 하는 회합이었을까? "마르제아

---

96) Wolff, *Joel and Amos*, 277. Otto Eissfeldt는 "마르제아흐"의 어원을 "소리치다", "비명을 지르다"를 의미하는 "라자흐"(רזח)에서 파생된 것으로 제시하고 있다.

97) Paul, *Amos*, 210.

98) Paul, *Amos*, 210; Wolff, *Joel and Amos*, 277.

흐"는 호화로운 추모식, 장례식, 종교적인 축일 등을 기리기 위해 여는 특정한 목적을 가진 연회를 가리킨다. "마르제아흐" 제도가 처음으로 언급된 곳은 초기청동기 시대(기원전 2500년경)에 해당하는 에블라 문헌이다. 그 후 이 제도에 관한 언급은 기원전 14세기 우가리트 문서, 기원전 8세기 예언자인 아모스(사마리아)의 글, 기원전 7세기 예레미야(유다)의 글, 엘레판틴에서 발굴된 기원전 5세기 것으로 추정되는 도기 조각, 그리고 기원전 3-2세기 것으로 추정되는 페니키아의 비문들에서 발견된다. 또한 카르타고의 성전 세금에 관한 기록, 페트라와 오브다에서 발굴된 기원후 1세기 나바티아 비문, 팔미라 봉헌 비문과 금속이나 상아패, 랍비문헌(기원후 1-3세기), 그리고 마데바 지도(기원후 6세기 로마 치하의 동 요르단 지역인 마데바에서 나온 것으로 바알브올 지역을 묘사하고 있다)에도 "마르제아흐"가 언급되어 있다.[99] 이렇게 보면 "마르제아흐"는 거의 3천 년 동안 팔레스타인과 그 주변 지역에서 실행된 종교적인 제도인 것이다. 이처럼 "마르제아흐"가 다양한 곳에서 다양한 방식으로 다양한 목적을 위해 발전되었음을 생각하면, 이 제도를 획일적으로 이해하려는 태도를 지양해야 한다.[100]

앞에서 언급했듯이 "마르제아흐" 회합의 계기는 기쁜 일이나 슬픈 일이 될 수 있다. 모임이 시작되면 많은 음식과 술이 필요했고, 잔치는 며칠 동안 계속되었다. 또한 "마르제아흐"를 유지하기 위한 포도원과 회합 장

---

99) Paul, *Amos*, 210.

100) Paul, *Amos*, 212. 그리스 문화권에서는 이를 "*symposium*"이라고 부르는데, 이것은 자신을 후원하는 신(神)을 섬기기 위해 모이는 종교적 길드(guild) 또는 형제단을 뜻한다. 이에 대해서는 다음을 참조하라. 우택주, "마르제악 제도와 그 증거 본문들", 「성경원문연구」 5(1999), 24-43.

소가 따로 있었다. 이러한 장소에서 사용된 상아 침대는 사마리아의 사치를 환기시키는 것으로서 비싼 물건이었음을 알 수 있다. "마르제아흐"를 유지하고 거기에 참석하기 위해서 어느 정도의 재력은 필수적이었다. 회원 자격은 상당히 부유한 지도계층(왕, 제사장, 장군, 정치인, 상인 등)에 국한되었다.[101] 즉 부와 사회적 영향력은 "마르제아흐"에 참석하기 위한 필수 조건이었다.[102]

필립 킹(Philip J. King)은 아모스 6:4-7의 내용은 우연적인 것이 아니라 순서에 맞추어서 나온 것으로 "마르제아흐" 제도가 어떤 요소들로 구성되어 있는지를 보여준다고 설명한다. 킹에 의하면 "마르제아흐"는 다섯 가지 요소로 구성되어 있다. 그것은 "상아 침대", "외양간의 새끼 송아지", "하프 소리", "대접의 포도주", "극상품 올리브 기름"이다.[103] 우택주는 여기에 "회합 장소", (마르제아흐 제도를 유지하기 위한) "토지", 그리고 "수호신"을 포함시킨다. 아센(B. A. Asen)은 이사야 28:1-6도 마르제아흐 제도와 관련이 있음을 지적한다. 그는 "꽃" 역시 "음식 공양" 및 "포도주"와 더불어 마르제아흐의 중요한 요소였다고 주장하면서, 고대에 꽃은 사치스러운 잔치와 관련이 있었음을 부각한다.[104]

한편 "마르제아흐"가 죽은 자들을 기념하는 것과 관련이 있는가에 대해서 데이비드 브라이언(David Bryan)은 그것에 관한 증거가 다소 부족

---

101) 우택주, 『8세기 예언서 이해의 새 지평』, 192.

102) King, *Amos, Hosea, Micah, An Archaeological Commentary*, 137.

103) King, *Amos, Hosea, Micah, An Archaeological Commentary*, 137-161.

104) B. A. Asen, "The Garlands of Ephraim: Isaiah 28:1-6 and the MARZĒAH," *JSOT* 71(1996), 73-75.

하다는 점을 지적한다. 그러나 대다수 학자는 죽은 자들의 망령이 식사에 초대되었음을 발견했다(참조. 사 8:20-22). 엘레노아 비치(Eleanor Ferris Beach)는 아모스 6:7과 예레미야 16장을 장례식 상황과 연관시켜서 마르제아흐의 기능을 설명한다.[105] 장례식과 관련해서 마르제아흐를 소집한다면, 그 목적은 상을 당한 회원을 위로하기 위한 것이다.[106] 우택주는 마르제아흐의 기능에 관해서 다음과 같은 결론을 내린다.

> 마르제아흐 제도는 죽은 고대의 영웅을 신처럼 혹은 신을 추모하는 고대 사회의 지도자들(특히 무인들이 중심이 되는) 중심의 형제단으로서, 정기적으로 추모제(혹은 기념제)를 열어 술에 만취하도록 마시는 제의적 행위를 통해 숭배 대상인 고대의 영웅 혹은 수호신과의 합일을 꾀하면서, 회원 상호간의 결속을 유지하여 공동의 목적을 성취하는 결사조직(confraternity)이다.[107]

"마르제아흐" 제도와 관련해서 마지막으로 주목해야 할 점이 있다. 그것은 아모스가 신랄하게 비난하고 고발했던 대상은 "마르제아흐" 제도의 종교적인 면이 아니라는 점이다. 아모스의 관심은 도시 중산층과 지배계층의 눈에 띄는 사치를 책망하는 데 있었다. 이러한 사치에 사용된 부는 다른 이들을 착취하여 얻은 것이었다. 이처럼 다양한 불로소득이 소수에게 돌아가면, 그들은 자연히 사치스러운 행동을 할 수밖에 없다.

---

105) E. F. Beach, "The Samaria Ivories, Marzeah, and Biblical Texts," *BA* 56(1993), 97.
106) King, *Amos, Hosea, Micah, An Archaeological Commentary*, 137.
107) 우택주, 『8세기 예언서 이해의 새 지평』, 195.

MT

1 הוֹי חֹשְׁבֵי־אָוֶן וּפֹעֲלֵי רָע עַל־מִשְׁכְּבוֹתָם בְּאוֹר הַבֹּקֶר

יַעֲשׂוּהָ כִּי יֶשׁ־לְאֵל יָדָם׃

2 וְחָמְדוּ שָׂדוֹת וְגָזָלוּ וּבָתִּים וְנָשָׂאוּ וְעָשְׁקוּ גֶּבֶר וּבֵיתוֹ וְאִישׁ

וְנַחֲלָתוֹ׃

3 לָכֵן כֹּה אָמַר יְהוָה הִנְנִי חֹשֵׁב עַל־הַמִּשְׁפָּחָה הַזֹּאת רָעָה

אֲשֶׁר לֹא־תָמִישׁוּ מִשָּׁם צַוְּארֹתֵיכֶם וְלֹא תֵלְכוּ רוֹמָה כִּי

עֵת רָעָה הִיא׃

4 בַּיּוֹם הַהוּא יִשָּׂא עֲלֵיכֶם מָשָׁל וְנָהָה נְהִי נִהְיָה אָמַר

שָׁדוֹד נְשַׁדֻּנוּ חֵלֶק עַמִּי יָמִיר אֵיךְ יָמִישׁ לִי לְשׁוֹבֵב שָׂדֵינוּ

יְחַלֵּק׃

5 לָכֵן לֹא־יִהְיֶה לְךָ מַשְׁלִיךְ חֶבֶל בְּגוֹרָל בִּקְהַל יְהוָה׃

LXX

1 ἐγένοντο λογιζόμενοι κόπους καὶ ἐργαζόμενοι κακὰ ἐν ταῖς κοίταις αὐτῶν

καὶ ἅμα τῇ ἡμέρᾳ συνετέλουν αὐτά διότι οὐκ ἦραν πρὸς τὸν θεὸν τὰς χεῖ

ρας αὐτῶν

2 καὶ ἐπεθύμουν ἀγροὺς καὶ διήρπαζον ὀρφανοὺς καὶ οἴκους

κατεδυνάστευον καὶ διήρπαζον ἄνδρα καὶ τὸν οἶκον αὐτοῦ ἄνδρα καὶ τὴν

κληρονομίαν αὐτοῦ

3 διὰ τοῦτο τάδε λέγει κύριος ἰδοὺ ἐγὼ λογίζομαι ἐπὶ τὴν φυλὴν ταύτην

κακά ἐξ ὧν οὐ μὴ ἄρητε τοὺς τραχήλους ὑμῶν καὶ οὐ μὴ πορευθῆτε
ὀρθοὶ ἐξαίφνης ὅτι καιρὸς πονηρός ἐστιν
4 ἐν τῇ ἡμέρᾳ ἐκείνῃ λημφθήσεται ἐφ' ὑμᾶς παραβολή καὶ θρηνηθήσεται
θρῆνος ἐν μέλει λέγων ταλαιπωρίᾳ ἐταλαιπωρήσαμεν μερὶς λαοῦ μου
κατεμετρήθη ἐν σχοινίῳ καὶ οὐκ ἦν ὁ κωλύσων αὐτὸν τοῦ ἀποστρέψαι οἱ
ἀγροὶ ἡμῶν διεμερίσθησαν
5 διὰ τοῦτο οὐκ ἔσται σοι βάλλων σχοινίον ἐν κλήρῳ ἐν ἐκκλησίᾳ κυρίου

1 그들이 침상에서 죄를 꾀하며 악을 꾸미고 날이 밝으면 그 손에 힘이 있으
므로 그것을 행하는 자는 화 있을진저,

2 밭들을 탐하여 빼앗고 집들을 탐하여 차지하니 그들이 남자와 그의 집과 사
람과 그의 산업을 강탈하도다.

3 그러므로 여호와의 말씀에 "내가 이 족속에게 재앙을 계획하나니 너희의 목
이 이에서 벗어나지 못할 것이요 또한 교만하게 다니지 못할 것이라. 이는
재앙의 때임이라" 하셨느니라.

4 그때에 너희를 조롱하는 시를 지으며 슬픈 노래를 불러 이르기를 "우리가
온전히 망하게 되었도다. 그가 내 백성의 산업을 옮겨 내게서 떠나게 하시며
우리 밭을 나누어 패역자에게 주시는도다" 하리니,

5 그러므로 여호와의 회중에서 분깃에 줄을 델 자가 너희 중에 하나도 없으
리라.

미가 예언자는 깊은 탄식으로 유다의 현실을 토로하기 시작한다. 델버

트 힐러스(Delbert R. Hillers)는 "호이"(הוי)로 시작되는 이 부분을 "호이 신탁"(Hoy Oracles)으로 지칭하는데 LXX의 "에게논토"(ἐγένοντο)는 이 "호이"에 상응하는 말로서 역시 깊은 탄식을 나타내고 있다.[108]

미가의 깊은 탄식은 사회 지배계층의 집요한 죄악에 대한 절망에서 나오는 절규다. 그들은 잠이 드는 침상에서도 "죄를 꾀하며 악을 꾸민다." 여기서 MT는 "악을 꾀한다"를 "'아웬'(אָוֶן)을 생각한다"로 표현하고 있다. 구약성경에는 "아웬"이라는 지명이 80회 정도 등장한다. 이 지명은 기원전 8세기 예언서에도 종종 나오는데(호 4:15; 10:8; 암 1:5) 특정 지역을 지칭하는 것이기도 하지만 "우상숭배의 근원지"로서의 악 자체를 자주 지칭한다. LXX는 "아웬"을 따로 번역하지 않고 "코포스"(κόπους)라는 단어로 "죄"와 "악"을 통합하여 표현하고 있다(λογιζόμενοι κόπους καὶ ἐργαζόμενοι). 이는 LXX 기자가 "아웬"을 특정한 지명으로 보기보다는 "악"을 상징하는 용어로 취급했음을 보여준다. 그런데 NASB, NIV, KJV 같은 영어 성경은 악을 "iniquity"로, 그리고 죄를 "evil"로 분리하여 번역하고 있다.

한편 벨하우젠을 포함한 많은 학자는 1절에서 "포알레"(פֹּעֲלֵי)라는 단어가 없는 상태를 자연스러운 것으로 보았다.[109] 아마도 그들은, 밤에는 죄를 도모하고 날이 밝으면 그 도모한 바를 실행하는 것이 자연스럽다고 본 것 같다. 그러나 LXX는 MT를 따라 "포알레"를 "행하다"라는 의미를 갖는 "에르가조메노이"(ἐργαζόμενοι)로 번역함으로써 동사 "파알"(פָּעַל)의 의미를 살렸다. NASB, NIV, KJV 역시 "포알레"를 "악을 행하다"(work evil)

---

108) Delbert R. Hillers, *A Commentary on the Book of the Prophet Micah* (Hermenia; Philadelphia: Fortress Press, 1984), 31.

109) Hillers, *A Commentary on the Book of the Prophet Micah*, 31.

로 번역하고 있다. 이는 악을 "생각하고" 또한 "실행하는" 일이 밤낮없이 이루어지던 유다 지배계층의 현실을 적나라하게 고발하는 것이다.

프렘나스는 1절의 "날이 밝으면 그 손에 힘이 있으므로 그것을 행하는 자는 화 있을진저"라는 표현을 주목한다. 여기서 프렘나스는 쾰러(L. Köhler)와 체이니의 견해를 따른다. 프렘나스에 의하면, 이 표현은 법정이 아침에 성문(city gate)에서 열리고 분쟁을 조정하는 상황을 나타내며, 강력한 지주 세력이 재판관들을 조종하여 자신의 악한 계획을 이루어가는 것을 보여준다. 프렘나스는 이러한 죄악이 심판을 불가피하게 만든다고 주장한다.[110]

3절은 전형적인 예언 공식(prophetic formula)인 "야웨께서 말씀하시기를"(כֹּה אָמַר יְהוָה)로 시작한다. 이는 밤낮없이 악을 행하는 유다 엘리트 지배계층에 대한 야웨의 심판 계획을 선언하고 있다. 야웨는 "그들의 죄악으로 인해 그들의 목에서 멍에가 떠나지 않을 것이며 교만하게 다니지 못하게 될 것이라"고 저주하신다. 여기서 힐러스는 이사야 10:27[111]을 하나의 예로 든다. 그는 "멍에" 이미지(image)를 강대국의 압제에 대한 상징으로 본다. 또한 "교만하게 다니지 못한다"(לֹא תֵלְכוּ רוֹמָה)는 매우 독특한 표현인데, 힐러스에 의하면 이 표현은 그들이 자신의 죄로 인해 강대국의 "멍에"(압제)로부터 자유롭지 못하게 될 것을 암시한다. 다시 말해 이 표

---

110) Premnath, *Eighth Century Prophets: A Social Analysis*, 105-106.

111) "그 날에 그의 무거운 짐이 네 어깨에서 떠나고 그의 멍에가 네 목에서 벗어지되 기름진 까닭에 멍에가 부러지리라"(사 10:27, 개역개정). 이는 하나님께서 앗시리아에 대한 심판을 예고하시며 유다에서 앗시리아의 압제가 끊어지게 될 것을 말씀하시는 내용이다.

현에서도 "멍에" 이미지가 계속해서 나타나고 있다는 것이다.[112] LXX에는 "갑자기"($\dot{\epsilon}\xi\alpha\dot{\iota}\phi\nu\eta\varsigma$)라는 말이 첨가되어 있는데, 이것 역시 멍에 이미지와 연관되는 것 같다. 이는 야웨의 뜻에 순종할 때 멍에가 "갑자기" 벗어질 수 있음을 암시하는 것이 아닐까?

4절에서 "그가 내 백성의 산업을 옮겨 내게서 떠나게 하시며 우리 밭을 나누어 패역자에게 주시는도다"는 야웨의 심판을 초래하는 유다 지배계층이 범한 죄의 핵심을 지적하고 있다. 이 구절은 유다가 그 죄 때문에 강대국에 의해 멸망할 것을 예고한다고 볼 수도 있다. 그러나 프렘나스는 이 구절을 "자유농민의 권리를 박탈하는 지배계층의 토지 축적(land accumulation)에 대한 강력한 비난(invective)"으로 본다. 이 구절은 이사야 5:8처럼 토지 축적에 의한 엄청난 부동산 성장을 묘사하고 있는데, 당시 부유한 토지 소유주들은 힘없는 농민들을 착취하기 위한 전략을 세밀하게 짰다.[113] "그가 내 백성의 산업을 옮겨"에서 "옮기다"에 해당하는 동사 "무르"(מוּר)는 "exchange"(RSV)와 "change"(NSAB, KJV)로 번역되고 있다. 힐러스는 에스겔 48:13-14에 기초하여 이를 야웨께서 거룩하게 구별하신 땅을 이방인에게 주는 행위로 보면서 "야웨의 기업이 비합법적으로 다른 사람에게 주어지는 것"을 의미한다고 진술한다.[114]

5절인 "그러므로 여호와의 회중에서 분깃에 줄을 댈 자가 너희 중에 하나도 없으리라"는 해석상 논란이 될 수 있다. 이를 직역하면 다음과 같다. "너희(자유농민을 착취한 지배계층) 중에는 야웨의 회중(קְהַל יְהוָה)의

---

112) Hillers, *A Commentary on the Book of the Prophet Micah*, 31.

113) Premnath, *Eighth Century Prophets: A Social Analysis*, 105.

114) Hillers, *A Commentary on the Book of the Prophet Micah*, 32.

분깃(וֹרָל)을 받을 자가 하나도 없으리라." 5절에서 "줄을 대다"라는 말을 LXX나 영어 성경은 "던지다"(cast) 또는 "뻗치다"(stretch)라는 의미로 보고 있다. 그러나 힐러스는 이것을 "줄로 재어지다"(is measured with a cord)로 이해한다. 힐러스는 이를 "줄로 재어서 (분깃이) 나누어지다"라고 해석한 벨하우젠의 견해를 따르는 것으로 보인다. 즉 미가는 야웨의 회중이 "압제받은 자"들로 구성되는 종교적·사회적 이상이 미래에는 성취될 것으로 본다.[115] 프렘나스는 다음과 같이 말하고 있다. "결과적으로 자유농민의 본래적 질서는, 야웨의 심판으로 인해 현재는 주인 없는 땅이 된 대토지(latifundia)의 측정과 재분배에 의해 도래할 것이다. 죄를 지은 자들에게는 야웨의 총회에 들어갈 권리가 없다. 야웨의 기업의 거룩한 실행을 위반한 그들은 극한 형태의 수치를 당할 뿐이다."[116] 결국 5절에는 자유농민의 권리를 빼앗고 착취한 유다 지배계층에 대한 야웨의 심판이 최종적으로 의미하는 바와 더불어 자유농민의 회복에 관한 희망의 메시지가 담겨 있다.

6.3.3. —— 미가 3:9-12

MT

9 שִׁמְעוּ־נָא זֹאת רָאשֵׁי בֵּית יַעֲקֹב וּקְצִינֵי בֵּית יִשְׂרָאֵל
הַמֲתַעֲבִים מִשְׁפָּט וְאֵת כָּל־הַיְשָׁרָה יְעַקֵּשׁוּ׃

---

115) Hillers, *A Commentary on the Book of the Prophet Micah*, 32-33.
116) Premnath, *Eighth Century Prophets: A Social Analysis*, 106.

10 בָּנֶה צִיּוֹן בְּדָמִים וִירוּשָׁלַ͏ִם בְּעַוְלָה:

11 רָאשֶׁיהָ בְּשֹׁחַד יִשְׁפֹּטוּ וְכֹהֲנֶיהָ בִּמְחִיר יוֹרוּ וּנְבִיאֶיהָ
בְּכֶסֶף יִקְסֹמוּ וְעַל־יְהוָה יִשָּׁעֵנוּ לֵאמֹר הֲלוֹא יְהוָה בְּקִרְבֵּנוּ
לֹא־תָבוֹא עָלֵינוּ רָעָה:

12 לָכֵן בִּגְלַלְכֶם צִיּוֹן שָׂדֶה תֵחָרֵשׁ וִירוּשָׁלַ͏ִם עִיִּין תִּהְיֶה
וְהַר הַבַּיִת לְבָמוֹת יָעַר:

9 ἀκούσατε δὴ ταῦτα οἱ ἡγούμενοι οἴκου Ιακωβ καὶ οἱ κατάλοιποι οἴκου
Ισραηλ οἱ βδελυσσόμενοι κρίμα καὶ πάντα τὰ ὀρθὰ διαστρέφοντες

10 οἱ οἰκοδομοῦντες Σιων ἐν αἵμασιν καὶ Ιερουσαλημ ἐν ἀδικίαις

11 οἱ ἡγούμενοι αὐτῆς μετὰ δώρων ἔκρινον καὶ οἱ ἱερεῖς αὐτῆς μετὰ μισθοῦ
ἀπεκρίνοντο καὶ οἱ προφῆται αὐτῆς μετὰ ἀργυρίου ἐμαντεύοντο καὶ ἐπὶ
τὸν κύριον ἐπανεπαύοντο λέγοντες οὐχὶ κύριος ἐν ἡμῖν ἐστιν οὐ μὴ
ἐπέλθῃ ἐφ᾽ ἡμᾶς κακά

12 διὰ τοῦτο δι᾽ ὑμᾶς Σιων ὡς ἀγρὸς ἀροτριαθήσεται καὶ Ιερουσαλημ ὡς
ὀπωροφυλάκιον ἔσται καὶ τὸ ὄρος τοῦ οἴκου ὡς ἄλσος δρυμοῦ

9 야곱 족속의 우두머리들과 이스라엘 족속의 통치자들 곧 정의를 미워하고
정직한 것을 굽게 하는 자들아 원하노니 이 말을 들을지어다.

10 시온을 피로, 예루살렘을 죄악으로 건축하는도다.

11 그들의 우두머리들은 뇌물을 위하여 재판하며 그들의 제사장은 삯을 위하

여 교훈하며 그들의 선지자는 돈을 위하여 점을 치면서도 여호와를 의뢰하여 이르기를 "여호와께서 우리 중에 계시지 아니하냐? 재앙이 우리에게 임하지 아니하리라" 하는도다.

12 이러므로 너희로 말미암아 시온은 갈아엎은 밭이 되고 예루살렘은 무더기가 되고 성전의 산은 수풀의 높은 곳이 되리라.

미가 3:9-12은 3:1-4과 내용상 비슷한 평행성을 보인다. 두 본문 모두가 야곱 족속의 우두머리(지도층)들의 죄악을 고발하고 있다. "우두머리들은 뇌물을 위하여 재판하며"라는 구절은 당시 재판장 역할을 수행할 수 있었던 사회지도층을 전체적으로 지칭한다. 또한 미가는 부패의 온상이 된 종교지도자들도 거론하는데, 그에 따르면 제사장은 삯을 위하여 교훈하며 예언자는 돈을 위하여 점을 친다. 여기서 예언자는 "거짓 예언자"일 것이다. 이스라엘의 예언 역사에서 언제나 거짓 예언자들은 죄악을 조장하고 부추기는 역할을 하였다. MT에는 거짓 예언자를 직접적으로 지칭하는 말은 없다. 그러나 LXX를 보면 예레미야서에서 거짓 예언자 (ψευδοπροφήτης)라는 말이 종종 나온다(렘 6:13; 26:7, 8, 11, 26; 27:9; 28:1). 그들은 탈혼적 체험을 했으며, 참된 예언자처럼 야웨의 이름으로 말하였고, 관례를 따라 신탁을 전했으며, 상징적 행위를 수행하였다. 따라서 거짓 예언자와 참된 예언자를 명확하게 구분하는 것이 쉽지 않았다. 그들은 모두 자신이 야웨로부터 보내심을 받았다고 자부하였으며(왕상 22:24), 정형적인 예언 공식(כה אמר יהוה)으로 자신들의 메시지를 선포하였기 때문이다(렘 28:2). 신명기 율법도 야웨로부터 신탁을 전하라는 명을 받지 않았음에도 불구하고 야웨의 이름으로 신탁을 전하는 예언자들을 언급하

구약 예언서의 공공신학

고 있다. 그 율법에 따르면 그러한 예언자는 죽여야 한다(신 18:20). 동일한 판결이 이방신의 이름으로 신탁을 전하거나 백성들로 하여금 이방신을 따르도록 오도한 예언자에게도 내려졌다.[117]

11절의 "'여호와께서 우리 중에 계시지 아니하냐? 재앙이 우리에게 임하지 아니하리라' 하는도다"에서 보이듯이, 거짓 예언자들은 제일 먼저 평안을 외쳤을 뿐만 아니라 민족의 도덕적·정치적 삶에서 모든 일이 잘되고 있으며 두려워할 이유가 없다고 선언함으로써 백성들을 미혹하였다. 거짓 예언자들은 죄와 심판의 선포를 통해 백성들을 깨우치지 않았으며, 거짓된 평온함을 외침으로써 오히려 백성들을 위무(慰撫)하였다. 더 나아가 거짓 예언자들의 계시와 이상은 그들 자신의 주관적인 생각이었으며 공허한 환상의 산물이었다. 소위 그들의 영감은 혼합 제의에서 비롯되었다. 때로 그들은 계시를 서로 훔쳤으며 돈을 위해 신탁을 전했다. 그들 중 마술 제의를 행함으로써 스스로를 타락시킨 자들도 있었다. 또한 거짓 예언자들은 사악함과 부도덕성으로 인하여 비난받았고, 술에 중독되었으며, 경솔했고, 광신적이었다. 마침내 그들은 백성들을 불경건한 길로 오도하였다.[118]

이상에서 살펴본 바와 같이 시온의 죄는 야곱 족속의 우두머리들과 이스라엘 족속의 통치자들에게 있는데 미가는 특히 재판장, 제사장, 예언자의 죄를 무섭게 규탄한다. 미가는 그들이 "시온을 피로, 예루살렘을 죄악으로 건축하는"(10절) 자들이라고 표현함으로써 그들이 행한 압제의 잔

---

117) Lindblom, *Prophecy in Ancient Israel*, 212-213.
118) Lindblom, *Prophecy in Ancient Israel*, 213.

인성을 드러내고 있다.[119]

결국 이처럼 잔인한 압제와 착취를 통해 건설된 시온의 광대한 건물들과 시온산의 성전은 무더기가 되고 수풀이 되고 만다(12절). 예레미야는 미가의 예언을 인용하면서 이러한 예언 선포를 듣고 히스기야 왕이 취했던 자세를 거론한다. 히스기야가 미가로부터 저주의 예언을 들었지만 그를 죽이지 않았고 야웨를 두려워하여 그분께 간구하였음을 상기시키고 있는 것이다.[120] 그런데 개역개정은 미가 3:12의 "르바모트 야아르"(יַעַר לְבָמוֹת)를 "수풀의 높은 곳"(wooded heights)으로 번역하고 있으나 예레미야 26:18의 똑같은 부분은 "산당의 숲"이라고 번역한다. 이는 본래 높은 곳을 의미하는 "바마"(בָּמָה)가 산당을 뜻하기도 하므로 충분히 가능한 번역이다. 이 번역에는 미신적 우상숭배의 장소로 전락한 산당과 이를 중심으로 활동하는 제사장들 및 거짓 예언자들에 대한 보다 구체적인 지적이 담겨 있는 것으로 보인다.

한편 에얼리히(A. Ehrlich)와 란드글라센(Randglassen)은 미가 3:9-12이 미가 5:7(개역개정은 5:8)의 "바하모트 야아르"(בַּהֲמוֹת יַעַר)와 연관된다는 것을 처음으로 제기하였다.[121] 미가 5:7에서 "짐승"으로 번역된 "바하

---

119) Premnath, *Eighth Century Prophets: A Social Analysis*, 175.

120) "유다의 왕 히스기야 시대에 모레셋 사람 미가가 유다의 모든 백성에게 예언하여 이르되 '만군의 여호와께서 이와 같이 말씀하셨느니라. 시온은 밭 같이 경작지가 될 것이며 예루살렘은 돌 무더기가 되며 이 성전의 산은 산당의 숲 같이 되리라' 하였으나 유다의 왕 히스기야와 모든 유다가 그를 죽였느냐? 히스기야가 여호와를 두려워하여 여호와께 간구하매 여호와께서 그들에게 선언한 재앙에 대하여 뜻을 돌이키지 아니하셨느냐? 우리가 이같이 하면 우리의 생명을 스스로 심히 해롭게 하는 것이니라"(렘 26:18-19, 개역개정).

121) Hillers, *A Commentary on the Book of the Prophet Micah*, 47.

못”/ “베헤못”(בְּהֵמוֹת / בְּהֵמֹת)(욥 12:7; 40:15; 시 8:8; 50:10; 71:22; 사 30:6)은 주로 시편, 욥기서, 이사야서 등에서 신화적 존재로 등장하는 동물이다. 욥기 40:15-19a(개역개정)는 “베헤못”을 다음과 같이 묘사한다. “이제 소 같이 풀을 먹는 베헤못을 볼지어다. 내가 너를 지은 것 같이 그것도 지었느니라. 그것의 힘은 허리에 있고 그 뚝심은 배의 힘줄에 있고 그것이 꼬리 치는 것은 백향목이 흔들리는 것 같고 그 넓적다리 힘줄은 서로 얽혀 있으며 그 뼈는 놋관 같고 그 뼈대는 쇠 막대기 같으니 그것은 하나님이 만드신 것 중에 으뜸이라.” 이를 고려할 때 에얼리히와 란드글라센은 엘리트 지배계층의 압제와 착취의 잔인함이 “베헤못” 같은 짐승의 포악성을 연상시킨다고 본 것이다.

프렘나스는 미가 3:9-12을 사회경제적 관점에서 주석하면서 결국 지배계층의 죄악이 이스라엘의 자유농민들을 붕괴시켰다고 본다. 지배계층은 땅을 매개로 하는, 하나님의 언약 백성들인 자유농민들의 이익과 권리를 보호하기 위한 가치 및 규례를 확립해야 하는 “정의”(*mishpat*)를 거부했다.[122] 도시민들의 수입은 주로 농민들의 잉여 생산물에서 나온 것이었다. 또한 농민들은 예루살렘의 거대한 건축물을 짓고 요새화를 하는 데 필요한 노동력을 제공하였다. 그런데도 도시 지배계층은 농민들을 잔인하게 착취하였다. 결국 야웨는 예언자를 통해 이런 죄악에 대한 심판을 경고하신다. 예루살렘은 무더기가 되고, 성전의 산은 수풀이 되어 도시적인 삶을 나타내는 과시적 요소들(trappings)은 사라질 것이다. 도시가 건

---

122) Premnath, *Eighth Century Prophets: A Social Analysis*, 175.

설되었던 땅은 다시 농토로 전환될 것이다.[123]

미가 7:3[124]은 지배계층의 죄악이 단순히 개별적인 행위가 아니라 이익과 특권을 차지하기 위한 강력한 결탁임을 시사한다. 예로부터 죄악을 저지르는 지배계층은 자신들의 기득권을 지키기 위해 일종의 "카르텔"을 형성하는 것이 일반적이다. 우리는 복음서에서도 바리새인들과 헤롯당 및 제사장들이 예수가 자신들의 기득권을 위협한다고 판단될 때는 자신들 사이의 전혀 다른 정치적·종교적 입장에도 불구하고 서로 결탁하는 모습을 볼 수 있다(막 3:6; 12:13 등). 미가는 "내가 또 이르노니 야곱의 우두머리들과 이스라엘 족속의 통치자들아, 들으라. 정의를 아는 것이 너희의 본분이 아니냐"(미 3:1, 개역개정)라고 외친다. 또 미가는 "야곱 족속의 우두머리들과 이스라엘 족속의 통치자들 곧 정의를 미워하고 정직한 것을 굽게 하는 자들아, 원하노니 이 말을 들을지어다"(미 3:9, 개역개정)라고 외친다. 이렇게 함으로써 미가는 지배계층이 기득권을 위한 결탁을 포기하고 야웨적 정의를 회복하는 것만이 유다가 야웨의 진노와 심판을 피할 수 있는 길임을 분명하게 선포하고 있다.

6.3.4. ── 호세아 7:3-7

MT

3   בְּרָעָתָם יְשַׂמְּחוּ־מֶלֶךְ וּבְכַחֲשֵׁיהֶם שָׂרִים׃

---

123) Premnath, *Eighth Century Prophets: A Social Analysis*, 176.

124) "두 손으로 악을 부지런히 행하는도다. 그 지도자와 재판관은 뇌물을 구하며 권세자는 자기 마음의 욕심을 말하며 그들이 서로 결합하니"(미 7:3, 개역개정).

구약 예언서의 공공신학

4 כֻּלָּם מְנָאֲפִים כְּמוֹ תַנּוּר בֹּעֵרָה מֵאֹפֶה יִשְׁבּוֹת מֵעִיר

מִלּוּשׁ בָּצֵק עַד־חֻמְצָתוֹ׃

5 יוֹם מַלְכֵּנוּ הֶחֱלוּ שָׂרִים חֲמַת מִיָּיִן מָשַׁךְ יָדוֹ אֶת־לֹצְצִים׃

6 כִּי־קֵרְבוּ כַתַּנּוּר לִבָּם בְּאָרְבָּם כָּל־הַלַּיְלָה יָשֵׁן אֹפֵהֶם

בֹּקֶר הוּא בֹעֵר כְּאֵשׁ לֶהָבָה׃

7 כֻּלָּם יֵחַמּוּ כַּתַּנּוּר וְאָכְלוּ אֶת־שֹׁפְטֵיהֶם כָּל־מַלְכֵיהֶם נָפָלוּ

אֵין־קֹרֵא בָהֶם אֵלָי׃

3 그들이 그 악으로 왕을, 그 거짓말로 지도자들을 기쁘게 하도다.

4 그들은 다 간음하는 자라. 과자 만드는 자에 의해 달궈진 화덕과 같도다. 그
가 반죽을 뭉침으로 발효되기까지만 불 일으키기를 그칠 뿐이니라.

5 우리 왕의 날에 지도자들은 술의 뜨거움으로 병이 나며 왕은 오만한 자들과
더불어 악수하는도다.

6 그들이 가까이 올 때에 그들의 마음은 간교하여 화덕 같으니 그들의 분노는
밤새도록 자고 아침에 피우는 불꽃 같도다.

7 그들이 다 화덕 같이 뜨거워져서 그 재판장들을 삼키며 그들의 왕들을 다
엎드러지게 하며 그들 중에는 내게 부르짖는 자가 하나도 없도다.

3 왕을 갈아치울 자들이 악한 음모를 품고서도 겉으로는 왕을 기쁘게 하며, 온
갖 기만으로 대신들을 속여 즐겁게 한다.

4 그들은 성욕이 달아오른 자들이다. 그들은 화덕처럼 달아 있다. 빵 굽는 이

가 가루를 반죽해 놓고서, 반죽이 발효될 때를 제외하고는 늘 달구어 놓은 화덕과 같다.

5 드디어 우리 왕의 잔칫날이 되면, 대신들은 술에 만취되어 곯아 떨어지고 왕은 거만한 무리들과 손을 잡는다.

6 새 왕을 세우려는 자들의 마음은 빵 굽는 화덕처럼 달아 오르고, 그들은 음모를 품고 왕에게 접근한다. 밤새 그들의 열정을 부풀리고 있다가 아침에 맹렬하게 불꽃을 피워 올린다.

7 그들은 모두 빵 굽는 화덕처럼 뜨거워져서, 그들의 통치자들을 죽인다. 이렇게 왕들이 하나하나 죽어 가는데도 어느 누구도 나 주에게 호소하지 않는다.

여기서 호세아는 이스라엘의 궁중에서 일어나는 정치적 음모 및 왕과 관료들의 부패한 일상을 고발하고 있다. 3절에서 "그들"은 정치적 음모의 중심에 선 자들로 보이는데, 그들은 악한 계교로 왕을 속여 환심을 사고 거짓으로 관리들을 기쁘게 한다.

볼프는 이 본문의 배경이 전왕(前王)인 베가(Pekah)를 죽이고 왕위에 오른 호세아(Hoshea)에 관한 것이라고 본다. 베가의 반앗시리아 정책은 실패하였기 때문에 앗시리아의 봉신이 되고자 했던 호세아의 새로운 정치적 노선이 시도되는 과정에서 왕위 찬탈이 일어났다. 베가는 왕위를 박탈당했고, 그로 인해 그의 궁정 군대와 관리(שׂרים)들도 교체되었다.[125] 개역개정은 NASB, RSV, KJV처럼 MT를 직역했지만 표준새번역이나 천주교『성경』은 이러한 역사적 배경을 염두에 두고 이를 의역했다.

---

125) Wolff, *Joel and Amos*, 124.

구약 예언서의 공공신학

4절은 간음을 일삼는 지배계층의 음탕한(lascivious) 본성을 묘사한다. "화덕"(תַּנּוּר)이라는 단어가 세 차례(4절, 6절, 7절)나 쓰여서 지배계층의 음탕한 본성을 은유적으로 나타내고 있다. 그들은 마치 벌겋게 달궈진 화덕처럼 정욕으로 이글거리고 있다. 한편 실버(Silver)에 의하면, 이것은 기원전 8세기에 화덕(oven) 및 빵을 굽는 기술이 매우 발달하여 양질의 빵(finer bread)이 보편화된 것과 기원전 8세기의 경제적 풍요를 보여준다.[126]

5절은 지배계층의 술에 찌든 일상을 묘사한다. 즉 그들이 "술의 뜨거움으로 인하여 병이 날 정도로" 방탕하고 향락적인 삶에 빠져 있음을 보여준다. 여기서 볼프는 "왕의 날"(יוֹם מַלְכֵּנוּ)을 지배계층이 자신들이 디글랏 빌레셀 3세의 봉신이 된 것을 축하하는 날로 본다.[127] 백성들의 고초에는 관심이 없고 자신들의 정치적 음모에 열중하며 방탕하고 술에 취한 일상에 빠진 지배계층의 모습은 마치 조선후기 부패한 관리들과 이로 인해 고통받는 민초들의 삶이라는 사회적 단면을 노래한 이몽룡의 시를 연상하게 한다.[128]

金樽美酒 千人血(금준미주 천인혈)

금잔에 담긴 향기로운 술은 일천 백성의 피요

玉盤佳肴 萬姓膏(옥반가효 만성고)

옥쟁반에 담긴 맛있는 안주는 만백성의 기름이라.

燭淚落時 民淚落(촉루락시 민루락)

---

126) Premnath, *Eighth Century Prophets: A Social Analysis*, 143.

127) Wolff, *Joel and Amos*, 125.

128) 춘향전 중에서. http://nexturbo.tistory.com/614.

촛대에서 촛농이 떨어질 때 백성들이 눈물 흘리고

歌聲高處 怨聲高(가성고처 원성고)

노랫소리 높은 곳에 백성들의 원망하는 소리 높더라.

어느 시대에서든 정치 지도자들의 방탕과 죄악은 백성들에게 큰 고통
이 되었다. 호세아는 북이스라엘 말기의 지배계층의 정치적 모략 및 방탕
하고 음란한 일상을 고발하고 있다.

6.3.5. —— 아모스 4:1-3

1 שִׁמְעוּ הַדָּבָר הַזֶּה פָּרוֹת הַבָּשָׁן אֲשֶׁר בְּהַר שֹׁמְרוֹן הָעֹשְׁקוֹת

דַּלִּים הָרֹצְצוֹת אֶבְיוֹנִים הָאֹמְרֹת לַאֲדֹנֵיהֶם הָבִיאָה וְנִשְׁתֶּה:

2 נִשְׁבַּע אֲדֹנָי יְהוִה בְּקָדְשׁוֹ כִּי הִנֵּה יָמִים בָּאִים עֲלֵיכֶם

וְנִשָּׂא אֶתְכֶם בְּצִנּוֹת וְאַחֲרִיתְכֶן בְּסִירוֹת דּוּגָה:

3 וּפְרָצִים תֵּצֶאנָה אִשָּׁה נֶגְדָּהּ וְהִשְׁלַכְתֶּנָה הַהַרְמוֹנָה

נְאֻם־יְהוָה:

1 사마리아의 산에 있는 바산의 암소들아, 이 말을 들으라. 너희는 힘 없는 자
를 학대하며 가난한 자를 압제하며 가장에게 이르기를 "술을 가져다가 우리
로 마시게 하라" 하는도다.

2 주 여호와께서 자기의 거룩함을 두고 맹세하시되 "때가 너희에게 이를지라.

사람이 갈고리로 너희를 끌어 가며 낚시로 너희의 남은 자들도 그리하리라.

3 너희가 성 무너진 데를 통하여 각기 앞으로 바로 나가서 하르몬에 던져지

리라" 여호와의 말씀이니라.

아모스는 남유다 드고아 출신이었으나 북이스라엘에 대한 하나님의
신탁을 예언한 대표적인 예언자다. 그는 자신의 말대로 "선지자 출신도
선지자의 아들도 아니었고 목자요 뽕나무 치는 자"였다(암 7:14). 따라서
그는 당시 착취당하는 자유농민의 현실을 누구보다 잘 아는 사람이었다.
앞에서 언급된 호세아가 엘리트 계층의 사치와 부패를 고발하고 있다면,
아모스는 그들의 부인들의 호화롭고 사치스러운 생활 방식을 경고하고
있다.

아모스는 자신의 예언을 "사마리아의 산에 있는 바산의 암소들"을 향
하여 외치는데, 이는 사마리아 엘리트 계층의 여성들을 지칭한다. 이들은
아마도 법정 관리들, 부유한 대토지 소유주들, 그리고 상인들의 부인들이
었을 것이다.[129] 바산(Bashan)은 트랜스요르단(Transjordan) 지역의 기름진
평원이었고, 야르묵(Yarmuk)강 유역에 위치했기에 좋은 목초지와 양질의
소로 유명한 곳이었다.[130] 아모스는 이 여성들을 세 가지 용어로 표현하고
있다. 첫째, "힘 없는 자(자유농민)를 학대하는 자"(הָעֹשְׁקוֹת דַּלִּים), 둘째, "가
난한 자를 압제하는 자"(הָרֹצְצוֹת אֶבְיוֹנִים), 셋째, "남편[131]에게 술을 가져와

---

129) Premnath, *Eighth Century Prophets: A Social Analysis*, 141.

130) Paul, *Amos*, 128.

131) 개역개정이 "가장"으로 번역한 "아도네헴"(אֲדֹנֵיהֶם, their lords)은 남편을 가리킨다. 그
런데 성경에서 "아돈"(אָדוֹן)이 남편을 지칭하는 경우로 쓰이는 사례는 매우 드물다(창

나로 마시게 하라고 말하는 자"(הָאֹמְרֹת לַאֲדֹנֵיהֶם הָבִיאָה וְנִשְׁתֶּה)다. 열왕기하 14:25에 따르면 여로보암 2세는 하맛 어귀에서부터 아라바 바다까지 자신의 통치 아래 두었다. 따라서 그는 풍요로운 바산으로부터 많은 이득을 얻었을 것이다. 북왕국의 수도였던 사마리아에 거주하던 귀족들은 농업 생산에는 종사하지 않았으면서도 1차 생산자인 농민들을 착취하였다. 결국 지배계층의 호화로운 생활 방식은 농민들의 희생으로부터 나오는 것이었다. 1절은 이런 농민들의 희생 위에서 이루어지던, 지배계층 여성들의 사치스럽고 방탕한 삶을 묘사하고 있다(참조. 사 3:19-22).

조나단 그리어(Jonathan S. Greer)는 아모스 2:6-8, 4:1-3, 6:4-7 등에 나타나는 방탕하고 사치스러운 생활 방식에는 종교적인 의식(儀式)이 관여되어 있다고 본다. 그리어에 의하면, 아모스는 남편을 지칭하는 단어인 "바알"(בַּעַל) 대신 굳이 "아돈"(אָדוֹן)을 의도적으로 사용했다. 이는 지배계층 여성들이 자신들의 실제 남편에게 말을 건 것이 아니라 야웨에게 술을 권하고 술을 나누는 정신분열적 상태를 나타낸다는 것이다. "미즈라크"(מִזְרָק; 암 6:6)는 종교적 축제의 연회에서 포도주를 마시는 데 사용되는 큰 잔을 의미하고, "미르자흐"(מַרְזֵחַ; 암 6:7)는 바로 이러한 종교적 연회를 의미하는 말로 본다. 고대 근동의 자료에 따르면, 종교적 연회는 이스라엘 주변의 나라들에서 보편적으로 시행되었으며, 이러한 연회가 벌어졌을 때 큰 잔(מִזְרָק)으로 술을 마시는 것이 널리 유행하였다.[132]

18:12; 삿 19:26; 시 45:11). 그러나 여기서 이 단어는 2절에서 참된 "주"가 되시는 야웨가 나타나는 것과 대비하기 위하여 사용된 것 같다(Paul, *Amos*, 129).

132) Jonathan S. Greer, "A Mazreah and a Mizraq: A Prophets Melle with Religious Diversity in Amos 6:4-7," *JSOT* 32(2007), 243-261.

아모스는 지배계층의 사치스럽고 호화로운 삶을 위해 착취당하고 압제당하는 가난하고 힘없는 자유농민들을 보면서, 때가 이르면 이런 지배계층에게 가혹한 심판이 내려질 것이라는 야웨의 말씀을 전하고 있다. 이 심판에 대해서 두 가지 이미지가 쓰이고 있다. 첫째는 갈고리(butcher's hooks)이고, 둘째는 작살(fishing harpoon)이다. 이방 군대가 와서 그들을 "갈고리와 작살(낚시)로 꿰어 끌어갈 것이다." 여기서 "갈고리"(צִנּוֹת)는 사치와 부패로 물든 지배계층의 부인들을 "바산의 암소"로 표현한 것과 맥을 같이한다. 다시 말해 소를 잡아 갈고리에 꿰듯이 그들에게 심판이 임할 것을 암시한다.[133] 아모스는 이스라엘의 지배계층이 하나님의 이러한 경고를 반드시 들어야 함을 "들으라"(שִׁמְעוּ)라는 명령형을 사용하여 여러 곳에서 외치고 있다(암 3:1, 9[히필 명령], 13; 5:1).

6.4. —— 자유농민의 몰락을 가속화한 국제 동맹 외교에 대한 비판

이사야 28-31장은 시온을 향한 하나님의 계획, 그리고 이집트를 의지하려는 유다 왕실의 굴욕과 구원을 묘사하고 있다. 야웨는 유다가 북이스라엘의 교훈을 기억하기를 원하신다. 야웨는 "너희가 믿지 않으면 굳게 서지 못할 것이다"(사 7:9)라고 말씀하심으로써 북이스라엘이 범한 불신의 죄가 가져온 결과를 직시하라고 하신다. 이사야는 다른 예언자들과 비교할 때 특이한 이력을 가지고 있었다. 그는 궁정 서기관 출신으로 유다 왕실의 정치적 동향과 외교 정책에 관한 정보를 파악할 수 있는 인물이

---

133) Premnath, *Eighth Century Prophets: A Social Analysis*, 142.

었다. 그는 유다 왕실이 야웨의 계획을 신뢰하지 않고 강대국과의 외교적 동맹을 통해 안전을 도모하려는 것을 강력하게 경고했다. 강대국과의 동맹 외교는 야웨를 믿지 않는 불신의 발로일 뿐 아니라 그들의 요구사항을 충족하기 위해 이스라엘의 피지배계층, 특히 자유농민의 희생이 야기되기 때문이었다. 우리는 이사야 28장과 30장 본문을 주석함으로써 이사야가 촉구한 내용을 살펴보고자 한다.

6.4.1. ── 이사야 28:14-18

MT

14 לָכֵן שִׁמְעוּ דְבַר־יְהוָה אַנְשֵׁי לָצוֹן מֹשְׁלֵי הָעָם הַזֶּה אֲשֶׁר
בִּירוּשָׁלָ͏ִם:

15 כִּי אֲמַרְתֶּם כָּרַתְנוּ בְרִית אֶת־מָוֶת וְעִם־שְׁאוֹל עָשִׂינוּ חֹזֶה
שִׁיט שׁוֹטֵף כִּי־יַעֲבֹר לֹא יְבוֹאֵנוּ כִּי שַׂמְנוּ
כָזָב מַחְסֵנוּ וּבַשֶּׁקֶר נִסְתָּרְנוּ:

16 לָכֵן כֹּה אָמַר אֲדֹנָי יְהוִה הִנְנִי יִסַּד בְּצִיּוֹן אָבֶן אֶבֶן
בֹּחַן פִּנַּת יִקְרַת מוּסָד מוּסָד הַמַּאֲמִין לֹא יָחִישׁ:

17 וְשַׂמְתִּי מִשְׁפָּט לְקָו וּצְדָקָה לְמִשְׁקָלֶת וְיָעָה בָרָד מַחְסֵה
כָזָב וְסֵתֶר מַיִם יִשְׁטֹפוּ:

18 וְכֻפַּר בְּרִיתְכֶם אֶת־מָוֶת וְחָזוּתְכֶם אֶת־שְׁאוֹל לֹא תָקוּם
שׁוֹט שׁוֹטֵף כִּי יַעֲבֹר וִהְיִיתֶם לוֹ לְמִרְמָס:

14 διὰ τοῦτο ἀκούσατε λόγον κυρίου ἄνδρες τεθλιμμένοι καὶ ἄρχοντες τοῦ λαοῦ τούτου τοῦ ἐν Ιερουσαλημ

15 ὅτι εἴπατε ἐποιήσαμεν διαθήκην μετὰ τοῦ ᾅδου καὶ μετὰ τοῦ θανάτου συνθήκας καταιγὶς φερομένη ἐὰν παρέλθῃ οὐ μὴ ἔλθῃ ἐφ' ἡμᾶς ἐθήκαμεν ψεῦδος τὴν ἐλπίδα ἡμῶν καὶ τῷ ψεύδει σκεπασθησόμεθα

16 διὰ τοῦτο οὕτως λέγει κύριος ἰδοὺ ἐγὼ ἐμβαλῶ εἰς τὰ θεμέλια Σιων λίθον πολυτελῆ ἐκλεκτὸν ἀκρογωνιαῖον ἔντιμον εἰς τὰ θεμέλια αὐτῆς καὶ ὁ πιστεύων ἐπ' αὐτῷ οὐ μὴ καταισχυνθῇ

17 καὶ θήσω κρίσιν εἰς ἐλπίδα ἡ δὲ ἐλεημοσύνη μου εἰς σταθμούς καὶ οἱ πεποιθότες μάτην ψεύδει ὅτι οὐ μὴ παρέλθῃ ὑμᾶς καταιγίς

18 μὴ καὶ ἀφέλῃ ὑμῶν τὴν διαθήκην τοῦ θανάτου καὶ ἡ ἐλπὶς ὑμῶν ἡ πρὸς τὸν ᾅδην οὐ μὴ ἐμμείνῃ καταιγὶς φερομένη ἐὰν ἐπέλθῃ ἔσεσθε αὐτῇ εἰς καταπάτημα

14 이러므로 예루살렘에서 이 백성을 다스리는 너희 오만한 자여, 여호와의 말씀을 들을지어다.

15 너희가 말하기를 "우리는 사망과 언약하였고 스올과 맹약하였은즉, 넘치는 재앙이 밀려올지라도 우리에게 미치지 못하리니, 우리는 거짓을 우리의 피난처로 삼았고 허위 아래에 우리를 숨겼음이라" 하는도다.

16 그러므로 주 여호와께서 이같이 이르시되 "보라, 내가 한 돌을 시온에 두어 기초를 삼았노니 곧 시험한 돌이요 귀하고 견고한 기촛돌이라. 그것을 믿

는 이는 다급하게 되지 아니하리로다.

17 나는 정의를 측량줄로 삼고 공의를 저울추로 삼으니 우박이 거짓의 피난처
   를 소탕하며 물이 그 숨는 곳에 넘칠 것인즉,

18 너희가 사망과 더불어 세운 언약이 폐하며 스올과 더불어 맺은 맹약이 서
   지 못하여 넘치는 재앙이 밀려올 때에 너희가 그것에게 밟힘을 당할 것
   이라."

기원전 732년에 시리아-에브라임 전쟁의 결과로 북이스라엘 북쪽의 스불론과 납달리 지역이 앗시리아의 속주로 병탄되었다. 기원전 722/721년에는 호세아 왕과 사마리아의 3년간에 걸친 저항에도 불구하고 북이스라엘 왕국은 사르곤 2세에 의해 멸망하였다. 아마도 이때부터 이사야는 앗시리아를 신학적으로 단죄하기 시작하였을 것이다(사 10:5-7, 15-19). 이때 많은 사람이 앗시리아로 끌려갔거나, 이집트로 피난하였거나, 남유다로 도망쳤다. 그런데 앗시리아는 하나님의 포도원을 잠시 유린하고 짓밟는 징벌적인 원정을 하도록 허락받았을 뿐이었는데 세계 제국 건설의 야심으로 말미암아 하나님의 고유한 위임을 위반하였다. 이러한 앗시리아의 패권주의적 정책으로 인하여 북이스라엘이 멸망한 이즈음에 이사야는 다윗 같은 이상 왕의 도래에 관한 메시아 예언과 "남은 자의 미래"에 관하여 예언하기 시작했다. 북이스라엘에 대한 앗시리아의 군사적 정복도 이스라엘을 선택하시고 계약 백성으로 삼으신 하나님의 구원사적 전진을 방해할 수 없다는 것이다.[134]

---

134) 김회권, 『성서주석 이사야 I』, 519-520.

이러한 확신에 기초한 이사야는 유다가 파도처럼 덮쳐오는 앗시리아의 범람으로부터 벗어나기 위해 이집트의 힘을 의지하는 죄를 버리고 오직 야웨 하나님만을 의지하도록 촉구한다. 그러나 이사야 28:10에서 보이듯이 유다의 지도자들은 이사야가 무슨 뜻인지 모를 말을 한다는 듯이 그를 조롱하고 무시하였다. 그런데 10절과 13절의 "대저 경계에 경계를 더하며 경계에 경계를 더하며 교훈에 교훈을 더하며 교훈에 교훈을 더하되 여기서도 조금, 저기서도 조금 하는구나"(개역개정)라는 번역은 무리한 직역이다. "키 차브 라차브 차브 라차브 카브 라카브 카브 라카브 즈에르 샴 즈에르 샴"(כִּי צַו לָצָו צַו לָצָו קַו לָקָו קַו לָקָו זְעֵיר שָׁם זְעֵיר שָׁם)에서 "차브"(צַו)는 "계명"이나 "경계"로, 그리고 "카브"(קַו)는 "교훈"이나 "줄"(line)로 번역될 수 있지만 이런 직역은 어울리지 않는다. 10절은 어린아이가 말을 배울 때 내는 의성어를 소리 나는 대로 기록한 것이다. 이는 이사야의 대적자들이, 유다의 지도자들이 야웨를 의지하기보다 정치적으로 도모함으로써 위기를 모면하려 하는 것을 경계하는 이사야를 비난하는 내용이다. 다시 말해 이사야의 말은 알아듣기 힘든 어린아이 수준의 말이라는 것이다. 이는 모든 상황을 정치적으로 판단하였기 때문에, 하나님의 계획을 신뢰하라고 촉구하는 이사야의 경고를 듣기 싫어하는 자들의 의도적인 조롱이었다.[135]

이사야의 대적자들은 "앗시리아의 멍에를 던져버릴 수 있도록 자신들을 지지해줄 이웃 강대국과의 성공적인 협상을 자축하고 있었다."[136] 15

---

135) 김회권, 『성서주석 이사야 I』, 527.
136) Clements, *Isaiah 1-39* (NCBC; Grandrapids: William B. Eerdmans Co, 1980), 229.

절은 그들의 교만의 근거가 무엇인지를 암시하고 있다. 15절은 유다가 외국(이집트)과 맺은 조약을 사망과 맺은 계약이자 음부와 맺은 맹약으로 정의한다. 이것은 예루살렘의 지배계층이 하는 말일 수도 있고 이사야가 하는 조롱의 말일 수도 있다. 이사야는 권력을 소유한 엘리트들이 이집트와 맺는 조약은 외교적 자살행위일 수 있음을 시사하는 것이다.

16절에서는 유다의 이러한 자가 추진적인 구원 책략을 배경으로 하여 야웨의 "기이한 일"과 "이상한 행동"이 시작된다. 시온을 향한 야웨 하나님의 계획된 행동은 그분을 거룩한 건축자로 묘사하는 16-17절에 잘 나타나 있다. 이사야는 거대한 폭풍우로부터 피난민들을 보호하지 못할 거짓된 피난처(사 28:15, 17b-18)와 대조되는 한 피난처, 즉 야웨 자신이 직접 세우실 절대적으로 안전한 피난처를 제시한다(16-17a절).[137] 그런데 16절인 "그러므로 주 여호와께서 이같이 이르시되 '보라, 내가 한 돌을 시온에 두어 기초를 삼았노니(יִסַּד) 곧 시험한 돌(אֶבֶן בֹּחַן)이요 귀하고 견고한 기촛돌(פִּנַּת יִקְרַת מוּסָד)이라. 그것을 믿는 이는 다급하게 되지 아니하리로다(הַמַּאֲמִין לֹא יָחִישׁ)'"라는 말은 듣기에 따라서 구원의 약속이 될 수도 있고 재난의 예고로 들릴 수도 있다. 여기서 "에벤 보한"(אֶבֶן בֹּחַן)을 일부 주석가들이 번역한 것처럼 "한 검증된 돌"(a tested stone)로 번역하면 전후 문맥을 연결하기가 어려워진다. 따라서 우리는 16절을 구원의 약속임과 동시에 심판의 경고로 보아야 한다.

그렇다면 시온에 반석을 세우겠다는 말씀이 왜 약속처럼 들리면서 또 심판의 경고로도 들리는가? 이 질문에 답하기 위해서 우리는 이사야

---

137) 김회권, 『성서주석 이사야 I』, 534.

28:14-18을 기원전 8세기 후반 유다 왕실이 추진하던 건축 및 토목 공사의 역사와 연관지어 생각할 수 있다. 구체적으로 말하자면 이 구절들은 유다 왕국의 왕정신학의 골격을 이루는 성전에 관한 시온신학, 그리고 히스기야 왕이 당시 추진하던 건축 및 토목 공사(사 22:8-11에 묘사된 예루살렘 주변 지역의 요새화)라는 신학적·역사적 맥락 속에서 이해되어야 한다. 17절에서 "거짓의 피난처"는 바로 이렇게 유다 왕실에 의해 제공되는 졸렬한 피난처를 말한다. "측량줄"과 "저울추"는 "반석" 약속 안에 내재한 불길한 요소를 보여준다. 줄과 추는 다윗 왕조가 야웨 자신이 세우실 견고한 반석과 정확히 일치하게 서 있는지를 검증하는 도구다. 옛 건축물이 기준에 맞지 않으면 그것을 부수고 새로운 건축물을 짓겠다는 건축자의 의지의 표시다(사 30:13-14).[138] 그래서 16절은 듣는 자를 사느냐 죽느냐의 결단으로 이끌게 된다. 야웨가 세우신 기춧돌에 관한 언급은 야웨 백성의 배반적인 계획에 날카로운 초점을 맞추기 위한 중립적인 어조(a neutral note)로 들리므로 즉각적으로 심판의 경고로 전환된다.[139]

이사야는 시온전승에 의지하여 시온의 안전은 강대국의 도움이 아니라 야웨의 현존에 달려 있으며, 야웨의 현존은 시온 거민들의 공평하고 의로운 삶에 달려 있음을 강조하는 것이다. 결국 유다가 가야할 길은 "잠잠하고 야웨를 신뢰하는 것"이라는 말이다(사 30:15). 16절에서 "야히쉬"(יָחִישׁ)의 원형을 "후쉬"(חוּשׁ)로 볼 때 이는 "서두른다"(haste; BDB 301)라는 의미가 된다.[140] 그렇다면 16절의 마지막 부분에 대한 번역은 "믿는 자

---

138) 김회권, 『성서주석 이사야 I』, 534-535.

139) Hae Kwon Kim, *The Plan of Yahweh*, 150.

140) LXX는 "로 야히쉬"(יָחִישׁ לֹא)를 "우 메 카타이스퀸테"(οὐ μὴ καταισχυνθῇ, 결코 수치를 당

는 서두르지 않는다"가 된다. 믿는 자들은 공포에 질려 허둥대지 않는다. 야웨가 세우실 반석은 참으로 견고하고 전혀 요동하지 않을 것이기 때문이다. 겉으로 보이는 잔혹한 파괴의 역사 너머에서 그분이 시온에 한 귀중한 기촛돌을 놓으실 것이기 때문이다. 다만 이것은 "믿는 자"에게 주어지는 구원의 말씀이다.

6.4.2. ── 이사야 30:1-5

MT

1 הוֹי בָּנִים סוֹרְרִים נְאֻם־יְהוָה לַעֲשׂוֹת עֵצָה וְלֹא מִנִּי וְלִנְסֹךְ
מַסֵּכָה וְלֹא רוּחִי לְמַעַן סְפוֹת חַטָּאת עַל־חַטָּאת:

2 הַהֹלְכִים לָרֶדֶת מִצְרַיִם וּפִי לֹא שָׁאָלוּ לָעוֹז בְּמָעוֹז פַּרְעֹה
וְלַחְסוֹת בְּצֵל מִצְרָיִם:

3 וְהָיָה לָכֶם מָעוֹז פַּרְעֹה לְבֹשֶׁת וְהֶחָסוּת בְּצֵל־מִצְרַיִם
לִכְלִמָּה:

4 כִּי־הָיוּ בְצֹעַן שָׂרָיו וּמַלְאָכָיו חָנֵס יַגִּיעוּ:

5 כֹּל הִבְאִישׁ עַל־עַם לֹא־יוֹעִילוּ לָמוֹ לֹא לְעֵזֶר
וְלֹא לְהוֹעִיל כִּי לְבֹשֶׁת וְגַם־לְחֶרְפָּה:

개역개정

1 여호와께서 이르시되 "패역한 자식들은 화 있을진저, 그들이 계교를 베푸나

하지 않을 것이다)로 번역하고 있는데 이는 "예보쉬"(יבוש)를 번역한 것으로 보인다.

         구약 예언서의 공공신학

나로 말미암지 아니하며, 맹약을 맺으나 나의 영으로 말미암지 아니하고 죄에 죄를 더하도다.

2 그들이 바로의 세력 안에서 스스로 강하려 하며 애굽의 그늘에 피하려 하여 애굽으로 내려갔으되 나의 입에 묻지 아니하였도다.

3 그러므로 바로의 세력이 너희의 수치가 되며 애굽의 그늘에 피함이 너희의 수욕이 될 것이라.

4 그 고관들이 소안에 있고 그 사신들이 하네스에 이르렀으나,

5 그들이 다 자기를 유익하게 하지 못하는 민족으로 말미암아 수치를 당하리니 그 민족이 돕지도 못하며 유익하게도 못하고 수치가 되게 하며 수욕이 되게 할 뿐임이니라.”

이사야 30장은 이사야서의 전형적인 구조를 가지고 있다. 대체로 1-25절에는 강력한 심판의 예언이 있다. 18-26절에서 야웨 하나님은 회복의 소망을 보여주신다. 야웨 하나님은 유다가 그분을 의지하지 않음으로 인해 “환난의 떡과 고생의 물”(20절)을 먹었으나 “여호와께서 자기 백성의 상처를 싸매시며 그들의 맞은 자리를 고치시는 날에는 달빛은 햇빛 같겠고 햇빛은 일곱 배가 되어 일곱 날의 빛과 같으리라”(26절)는 희망의 신탁을 주신다. 그리고 27-33절은 유다에 대한 하나님의 심판의 막대기가 되었던 앗시리아에게 임할 심판을 예고한다. 이사야는 한편으로는 유다의 반역과 우상숭배에 대한 정죄를, 그리고 다른 한편으로는 앗시리아의 교만에 대한 심판을 예언한다.

1절은 “아! 반역하는 아들아”(הוֹי בָּנִים סוֹרְרִים)라는 탄식으로 시작한다. 예언자는 유다의 계속되는 어리석음을 안타까이 한탄하는 것이다. “그

들이 계교(עֵצָה)를 베푸나 나로 말미암지 아니하며, 맹약을 맺으나(מַסֵּכָה
לִנְסֹךְ) 나의 영으로 말미암지 아니하고 죄에 죄를 더한다.” 하나님의 계획
(עֵצָה) 사상은 이사야서의 일관된 맥락이다. 그러나 여기서 나타나는 “에
차”(עֵצָה)는 하나님의 계획이 아니라 정치 권력을 소유한 엘리트 계층의
계교를 말한다. 이 말 속에는 히스기야 왕실이 이집트와 동맹을 맺은 정
책에 대한 신랄한 비판이 담겨 있다. “린쏘크 마쎄카”(לִנְסֹךְ מַסֵּכָה)는 동
족목적어를 가진 구절인데, BDB는 이에 관한 네 가지 의미를 제시하고
있다. 첫째, “신께 술을 부어드린다”(pour out, 48:5). 둘째, “주조된 우상을
던진다”(30:22; 42:17). 셋째, “옷감을 짠다”(weave, 25:7). 넷째, “동맹을 맺
는다.” 이 네 번째 의미가 “계교를 베푼다”라는 의미와 상통한다(BDB 650
-651). 유다의 계교는 이집트와 동맹을 맺어 앗시리아의 위협으로부터 보
호를 받고자 한 것이었다.

그러나 그것은 어리석은 계교였다. 30:6-7이 나타내듯이, 그것은 구
원을 위하여 이집트로(탈출했던 곳으로) 내려감으로써 출애굽의 구원을 원
천적으로 무효화하는 행위였다. “그들이 바로의 세력을 등에 업고 스스로
강해지려고 하며 애굽의 그늘로 피하려 하여 애굽으로 내려갔다”(2절). 출
애굽의 구원은 이스라엘의 존재 근거인데 탈출했던 이집트로 내려가는
것은 하나님과 맺은 계약을 파기하는, 그리고 이스라엘 자신의 존재 근거
를 부정하는 행위였다.[141]

무엇보다 유다의 죄는 야웨께 묻지 않은 데 있었다. 그들은 이집트에
의존하기 위해 조약을 맺었으나 야웨의 영의 인도를 구하지는 않았다. 그

---

141) 김회권, 『성서주석 이사야 I』, 575.

들은 야웨의 계획을 신뢰하지 않았으므로 자신들의 계교를 앞세우게 된 것이다. 그러나 "바로의 세력이 너희의 수치가 되며 애굽의 그늘로 피함이 수욕이 될 것이다"(3절). 유다는 자신들에게 유익이 되지 못하는 민족에게로 갔다. 이집트의 도움은 헛되고 무익했다(7절). 앗시리아 산헤립의 유다 원정일지는 이집트의 정치적 무능력, 그리고 이집트가 유다를 도와주겠다는 조약을 지키지 못하는 무력함을 다양하게 묘사한다. 여기서 이집트는 상한 갈대로 그려진다(*ANET* 287-288).

유다는 어리석게도 상한 갈대를 의지하려고 이집트로 사신을 보냈다.[142] "소안"과 "하네스"는 이집트와 유다의 국경도시로서 외교협상이 이루어지는 장소였을 것이다. 유다는 야웨의 계획을 믿지 않았기 때문에 그분께 모략을 구하지 않았다. 야웨를 믿지 않았기 때문에 그들의 도모는 서지 못하였다(7:9). 야웨 하나님이 유다에게 바라신 것은 그분의 계획을 잠잠히 신뢰하고 그분에게 구하는 것이었다. 결국 유다가 이집트와 맺은 이런 의존적 동맹 외교는 무기 수입으로 이어졌다. 그리고 유다가 무기 수입에 필요한 비용을 충당하기 위해 집약농업을 실행함으로써 자유농민들의 몰락은 더욱 가속화되었을 것이다.

---

142) 이집트는 앗시리아에 대한 유다의 반란을 선동했거나 적어도 강력하게 후원하였다. 상부 이집트를 근거지로 한 제25왕조(에디오피아 또는 누비아)는 하부 이집트와 삼각주 지역에 대한 권력기반을 구축한 후였기에 이제 기세를 떨칠 수 있었다(Miller and Hayes, 『고대 이스라엘 역사』, 447).

6.5. —— 지배계층과 결탁한 종교지도자들의 죄악에 대한 고소

기원전 8세기 예언서에는 거짓 예언자들 및 지배계층과 결탁하여 타락한 제사장들에 대한 고소가 곳곳에 나타난다. 야웨는 하루아침에 종려나무 가지처럼 잘려나갈 존재가 "장로", "존귀한 자", "거짓말을 가르치는 예언자"(사 9:14-15)라고 하고, 그리고 미가는 "내 백성을 유혹하는 예언자는 이에 물 것이 있으면 평강을 외치나 그 입에 채워 주지 아니하는 자에게는 전쟁을 준비하는도다"(미 3:5)라고 하며 타락한 예언자를 고발하고 있다. 우리는 제사장들의 죄를 집중적으로 고발하는 호세아 4:6-14을 통해 당시 종교지도자들의 죄악상을 살펴보고자 한다.

6.5.1. —— 호세아 4:6-14

MT

6 נִדְמוּ עַמִּי מִבְּלִי הַדָּעַת כִּי־אַתָּה הַדַּעַת מָאַסְתָּ וְאֶמְאָסְךָ
מִכַּהֵן לִי וַתִּשְׁכַּח תּוֹרַת אֱלֹהֶיךָ אֶשְׁכַּח בָּנֶיךָ גַּם־אָנִי:

7 כְּרֻבָּם כֵּן חָטְאוּ־לִי כְּבוֹדָם בְּקָלוֹן אָמִיר:

8 חַטַּאת עַמִּי יֹאכֵלוּ וְאֶל־עֲוֺנָם יִשְׂאוּ נַפְשׁוֹ:

9 וְהָיָה כָעָם כַּכֹּהֵן וּפָקַדְתִּי עָלָיו דְּרָכָיו וּמַעֲלָלָיו אָשִׁיב לוֹ:

10 וְאָכְלוּ וְלֹא יִשְׂבָּעוּ הִזְנוּ וְלֹא יִפְרֹצוּ כִּי־אֶת־יְהוָה עָזְבוּ לִשְׁמֹר:

11 זְנוּת וְיַיִן וְתִירוֹשׁ יִקַּח־לֵב:

12 עַמִּי בְּעֵצוֹ יִשְׁאָל וּמַקְלוֹ יַגִּיד לוֹ כִּי רוּחַ זְנוּנִים הִתְעָה
וַיִּזְנוּ מִתַּחַת אֱלֹהֵיהֶם:

13 עַל־רָאשֵׁי הֶהָרִים יְזַבֵּחוּ וְעַל־הַגְּבָעוֹת יְקַטֵּרוּ תַּחַת אַלּוֹן

וְלִבְנֶה וְאֵלָה כִּי טוֹב צִלָּהּ עַל־כֵּן תִּזְנֶינָה בְּנוֹתֵיכֶם

וְכַלּוֹתֵיכֶם תְּנָאַפְנָה׃

14 לֹא־אֶפְקוֹד עַל־בְּנוֹתֵיכֶם כִּי תִזְנֶינָה וְעַל־כַּלּוֹתֵיכֶם כִּי

תְנָאַפְנָה כִּי־הֵם עִם־הַזֹּנוֹת יְפָרֵדוּ וְעִם־הַקְּדֵשׁוֹת יְזַבֵּחוּ וְעַם

לֹא־יָבִין יִלָּבֵט׃

6 내 백성이 지식이 없으므로 망하는도다. 네가 지식을 버렸으니 나도 너를 버려 내 제사장이 되지 못하게 할 것이요, 네가 네 하나님의 율법을 잊었으니 나도 네 자녀들을 잊어버리리라.

7 그들은 번성할수록 내게 범죄하니 내가 그들의 영화를 변하여 욕이 되게 하리라.

8 그들이 내 백성의 속죄제물을 먹고 그 마음을 그들의 죄악에 두는도다.

9 장차는 백성이나 제사장이나 동일함이라. 내가 그들의 행실대로 벌하며 그들의 행위대로 갚으리라.

10 그들이 먹어도 배부르지 아니하며 음행하여도 수효가 늘지 못하니 이는 여호와를 버리고 따르지 아니하였음이니라.

11 음행과 묵은 포도주와 새 포도주가 마음을 빼앗느니라.

12 내 백성이 나무에게 묻고 그 막대기는 그들에게 고하나니 이는 그들이 음란한 마음에 미혹되어 하나님을 버리고 음행하였음이니라.

13 그들이 산 꼭대기에서 제사를 드리며 작은 산 위에서 분향하되 참나무와 버드나무와 상수리나무 아래에서 하니 이는 그 나무 그늘이 좋음이라. 이러므

로 너희 딸들은 음행하며 너희 며느리들은 간음을 행하는도다.

14 너희 딸들이 음행하며 너희 며느리들이 간음하여도 내가 벌하지 아니하리니 이는 남자들도 창기와 함께 나가며 음부와 함께 희생을 드림이니라. 깨닫지 못하는 백성은 망하리라.

어느 시대에서든지 성직자들과 종교지도자들의 타락상은 그 시대의 타락을 보여주는 최종적인 지표라고 할 수 있다. 기원전 8세기 예언자들은 제사장들과 제의 참여자들의 타락을 강하게 비판하고 있다. 호세아 4장에서 예언자는 이스라엘의 상태가 제사장들의 죄를 반영한 것임을 시사한다. 야웨 하나님은 이스라엘 백성에게 "진실도 없고 인애도 없고 하나님을 아는 지식도 없고 오직 저주와 속임과 살인과 도둑질과 간음과 피 흘림뿐이라"(4:1-2)라고 한탄한다. 이러한 이스라엘 백성의 상태는 제사장들의 상태를 반영하는 것으로서 "야웨의 시각으로는 이스라엘의 정체성인 '제사장 나라'를 위협하는 것"이었다. 6절의 "내 백성"은 자기 백성으로 인해 고통받는 하나님의 자비의 표현이다.[143] 이스라엘 백성에게는 하나님의 뜻에 관한 지식이 없다(6절). 이것이 이스라엘이 파괴되는(נדמו) 치명적인 원인이 된다. 여기에는 제사장들의 결정적인 죄가 있다. 그것은 하나님의 뜻에 관한 지식을 거부하고 하나님에 대한 자신들의 방향성을 잊어버린 죄다. 이로 인해 그들은 번성할수록 그분께 범죄하게 된다(7절).

8절 이하에서는 제사장들의 죄가 구체적으로 드러난다. 제사장들이 백성들이 바친 속죄제물을 먹는다(8절). 본래 속죄제물 중 일부를 제사장

---

143) Wolff, *Joel and Amos*, 78-79.

이 취하는 것은 제사규정이기도 하다(레 6:26). 그러나 8절은 그러한 정상적인 규정을 넘어선 제사장들의 재물에 대한 탐욕을 상징적으로 보여주고 있다. 종교가 타락할 때 나타나는 대표적인 증상은 성직자들이 재물을 탐하는 것이다. 예수께서는 종교지도자인 바리새인들에 대해 "돈을 좋아하는 자"(눅 16:14, 개역개정)라고 하셨다. 여기서 "돈"을 누가복음 16:13은 "맘몬"(μαμωνᾶς)으로 표현한다(마 6:24 참조). "맘몬"은 돈의 물신적인 특징을 적나라하게 드러낸다. "맘몬"은 아람어에서 유래한 것으로 그리스어로 음역되면서 성경에서는 재물의 부정적인 측면, 즉 우상화된 재물을 가리키게 되었다. 성경은 맘몬이라는 말을 사용함으로써 돈을 의인화하고 또 일종의 신격으로 다루고 있다. 자크 엘륄(Jacques Ellul)은 돈의 이러한 물신적 성격을 "돈의 영적 가치"라고 부른다.[144] 그래서 바울도 "탐심은 우상숭배"라고 하며 날카롭게 지적한 것이다(골 3:5). 결국 제사장들의 탐심은 그들의 마음에 야웨가 아닌 맘몬이 자리 잡은 우상숭배의 죄였다.

11-14절에서 호세아는 제사장들의 음행과 술에 취한 향락적인 삶을 고발하고 있다. 11절 첫머리에 나오는 "음행과 포도주"(זְנוּת וְיַיִן)는 당시 타락한 제사장들의 삶을 상징적으로 보여준다. 주지하는 바와 같이 중세 고아원의 기원이 신부(神父)들의 사생아를 양육하는 것과 관련이 있었듯이, 호세아는 기원전 8세기 이스라엘 제사장들의 성적 타락이 만연했음을 고발하고 있다. 그런데 호세아가 이 문제를 더욱 심각하게 다루는 이유는 이스라엘 내에 깊숙이 침투한 바알 종교의 영향 때문이다. 바알 종교는 일반적으로 기원전 9세기 이후 페니키아를 통해 북이스라엘에서 번

---

144) Jacques Ellul, 『하나님이냐 돈이냐』, 양명수 역 (서울: 도서출판 대장간, 1994), 97-98.

창했다고 알려졌지만 사실은 더 오랜 역사가 있다. 바알 종교는 출애굽한 이스라엘이 40년간의 광야 생활을 다 마친 시점, 즉 그들이 요단강을 건너기 전부터 접촉 가능한 종교였을 뿐만 아니라,[145] 그들이 가나안에 정착했을 때 이미 토착민의 종교로 자리하고 있었다. 가나안에 정착하여 나라를 이룬 이래로 북이스라엘과 남유다 모두는 바알 종교의 영향권 밖으로 벗어난 적이 한 번도 없었다. 장영일은 북이스라엘과 남유다가 멸망한 원인을 우상숭배, 특히 바알 종교로 규정하면서 바알 종교를 다음과 같이 정의한다.

바알 종교는 대체로 농민의 생활과 직결된 농경문화의 일부요 이 농경문화를 신학화한 종교로서, 그 종교의식의 목적이 철저히 '(삶의) 풍요'에 집중되어 있다는 사실이다. 그래서 이 종교는 속칭 '다산/풍요의 종교'(Fertility Cult)라 불리기도 한다.[146]

장영일은 바알 종교의 의식에 관해서는 다음과 같이 묘사한다.

풍성한 비가 내리게 된다고 생각하여 바알 신도들은 신들의 결혼을 모방하여 성(性)의 축제를 벌이게 된다. 이를 가리켜 소위 모방/감응마법(imitative/sympathetic magic)이라 부르는데, 지상에서 벌어지는 이러한 성의 축제를 하감하는 신혼의 두 남녀 신들이 마법적으로 자극을 받아 더욱 강한 성교에 돌

---

145) 바알브올 사건에 대해서는 다음을 참조하라. 장영일, "바알브올의 유혹(민 25:1-18)", 「敎會와 神學」 35(1998), 138-154.
146) 장영일, "한국 교회와 바알 종교", 「敎會와 神學」 (1997), 67-68.

 구약 예언서의 공공신학

입하게 되고 그 결과 지상에 내리는 비의 양도 더욱 풍성하게 된다고 생각하였다.…이 축제는 그야말로 먹고 마시고 춤추고 즐기고 흥분하는 축제였고, 그 절정은 성적 유희에서 달성되었다.[147]

12절은 야웨 종교가 이미 혼합주의(syncretism)의 영향을 강하게 받고 있음을 보여준다. 혼합주의에서 가장 심각한 것이 바알 종교의 영향력이었다. 풍요와 다산을 위한 기원을 의식화(儀式化)한 바알 종교의 영향으로 인하여 제사장들의 음행과 성적 타락이 가속화되었으며 이러한 음란은 백성들 사이에서도 급속히 번져나갔다(13절).

여기서 우리가 주목할 것은 14절에서 "음부"(淫婦)로 번역된 "크데샤"(קְדֵשָׁה)다. 구약성경에는 여성형인 크데샤(קְדֵשָׁה)가 총 5회, 그리고 그것의 남성형인 코데쉬(קָדֵשׁ)가 총 7회 나타나며[148] 대부분 이 단어는 일반 사회에서 활동하는 "세속적 창녀 또는 남창"(ordinary prostitute)이라는 의미로 쓰였다. 그런데 호세아 4:14은 "음부와 함께 희생을 드림이라"고 말하고 있으므로 그것이 성전 창녀(sacred or temple prostitute)를 의미할 가능성을 완전히 배제하기는 어렵다. "음부"와 관련하여, 볼프는 "성적 제의"(The Sex Cult)라는 제목의 글을 통해 성전 창녀의 가능성에 무게를 신고 있다.[149] 그러나 우택주는 자신의 논문을 통해 이스라엘이 고대 근동 지역의 영향을 받아 성전에서 성창제도를 시행했을 것이라는 견

---

147) 장영일, "한국 교회와 바알 종교", 71-72.
148) קְדֵשָׁה- 창 38:12, 22(2회); 신 23:17; 호 4:14(여성복수형). קָדֵשׁ - 창 38:12; 신 23:18; 왕상 14:24; 15:12(남성복수형); 22:46(남성복수형); 왕하 23:7; 욥 36:14.
149) Wolff, *Joel and Amos*, 14.

해를 반박한다. 우택주는 먼저 영국의 종교사학자인 로버트슨 스미스(W. Robertson Smith)가 문헌적 증거도 제시하지 않은 채 "셈족의 신전은 성창으로 득실거렸다"라고 주장한 것을 지적하며, 칼 붓데(K. Budde)와 윌리엄 올브라이트(W. F. Albright) 등이 이스라엘의 성전 창녀를 당연한 것으로 받아들인 견해를 소개한다.[150] 우택주는 이들의 견해가 오류임을 단호하게 지적한다. 그리고 그는 아카드어 어원을 가지고 קְדֵשָׁה는 "성전 창녀"가 아니라 "세속적 창녀"를 뜻한다는 것을 다음과 같이 설명한다.[151]

> 일반적으로 이 셈어의 동족어를 아카드어 *qadišu*라고 생각한다. 그루버(Mayor Gruber)는 아카드어 *qadišu*가 나타나는 모든 본문들을 검토한 결과, 이 여인들은 주로 신을 섬기는 데 일생을 헌신한 *nadītum*과 *kulmašītum*과 병행하여 출현하는 것을 발견하였다. 그래서 그는 이 여자를 신(특히, 아닷)에게 헌신한 사람(a devotee)으로서 제의적 기능을 지닌 사람으로 정의한다.… 그에 의하면 히브리어 קְדֵשָׁה는 제의적 기능이 없는 세속적 창녀인 데 비하여 아카드어 *qadišu*는 제의적이든 어떤 상황에서든 "유모, 산파, 아닷 제의의 기능인(제의 가수), 때로는 기록보관인, 후대에는 마술사"로 나타난다는 것이다. 그는 히브리어 קְדֵשָׁה는 원 셈어(proto-Semitic) *qadišu*와는 동음이의어(homonym)에 불과하며…그 어디에서도 이들의 특징이 성행위와 관련되어 있다는 증거를 찾을 수 없다고 결론짓는다.

---

150) 우택주, "고대 이스라엘에는 성전 창기가 존재하였는가? – 호세아서의 새로운 해석을 위하여", 「구약논단」 10(2001), 66-68.
151) 우택주, "고대 이스라엘에는 성전 창기가 존재하였는가? – 호세아서의 새로운 해석을 위하여", 81-82.

 구약 예언서의 공공신학

우택주는 "만일 '음부'가 성창이라면 왜 같은 시대 같은 지역에서 활동한 아모스가 이에 대해 단 한마디도 언급이 없는가"라고 반문하면서, 호세아서가 말하는 음행은 "고멜"이라는 여인으로 대표되듯이 바알 숭배로 인해 야웨를 배신한 이스라엘의 영적 상태에 대한 은유라고 주장한다. 그러나 우택주의 견해는 근거가 빈약해 보인다. 우택주는 헤로도투스의 역사기록, 우가리트 신화, 메소포타미아 신화의 기록을 통해서도 자신의 주장을 뒷받침하지만 그의 가장 중요한 논거는 아카드어 어원에 있다. 그런데 언어란 다른 시대나 다른 지역으로 이식될 때 그 문화에 따라 의미가 전용될 수 있다. 하지만 성전 창녀의 존재 여부와 상관없이 여기서 중요한 것은 우리가 호세아의 고발을 통해 당시 이스라엘 성직자들의 타락상을 적나라하게 목격한 것이다. 기원전 8세기는 제사장들의 권력화와 축재(蓄財), 그리고 음행과 우상숭배의 악영향으로 인해 백성들의 타락 및 죄악이 그 절정에 달하던 시기였다.

다음 장으로 넘어가기 전에 지금까지의 모든 논의를 간략히 정리해보자. 우리는 고대 근동 종교의 신탁대언자들과 그들의 신탁발언이 담긴 예언적 문서들을 연구했다. 또한 야웨 종교가 주술적 영향으로부터 벗어나 공공성의 종교로 발전하는 데 기원전 8세기 예언자들이 기여한 점을 살펴보았다. 특히 기원전 8세기 문서 예언자들의 성경 본문을 통해 당시의 사회경제적 상황을 추적했고, 야웨가 회복하기를 원하는 야웨 종교의 공공성이 무엇인지를 구체적으로 고찰하였다. 우리는 기원전 8세기 예언서를 사회과학적으로 주석함으로써 그것에 관한 기존 해석을 넘어 그 이면의 사회경제적 의미를 검토했고, 이를 통해 예언이 갖는 사회적 위치와 영향력을 조망할 수 있었다. 이처럼 이스라엘 예언자들, 특히 기원전 8세

기 예언자들은 야웨 종교에 공공성의 숨결을 불어넣은 대표적인 인물들
이었다.

　이제 우리는 기원전 8세기 이스라엘 예언자들의 "토라적 공공성"과 구
약성경의 공공신학을 고찰하고자 한다. 먼저 우리는 이상의 연구를 통해
살펴본 "토라적 공공성에" 비추어 기원전 8세기 이스라엘 예언자들을 평
가하고자 한다. 또한 기원전 8세기 이스라엘 예언자들을 헨리 조지(Henry
George)와 토마 피케티(Thomas Piketty)의 경제사상에 비추어 봄으로써
"토라적 공공성"이 한국사회와 한국교회에 어떻게 적용될 수 있을지를 고
민하고자 한다. 그리고 토라의 형성과 예언자들의 활동을 포함한 오랜 역
사적 과정을 통해 형성된 구약성경의 현저한 공공성을 조명하면서 구약
성경이야말로 공공신학의 진정한 텍스트임을 주장하고자 한다.

제7장

기원전 8세기 이스라엘 예언자들의 "토라적 공공성"과 구약성경의 공공신학

앞에서 우리는 기원전 8세기에 이스라엘을 둘러싼 국제 상황과 이스라엘의 국내 상황 및 이에 대한 예언자들의 반응을 고찰한 바 있다. 이미 많은 학자에 의해 연구된 사회적·정치적·군사적·종교적·경제적 상황 가운데 결국 예언자들의 예언 활동을 추동한 원인의 알짬은 경제적 상황이었다. 기원전 8세기에 이르러 국제적 역학관계 속에서 북이스라엘과 남유다의 군사적 확장 및 왕권 강화는 전통적인 세습토지제도를 무너뜨리고 수녹토지제도를 출현시켰다. 엘리트 지배계층의 대지주화, 그리고 전통적 농업경제의 파괴를 상징하는 집약농업과 임대자본주의는 자유농민을 소작농이나 채무 노예로 전락시켰다. 결국 당시 사회는 농업 생존경제에서 시장경제로 점차 전환되기 시작하였다. 고대 농업사회에서 토지가 오늘날의 자본과 같은 개념임을 생각하면, 기원전 8세기는 이스라엘 역사에 출현한 최초의 신자유주의적 흐름[1]이었다고 볼 수 있다.

---

1)　신자유주의는 1970년대 경제위기를 극복하는 과정에서 보수 우익이 채택한 일련의 정치적-이데올로기적 조류를 통틀어 부르는 용어로서 그 안에는 통화주의, 공급중시의 경제학, 공공선택이론 같은 성치이론, Friedrich Hayek의 사회철학이 다 포함된다(강상구, 『신자유주의의 역사와 진실』 [서울: 문화과학사, 2000], 92). 신자유주의는 반공주의적 입장에서 민주주의적 정치제도와 자본주의를 신봉한다. 특히 신자유주의는 경제적으로는 "국영 기업의 민영화, 안정된 물가 수준, 정부 조직의 규모 감축, 재정 균형의 달성, 무역의 자유화, 외국인 투자와 자본 시장에 대한 규제 해제, 외환 자유화, 부정부패의 감소, 연금의

물론 오늘날의 신자유주의 사회경제체제와 기원전 8세기 이스라엘의 사회경제적 상황을 완전히 유비할 수는 없다. 하지만 기원전 8세기의 대토지화는 오늘날 신자유주의 시장경제 신봉에 따른 자본집중 및 대자본의 횡포와 동일한 맥락에 있다. 또한 당시 군수품과 사치품 등을 수입하기 위해 실행한 조방농업으로 유발된 자유농민의 붕괴는 신자유주의 자유무역 정책에 따른 한국 농민의 몰락 현상과 같다. 무엇보다 신자유주의 사회경제체제에서 시장 규제 철폐와 정부 기능 축소로 인한 사회안전망의 약화, 그리고 이로써 발생한 무한경쟁으로 인한 자영업자와 서민 및 청년 세대의 몰락 역시 기원전 8세기 이스라엘 자유농민의 몰락과 동일한 맥락으로 이해할 수 있다.

기원전 8세기의 사회적 문제 앞에서 당시의 이스라엘 예언자들은 야웨 종교의 공공성에 주목하였다. 특별히 그들은 야웨 종교의 공공성의 핵심인, 야웨가 수여한 선물로서의 땅과 자유농민을 보호하기 위해 수난을 자처한 사람들이었다. 예언자들의 이러한 헌신은 야웨 종교가 주술적 영향으로부터 벗어나 공공성의 종교로 나아가는 데 밑거름이 되었다. 그들이 주창한 공공성의 근간은 인간을 하나님의 형상을 가진 존재로 보는 평등주의적인 "토라적 공공성"에 기초했다. 이제 우리는 토라적 공공성에 비추어 기원전 8세기 예언자들을 평가하고, 더 나아가 토라적 공공성을 오늘날의 사회적 현실에서 실현하기 위한 전망을 살펴보고자 한다.

민영화 등을 달성해야 한다"라고 주장한다(Ha-Joon Chang, 『나쁜 사마리아인들』, 이순희 역 [서울: 도서출판 부키, 2008], 43).

　　　　　　　　　　　　구약 예언서의 공공신학

7.1. ── "토라적 공공성"에 비추어 본 기원전 8세기 예언자들

기원전 8세기 예언자들에게 땅과 기업은 이스라엘이 하나님 안에서 누리던 구원의 실재였고 언약의 유효성을 입증하는 담보물이었다. 이스라엘이 가나안 땅에서 사는 것은 야웨가 아브라함, 이삭, 야곱과 맺은 언약의 유효성이 지켜지는 것을 의미했다. 또한 그것은 야웨가 주시는 구원을 손에 만지듯이 경험하는 것을 의미했다. 땅을 빼앗기는 것은 다시 노예가 되는 것이었고, 다시 이집트로 끌려가는 일이었으며, 출애굽이라는 구원을 원천적으로 무효화하는 것이었다.[2] 야웨가 수여한 기업의 땅에서 쫓겨나는 것은 야웨에 대한 신앙을 상실하는 것과 이방종교에 귀의하는 것을 의미했다(삼상 26:19; 겔 36:20-23).[3]

예언자들은 자신들이 특정한 사회집단의 혁명적인 대변인이라고 자임하지는 않았다. 하지만 그들의 메시지는 일관되게 왕실과 지배층에 의한 유다/이스라엘의 자유농민 공동체 해체의 위험성 및 그것이 가져올 폐해에 관한 것이었다. 예언자들에게 유다/이스라엘의 자유농민을 보호하는 것은 야웨 신앙 공동체, 즉 야웨를 역사 속에서 대변할 공동체의 존망을 결정하는 중대사였다. 그들은 야웨 하나님과의 언약체결을 주체적으로 담당했던 자유농민 공동체의 존립이야말로 세계에 대한 야웨 하나님의 통치 거점이라고 보았다. 하나님 나라는 허공이 아니라 땅에 건설되고 땅에서 완성되기 때문이다. "하늘은 여호와의 하늘이라도 땅은 사람에

---

2)   김회권, "기독교 경제윤리-구약성서와 하나님 나라 경제학", 목민포럼(미간행, 2011), 2.
3)   김회권, "기독교 경제윤리-구약성서와 하나님 나라 경제학", 22.

게 주셨도다"(시 115:16, 개역개정).

이스라엘의 자유농민은 천상의 대주재인 야웨 하나님에게 직접적인 책임을 진 왕 같은 제사장이었다. 따라서 자유농민이 지상의 권력자에게 자신의 땅을 빼앗기는 것은 하나님, 구원, 자유, 인권, 인간의 존엄을 모두 다 강탈당하는 것이다. 신구약 성경 66권은 한결같이 땅에 임할 하나님 나라와 땅에서 완성될 하나님 나라를 주창하며, 심지어 완성될 하나님 나라도 "새 하늘과 새 땅"으로 부른다. 기원전 8세기 예언자들은 이런 땅에 임할 하나님 나라 사상의 중시조(中始祖)와 같은 선포자였다. 그들은 기원전 8세기에 하나님의 백성들에게 닥친 위기와 재난을 이런 땅 신학의 빛 아래서 해석하고 살길을 제시한다. 예언자들에게 구원은 형이상학적 세계로의 도피도 아니요, 밀교적 개인 내면탐구로의 도피도 아니었다. 그들에게 구원은 다시금 사방의 대적으로부터 위협받지 않는 땅에 재정착하는 것이었다. 즉 예언자들은 한결같이 죄악의 심판과 정화 이후에 재개될 구원도 땅에 다시 정착하는 일에서부터 시작됨을 천명했다.

아모스는 땅을 잃고 노예로 전락할 위기에 처한 이스라엘의 가난한 자들을 "의인"이라고 말한다(암 2:6; 5:12). 의인은 하나님과의 바른 관계에 놓여 있는 사람이다. 땅은 하나님과 이스라엘 농민 사이에 놓여 있는 바른 관계의 상징이다. 의인은 야웨 하나님과의 계약에 주체적으로 참여해 하나님의 율법을 삶의 모든 영역에서 구현할 책임을 진 언약백성을 가리킨다. 나봇처럼 야웨가 가족 단위로 하사하신 기업의 땅을 지키려고 애쓰는 사람이 의인인 것이다(민 27장과 36장의 슬로브핫의 딸들). 이런 점에서 북이스라엘과 남유다의 자유농민들, 즉 의인들은 야웨 하나님 나라에서 일종의 인계철선이다. 의인이 무너지면 야웨 하나님이 자동으로 개입하실 수밖에 없다는 뜻이다.

기원전 8세기 예언자들은 "토라적 공공성"을 하나님 나라 신학의 맥락에서 정위시킨 최초의 신학자들이라고 할 수 있을 것이다. 그들은 땅 문제와 의식주 문제를 곧 구원의 문제로 간주했다. 또한 그들은 삶의 터전을 잃은 이스라엘 자유농민 공동체의 해체를 목격하면서 야웨 하나님의 뜻을 지상에서 대행할 아담적인 사명인들이 사라졌음을 보았다. 그래서 예언자들은 땅의 상실을 자유의 상실, 구원의 상실, 그리고 하나님의 상실로 이해했다. 지상의 유력자들과 권력자들이 자행한, 가난한 동포에 대한 농락, 유린, 학대는 외국 군대로부터 침략받기 전에 이미 하나님의 영광의 눈을 촉범(觸犯)한 죄악이자 그분의 이름을 더럽힌 죄악이었다. 따라서 예언자들은 사회경제적 쟁점을 하나님에 관한 담론 속에 다시 편제하여, 이스라엘의 자유농민을 유린하고 학대하며 압제하는 죄악을 돌이킬 수 없는 심판으로 징치하실 하나님을 선포한 것이다. 예언자들에게 하나님의 파국적 심판은 많은 허물과 무거운 죄악의 누적 효과를 상쇄하려는 정의 회복의 행위였다.

7.2. ── 헨리 조지와 토마 피케티의 경제사상에 비추어 본 기원전 8세기 예언자들

우리는 이 책 제2장인 "연구사"의 "2.2. ─ 경제적 공공성의 실천을 위한 근현대의 연구들"에서 헨리 조지와 토마 피케티의 성세사상을 고찰했다. 이미 언급한 바와 같이 이 두 학자는 기독교 신학자는 아니지만 그들의 경제사상은 성경에 나타난 "땅 신학"을 가치 있게 반영한다.

조지는 "자연은 인간의 행동의 결과물 외에는 인간에게 그 어떠한 소유권이나 통제권을 인정하지 않는다"[4]라고 말한다. 이는 "모든 토지는 하나님께 속한 것임"을 주장하는 구약성경(레 25:23) 사상을 반영한 결과다. 조지의 경제사상은 바로 이러한 성경적 원리 위에서 정의와 평등 개념을 이끌어낸다. 그에 따르면 인간에게는 누구나 자기가 노동하여 얻은 생산물을 빼앗기지 않을 권리와 토지가 주는 유익을 향유할 권리가 있다. 조지는 이러한 천부적(天賦的) 권리를 박탈하는 가장 근원적인 원인이 "토지사유제"에 있음을 간파하였다. 그러나 그는 토지의 국유화를 주장하지는 않고 대신 "지대세"(地帶稅)를 제안한다. 그는 자신의 경제이론을 통해 "토지단일세"만으로도 경제정의가 이루어질 수 있음을 강조하면서 토지가치에 부과되는 세금 외에는 모든 조세를 철폐할 것을 주장한다. 이러한 사상은 그의 생전에도 많은 반대와 동시에 열렬한 추종을 불러일으켰다. 특히 톨스토이는 러시아 차르(tsar, 황제)와 지배 세력의 전제정치(專制政治) 아래서 대부분 소작농으로 전락한 자국 농민들의 현실을 목도하면서 조지의 열렬한 추종자가 되었다. 톨스토이는 러시아 황실의 견제와 핍박 속에서도 "성경적" 경제질서의 회복을 위해 투신한 예언자적 인물이었다. 톨스토이는 말년에 쓴 『부활』이라는 소설에서 주인공인 네흘류도프 백작을 통해 조지의 토지사상에 대한 실천적인 실험을 묘사했다.

최근 첨예한 이슈를 던지며 등장한 피케티는 바로 이러한 조지의 사상을 신자유주의 경제체제에 적용한 대표적인 경제사상가라고 할 수 있다. 피케티는 지난 300년간의 경제 통계자료를 분석하여 양차 세계대

---

4)   George, *Progress and Poverty*, 238.

   구약 예언서의 공공신학

전으로 인한 특수한 시기를 제외하고는 자본수익률이 경제성장률(소득증가)을 항상 앞섰다는 사실을 제시한다. 따라서 그는 자본에 대한 일정한 통제 없이는 경제 정의와 공평이 실현될 수 없다고 주장한다. 이와 관련하여 그는 두 가지 구체적인 방법을 제시한다. 첫째, 누진적 소득세율의 인상이다. 그는 최적최고세율이 80%라고 주장하는데, 이는 세습자본주의로부터 민주주의를 지켜내기 위해서 다소 무리가 되더라도 불가피하다고 본다. 둘째, 글로벌 자본세의 도입이다. 이는 자본세를 부과할 때 소득세를 부과할 때와 마찬가지로 누진세율을 적용하는 제도다. 피케티를 사실상 현대판 조지로 보아도 무리가 없을 것이다. 다만 이 두 학자의 차이가 있다면, 토지 자체에 집중했던 조지와는 달리 피케티는 최근의 금융자본주의 사회 환경하에서 논의의 초점을 자본으로 옮긴 것이라고 할 수 있다.

그런데 우리는 조지와 피케티 모두가 일정한 약점을 가지고 있음을 살펴보아야 한다. 우선 조지는 토지에 대한 투기가 경제 위기를 야기하는 경위를 단순하게 취급한 경향이 있다. 투기로 인한 토지 가치의 상승이 생산을 압박한다는 명제에 관한 구체적인 보완이 필요한 것 같다. 이러한 문제와 관련하여 후대의 조지스트(Georgist)들에 의해 구체적 적용을 위한 보완이 이루어지고 있다. 다음으로, 피케티의 경제사상의 경우, 그 실현성을 의심할 수밖에 없는 것이 사실이다. 특히 글로벌 자본세와 관련하여, 복잡다단한 국제 상황 속에서 어떻게 국제적 협력을 이끌어낼 수 있을지에 관한 구체적 대안이 없다. 역사적으로 볼 때, "누진세 부과"를 통해 더 평등한 분배를 이루어보고자 했던 시도는 거의 다 실패를 거듭했다. 또한 피케티의 자본 개념은 물론 토지를 포함하지만, 고전적 자본주의 이론이 통용되던 시대와는 달리 토지 가치를 결정하는 요인이 크게 바뀐 오늘날의 상황에서 그는 토지 가치의 문제를 소홀히 다루었다. 무엇보다 조지와 피케티의 경제사상이 누진세에 대한 부자들의 사보타주(sabotage) 및 자본가들의 격렬한 반발을 어떻게 극복할 것인지가 큰 과제다.

이러한 장벽과 한계에도 불구하고 조지와 피케티의 경제사상이 경제적 공공성과 관련하여 지닌 실천적 함의는 결코 간과할 수 없다. 김낙년의 연구에 따르면 한국사회에서는 상위 1%가 전체 소득의 약 12.5%를, 그리고 상위 10%가 전체 소득의 약 45%를 차지하고 있다. 한국사회의 이러한 소득불평등은 일본과 유럽보다 그 정도가 심각하다. 또한 정부 관계자들은 법인세 감면은 세계적인 추세라고 입버릇처럼 말하지만, 한국의 법인세 최고세율은 OECD 평균인 25.3%에 비해 낮은 수준(24.2%)이고, 미국의 39.1%와 일본의 37%에 비해서도 훨씬 낮다.[5] 게다가 이명박 정부 출범 이후 시행된 세법 개정으로 인해 2008년부터 2012년까지 총 63조 8000억 원의 세수가 감소했고 이 가운데 32조 5400억 원이 중산서민층과 중소기업에게 돌아갔다고 하나 법인세 감소액의 경우에는 70% 이상이 대기업에게 귀속되었다.[6] 피케티의 경제이론의 실현성에 대해 강한 의문이 제기되는 것과 관련하여, 김어진은 "피케티가 부자들의 상투만 붙잡고 있자는 것이 아니라 이러한 세금 제도에 대해 공손한 요구만이 아니라 때론 무역제재도 필요하다"라고 말한다는 점을 제시하면서, 강력한 실현의지가 있을 때 그 실현성을 지나치게 비관적으로만 볼 것은 아니라

---

5) 김어진, "피케티가 우리에게 준 선물", 「경제와 사회」 105(2015), 238.
6) 김어진, "피케티가 우리에게 준 선물", 239.

 구약 예언서의 공공신학

고 주장한다.[7] 보는 이의 관점에 따라 다를 수는 있겠으나 "건강한 자본주의 경제체제"를 향한 조지와 피케티의 노력은 정당한 평가를 받아야 할 것이다.

이러한 주장에도 불구하고 현실의 경제생태계에서 조지의 지대세 이론이나 피케티의 자본세 이론의 실현 가능성이 비관적으로 보이는 것은 부인할 수가 없다. 이스라엘 역사를 보더라도 희년제도의 실천이 거의 불가능했다. 그러나 여기서 우리는 구약성경의 "땅 신학"이 그 이후 예언자들의 공공성의 끊임없는 원천이 되었다는 것을 기억해야만 한다. 기원전 8세기 예언자들의 경제적 공공성의 중심에는 야웨가 수여한 "약속의 땅"에 대한 책임이 있다. 비록 예언자들의 외침에도 불구하고 이스라엘이 자신의 땅을 상실하는 경험을 불가피하게 했지만, 야웨 종교의 공공성을 지키기 위한 그들의 외침은 귀환과 재정착의 원동력이었다. 김어진은 현재 한국사회의 사회경제적 상황을 고려할 때, "피케티의 『21세기 자본』은 재정파탄과 불평등의 대가를 99%에게 떠넘기려 하는 세력에 대한 역사적 경고의 의미가 있다"라고 말한다.[8] 신자유주의가 거대한 사회경제적 흐름을 이룬 21세기에는 교회와 신학이 예언자적 역할을 감당하기가 더욱 어려워졌다. 이는 사회의 지배 시스템과 자본의 권력이 그만큼 교활해졌다는 의미이기도 하다. 그러하기에 공공신학의 원류(原流)인 기원전 8세기의 이스라엘 예언자들의 신학은 더욱 가치를 발한다. 그들의 신학은 조지니 피케티 같은 학자들의, 경제적 공공성을 위한 경제사상이 사회에 구체

---

7)   김어진, "피케티가 우리에게 준 선물", 240-241.
8)   김어진, "피케티가 우리에게 준 선물", 243.

적으로 뿌리내릴 수 있도록 하기 위한 성경적 근거요 추동력이 되기 때문이다. 또한 그들의 신학 덕분에, 이 시대 역시 기독교 신학의 공공성을 고취하며 목회 현장에서 하나님 나라를 이루어갈 예언자적 신학자들과 목회자들의 출현을 소망하게 된다. 스탠리 하우어워스(Stanley Hauerwas)는 교회 개혁의 핵심에는 목회자의 변혁이 있음을 주장하며 다음과 같이 말한다.

> 진리로 충만할 때 힘이 나온다. 기독교 성직자의 힘은 그들이 문화적으로 어떤 비중을 차지하고 있는지에 의해 결정되는 것이 아니라, 살아 있는 진리이신 예수 그리스도께 봉사하는 데서 온다. 기독교가 세상이 말하는 식의 "해방"과는 관계가 없을지 모르나, 우리에게 힘은 의미가 있으며 또 그리스도인들이 힘을 갖지 못했다는 잘못된 겸손에 빠져서는 안 된다. 종 됨(servanthood)은, 길과 진리와 생명이신 분께 순종하는 한에서는 힘이 된다. 성직자들은 문화의 인정을 받지 못한다고 해서 자신이 힘이 없다고 생각해서는 안 된다. 교회를 위해 말씀을 설교하고 성만찬을 베풀 수 있는 권위, 곧 우리 가운데 계신 하나님의 참 현존을 증언할 수 있는 권위는 목회자에게만 허락되었기 때문에 기독교 목회자는 힘이 있다. 그것이 힘이다.[9]

교회의 모든 문제가 목회자의 책임이라고 할 수는 없다. 아직도 상명하복의 유교적 권위주의에 젖어 있는 장년 세대 교인들의 의식 또한 교회 내 소통 부재, 재정 문제, 각종 내분 등과 관련된 것이 사실이다. 그러

---

9)　Hauerwas and Willimon, 『하나님의 나그네 된 백성』, 260.

구약 예언서의 공공신학

나 목회자는 골고다를 올라가시는 예수 그리스도 뒤에서 첫 십자가를 지었던 구레네 시몬의 자리를 피할 수 없는 사람이다. 목회자는 아생교회사(我生敎會死) 아사교회생(我死敎會生), 즉 "목회자가 십자가를 질 때 교회는 살고 목회자가 살면 교회는 죽는다"라는 각오로 시대의 소명을 감당해야 한다. 야웨의 신정통치에 헌신한 다윗 한 사람이 이스라엘 전체를 살렸듯이, 이 시대 교회의 활로의 중심에는 목회자의 갱신이 있음을 부인할 수 없다. 다시 말해 이 시대 교회의 공공성을 확보하기 위해서는 무엇보다 먼저 목회자의 삶과 메시지의 예언자적 공공성이 회복되어야 한다.

7.3. —— 공공신학 텍스트로서의 구약성경

예수께서 전하신 복음의 핵심은 "예수 믿고 구원받으라"가 아니라 "하나님 나라"였다. 우리가 이것을 분명히 하지 않으면, 우리의 모든 회개는 그저 도덕적 완전을 추구하는, 그리고 마음속의 별의별 생각을 맥락 없이 비우는 것을 추구하는 행위가 될 것이다.[10] 그런데 하나님 나라에 관한 예수 그리스도의 선포는 구약성경의 모든 알짬을 집약한 것이라고 할 수 있다. 구약성경이 말하는 하나님 나라는 공의와 정의의 공동체다. 하나님은 "아브라함과 그의 후손이 여호와의 도를 지켜 의와 공도를 행하게 하시려고" 그를 부르셨다(창 18:19). 그러나 하나님의 왕 되심이 현실의 왕들에게는 좋을 리가 없다. 현실의 왕들은 어찌하든지 백성들이 개인적이고 내면적인 신앙에 집중하게 한다. 현실의 왕들은 "하나님 나라"의 관점

---

10)　김근주, "복음의 공공성 상실과 '텅 빈' 복음", 「복음과 상황」 281(2014/4), 27-28.

에서 구약성경을 읽는 것을 권장하지 않는다. 대다수 종교권력자는 교회에게 세상과 분리되어 현실에 무관심해질 것을 촉구한다. 또한 무엇보다 그동안 공공신학에 관한 연구에서도 성서학적 관점에서의 연구, 특히 구약신학적 관점에서의 연구는 주요 맥락을 이루지 못했다. 그 대신 대부분 교회사적·조직신학적·윤리학적 연구가 그 주류를 이루었다.

그러나 구약성경이 하나님 나라를 증언하는 한, 구약성경은 정치적이며 공적일 수밖에 없다. 구약성경을 공적으로 읽지 않는 유일한 방법은 하나님 나라와 하나님의 통치를 고려하지 않는 것, 그래서 정의와 공의에 관한 성경 말씀을 배제하거나 모른 척하는 것뿐이다. 그럴 경우 구약성경은 착하고 성실하며 부지런한 사람들을 만들고, 힘들어도 하나님의 은혜를 의지하고 최선을 다하도록 사람들을 격려하는 좋은 말들의 모음집, 교훈적인 이야기들의 모음집, 그리고 지금은 지키지 않지만 한때는 꽤나 의미 있던 율법들의 모음집이 된다.[11] 하지만 이미 살펴본 바와 같이 "토라적 공공성"은 성경 전체에 흐르는 공공성의 근간이 된다. 그 내용은 출애굽기의 계약법전, 신명기법전, 그리고 레위기의 성결법전에서 당시의 상황에 적합하게 발전했다. 김병하는 이 세 법전의 발전 과정을 다음과 같이 요약한다.[12]

---

11) 김근주, "복음의 공공성 상실과 '텅 빈' 복음", 29.
12) 김병하, 『희년 사상의 영성화』(서울: 대한기독교서회, 2005), 59.

          구약 예언서의 공공신학

	출애굽기 (계약법전)	→	신명기 (신명기법전)	→	레위기 (성결법전)
휴경년	개별적 7년		나타나지 않음		동시적·주기적 7년
노예해방	개별적 7년		동시적·주기적 7년		희년 주기
부채탕감	나타나지 않음		동시적·주기적 7년		나타나지 않으나 암시됨
기업의 회복	나타나지 않음		나타나지 않음		새로운 규례

[표 7-1] 토라 법전의 공공성의 발전 과정

그런데 페르시아 시기 후반에 들어서 이 세 법전이 현재의 모세오경에 가까운 형태로 결합되어 권위 있는 하나의 법전(토라)으로 읽히면서 해석의 문제가 새롭게 등장했다. 세 법전 간의 내용적 차이들을 어떻게 통합하여 해석할 것인가 하는 문제가 생긴 것이다. 예를 들어 세 법전 간의 노예해방법에 관한 내용의 차이를 정리하면 다음과 같다.

출애굽기 21:2-11	신명기 15:12-18	레위기 25:39-46
노예의 신분: 히브리 종	노예의 신분: 네 동족 히브리 남자 또는 여자	노예의 신분: 네 형제
봉사 기간: 6년	봉사 기간: 6년	노예가 된 이유: 가난에 의한 자발적인 팔림.
해방 방법: 빈손으로 또는 노예로 들어왔을 때 모습 그대로	해방 방법: 빈손으로 내보내지 말 것. 노예를 후히 대하는 것은 하나님께서 네게 복을 주셨기 때문임. 애굽에서 종이었던 것을 기억해야 함.	봉사 양태: 품꾼이나 동거인처럼
예외 규정: 평생의 노예로 자원할 경우		봉사 기간: 희년이 될 때까지 (49년)
결론적 권고: 주인이 아내로 삼으려고 산 여종은 마음에 들지 않는다고 함부로 팔 수 없으며 아들에게 주려고 산 여종은 딸처럼 대해야 함.	예외 규정: 평생의 노예로 자원할 경우	해방 방법: 본인뿐 아니라 그의 자녀까지 자유함. 그 본족 (조상의 기업)에게로 돌아감.
	결론적 권고: 노예를 해방할 때 인색한 마음을 갖지 말 것. 그 노예는 자신의 품삯의 갑절에 해당할 만큼 너를 섬겼으니 그를 자유롭게 하기를 어렵게 여기지 말아야 함. 그리하면 하나님께서 너를 축복하실 것임.	해방 동기: 출애굽 사건과 하나님께 대한 경외
다른 여종을 또 아내로 맞이할 경우 첫 번째 아내에게 먹을 것, 입을 것, 동침하는 것을 끊어서는 안 됨.		결론적 권고: 네 노예는 이방인 또는 거류민 중에서 구할 것.
첫 번째 아내에게 이 세 가지 의무를 다하지 않을 경우 그녀를 자유롭게 풀어주어야 함.		이방인 노예는 영원히 소유할 수 있고 또 후손에게 재산으로 물려 줄 수 있음.

[표 7-2] 토라 법전의 노예해방법 비교

이처럼 서로 차이가 있거나 모순되는 내용을 담은 이 세 법전을 하나의 규범으로 현실에 적용해야 했다. 세 법전이 함께 읽히고 해석되기 시작하자, "'게르(이방인)'도 너 자신처럼 사랑하라"라는 성결법전의 명령을 다른 법에도 적용할 수 있는 여지와, 특히 이스라엘 백성에게만 적용되던 인도적 법 규정을 이제 "게르"에게도 적용할 수 있는 여지가 만들어졌다. 그런데 이러한 가능성은 대단히 현실적인 고민도 야기하였다. 예를 들어 이제 게르의 채무도 7년에 한 번씩은 면제해주어야 하는지(신 15:1 이하), 게르를 노예로 삼으면 일곱째 해에 해방해야 하는지(출 21:2; 신 15:12), 아니면 성결법전의 규례대로 아예 노예로 삼을 수 없는지(레 25:39 이하), 혹은 게르에게 돈을 빌려주면 이자를 받을 수 있는지(레 25:36) 등과 같은 지극히 현실적인 문제들이 다가오게 된 것이다.[13] 그러나 결국 안식년과 희년제도는 충분하게 실현되지 못한 이상으로 남고 말았다.[14] 본래 희년 사상은 가진 자와 가지지 못한 자가 함께 살아갈 수 있게 하기 위해, 그리고 이스라엘 사회에 공의와 정의를 세우기 위해 주어진 것이었다. 그런데 이러한 희년사상이 후대에 재물을 축적하여 가진 자가 되었던 제사장들에 의해 영성화(관념화)되고 그 실질적인 사회 개혁성을 잃어버리게 되었다는 사실은 하나님의 말씀을 알고 있음과 하나님의 말씀을 행함 사이에 얼마나 큰 간격이 있는지를, 그리고 소유한 기득권을 그 말씀 앞에서 포기한다는 것이 얼마나 어려운지를 보여준다.[15]

그런데 비록 이처럼 현실의 벽은 언제나 높았던 것이 사실이지만, 구약성경은 그것을 읽고 듣는 자들에게 공공신학적 에토스(ethos)를 불어넣는 원천이 되어왔다. 구약성경이야말로 공공신학의 가장 탁월한 텍스트

---

13) 전재영, "복음의 공공성과 이웃 사랑의 명령", 「복음과 상황」 281(2014/4), 43-44.

14) 이에 대해 다른 견해를 제시한 글로는 다음을 보라. André Trocmé, 『예수와 비폭력혁명』, 박혜련 역 (서울: 한국신학연구소, 1986). 대천덕은 그의 저서 『토지와 경제 정의』에서 희년의 역사적 실현을 주장한다.

15) 김병하, 『희년 사상의 영성화』, 9.

이며 동시에 우리에게 숙연한 과제를 끊임없이 던져주는 원천이다. 앞으로는 기존의 교회사적·조직신학적·사회윤리학적 관점에서뿐만 아니라 성서신학적 관점에서도 공공신학에 관한 연구가 더욱 활발히 이루어져야 할 것이다.

한편 언제부턴가 교회는 시민사회의 여러 시비에 휩쓸리거나 시민들로부터 비난을 받는 천덕꾸러기가 된 느낌이다. 교회 안의 신앙인들조차도 교회에 대해 냉소적이거나 비판적이며, 이미 이런 흐름에 익숙해져서 웬만한 비난에는 "또 어느 교회인지 모르지만 사고를 쳤구먼!" 하고 생각할 정도로 무디어진 것 같다. 이런 가운데 교회의 자정능력이 바닥나서 개혁과 갱신을 기대할 수 없기 때문에 시민의 이름으로 교회를 심판하고 뜯어고쳐야 한다는 주장이 고개를 들기도 한다.[16] 교회 개혁에 관한 요구가 교회 안팎에서 충일한 요즘 "이 시대의 그리스도인들과 교회가 진정 나아가야 할 방향은 무엇인가?"에 관한 수많은 논의가 있다. 교회 내적으로는 목회자들의 갱신과 교회 운영의 투명성 확보 및 민주적이고 쌍방향적인 소통에 관한 요구가, 그리고 교회 외적으로는 사회를 섬기고 소통하는 교회로서의 방향성 등에 관한 요구가 계속되고 있다. 이러한 방향으로 나아가기 위해서는 먼저 교회가 사회 가운데서 어떤 자리매김을 할 것인지에 관한, 즉 교회의 정체성에 관한 논의가 이루어져야 할 것이다. 물론 교회는, 니케아-콘스탄티노플 공의회에서 규정되었듯이, "하나의 거룩한 보편적 사도적 교회"(*una sancta catholica et apostolica ecclesiae*)라는 기본적인 정체성을 갖고 있다. 여기서 "보편적 교회"란 공교회(public church)

---

16) 문시영, "교회 안에서 시작하는 공공성", 163.

를 의미한다고 볼 수 있다. 그러나 계몽주의와 근대 시민사회 이후 교회
는 점차 "공적" 영역에서 밀려나 사사화되면서 시민사회 가운데서 설 자
리를 잃어가고 있다. 이러한 상황에서, 특히 이 시대의 "무너진 자유농
민들"인 청년 세대에게 교회는 더 이상 의미 있는 공동체가 되지 못하고
있다.

21세기 교회의 첫 번째 과제는 라인홀드 니버(Reinhold Niebuhr)나 마
틴 마티(Martin E. Marty)가 말한 대로 교회가 사적 영역에 머물지 않고 국
가와는 다른 진정한 공공기관으로서 자리매김하는 것이다. 중세에는 교
회가 교육, 사회, 경제, 문화 전반에서 공적 기능을 감당했으나, 근대 시민
사회 이후 교회의 역할은 사적인 영역으로 축소되었고 국가가 공적 역할
을 대신하게 되었다. 그런데 20세기 후반에 등장한 소위 "신자유의적" 사
회경제체제는 국가의 역할을 축소하고 "시장 원리"를 신봉한다. 그러나
이런 시장 원리를 신봉하는 것은 공산주의가 산술적 평등으로써 이상 사
회를 실현하려 했던 것만큼이나 착각이며, 인간의 자기중심성과 무한한
탐욕을 간과하는 오류일 뿐이다. 물론 국가의 기능이 근대 이전처럼 축소
되지는 않을 것이다. 하지만 점차 축소되는 국가의 공적 기능을 누가 대
신할 것인가? 바로 이러한 문제의식이 "교회가 희망이다"라는 구호의 진
정한 의미다. 이 시대야말로 교회가─물론 중세의 교회와는 다른 의미
로─진정한 공적 역할을 감당해야 할 시대인 것이다. 이를 위해 교회는
내적으로는 진리의 힘으로 충만하고, 외적으로는 세상과 소통할 수 있는
능력을 키워야 한다. 교회는 기독교 진리를 세상의 법과 제도로써 실현할
수 있는 대안적 기능을 가진 "공교회"가 되어야 한다.

역사적으로 한국 개신교는 하나님의 일터인 이 세상에서 공적인 책임

을 수행해온 교회였다. 일찍이 한국교회는 계몽적 차원에서 민족의 희망이었고, 교육과 의료사업 등을 통해 사회 복지에 앞장섰으며, 일부일처제를 장려하는 등 여권 신장의 기수였고, 삼일운동 등에 참여함으로써 나라의 독립 및 민주화에도 기여하였다. 그러나 언제부턴가 한국교회는 교회와 세상을 분리하는 방주적 신앙관, 개인구원과 사회구원의 분리, 개교회 성장주의 등에 함몰되어 공교회로서의 입지를 잃어갔다. 교인들의 체질화된 이원론적인 신앙형태는 기독교의 미신화, 교회의 탈세상적 고립화, 성직자의 제사장화를 초래하였고, 이런 이원론적인 신앙을 가진 교인들은 신앙과 윤리의 통합을 이루지 못하였다.[17] 이러한 상황 속에서 한국교회는 어떠한 대안을 제시하며 교회의 공공성을 위한 어떠한 방안을 모색하고 있는가? 그동안 한국교회는 피안적 천당구원론과 기복신앙, 개교회 성장주의에 갇혀 대안적 공론의 장으로 거의 나오지 못했다. 이에 대해 김종윤은 "중산층으로 구성된 대도시의 대교회들이 개인 전도와 자선에는 열심을 낼지라도 기독교적 정의와 공평을 법과 제도 속에 정착시키려는 노력들을 좌절시킨다면 이것은 바리새적인 위선의 예가 될 것이다"[18]라고 지적하며 이제 한국교회도 사회적 공론의 장으로 나와 정책적 대안을 제시할 수 있는 "공교회"로 나아가야 할 때임을 일깨운다. 이제 한국교회는, 맥스 스택하우스(Max L. Stackhouse)의 견해처럼, 단순히 시혜적 차원의 자선을 베푸는 것을 넘어 오늘날의 붕괴된 "자유농민"인 청년 세대, 이 시대의 나그네인 북한이탈주민들, 남북통일, 그리고 주거와

---

17) 김회권, 『하나님 나라 신학으로 읽는 사도행전 2』 (서울: 복있는사람, 2007), 209-210.
18) 김종윤, "기준시가 9억 이상 아파트 초과분만 부과", 중앙일보 2004년 11월 5일자.

                          구약 예언서의 공공신학

생존권을 위협받는 사람들과 관련된 문제에 관한 정책적 대안을 제시하
고 입법화를 추진하며 실천할 수 있는 공공성을 형성해 나가야 한다. 물
론 이 모든 공공성의 준거는 성경이다.

제8장

결론

8.1. —— 요약

오늘날 "공공성"이라는 개념이 정치, 사회, 경제, 문화, 종교 등 모든 분야에서 주요한 이슈가 되고 있다. 이 책의 목적은 기원전 8세기 이스라엘 예언자들의 예언 활동에 나타나는 경제적 공공성을 탐구하여 이것이 "토라적 공공성", 곧 계약법전과 신명기법전의 공공성에 근거한 것임을 규명하는 데 있었다. 예언자들의 공공성이란 그들의 예언 활동(하나님을 대변하는 활동)이 단지 종교적 영역에 국한된 것이 아니라 정치, 사회, 경제, 문화, 종교 등 모든 분야를 향하여 펼쳐지는 상황을 지칭한다. 이스라엘의 예언자들은 미래에 일어날 일을 예고하는 운명 예측자가 아니라 하나님을 대변한 공적 언론 활동을 수행한 신언 대언자였다. 정경적 예언자들은 왕과 왕실을 대변한 제도적 제의 중개자가 아니라 이스라엘의 자유농민들의 경제적·정치적 자유를 옹호하는, 이러한 자유농민들의 대변인이었다. 고대 근동과 이스라엘에서는 많은 신탁대언자가 활동했다. 그런데 특히 기원전 8세기의 이스라엘 예언자들은 이전 시대의 이스라엘 예언자들이나 고대 근동의 신탁대언자들에 비해 유별한 공공성을 보였는데, 그 공공성의 알짬은 경제적 공공성이었다. 이 책은 기원전 8세기의 이스라엘 예언자들에게서 나타난 독특한 공공성의 내용과 배경 및 그 근간이 되는 "토라적 공공성"을 연구했다. 이러한 연구를 위해 이 책에서는 역사적·주석적·사회과학적·비교문헌학적 연구방법론이 사용되었다.

이 책이 연구한 바와 그 의미를 요약하면 다음과 같다. 첫째, 이 책은 고대 근동의 예언적 문서에 관한 연구를 통해 고대 근동 신탁대언자들의 예언 활동의 특성을 파악했다. 둘째, 이 책은 열왕기서 같은 성경의 역사서를 연구함으로써 엘리야 같은 기원전 9세기 이스라엘 예언자들의 공공성과 그 한계를 논했다. 셋째, 이 책은 기원전 8세기 예언서인 아모스서, 호세아서, 이사야서, 미가서의 특정 본문을 주석함으로써 이들의 예언에 나타나는 공공성을 고찰했다. 넷째, 이 책은 법학이나 사회학의 관점에서 말하는 공공성 개념에 비추어 기원전 8세기 이스라엘 예언자들의 공공성을 규명했고 그들이야말로 오늘날의 공공신학의 원류임을 시사함으로써 학제간 연구에 참여했다.

이 책의 내용을 좀 더 구체적으로 요약하면 다음과 같다. 제1장은 서론으로서 연구 동기와 목적, 그리고 연구 범위와 방법을 제시했다. 제2장은 연구사를 정리하는 데 할애되었다. 우리는 먼저 이스라엘 예언자들, 특히 기원전 8세기 예언자들에 관한 사회경제적 차원의 연구를 하였던 주요 학자들의 연구사를 정리하였다. 또한 기원전 8세기 이스라엘 예언자들의 경제적 공공성을 실천하기 위한 근현대의 주요 연구를 정리하였다. 즉 19세기 영국의 기독교 사회주의자들, 지대세의 주창자인 헨리 조지, 최근에 등장한 토마 피케티, 그리고 맥스 스택하우스의 경제사상을 통해 기원전 8세기 예언자들을 조명해보았다. 조지와 피케티의 경제사상은 신학적 원리와 신앙 고백적 용어에 명시적으로 근거하지는 않았다. 하지만 조지와 피케티의 경제사상이 희년사상과 같은 구약성경적 맥락에 놓여 있기 때문에 우리는 이 두 학자를 논했다. 이를 통해 우리는 기원전 8세기 예언자들의 경제적 공공성이 오늘날의 사회에서 어떻게 실천적으로 적용될 수 있을지를 모색해보았다.

　　제3장에서는 공공성 개념, 그리고 공공신학의 역사적 흐름과 정의를 고찰하였다. 먼저 우리는 독일 헌법학자인 루돌프 스멘트(Rudolf Smend)와 국내 법학자인 조한상의 공공성 이론에 착안하여 공공성을 구성하는 세 가지 요소를 중심으로 기원전 8세기 예언자들의 공공성을 분석했다. 이 세 요소는 인민(*populus*), 공공복리(*salus publica*), 그리고 공개성(Publizität)이다. 기원전 8세기 이스라엘 예언자들에게 인민은 약속의 땅에서 생존경제를 통해 살아가던 자유농민이었다. 공공복리는 약속의 땅에서 누리던 안식이었다. 공개성은 예언자들에게 공론의 장이 되었던 성문 앞 광장을 비롯한 궁중과 성소를 중심으로 이루어졌던 예언 행위였다. 이러한 예언자적 공공신학은 초대교회에 그대로 계승되었고 교회의 본질을 구성하였다. 그러나 근대 시민사회 이후 교회는 사적인 영역으로 밀려났고 사사화(privatization)되었다. 이러한 상황을 극복하기 위해 19세기 후반부터 사회복음이 대두되었고 1980년대 초에는 "공공신학"이라는 이름으로 기독교 신학과 교회의 공공성이 강조되었음을 살펴보았다. 이러한 논의에 기초하여 우리는 공공신학을 "하나님 나라를 지향하는 가운데 끊임없이 오늘의 상황 및 공적 이슈들과 대화하는 신학이며 그 공적 이슈들에 대해 프락시스(praxis)로써 응답하는 예언자적 신학"으로 정의했다.

　　제4장에서는 오늘날의 공공성 개념에 비추어 "토라적 공공성" 개념을 추적하였다. 고대 이스라엘 예언자들, 특히 기원전 8세기 예언자들의 공공성은 "토라적 공공성"에 근거했다. 여기서는 이러한 "토라적 공공성"의

형성 과정과 정의에 관한 연구가 수행되었다. 또한 "토라적 공공성"의 알 짬이 되는 각 토라 법전의 "땅 신학"을 고찰하였다. 특히 계약법전과 신명기법전의 경제적 공공성이 기원전 8세기 예언자들에게 미친 영향을 주목하였다. 이와 관련하여 두 가지 방향의 논의를 진행하였다. 하나는 우르-이님기나(Ur-Inimgina) 법으로부터 함무라비(Hammurabi) 법에 이르는 고대 메소포타미아 법에 관한 논의였다. 다른 하나는 토라의 법전들, 곧 계약법전, 신명기법전, 그리고 성결법전의 형성 연대와 각 법전에 나타나는 "땅 신학"에 관한 논의였다. 이를 통해 고대 메소포타미아 법에 나타나는 공공성과 토라의 법전들에 나타나는 공공성을 비교하여 이 둘 사이의 유사점 및 차이점을 조망해 보았고, 무엇보다 계약법전과 신명기법전이 기원전 8세기 예언자들에게 미친 영향력을 상정하였다. 이는 그라프-벨하우젠 이후 공리처럼 유포된 "율법은 예언보다 나중이다"(*lex post prophetas*)라는 가설을 일정 정도 반박하는 것이다. 또한 우리는 어네스트 니콜슨(E. W. Nicholson) 같은 학자들의 연구에 기대어, 원신명기가 요시야 종교개혁의 토대가 되었다는 드 베테(de Wette)의 견해를 넘어 신명기의 형성연대를 더 이른 시기로 보았다. 즉 기원전 8세기 중후반에 활동했던 예언자들에게 신명기법전의 "땅 신학"이 충분히 영향을 줄 수 있었다고 본 것이다.

땅은 단순한 토지를 넘어서는 것이며 토지 위에서 이루어지는 모든 경제활동에 대한 환유(換喩)다. 야웨는 이스라엘에게 모든 사람을 위한 공공재로서의 땅을 선물로 하사하였다. "토라적 공공성"은 바로 이러한 "땅 신학"에 기초한다. 언약 백성은 곧 땅에 정착한 백성이었다. 그리고 바로 이들이 "암 카도쉬"로서의 자유농민들이었다. "토라적 공공성"은 바로 이러한 자유농민들의 천부적 권리와 삶을 지켜내는 경제적 공공성이다. 그런데 이러한 "토라적 공공성"은 모든 인간이 야웨의 형상대로 지음을 받았다는 평등주의적 신관과 인간관에 기초한다(창 1:26). 이것이 고대 근동 예언자들의 공공성과 이스라엘 예언자들의 공공성의 차이를 구성하는 결정적인 토대다.

제5장은 왕정 이후의 예언자들, 특히 기원전 8세기 예언자들이 이스라엘 종교가 주술적 영향에서 벗어나 공공성의 종교로 발전하는 데 공헌한 점을 고찰했다. 이를 위해 우리는 먼저 고대 근동의 예언적 문서들을 살펴봄으로써 고대 근동 신탁대언자들의 특성을 연구하였다. 그리고 이스라엘의 예언 역사를 연구함으로써 이스라엘 종교가 주술적 영향 아래 있던 종교에서 공공성의 종교로 발전해가는 과정을 추적하였다. 이 과정에서 우리는 고대 근동 예언자들과 이스라엘 예언자들 사이의 연속성 및 불연속성을 검토했다. 고대 근동 예언자들에게도 때로는 상당한 정도의 공공성이 나타나기도 했다. 하지만 그들의 예언의 근본적인 목적은 왕정체제와 사회질서를 유지하는 데 있었다. 즉 그들의 공공성은 왕정 유지에 복무하는 한계로부터 결코 벗어나지 않았다. 반면에, 이스라엘 예언자들, 특히 기원전 8세기 예언자들은 야웨 종교의 "토라적 공공성"을 지켜내기 위해 지속적으로 고난을 자처한 인물들이었다. 무엇보다 그들은 "야웨가 수여한 땅"에 기초한 이스라엘의 경제적 공공성을 무너뜨리는 지배계층을 신랄하게 비판함으로써 야웨의 평등주의적 신정통치의 공공성을 지켜내고자 했다. 또한 이러한 예언 활동이 이루어지던 "공론의 장"으로서의 "성문 앞 광장"에 주목하였다. 이스라엘의 토라적 공공성이 무너지는 데 도시화와 계층화가 일정한 역할을 하였기 때문이다.

제6장에서는 토라적 공공담론으로서의 기원전 8세기 예언서를 연구했다. 여기서는 아모스서, 이사야서, 미가서, 그리고 호세아서의 특정 본문을 사회과학적 측면에서 주석함으로써 당시 예언자들이 시대적 상황 속에서 주창한 공공성을 살펴보았다. 이를 통해 우리는 그들이 가졌던 다섯 가지 문제의식을 파악할 수 있었다. 첫째, 토라의 땅 신학을 붕괴시킨 지배계층. 둘째, 자유농민을 보호하지 않은 불의한 법정. 셋째, 토라적 공공성을 저버린 지배계층의 타락과 부패. 넷째, 자유농민의 몰락을 가속화한 국제 동맹 외교. 다섯째, 지배계층과 결탁한 제사장들의 죄악.

제7장에서는 기원전 8세기 이스라엘 예언자들의 토라적 공공성과 구약성경의 공공신학을 고찰했다. 먼저 우리는 앞 장들에서 고찰한 토라적 공공성에 비추어 기원전 8세기 이스라엘 예언자들의 공공성을 평가하고 그 적용을 모색하였다. 또한 기원전 8세기 이스라엘 예언자들을 헨리 조지와 토마 피케티의 경제사상에 비추어 보고 그 현대적 적용을 고민했다. 그리고 토라의 형성과 예언자들의 활동 등을 포함한 오랜 역사적 과정에서 형성된 구약성경의 현저한 공공성을 조명하면서 구약성경이야말로 공공신학의 진정한 텍스트임을 주목하였다.

결론적으로 우리는 토라적 공공성은 공공성 개념의 진정한 기원이며 기원전 8세기 이스라엘 예언자들이야말로 오늘날의 공공신학의 원류임을 주장했다. 우리는 이러한 학제간 연구를 통해 한 가지 과제를 남기게 되었다. 그것은 그동안 공공신학에 관한 연구가 주로 조직신학이나 교회사, 사회윤리학적 차원에서 이루어져 왔는데, 이제는 성서학적 관점에서의 연구도 많이 필요할 것이라는 과제다.

8.2. —— 결어

기원전 8세기 이스라엘 예언자들은 그라프-벨하우젠 이후 꾸준히 주장
되었던 것처럼 이스라엘 종교의 창시자도 아니었고 토라 형성의 원천이
된 사람도 아니었다. 그들은 오히려 계약법전과 신명기법전에 근거하여
"토라적 공공성"의 바탕 위에서 야웨의 공의와 정의가 실현되는 하나님
나라를 위해 자신을 지속적으로 위험 속에 던졌던 인물들이었다. 기원전
8세기에 "땅 신학"에 기초한 "토라적 공공성"이 급격히 무너지던 급박한
상황 속에서 아모스, 호세아, 이사야, 미가 예언자는 오늘날의 공공신학의
원류라고 할 만한 공공성을 띤 예언 활동을 전개하였다. 아브라함 헤셸이
말한 대로 예언자들의 외침의 무대는 저 천상이 아니라 장터였고 세상 한
복판이었다. 오늘날 우리가 기원전 8세기 이스라엘 예언자들의 예언 활
동에 새삼 주목하는 이유는 그들의 예언의 근간이 되는 토라적 공공성 때
문이다. 토라적 공공성은 "약속의 땅"을 매개로 이루어지는 모든 형태의
경제적 공공성이다.

오랫동안 교회와 기독교 신학은 구약성경과 신약성경의 관계를 예언
과 성취라는 단순한 도식으로 파악하는 데 머물러왔다. 그러나 구약성
경은 오랜 역사의 궤적 가운데 형성된 풍부한 유산을 가지고 있다. 구약
성경은 이 땅의 현실을 살아가는 하나님 나라 백성의 삶에 적용될 수 있
는 구체적인 지침이자 이정표가 된다. 구약성경의 공공성의 바탕이 되는
토라적 공공성은 오늘날 "땅"을 대치한 "자본"의 힘으로 횡행하고 있는 신
자유주의적 질서(신[新]가나안적 질서) 속에 살아가는 이 시대의 하나님 백
성들에게도 유효한 이정표다. 구약성경은 오늘날 우리의 교회와 사회에

공공성을 담보하기 위한 실천적 고민을 끊임없이 던져주는 원천이다. 그러므로 우리는 성서신학적 기초 위에서 이루어지는 신학적 연구가 공공신학의 토대를 더 탄탄하게 구축하는 데 이바지하게 될 것을 기대한다.

앞에서 살펴본 바와 같이, 공공성의 세 가지 요소가 집단적 생활영역의 주체인 인민(*populus*), 정향된 목표로서의 공공복리(*salus publica*), 그리고 공공성을 성취하려는 방법으로서의 공개성(Publizität)이라고 해보자. 그렇다면 기원전 8세기 이스라엘에서 인민은 일차적으로 삶의 기반인 기업(선물)으로서의 땅을 잃어버린 자유농민들이 될 것이며, 공공복리는 자신의 기업에서 먹고살 수 있는 기반을 회복하는 것이고, 공개성은 이러한 공공성의 회복을 위한 예언자들의 "공론의 장"에서 지배계층과의 지속적인 소통을 추구했던 예언 활동이 될 것이다. 이를 오늘날의 신자유주의적 상황에 대입해본다면, 인민은 일차적으로 "무너진 청년 세대"이며, 공공복리는 소위 "삼포세대" 또는 "오포세대"[1]로 불릴 만큼 내몰려 있는 청년들이 실업과 주거 문제 등에서 벗어나 주체적인 삶을 살아갈 수 있는 기반이 형성되는 것이다. 그런데 공개성이라는 측면을 볼 때, 오늘날의 상황은 매우 역설적이라고 할 수 있다. 이 시대는 소위 SNS(Social Network Service)를 비롯하여 미디어의 홍수라 할 만큼 공개적 소통 수단이 발달하였음에도 불구하고 정작 예언자적 공공성을 찾아보기는 매우 어려운 시대가 되었다. 거대한 자본과 정치는 오히려 이런 공개성을 이용하여 교묘하게 사회를 조종하고 있다. 우리는 공공신학이란 하나님 나라

---

1) "삼포세대"와 "오포세대"는 현 청년 세대의 절망적 상황을 표현하는 말이다. "삼포 세대"는 연애, 결혼, 출산을 포기했다는 의미이고, "오포세대"는 이 세 가지에 인간관계와 내 집 마련을 포기한 세대라는 뜻으로 통용되고 있다.

   구약 예언서의 공공신학

를 지향하는 가운데 끊임없이 오늘의 상황 및 공적 이슈들과 대화하는 신학이며 그 공적 이슈들에 대해 프락시스(praxis)로써 응답하는 예언자적 신학이라고 정의하였다. 지금은 교회가 공교회로서 예언자적 사명을 감당해야 하는 시대다. 그런 면에서 볼 때, 기원전 8세기의 이스라엘 예언자들은 실로 오늘날의 공공신학의 원류라고 할 수 있는 인물들이었다.

이러한 예언자적 사명을 감당하기 위해 교회는 내적으로 진리와 사랑으로 충만해질 뿐 아니라 사회에서 정의와 공의가 강물처럼 흐를 수 있도록 하는 제3의 공적 영역으로서의 공공성을 회복해야 한다. 그런데 이를 위해 가장 일차적인 과제는 교회의 공동체성을 회복하는 일이다. 마틴 마티가 말했듯이 "공교회는 사도적 교회의 가족으로 공동체 중의 공동체"다. 교회가 포스트모더니즘적인 "프라이버시"(privacy)의 벽을 넘어 진정 그리스도의 몸으로 연결되는 공동체를 회복하는 것이 공교회(public church)로서 자리매김하는 첫걸음이 될 것이다. 무엇보다 교회는 예언자들의 경고와 심판 외침의 한가운데에 언제나 하나님의 애끓는 사랑이 있었다는 것을 기억해야 할 것이다. "토라적 공공성"의 진정한 에토스는 형제/자매애(philanthropism)다. 앞으로 한국교회와 신학계에서도 이런 예언자적 공공성에 기초한 교회관이 정립되기를, 그리고 그렇게 갱신된 공교회를 통해 하나님의 공평과 정의가 이 땅 위에 이루어지기를 소망한다. 이를 위해 이제는 성서신학의 기초 위에서 공공담론을 논의하고 소통할 수 있는 공공신학이 정립되어야 할 것이다.

1. 단행본

1) 동양서적

강상구.『신자유주의의 역사와 진실』. 서울: 문화과학사, 2000.

김기홍. "라인홀트 니버".『현대신학논쟁』. 서울: 두란노, 1995.

김병하.『희년 사상의 영성화』. 서울: 대한기독교서회, 2005.

김영진.『율법과 법전: 고대 근동의 법 연구』. 서울: 한들, 2005.

김회권.『성서주석 이사야 I』. 서울: 대한기독교서회, 2006.

____.『하나님 나라 신학으로 읽는 모세오경 2』. 서울: 복있는사람, 2007.

____.『하나님 나라 신학으로 읽는 사도행전 2』. 서울: 복있는사람, 2007.

____.『하나님 나라 신학으로 읽는 사무엘(상)』. 서울: 복있는사람, 2009.

____.『하나님 나라 신학으로 읽는 사무엘(하)』. 서울: 복있는사람, 2009.

____.「신명기의 기원: 모세 저작설의 해석학적 함축」. 장로회신학대학원 신학석사
　　　　학위(Th. M.) 논문, 1993.

김회권 외 4인.『현대인과 성서』. 서울: 숭실대학교출판부, 2007.

김회권 외 2인.『하나님 나라 복음』. 서울: 새물결플러스, 2013.

노세영, 박종수.『고대 근동의 역사와 종교』. 서울: 대한기독교서회, 2000.

노희원.『최근의 신명기역사 연구』. 서울: 연세대학교출판부, 2001

박종수.『이스라엘의 종교와 제사장 신탁: 제비뽑기의 신비』. 서울: 한들, 1997.

우택주.『8세기 예언서 이해의 새 지평』. 서울: 대한기독교서회, 2005.

이덕주.『기독교 사회주의 산책』. 서울: 홍성사, 2011.

이미숙. 「신명기의 땅 표현양식 연구」. 장로회신학대학원 신학박사학위(Th. D.) 논문, 2008.

이형기. 『하나님 나라와 공적 신학』. 서울: 한국학술정보(주), 2009.

이형기 외 8인. 『공적 신학과 공적 교회』. 용인: 킹덤북스, 2010.

장일선. 『성서주석 신명기』. 서울: 대한기독교서회, 1993.

정성구. 『아브라함 카이퍼의 사상과 삶』. 용인: 킹덤북스, 2010.

조한상. 『공공성이란 무엇인가』. 서울: 책세상, 2009.

차준희. 『구약 예언서의 성구 이해』. 천안: 한국신학연구소, 1996.

한상인. 『이스라엘 왕국 시대의 고고학』. 서울: 대한기독교서회, 2004.

2) 서양서적

Albertz, Reiner. *Religionsgeschichte Israels in alttestamentlicher Zeit, Teil I: Von den Anfängen bis zum Ende der Königszeit*. ATD. E 8/1: Göttingen, 1996.

Albright, W. F. *From the Stone Age to Christianity*. Baltimore: The Johns Hopkins Press, 1957.

Augustine, J. J. *The Assyrian Dictionary of Oriental Institute of University of Chicago*. Illinois, Chicago: Chicago Oriental Institute, 1956-1989.

Alt, Albrecht. "Die Ursprünge des israelistischen Rechts," in *Kleine Schriften zur Geschichte des Volkes Israel I*. München, 1978, 278-332.

Blenkinsopp, J. *A History of Prophecy in Israel*. Philadelphia: Westminster, 1983.

Bonhoeffer, Dietrich. *Ethics*. New York: A Touchstone Book, 1995.

Bright, John. *A History of Israel, 4th ed. with an Introduction and Appendix*. ed. William P. Brown. Louisville/Westminster: John Knox Press, 2000.

Brown, F., Driver, S. R., and Briggs, C. A. (eds.) *A Hebrew and English Lexicon of the Old Testament with an Appendix Containing the Biblical*

Aramaic. Oxford: Clarendon Press, 1951.

Brueggemann, Walter. *The Land*. Minneapolis: Fortress Press, 2002.

____. *The Prophetic Imagination, 2nd ed*. Minneapolis: Fortress Press, 2001.

Buber, M. *Israel and Palestine: The History of An Idea*. London: The East & West Library, 1952.

Chaney, Marvin. L. *Bitter Bounty: The Dynamics of Political Economy Critiqued by the Eighth Century Prophets, Reformed Faith and Economics*. Lanham, MD: University Press of America, 1989.

Chirichigno, Gregory C. *Debt-Slavery in Israel and the Ancient Near East*. Sheffield: Sheffield Academic Press, 1993.

Clements, Ronald E. *A Century of Old Testament Study, revised ed*. Cambridge: The Lutterworth Press, 1983.

____. *Isaiah 1-39*. NCBC; Grandrapids: William B. Eerdmans Co, 1980.

Cole, G. D. H. *Socialist Thought: The Forerunners 1789-1850, vol*. I. London: St. Martin's Press, 1959.

Cooley, Jeffrey L. "Propaganda, Prognostication and Planets," in *Divination Politics and Ancient Near Eastern Empires*. eds. Alan Lenzi & Jonathan Stökl. Atlanta: SBL, 2014.

Coote, Robert B. *Amos among the Prophets: Composition and Theology*. Eugene, Oregon: Wipf & Stock Publishers, 2005.

____. (ed.) *Elijah and Elisha in Socioliterary Perspective*. Atlanta: Scholars Press, 1992.

____. *Early Israel: A New Horizon*. Minneapolis: Fortress Press, 1990.

Coote, Robert B. and Coote, Mary P. *Power, Politics and the Making of the Bible: An Introduction*. Minneapolis: Fortress Press, 1990.

Cooper, J. S. *Sumerian and Akkadian Royal Inscription I: Presargonic Inscription, American Oriental Society Translation Series*. New Heaven: American Oriental Society, 1986.

Craigie, Peter C. *The Book of Deuteronomy*. Michigan: William B. Eerdmans Publishing Co., 1979.

Cross, Frank M. *Canaanite Myth and Hebrew Epic*. Cambridge: Harvard University Press, 1973.

Crüsemann, Frank. *The Torah*. tr. Allan W. Mahnke. Minneapolis: Fortress Press, 1996.

Dearman, J. A. *Property Rights in the Eighth-Century Prophets: The Conflict and Its Background*. Atlanta: Scholars Press, 1988.

Doorly, William J. *Prophet of Justice, Understanding the Book of Amos*. New York: Paulist Press, 1989.

Forrester, Duncan B. *Truthful Action: Explorations in Practical Theology*. Edinburgh: T&T Clark, 2000.

George, Henry. *Progress and Poverty*. London: Aldine Press, 1911(1976 reissued).

Gottwald, N. K. "Social and Economic Development of Israel," in *IDBS* 465 – 68. ed. K. R. Crim. Nashville: Abingdon, 1976.

Gutiérez, G. *The Power of the Poor in History*. New York: Orbis Books, 1986.

Hainsworth, Deirdre King and Peath, Scott R. (eds.) *Public Theology for a Global Society, Essays in Honor of Max L. Stackhouse*. Grand Rapids: William B. Eerdmans Publishing Co., 2010.

Hallo, William H. and Simpson, William Kelly. *The Ancient Near East: A History*. New York: Hacourt Brace Jovanovich, 1971.

Harrison, Roland K. *Introduction to the Old Testament*. Grand Rapids: Eerdmans Publishing Co., 1969.

Hauerwas, Stanley. *The Peaceable Kingdom: A Primer in Christian Ethics*. Notre Dame, Indiana: University Notre Dame Press, 2006.

Herzog, Ze'ev. *Archaeology of the City: Urban Planning in Ancient Israel and Its Social Implications*. Jerusalem: Graphit Press, 1997.

____. *The Architecture in Ancient Israel: From the Prehistoric to the Persian Periods*. ed. A. Kempinski and R. Reich. Jerusalem: Israel Exploration Society, 1992.

Heschel, Abraham J. *The Prophets*. New York/Evanston: Harper & Row Publisher, 1962.

Hillers, Delbert R. *A Commentary on the Book of the Prophet Micah*. Hermenia; Philadelphia: Fortress Press, 1984.

Hoerth, Alfred J. *Archaeology and the Old Testament*. Michigan: Baker Books, 1998.

Jouön, Paul. S. J. *A Grammar of Biblical Hebrew vol. II*. tr. T. Muraoka. Roma: Pontifical Biblical Institute, 1996.

Kaufmann, Y. *The Religion of Israel*. Chicago University Press, 1965.

Kim, Hae Kwon. *The Plan of Yahweh*. UMI Dissertation Service: Princeton Theological Seminary, 2001.

King, Philip J. *Amos, Hosea, Micah*. An Archaeological Commentary; Philadelphia: The Westminster Press, 1998.

Koch, Klaus. *The Prophets vol. 1: The Assyrian Period*. tr. Margaret Kohl. Philadelphia: Fortress Press, 1982.

Köhler. L and Baumgartner, W. *The Hebrew and Aramaic Lexicon of the Old Testament*. Leiden/Boston/Köln: Brill NV, 2001.

Levinson, Bernard M. "Is the Covenant Code an Exilic Composition?: A Response to John Van Seters," in *In Search of Pre-exilic Israel*. New York: T&T Clark, 2004.

Liddell, H. G. and Scott, R. (eds.) *Greek-English Lexicon*. Oxford: Clarendon Press, 1996.

Lindblom, J. *Prophecy in Ancient Israel*. Philadelphia: Fortress, 1962.

Malamat, Abraham. *Mari and the Bible, Studies in the History and Culture of the Ancient Near East*. eds. B. Halpern and M. H. E. Weippert. vol.

XII. Leiden: Brill, 1998.

Marty, Martin E. *The Public Church: Mainline-Evangelical-Catholic*. New York: Crossroad, 1981.

Mazar, A. *Archeology of the Land of the Bible*. New York: Doubleday, 1990.

Miller, Patrick D. *Deuteronomy Interpretation: A Biblical Commentary for Teaching and Preaching*. Louisville: John Knox Press, 1990.

Moltmann, Jürgen. *God for a Secular Society: The Public Relevance of Theology*. Minneapolis: Fortress Press, 1999.

Morrison, M. A. "Nuzi," in *ABD IV*. New York: Doubleday, 1992.

Niebuhr, Reinhold. *Christian Realism and Political Problems*. New York: Charles Scribner's Son, 1954.

Nissinen, Martti. *Prophets and Prophecy in the Ancient Near East*. ed. Peter Machinist. Atlanta: Society of Biblical Literature, 2003.

Noth, Martin. *The History of Israel*. London: Adam & Charles Black, 1958.

____. "Die Gesetze im Pentateuch." Ges. St. zum AT, Göttingen, 1970.

Ollenburger, Ben C. *Zion, the City of the Great King: A Theological Symbol of the Jerusalem Cult*. *JSOT* supplement series 41. Sheffield: JSOT Press, 1987.

Owen, Robert. *A New View of Society and Other Writings*. London: J. M. Dent & Sons Ltd, 1949.

Paul, S. M. *Amos*. Hermenia; Minneapolis: Fortress Press, 1991.

Premnath, D. N. *Eighth Century Prophets: A Social Analysis*. St. Louis: Chalice Press, 2003.

Pritchard, J. B. *Ancient Near Eastern Texts Relating to the Old Testament, 3rd ed. with Supplement*. Princeton: Princeton University Press, 1969.

Polley, M. E. *Amos and the Davidic Empire: A Socio-Historical Approach*. New York/Oxford: Oxford University Press, 1989.

Rad, G. von. *Studies in Deuteronomy*. tr. David Stalker. London: SCM Press,

1953.

____. *Old Testament Theology, vol. 1*. Louisville: Westminster John Knox Press, 1962.

____. "Deuteronomy," in *IDB* vol. I. New York: Abingdon Press, 1962.

____. *Old Testament Theology, vol. 2*. Louisville: Westminster John Knox Press, 1965.

____. *The Problem of Hexateuch and Other Essays*. London: SCM Press, 1984.

Rauschenbusch, Walter. *Christianizing the Social Order*. New York: The Macmillian Company, 1914.

Roth, M. T. *Law Collections from Mesopotamia and Asia Minor*. Atlanta: Scholars Press, 1995.

Sarna, Nahum M. *Genesis*. Philadelphia/New York/Jerusalem: JPS, 1989.

Shoshan, Abraham Even. ed. *A New Concordance of The Old Testament*. Michigan: Baker House, 1993.

Simpson, W. K. *The Literature of Ancient Egypt: An Anthology of Stories, Instructions, Stelae, Autobiographies, and Poetry, 3rd ed*. New Heaven/London, Yale University Press, 2003.

Smyth, H. W. *Greek Grammar*. revised. G. M. Messing. Cambridge: Harvard University Press, 1984.

Soden, Wolfram von. *The Ancient Orient: An Introduction to the Study of the Ancient Near East*. tr. Donald G. Schley. Grand Rapids: William B. Eerdmans Publishing Co., 1994.

Stackhouse, Max L. *God and Globalization, vol. 4: Globalization and Grace*. New York/London: Green Press, 2007.

____. *Public Theology and Political Economy: Christian Stewardship in Modern Society*. Lanham, MD: University Press of America, 1991.

Stuart, Douglas. *Hosea-Jonah*. WBC, Texas: Word Books, 1987.

Walton, John H. *Ancient Israelite Literature in its Cultural Context*. Grand

Rapids: Zondervan, Publishing House, 1989.

Watts, John D. W. *Isaiah 1-33*. WBC; Texas: Word Books, 1985.

Weber, Max. *The Sociology of Religion*. Boston: Beacon Press, 1964.

Weinfeld, Moshe. *Deuteronomy and the Deuteromic School*. Oxford: Oxford University Press, 1972.

____. *The Promise of the Land*. Oxford: University of California Press, 1993.

____. "Covenant, Davidic," in *IDBS*. ed. G. A. Buttrick. New York: Abingdon Press, 1962.

Wellhausen, Julius. *Prolegomena to the History of Ancient Israel*. New York: Meridian Books, 1961.

Westbrook, R. "Social Justice in the Ancient Near East," in *Social Justice in the Ancient World*. ed. K. D. Irani and M. Silver. Westport, CN: Greenwood Press, 1995.

Westermann, Claus. *Genesis 12-36*. tr. John J. Scullion. Minneapolis: Augsburg Publishing House, 1985.

Wildberger, Hans. *Isaiah 1-12*. tr. T. H. Trapp. Minneapolis: Fortress, 1991.

Wilson, Robert R. *Prophecy and Society in Ancient Israel*. Philadelphia: Fortress Press, 1980.

Wolff, H. W. *Joel and Amos*. Hermenia; Philadelphia: Fortress Press, 1977.

Zimmerli, Walther. *The Law and the Prophets*. tr. R. E. Clements. Oxford: Basil Blackwell Press, 1965.

3) 번역서적

Barth, Karl. 『공동체, 국가와 교회』. 안영혁 역. 서울: 엠마오, 1992.

Brueggemann, Walter. 『구약성서 중심사상』. 문희석 역. 서울: 대한기독교서회, 1977.

Chaney, Marvin. L. 『농경사회 시각으로 바라본 성서 이스라엘: 구약성서의 종교와 사회의 역사, 문학, 해석』. 우택주 외 역. 서울: 한들출판사, 2007.

Chang, Ha-Joon.『나쁜 사마리아인들』. 이순희 역. 서울: 도서출판 부키, 2008.

Clements, R. E.『구약신학』. 김찬국 역. 서울: 대한기독교서회, 1989.

____.『신명기』. 정석규 역. 서울: 한들출판사, 2002.

Eichrodt, Walther.『구약성서신학』vol. 1. 박문재 역. 서울: 크리스챤다이제스트, 1994.

Ellul, Jacques.『하나님이냐 돈이냐』. 양명수 역. 서울: 도서출판 대장간, 1994.

Fohrer, Georg.『이스라엘역사』. 방석종 역. 서울: 성광문화사, 1982.

____.『구약성서개론』. 김이곤 역. 서울: 대한기독교서회, 2002.

Frost, Michael and Hirsch, Alan.『새로운 교회가 온다』. 지성근 역. 서울: IVP, 2009.

George, Henry.『사회문제의 경제학』. 전강수 역. 파주: 돌베게, 2013.

Gesenius, Wilhelm.『히브리어 문법』. 신윤수 역. 서울: 비블리카아카데미아, 2003.

____.『게제니우스 히브리어 아람어 사전』. 이정의 역. 서울: 생명의말씀사, 2007.

Gowan, Donald E.『구약 예언서 신학』. 차준희 역. 서울: 대한기독교서회, 2004.

Hauerwas, Stanley and Willimon, William H.『하나님의 나그네 된 백성』. 김기철 역. 서울: 복있는사람, 2008.

Hess, Richard S.『이스라엘의 종교, 고고학과 성서학적 연구』. 김구원 역. 서울: 기독교문서선교회, 2009.

Hunt, Tristram.『엥겔스 평전』. 이광일 역. 서울: 글항아리, 2010.

Miller, J. Maxwell and Hayes, John H.『고대 이스라엘 역사』. 서울: 크리스챤다이제스트, 1996.

Moltmann, Jürgen.『정치신학, 정치윤리』. 조성로 역. 서울: 대한기독교서회, 1992.

Nicholson, E. W.『신명기와 전승』. 장영일 역. 서울: 장로회신학대학교 출판부, 2003.

Piketty, Thomas.『21세기 자본』. 장경덕 외 역. 파주: 글항아리, 2014.

Provan, Ian 외 2인.『이스라엘의 성경적 역사』. 김구원 역. 서울: CLC, 2013.

Rendtorff, Rolf.『구약정경신학』. 하경택 역. 서울: 새물결플러스, 2009.

Rauschenbusch, Walter.『사회복음을 위한 신학』. 남병욱 역. 용인: 명동출판사,

2012.

Schaeffer, Francis A.『20세기 말의 교회』. 서울: 생명의말씀사, 1972.

Smith, Adam.『국부론』(하). 김수행 역. 서울: 비봉출판사, 2007.

Stackhouse, Max L.『지구화, 시민사회, 기독교윤리』. 심미경 역. 서울: 패스터스하우스, 2005.

Steer, Roger.『존 스토트의 생애』. 이지혜 역. 서울: IVP, 2009.

Thiele, Edwin R.『히브리왕들의 연대기』. 한정건 역. 서울: CLC, 1990.

Wallis, Jim.『그리스도인이 세상을 바꾸는 7가지 방법』. 배덕만 역. 파주: 살림출판사, 2009.

____.『회심』. 정모세 역. 서울: IVP, 2008.

Wood, Leon J.『이스라엘의 선지자』. 김동진 역. 서울: CLC, 1990.

2. 학술 논문

김회권. "구약성서의 희년사상과 사회윤리적 함의", 「신학사상」 127(2004), 131-166.

____. "구약의 율법들", 「법학논총」 19. 숭실대학교 법학연구소(2008. 2), 29-63.

____. "기독교 경제윤리-구약성서와 하나님 나라 경제학", 목민포럼(미간행, 2011), 1-26.

박신배. "앗시리아와 이스라엘의 종교 이념 연구", 「구약논단」 13-1(2007), 147-163.

우택주. "고대 이스라엘에 성전 창기가 존재하였는가?-호세아서의 새로운 해석을 위하여", 「구약논단」 10(2001), 65-84.

이종근. "생명존중을 위한 메소포타미아 법들의 정의", 「구약논단」 15(2003), 261-297.

____. "수메르 우루-이님기나 법과 히브리법의 사회정의의 고찰", 「구약논단」 14-2(2008), 142-161.

임상국. "아모스의 사회비판과 〈계약법전〉의 형성", 「신학과 세계」 39(1999), 39-68.

____. "주전 8세기 예언의 사회학적 이해", 「신학과 세계」 41(2000), 36-52.

장대규. "고대 이스라엘 도시화에서 도시성문의 기능 연구: 도시성문의 경제적-행정적 기능을 중심으로", 「도시연구: 역사, 사회, 문화」 창간호(2009), 129-162.

장영일. "한국 교회와 바알종교", 「敎會와 神學」 가을호(1997), 66-75

____. "바알브올의 유혹(민 25:1-18)", 「敎會와 神學」 35(1998), 138-154.

한규승. "사경(Tetrateuch)과 신명기에 나타나는 נַחֲלָה(나할라/기업)의 의미의 차이에 대한 연구", 「구약논단」 45(2012/9), 145-179.

한상인. "성서시대 이스라엘의 도시 발달", 「성경과 고고학」 22(1999), 26-47.

____. "철기시대 이스라엘의 도시 발달", 한국대학박물관협회 「고문화」 55(2000), 127-156.

Alexander, J. B. "A Babylonian Year of Jubilee?," in *JBL* 57(1938), 75-79.

Asen, B. A. "The Garlands of Ephraim: Isaiah 28:1-6 and the MARZĒAH," in *JSOT* 71(1996), 73-87.

Beach, E. F. "The Samaria Ivories, Marzeah, and Biblical Texts," in *BA* 56(1993), 94-104.

Brueggemann, W. "The Social Matrix of Israelite Prophecy," in *Interpretation* 35(1981), 290-293.

Chaney, Marvin. L. "Systemic Study of the Israelite Monarchy," in *semeia* XXXVII(1986), 53-76.

Clements, R. E. "A Dialogue with Gordon McConville on Deuteronomy," in *Scottish Journal of Theology* vol. 56, no. 4(2003), 508-531.

Crüsemann, Frank. "Das Bundesbuch-Historischer Ort und institutioneller Hintergrund," in *VTS* 40(1988), 27-41.

Donner, H. "Die soziale Botschaft der Propheten im Lichte der Gesellschaftsordnung," in *Or* 2(1963), 229-245.

Gordon, R. P. "From Mari to Moses: Prophecy at Mari and in Ancient Israel," in *On Prophets' Visions and Wisdom of Sages: Essays in Honour of R.*

Norman Whybray on His Seventieth Birthday. ed. H. A. Mckay and D. J. A. Clines; JSOTSup 163, Sheffield: JSOT, 1993, 63-97.

Greer, Jonathan S. "A Mazreah and a Mizraq: A Prophets Melle with Religious Diversity in Amos 6:4-7," in *JSOT* 32(2007), 243-261.

Herzog, Ze'ev. "Israelite City Planning Seen in the Light of Beer-Sheba and Arad Excavations," in *Expedition* 20(1978), 38-43.

Huffmon, H. B. "Prophecy in the Mari Letters," in *The Biblical Archeologists* 31(1968), 101-124.

Lang, Bernhard. "The Social Organization of the Peasant Poverty in Biblical Israel," in *JSOT* 24(1982), 47-63.

Lemche, Niels P. "Andrârum and Mišarum: Comments on the Problem of Social Edict and Their Application in the Ancient Near East," in *JNES* 38(1979), 11-22.

Premnath, D. N. "Latifundialization and Isaiah 5,8-10," in *JSOT* 40(1988), 49-60.

Ross, James F. "Prophecy in Hamath, Israel, and Mari," in *The Harvard Theological Review* vol. 63, no. 1(Jan, 1970), 1-28.

Seters, John Van. "A Law Book of the Diaspora: Revision in the Study of the Covenant Code and a Response to My Critics," in *JSOT* 21. Sheffield: *JSOT*, 2007, 5-28.

Würthwein, E. "Amos Studien," in *ZAW* 62(1960), 10-52.

3. 정기간행물

김근주. "복음의 공공성 상실과 '텅 빈' 복음", 「복음과 상황」 281(2014/4), 28-37.

김어진. "피케티가 우리에게 준 선물", 「경제와 사회」 105(2015), 236-244.

김회권. "하나님 나라 관점에서 본 〈21세기 자본〉", 「복음과 상황」 289(2014/12), 45-65.

남기업. "헨리 조지의 눈으로 본 〈21세기 자본〉 그리고 희년", 「복음과 상황」
        289(2014/11), 34-44.
이만열. "존 스토트에게 진 빚", 「복음과 상황」 251(2011/9), 10-18.
전재영. "복음의 공공성과 이웃 사랑의 명령", 「복음과 상황」 281(2014/4), 38-49.
최경환. "한국교회의 공론장 참여 어떻게 할 것인가?", 「복음과 상황」 281(2014/4),
        66-75.

4. 신문

김종윤. "기준시가 9억 이상 아파트 초과분만 부과", 중앙일보. 2004년 11월 5일 자.
"대법, 현대차 사내하청은 불법파견 재확인…도급 기준 제시", 조선일보. 2015년 2월
        26일 기사.

구약 예언서의 공공신학

이스라엘 예언자들의 공공성 연구

Copyright ⓒ 한규승 2018

1쇄 발행 2018년 7월 23일

지은이 한규승
펴낸이 김요한
펴낸곳 새물결플러스

편 집 왕희광 정인철 최율리 박규준 노재현 한바울 신준호
정혜인 이형일 서종원 조광수
디자인 이성아 이재희 박슬기 이새봄
마케팅 박성민 이윤범
총 무 김명화 이성순
영 상 최정호 조용석 곽상원
아카데미 유영성 차상희

홈페이지 www.holywaveplus.com
이메일 hwpbooks@hwpbooks.com
출판등록 2008년 8월 21일 제2008-24호
주 소 (우) 07214 서울특별시 영등포구 양평로 11, 4층(당산동5가)
전 화 02) 2652-3161
팩 스 02) 2652-3191

ISBN 979-11-6129-071-3 94230

책값은 뒤표지에 있습니다.

이 도서의 국립중앙도서관 출판예정도서목록(CIP)은 서지정보유통지원시스템
홈페이지(seoji.nl.go.kr)와 국가자료공동목록시스템(nl.go.kr/kolisnet)에서
이용하실 수 있습니다. CIP2018021685